Richard W. Gassen

Romanik

in der pfalz

MICHAEL IMHOF VERLAG

Bildnachweis

Alle Fotos Richard W. Gassen und Michael Imhof Verlag mit Ausnahme von:

© Historisches Museum der Pfalz Speyer 2009/ Fotograf: Peter Haag-
Kirchner: S. 193, S. 219
Eigentümer der Nachbildungen in der Schatzkammer der Burg Trifels ist der
TRIFELSVEREIN e. V. Annweiler, S. 96
Johann Willsberger: S. 7
Faksimile Verlag Luzern: S.11

Abbildungen Umschlag:
Titel: Burgruine Winzingen, Neustadt a. d. W.
Rückseite (von l. o. nach r. u.): Nikolauskapelle Klingenmünster, Burgruine
Neuscharfeneck, ehem. Benediktinerprobsteikirche in Offenbach am Glan,
der Trifels bei Annweiler

Richard W. Gassen: Romanik in der Pfalz, Petersberg 2010

© 2010
Michael Imhof Verlag GmbH & Co. KG
Stettiner Str. 25, D-36100 Petersberg
Tel. 0 661/96 28 28 6; Fax 06 61/6 36 86
www.imhof-verlag.de

Gestaltung und Reproduktion: Michael Imhof Verlag
Druck: Grafisches Centrum Cuno Gmbh & Co. KG, Calbe

Printed in EU

ISBN 978-3-86568-132-4

INHALT

Zu diesem Buch

Das vorliegende Buch gibt einen Überblick über die noch vorhandenen oder zumindest in bedeutsamen Überresten beziehungsweise in ihrem Kern erhaltenen romanischen Baudenkmäler in der Pfalz. War die Romanik doch *die* vorherrschende kulturhistorische Epoche, die im deutschen Südwesten – dem damaligen „Herzland" des Heiligen Römischen Reiches – am nachhaltigsten ihre Spuren hinterlassen hat. Unter den nahezu 150 noch überlieferten Bauwerken findet sich die dörfliche Kleinkirche ebenso wie der mächtige Kaiserdom, die einsam gelegene Klosterruine wie die auf hohem Berg erbaute Ritterburg.

Nur weniges hat sich in seiner ursprünglichen Gestalt erhalten, so manches wurde nachträglich verändert, vergrößert oder zweckentfremdet. Die Verwüstungen im Bauernkrieg und im Pfälzischen Erbfolgekrieg, die Zerstörungen der napoleonischen Truppen, Säkularisierung, Zweiter Weltkrieg, mutwilliger Abriss in Friedenszeiten und natürlicher Verfall haben nahezu überall unübersehbare Spuren hinterlassen. Auf jeden Fall ist für die Reise in die Romanik ein hohes Maß an „Ruinenfreudigkeit" erforderlich, das aufzubringen jedoch stets lohnt.

Neben so manchem Bekannten – etwa dem Weltkulturerbe Speyerer Dom oder dem Trifels bei Annweiler – lassen sich viele kleinere Preziosen entdecken, die man hier eigentlich nicht vermutet hätte: so die Wandmalereien in der Hirsauer Kapelle bei Hundheim, die Wasserburg Reipoltskirchen, die Klosterkirche in Enkenbach, die (historisierende) Burg Berwartstein oder der mächtige Turm von Niederkirchen. Es sind Baudenkmäler sowohl sakralen als auch weltlichen Charakters, die Stein gewordenes Zeugnis der salischen und staufischen Epoche ablegen. Neben dem Kirchen- und Klosterbau ist es vor allem die Burganlage als *die* neue Bauaufgabe des hohen Mittelalters, auf die der vorliegende Band sein Augenmerk richten will. Nicht von ungefähr haftet der Pfalz neben dem Attribut des Weinlandes das eines Burgenlandes an.

In ihrer heutigen Gestalt umfasst die Pfalz ein ca. 5500 Quadratkilometer großes Gebiet, das keine eigentlichen natürlichen Grenzen hat, noch einen einheitlichen Kulturraum bildet. Sie ist vielmehr, in geographischer Hinsicht, ein willkürlicher Ausschnitt aus der etwa 50 Kilometer breiten Oberrheinischen Tiefebene und ihrem westlichen Hinterland. Die östliche Grenze markiert der Rhein, von dem aus sich die 25 Kilometer breite fruchtbare, vom Klima begünstigte Vorderpfalz nach Westen hin erstreckt. Die größeren Städte liegen in unmittelbarer Nähe des Flusslaufs: die Bischofsstadt Speyer, die Industriestädte Ludwigshafen und Frankenthal sowie, nur wenige Kilometer oberhalb der nördlichen Begrenzung, Worms, das über viele Jahrhunderte künstlerisch in den pfälzischen Raum hineingewirkt hat. Die westliche Begrenzung der Rheinebene bildet die in Nord-Süd-Richtung verlaufende Deutsche Weinstraße, an der sich eine Reihe vorderpfälzischer Kleinstädte entlangzieht: ausgehend vom nordelsässischen Wissembourg (Weißenburg) über Bad Bergzabern, Landau, Neustadt, Bad Dürkheim bis hin nach Grünstadt im Norden. Westlich der Weinstraße erheben sich die dicht bewaldeten Berge und Kuppen des Pfälzerwaldes. Sein südlicher Teil, der Wasgau, gehört zweifellos zu den reizvollsten und beeindruckendsten Gegenden der gesamten Pfalz; sein östlicher Teil, die Haardt, begrenzt ein geschlossenes Waldgebiet zwischen Landau, Bad Dürkheim und Kaiserslautern, die größte zusammenhängende Waldfläche Deutschlands. Gänzlich anderen Charakters ist der Westrich, der sich im Süden, entlang der lothringischen Grenze, und im Westen, teilweise ins Saarland übergehend, als ein weit gedehntes Hügelland erstreckt. Ein raueres Klima und ein kargerer Boden als in der Rheinebene und der Weinstraße ließen diese Region seit jeher für eine intensivere Besiedlung wenig geeignet erscheinen. Nördlich begrenzen das Landstuhler Bruch und die Kaiserslauterer Senke die südwestpfälzische Hochfläche.

Hier war einst die „Barbarossastadt" Kaiserslautern das Zentrum des Reichslandes. Das Alsenztal, das, nach Norden gerichtet, bei Bad Kreuznach in das Nahetal mündet, trennt das Nordpfälzer Bergland in einen westlichen Teil, eine offene Hügellandschaft, und in einen stark zertalten, nur wenig bewaldeten östlichen Teil, dessen äußere Begrenzung das Donnersbergmassiv, die höchste Erhebung der Pfalz, bildet.

Entsprechend den geographisch-topographischen, historisch-politischen und kulturhistorischen Gegebenheiten wurde der vorliegende Band in acht Regionen (darunter die Stadt Speyer) aufgeteilt, um dem Leser das Auffinden der romanischen Baudenkmäler zu erleichtern. Seine Absicht ist es, diese einst so reiche und geschichtsträchtige Kulturlandschaft im deutschen Südwesten in Wort und Bild wieder erstehen zu lassen.

Richard W. Gassen

Die pfalz im Mittelalter

Von der Völkerwanderung bis zu den Ottonen

Als sich die Römer zu Beginn des 5. nachchristlichen Jahrhunderts aus dem Gebiet der späteren Pfalz zurückzogen, hinterließen sie als bleibendes Erbe ihrer antiken Kultur die lateinische Sprache, das Christentum, die Architektur – und den Wein. Die Burgen, Kirchen und Klöster, also jene steinernen Zeitzeugen, die neben dem Weinfreund auch den Kunstliebhaber in diesen Landstrich in der Südwestecke Deutschlands führen, entstanden erst in späterer Zeit, im frühen und hohen Mittelalter. Nahezu drei Jahrhunderte herrschte in der Region, wie in weiten Teilen Europas überhaupt, ein Zustand des relativ unorganisierten Zusammenlebens. Völker kamen, Herrscher gingen.

Unmittelbar nach den Römern kamen im Zuge der Völkerwanderung die Burgunder, die im Gebiet um Worms ihr sagenumwobenes Nibelungenreich begründeten. Ihnen folgten die Alemannen, die ihrerseits ein halbes Jahrhundert später vom Frankenkönig Chlodwig in den Süden abgedrängt wurden. Mit den Franken hielt zugleich auch das Christentum seinen Einzug in der Region: So trat nach seinem Sieg über die Alemannen Chlodwig zum Christentum über; getauft wurde er vom hl. Remigius, dem Bischof von Reims. Von Westen setzte zeitparallel eine Missionierungsbewegung ein, die auch die Pfalz erfasste. Der hl. Pirminius, vermutlich ein Westgote, gründete im Jahre 742 in Hornbach ein Benediktinerkloster, von dem aus, wie auch von dem im Süden gelegenen Weißenburg, das Gebiet der Südwestpfalz in großem Umfang missioniert, gerodet und somit wirtschaftlich nutzbar gemacht wurde. Auf der anderen Rheinseite kam es nur wenige Jahre später zur Gründung des Benediktinerklosters Lorsch, das während seiner Blütezeit im 11. Jahrhundert über Besitzungen von der Nordsee bis zu den Alpen verfügte.

Neben der geistlichen konnte sich gleichzeitig die weltliche Herrschaft ausbreiten und politische Organisationsformen etablieren. Bereits während der Merowingerzeit im 6. und 7. Jahrhundert wurde das Reich in Gaue eingeteilt; auf der rechten Rheinseite lagen der Lobden-, der Elsenz-, der Gartach- und der Kraichgau, linksrheinisch wurde das Gebiet in den Speyer-, den Worms-, den Blies- und den Nahegau eingeteilt. Daneben stellten sich die Bistumssprengel als machtpolitische Faktoren ein. Das Bistum Speyer erstreckte sich quer über den Rhein, im Norden schloss sich die Diözese

Ungefähre fränkische Gaugrenzen im Südwesten

geistlicher Seite die Erzbischöfe von Köln, Mainz und Trier. Im rheinfränkischen Raum gewann zur gleichen Zeit die Familie der Grafen im Wormsgau an Einfluss und Bedeutung. Worms wurde zum Mittelpunkt des Besitzes der Salier, die Landschaft zwischen Haardt und Odenwald zum Zentrum des salischen Königtums. Das einstige Grenzland avancierte zum Kernland des Reiches der Deutschen, des Heiligen Römischen Reiches, wie es sich seit dem 11. Jahrhundert nannte – es wurde zur „palatia regis".

Kopfreliquiar Friedrichs I., sog. Cappenberger Barbarossa-Kopf, um 1160

Das Zeitalter der Salier und Staufer

Im Jahre 1024 wurde der Salier Konrad II., der Graf im Speyergau war und dort Familiengut besaß, zum Nachfolger des Ottonen Heinrich II. gewählt. Für ein Jahrhundert saßen nun vier salische Herrscher auf dem deutschen Königsthron, die alle im Speyerer Dom ihre letzte Ruhestätte fanden: Konrad II., Heinrich III., Heinrich IV. und Heinrich V. Ihre wohl glänzendste Epoche des Mittelalters wurde der Pfalz beschieden, als unter Konrad III. das Königtum an das Geschlecht der Staufer überging. Dies geschah im Jahre 1138, und es begann eine Epoche neuer Machtentfaltung des römischen Kaisertums deutscher Nation. Ein weithin sichtbares Zeichen staufischer Herrschaftsansprüche war ein planmäßig angelegtes Burgensystem um die Reichsfeste Trifels und um die Pfalz in Lautern, das an strategisch wichtigen Punkten zur Überwachung des umliegenden Landes errichtet wurde – wodurch das nördliche Oberrheingebiet nun zu den zentralen Landschaften des Reiches gehörte.

Ein wichtiges Datum für die Geschichte der Pfalz markiert das Jahr 1156, als Friedrich I. Barbarossa die Würde ei-

Worms an; zu beiden Sprengeln gehörte ein ebenso großes Terrain auf der östlichen Rheinseite. Doch sind die Grenzen zwischen den einzelnen Gauen nicht im Sinne heutiger, exakt festgelegter Grenzlinien zu verstehen; vor allem in den damals noch riesigen und unbesiedelten Waldgebieten ist eine klare Gauabgrenzung nicht immer nachzuweisen.

Von den Merowingern übertrug sich im 8. Jahrhundert die Königsgewalt auf ihre Hausmeier, die Karolinger; eine wichtige historische Zäsur markiert das Jahr 843, als es mit dem Vertrag von Verdun zu einer Dreiteilung des Karolingerreiches kam. Das Land zwischen Nahe, Pfälzerwald und Rhein wurde dem ostfränkischen Reich Ludwigs des Deutschen zugesprochen. Nur knapp drei Jahrzehnte später, im Jahre 870, fielen im Teilungsvertrag von Meersen mit den Bistümern Metz und Trier auch die westlichen Teile der späteren Pfalz an das Ostreich. Unter den Ottonen bildeten sich die ersten weltlichen und geistlichen Territorialherrschaften heraus: auf weltlicher Seite mehrere Dynastengeschlechter, auf

nes Pfalzgrafen auf seinen Stiefbruder Konrad von Staufen übertrug. Dies war die Grundlage zur Bildung eines rheinpfälzischen Territoriums und gleichzeitig der Beginn einer eigentlichen Pfälzer Landesgeschichte. So trägt das Land am Rhein nicht den Namen einer Burg (wie Württemberg) oder seiner Bewohner (wie Bayern), sondern den eines Amtes, des „comes palatinus Rheni", des Pfalzgrafen. Konrad von Staufen legte den Grundstein für den Aufstieg der späteren Kurpfalz zum bedeutendsten und vornehmsten unter den weltlichen Reichsständen. Von grundlegender Bedeutung für den Ausbau des pfalzgräflichen Besit-

zes war die Schirmherrschaft über das Kloster Lorsch und die Wormser Kirche.

Konrads Nachfolger, sein Schwiegersohn Heinrich der Welfe, starb kinderlos. Im Jahre 1214 belehnte Kaiser Friedrich II. Ludwig von Wittelsbach mit der Pfalzgrafschaft bei Rhein, als Belohnung für ergebene Dienste bei seinen Italienfeldzügen. Am Rhein trat jetzt das bayerische Haus der Wittelsbacher das Erbe der Salier und Staufer an, während auf Reichsebene gegen Ende des 13. Jahrhunderts die Habsburger die Königskrone erlangten.

Die Feudalgesellschaft des Mittelalters

Das Heilige Römische Reich im Zeitalter der Salier und Staufer war kein Nationalstaat im heutigen Sinne, sondern verstand sich eher als eine Art Personenverband, der auf dem persönlichen Verhältnis zwischen Herrscher und Volk, das nach Ständen gegliedert war, beruhte. An oberster Stelle rangierte der König, der von einer kleinen Führungsschicht von Angehörigen des Hochadels und der stark aristokratisch geprägten Kirche umgeben war. Er verpflichtete sich Gefolgsleute aus dem hohen Adel, indem er ihnen Landbesitz aus Königsgut, später auch Ämter und Rechte zur Leihe übertrug; es bildete sich das sogenannte Lehnswesen heraus. Die politische Organisation der ständisch gegliederten Feudalgesellschaft funktionierte auf allen Ebenen nach dem Prinzip: Der Herr gibt Land und Amt an seine Vasallen und empfängt dafür ihre Treue. Im Rahmen der auch als „Heerschildordnung" bezeichneten Lehnshierarchie nahmen die geistlichen und weltlichen Fürsten unterhalb des Königs die zweite und dritte Stufe ein. Auf der vierten Stufe standen die Grafen und freien Herren, denen ihrerseits die Ministerialen untergeordnet waren. Diesen folg-

Kaiser Friedrich I. Barbarossa mit seinen Söhnen König Heinrich VI. und Herzog Friedrich V. von Schwaben, Miniatur aus der Welfenchronik des Klosters Weingarten, um 1185, fol. 14r, Fulda, Hochschul- und Landesbibliothek (Foto nach Faksimile)

ten die sogenannten einschildigen Ritter, die zwar Lehen empfangen, aber keines vergeben durften. Die unterste Stufe dieser Lehnspyramide – sozusagen die Basis – bildete die Schar der Hörigen und leibeigenen Bauern, der Hintersassen, die mehr oder minder rechtlos waren.

Mit dem 11. Jahrhundert setzte ein Zeitalter der Veränderungen ein, das auch die Rechtsprechung erfasste. In dem Maße, in dem sich die feudalistische Ständegesellschaft zu differenzieren begann, wurde gleichzeitig das Recht facettenreicher. So bestanden im Hochmittelalter mehrere Rechtssysteme nebeneinander: das Lehnsrecht, das Landrecht und das Stadtrecht, das sich in den neu gegründeten Städten entwickelte, während die Kirchenreformer gleichzeitig mit dem Ausbau des kanonischen Rechts begannen. Zugleich begann man, das Recht aufzuschreiben. Das erste Buch dieser Art ist der *Spiegel der Sachsen*, auch *Sachsenspiegel*, des aus Ostsachsen stammenden Ritters Eike von Repgow, der zwischen 1220 und 1230 in mittelhochdeutscher Sprache verfasste wurde.

So hatte sich auf dem Höhepunkt der staufischen Herrschaft das Heilige Römische Reich zu einem hochorganisierten Gemeinwesen entwickelt, das fast alle Bereiche des politischen, kirchlichen, gesellschaftlichen und kulturellen Lebens zusammenfügte. Das Deutsche Reich war zu einem Machtfaktor geworden, der die Geschicke der europäischen Völker maßgeblich mitbestimmte.

Der mittelalterliche Herrscher und sein Hof: die Kaiserpfalz

Aus dem lateinischen „palatium" haben sich im Deutschen zwei Lehnwörter gebildet: Palast und Pfalz. Während das erste ein Gebäude meint – mittelalterlich „palas", französisch „palais" –, bezeichnet das zweite den Sitz eines hohen Herrschers. Die Pfalz war der zeitweilige Sitz des Königs bzw. Kaisers, denn die früh- und hochmittelalterlichen Herrscher im Fränkischen und im Deutschen Reich kannten keine feste Residenz. Sie zogen vielmehr mit einem stattlichen Gefolge und ihren obersten Beamten durch das riesige Reich und nahmen ihren Aufenthalt in den Pfalzen, manchmal einige Wochen, manchmal auch mehrere Monate. Die Pfalzen entstanden oftmals an der Stelle fränkischer Königshöfe, bei Neugründungen wurden verkehrsgünstige Lagen, wie in Kaiserslautern, bevorzugt. Karl der Große hat sich die Pfalzen in Aachen und Ingelheim errichten lassen, sein Sohn Ludwig der Fromme ließ das benachbarte Trebur an einer früheren Neckarmündung bauen. Die Ottonen bevorzugten eher Niederlassungen weiter im Osten, während die Staufer rings um ihr schwäbisches Kernland neue Herrschersitze anlegten.

Im Zentrum des Gebäudekomplexes einer Pfalz stand stets der zwei- bzw. dreigeschossige Palas, in dem sich ein großer Saal für die Versammlungen und Feste, die Königswohnung, die Frauenkemenate und eine oder zwei Kapellen befanden. Die Pfalzkapellen folgten oft dem Typus der Doppelkapelle, in der Tradition der unter Karl dem Großen in Aachen nach dem Vorbild byzantinischer Zentralbauten errichteten achteckigen Kapelle.

Szenen aus dem Wolfenbütteler Sachsenspiegel, zwischen 1220 und 1235, fol. 60r (nach dem Faksimile der Akademischen Druck- und Verlagsanstalt Graz)

Rekonstruktion der karolingischen Kaiserpfalz in Aachen

Die Wappenfigur der Zeit: der Ritter

Der Glanz des hohen Mittelalters, vor allem der Stauferzeit, geht neben dem Kaisertum in erster Linie auf das Rittertum zurück. Wie die Burg, so ist auch der Ritter aus heutiger Sicht ein geläu-

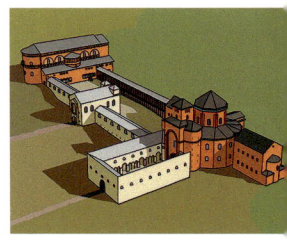

figes Synonym für die damalige Zeit. Noch in der heutigen Sprache finden sich viele Wendungen, die auf die ritterliche Lebensform zurückgehen: Redensarten wie „im Schilde führen", „in die Schranken verweisen", „eine Lanze brechen", „ins Gras beißen" oder „sich goldene Sporen verdienen" – ein kriegerisch anmutendes Vokabular, das seine Ursprünge im Wesen und Selbstverständnis des mittelalterlichen Rittertums hat. Dass das Rittertum aber notwendigerweise gleichzusetzen wäre mit einem reinen Kriegertum, aus dem es zweifelsohne erwachsen ist und dem es auch weitestgehend verpflichtet blieb, entspringt jedoch einem eher neuzeitlichen Denken.

Pfalzkapelle Aachen, Oktogon, spätes 8. Jahrhundert

Das mittelhochdeutsche Wort Ritter bezeichnete einen Krieger zu Pferd, einen berittenen Kämpfer, der zusammen mit seinem Knappen den Kern einer kleinsten militärischen Einheit bildete. Er war mit einem Schild, einem Schwert und einer Lanze, einem eisernen Kettenhemd oder einer gepanzerten Rüstung ausgestattet. Rüstung und Gefolge sowie ein regelmäßiges Training bildeten die unverzichtbare und auch kostspielige Basis ritterlichen Daseins. Sein Leben spielte sich, sofern er sich nicht auf Kriegs- oder Kreuzzügen befand, auf der Burg beziehungsweise am Hofe ab, wo er seinen dauerhaften Wohnsitz hatte. Dienst, Herrschaft und Schutz bildeten die drei zentralen Grundlagen der ritterlichen Lebensform. Der Dienst basierte auf einem durch den Treueeid begründeten Verhältnis zwischen Lehnsherren und Vasallen. Während der Herr dem Vasallen Schutz und Unterhalt schuldete, war dieser zu „Rat und Hilfe" gegenüber seinem Herren verpflichtet. Der Ritter diente stets einem Herrn, der über ihm stand, einem Grafen, einem Herzog oder dem König bzw. Kaiser, der seinerseits (wie etwa auf einem Kreuzzug) Gott als Ritter diente.

Eine neue Qualität bekam das Ritterwesen, als die Kirche sich seiner annahm und so das auf vorchristlich-germanischen Vorstellungen basierende Kriegertum in einen sakralen Kontext einband. Hielt die frühmittelalterliche Kirche nahezu jede Form von Kampf und Kriegsführung für mit der christlichen Moral unvereinbar (mit Ausnahme des *bellum iustum*, des vom Kirchenvater Augustinus propagierten „gerechten Krieges"), so begann sie seit dem 10. Jahrhundert das Kriegertum enger an sich heranzuziehen. Nachdem das Königstum im sogenannten „Gottesgnadentum" der Karolinger bereits christianisiert worden war, wollte der Klerus auch das Kriegswesen in seine Dienste stellen. Für die Ritter galten, wie bereits für die weltlichen Herrscher, fortan folgende Maximen: Schutz der Kirche und ihrer Diener, der Witwen und Waisen sowie aller anderen Hilfsbedürftigen und auf der anderen Seite die Verpflichtung, sich „friedfertig" zu verhalten und ungerechte Kriege, vor allem Fehden, zu vermeiden.

Überall in Europa hatte sich im Hochmittelalter der niedere Adel, d. h. die Rittergemeinde, als kulturtragende und weitgehend einheitliche Gesellschaftsschicht herausgebildet. So spannt sich ein weiter Bogen vom berittenen Kämpfer des 10. Jahrhunderts bis zum von höfischen Lebensformen geprägten und mit prunkvollen Rüstungen und farbenfrohen Repräsentationssymbolen versehenen Ritter der spätstaufischen Ära. Sein Betätigungsfeld war nicht mehr einzig das Schlachtfeld, sondern auch das Jagdrevier und der Tanzsaal.

Ein Bauwerk des Mittelalters: die Burg

„Er verfüge über ungemein viele, starke, uneinnehmbare Burgen", schrieb der Sohn Friedrich Barbarossas, König Philipp, an den Papst. Und über Barbarossas Vater, Herzog Friedrich II. den Einäugigen, berichtet der Chronist Otto von Freising, dass er „stets am Schweife seines Pferdes eine Burg mit sich gezogen habe". Wie kein anderes Bauwerk des Mittelalters ist die Burg ein Kind ihrer Zeit. Sie ist sozusagen eine „Erfindung" dieser Epoche und im Reigen der Bautypen eine Neuerung – blickten doch Kirchen, Paläste, Klöster und Wohnhäuser auf eine weitaus längere Entstehungsgeschichte zurück. Während des 12. und 13. Jahrhunderts entstanden im Heiligen Römischen Reich und in den Gebieten

des christlichen Abendlandes Tausende von Burgen; alleine in der Pfalz – ein „Burgenland" wie das benachbarte Elsass, der Odenwald, Schwaben oder die Westschweiz – gab es an die 300 Festungen, die wie große Ringe die Pfalzen von Kaiserslautern und Hagenau sowie den Trifels umzogen. Wann dieser „Burgenboom" hier wie auch anderswo im Reich einsetzte, lässt sich sogar relativ exakt bestimmen: kurz nach der Mitte des 11. Jahrhunderts. Er begann, als sich das Königtum in einer seiner kritischsten Phasen befand, als der Investiturstreit zwischen König und Papst die Kräfte des weltlichen Herrschers aufzehrte und sich somit dem Adel neue Freiräume eröffneten. Und die Hocharistokratie war es, die den Burgenbau zu ihrer ureigenen Sache

Kampfszene (oben) aus der Kreuzritterbibel, fol. 39r, Frankreich um 1250 (nach dem Faksimile des Faksimile Verlags Luzern)

machte, die sich befestigte Residenzen schuf, um ihren politischen und militärischen Machtanspruch zu stärken.

Die Burgen waren Festungen und Wohnsitze zugleich, adelige Herrschaftszentren, um die herum sich zahlreiche Besitzungen gruppierten. Als sich das Königtum nach den Auseinandersetzungen mit dem Papsttum wieder zu festigen begann, war der Burgenbesitz fast schon ein Gewohnheitsrecht der Aristokratie. Zu Beginn des 13. Jahrhunderts setzte dann eine neue Welle von Burgengründungen, die eigentliche Hauptphase des deutschen Burgenbaus, ein. Der bisherige Bestand wurde verdoppelt, mitunter sogar verdreifacht. Nun war es nicht nur der Hochadel, der gründete, rodete, grub, planierte und baute, sondern auch die mittleren und niederen Stände. In der Folge entstanden zugleich zahlreiche lokale Gewalten und Hausmachten, die ein zunehmender Ausdruck der rasch voranschreitenden Emanzipationsbewegung des Adels waren. So traten beispielsweise im pfälzischen Raum die Grafen von Leiningen und von Saarbrücken als die stärksten Gegenspieler der Staufer in Erscheinung. Es kam hier zu einer territorialpolitischen Konkurrenzsituation, die sich besonders deutlich im Elmsteiner Tal manifestierte, wo die staufertreue speyerische Burg Spangenberg die ihr direkt gegenüberliegende leiningische Burg Erfenstein neutralisierte.

Die zahlreichen Burgengründungen der salischen und staufischen Epoche, in der die Burgenbaukunst einen hohen Standard erreichte, präsentierten sich in unterschiedlicher Gestalt, was sich in erster Linie aus ihrer Lage im Gelände herleitete. Es gab die Höhenburg, die Gipfelburg, die Felsenburg, die Zungenburg, die Tiefburg, die Wasserburg, die Inselburg, die Höhlenburg. Bevorzugt waren, aus verständlichen Gründen, die hochgelegenen Festungswerke, die als die Felsenburgen des Wasgau und des nördlichen Elsass eine besondere Ausprägung erfuhren. So verschiedenartig ihre Erscheinungsformen auch waren, so verband sie doch alle der zugrunde liegende Baugedanke. Die romanische Burg des Mittelalters hielt sich stets an bestimmte Bauregeln und Bauelemente, die von zwei Grundvorstellungen geprägt waren: von der Wehrhaftigkeit und vom Wohnbedürfnis. Wer sich eine Burg erbauen ließ, der konnte und musste auf ein allgemeinverbindliches Repertoire zurückgreifen. Zu den wichtigsten Bestandteilen einer Burg gehörten der befestigte Turm, der Bergfried, die Ring- und die Schildmauer, die Wohngebäude einschließlich des Palas (die Hauptgebäude des Wohnbereichs), die Burgkapelle, gelegentlich auch eine Pfarrkirche.

Dieses Bauschema, das sich bis ins Spätmittelalter den Wehr- und Wohnbe-

Schema einer mittelalterlichen Burg

dürfnissen entsprechend weiterentwickelte, hat seine Ursprünge im frühen Mittelalter, in der spätkarolingisch-frühottonischen Zeit. Waren die salischen Burgen noch größtenteils auf ovalem Grundriss errichtet und relativ kleinräumig, so kamen in den Festungsanlagen der Stauferzeit die baulich-bautechnischen Entwicklungen und die gewandelten fortifikatorischen Bedürfnisse des 12. und 13. Jahrhunderts zum Tragen. Viele der Stauferburgen erhoben sich auf Bergkuppen, von denen aus die Talwege kontrolliert werden konnten. Die meist exponierte Hanglage hatte aber auch zur Folge, dass die Burg vom überhöhten Hauptberg her angreifbar war. Um dieser Bedrohung zu entgehen, wurde ein tiefer und breiter Graben, der sogenannte Halsgraben, ausgeschrotet, dessen Gestein gleichzeitig für den Neubau verwendet werden konnte. Eine zweite, vorgelegte niedrigere Mauer, die Zwingermauer, sowie in die Ringmauer eingestellte Türme boten den Burgen seit der Mitte des 13. Jahrhunderts einen zusätzlichen Schutzschild. Die Wirtschafts- und Wohngebäude, mit dem Palas als zentralem Baukörper des Wohnbereichs, gruppierten sich um den Hof. Als neuartiger Turmtyp bildete sich im 12. Jahrhundert der Bergfried heraus, der von runder, rechteckiger, polygonaler oder quadratischer Gestalt sein konnte. Im Gebiet der Pfalz war die runde Turmform – sonst fast überall gebräuchlich – so gut wie unbekannt. Der Bergfried war recht umfänglich, hatte starke Mauern und beherrschte als höchstes Gebäude das gesamte Burgensemble.

Die hochmittelalterlichen Burgen, wie wir sie heute kennen, entsprechen kaum noch ihrer ursprünglichen Gestalt – die der salischen Epoche schon gar nicht. Die meisten der Burgen sind Ruinen bzw. Baufragmente, oder sie bieten, sofern noch mehr als Fundamentreste oder ein-

Burg Landeck an der südlichen Weinstraße

zelne Gebäudeteile erhalten sind, oftmals das Bild des späten Mittelalters, also des Endstadiums einer mehrhundertjährigen Baugeschichte. Nachdem das 14. und 15. Jahrhundert durch die Einführung der Schusswaffen, vor allem der Armbrust, und die Erfindung der Feuerwaffen auch bautechnische Neuerungen mit sich brachten, die oftmals zur Erweiterung der bestehenden Bauwerke führten, setzte etwa zeitparallel ein Niedergang des Burgenwesens ein. Die alte Burg als *der* Repräsentant der ständisch geprägten Feudalgesellschaft des Hochmittelalters war nicht mehr zu retten. Sie wurde zerstört, aufgegeben oder umfunktioniert. Sie war unmodern geworden, denn sie entsprach immer weniger den waffentechnischen, ökonomischen und politischen Erfordernissen der Zeit.

Das Abbild des Gottesstaates: die Orden und Klöster des Mittelalters

Der Begründer des abendländischen Mönchtums war Benedikt von Nursia, der im Jahre 534 auf den Höhen bei Monte Cassino in Italien eine Ordensregel verfasste, die für alle Mitglieder als Lebens- und Geisteshaltung verbindlich wurde. In der Ordensgemeinschaft gebot der Abt als Vater, seinen Anordnungen war unbedingter Gehorsam zu leisten. Die 73 Kapitel umfassende Benedictus-Regel bestimmte das Leben der Mönche, deren Tagesablauf genau vorgezeichnet war. Siebenmal am Tag musste gebetet werden, dazwischen lagen die Zeiten für Arbeit und Schlaf. Der Mönch legte drei Gelübde ab: Gehorsam, Keuschheit und Armut, persönlichen Besitzes und leiblicher Genüsse hatte er zu entsagen. Die Mönche trugen eine einheitliche Kleidung, die in späterer Zeit schwarz war.

Im 7. Jahrhundert setzte sich das benediktinische Mönchtum allmählich auch nördlich der Alpen durch, wo es für viele Jahrhunderte die führende Ordensgemeinschaft blieb. Hunderte von weitgehend eigenständigen Abteien waren nun über das christliche Europa verteilt, sie stellten Zellen des Glaubens, der christlichen Tradition, des Wissens und der Kultur dar. Die ersten Gründungen im Gebiet der Pfalz waren das Kloster auf dem Remigiusberg bei Kusel, die Klöster Weißenburg, Klingenmünster und Hornbach sowie rechts des Rheins die Abtei Lorsch. So mächtig der Benediktinerorden auch war, so anfällig zeigte sich sein inneres Gerüst, die strenge Regel. Im Lau-

fe der Jahrhunderte gab es immer wieder Anzeichen der Auflösung und der Abspaltung, denen stets Reformbestrebungen folgten. Die Abteien Citeaux und Prémontré wurden Ausgangspunkte neuer Reformorden im frühen 12. Jahrhundert, der Zisterzienser und der Prämonstratenser, die sich rasch in ganz Europa verbreiteten und zu Hunderten von Tochtergründungen führten, darunter in der Pfalz die Konvente von Otterberg, Eußerthal und Wörschweiler.

Gegenüber den Benediktinern, aus denen heraus der Zweigorden der Zisterzienser von Robert von Molesme im Jahre 1098 im burgundischen Citeaux gegründet worden war, zeichnete sich der letztere durch eine wesentlich strengere Organisationsform aus, die in der im Jahre 1119 eingeführten *Carta Caritatis* festgehalten war. Das Ideal der Armut bildete gleichfalls den ideellen Grundstock des 1121 in Prémontré bei Laon von Norbert von Xanten gegründeten Ordens der Prämonstratenser. Im Aufbau vielfach von der Organisation der Zisterzienser beeinflusst, breitete sich der Orden schon ein Jahr später in Deutschland aus, wo im Gebiet der Pfalz die Tochtergründungen in Rothenkirchen, Hane und in Enkenbach entstanden.

Mit der Reformbewegung des späten 11. Jahrhunderts suchten auch die Frauen verstärkt Zugang zu den klösterlichen Lebensgemeinschaften. So hatten die Prämonstratenser von Anfang an Doppelklöster errichtet, in denen die Nonnen ihr eigenes Leben führen konnten, wirtschaftlich und seelsorgerisch aber von Mönchen betreut wurden. Jeder der Orden hatte im 13. Jahrhundert seinen weiblichen Zweig: seien es die Benediktinerinnen, die Zisterzienserinnen, die Prämonstratenserinnen, die Dominikanerinnen oder die Franziskanerinnen.

Modell der ehemaligen Klosteranlage Schönau am Neckar (Rekonstruktion)

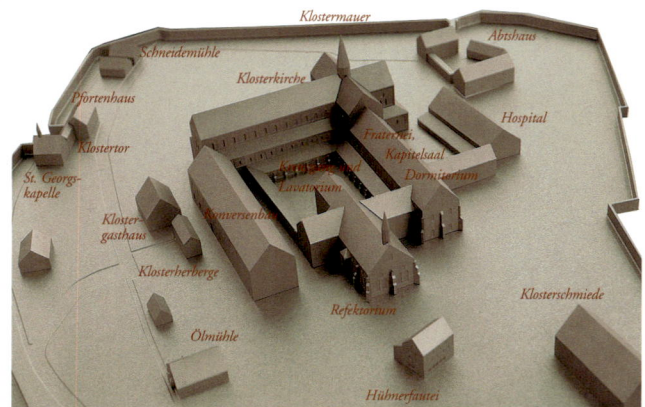

Klostermauer
Schneidemühle
Abtshaus
Klosterkirche
Pfortenhaus
Hospital
Klostertor
Fraterei
St. Georgskapelle
Kapitelsaal
Dormitorium
Lavatorium
Klostergasthaus
Konventsbau
Klosterherberge
Klosterschmiede
Refektorium
Ölmühle
Hühnerfautei

Der mittelalterliche Orden schrieb mit seiner Regel eine Lebens- und Geisteshaltung vor, deren innere Ordnung auch äußere Gestalt gewinnen sollte: als Bauordnung. Die Anlage eines Klosters entsprach den Prinzipien des Gottesstaates und jedes Kloster strebte danach, ein Abbild der *Civitas Dei* zu sein. Im Mittelpunkt der Klosteranlage, die um den Kreuzgang herum angeordnet war, stand die Kirche, das Haus Gottes, in dem das Evangelium verlesen wurde; es musste naturgemäß das größte und reichste, das dominierende Element des Ensembles werden. Nach der Heiligen Schrift war die Ordensregel die zweitwichtigste Lektüre der Mönche, sie täglich „fleißig" zu lesen war eines der obersten Gebote. Dementsprechend nahm der Kapitelsaal, der seinen Namen nach den dort verlesenen Kapiteln der Ordensregel trägt, die nächste Stelle in der Gebäudehierarchie ein. Das Essen, das als Sinnbild geistiger Vorgänge mehr als reine Nahrungsaufnahme oder Genuss war, stand an dritter Stelle. Im Gedenken an den sakramentalen Vorgang beim Abendmahl musste der Speisesaal, das Refektorium, die ihm gebührende Würde ausstrahlen. (Ein noch gut erhaltenes Beispiel eines Refektoriums mit einem Hinweis auf den geistigen Gehalt des Essens findet sich in Rothenkircherhof bei Kirchheimbolanden.) Es folgten das Dormitorium, der Schlafsaal, sowie das Calefactorium zum Aufwärmen in der kalten Jahreszeit und das Lavatorium, das Brunnenhaus, zum Waschen.

Das solcherart konzipierte Idealschema einer Klosteranlage zeigt der um das Jahr 800 entworfene Plan des karolingischen Klosters St. Gallen, der bis in die Spätgotik verbindlich blieb und dem nahezu alle abendländischen Klöster folgten, wobei es zahlreiche Varianten, prachtvollere und bescheidenere Anlagen, gab.

Romanische Architektur

Das Aufkommen der Romanik fällt mit einer um das Jahr 1000 einsetzenden regen Bautätigkeit zusammen, für die unterschiedliche Faktoren ausschlaggebend waren. Zum einen schufen die politischen Verhältnisse eine günstige Grundlage: In Deutschland hatte sich unter den Ottonen ein großer Reichskomplex herausgebildet, das spätere Heilige Römische Reich, in Frankreich war Hugo Capet zum König eines von Flandern bis nach Barcelona reichenden Imperiums geworden, und die Kirche hatte sich in ihrem Herrschaftsgebiet zur Staats- und Reichskirche entwickelt. Zum zweiten kam es zu einer Festigung des Feudalsystems, das den Adel von seinen ökonomischen Sorgen befreite, so dass bislang zurückgehaltene Kräfte für kulturelle und geistige Interessen freigesetzt werden konnten. Und vermutlich spielte auch die Tatsache eine Rolle, dass der für das Jahr 1000 vorhergesagte Weltuntergang ausgeblieben war und die weitverbreitete Endzeitstimmung dieser Jahre, zumindest teilweise, einer aktiveren Lebenseinstellung Platz machte

Der mit dem Beginn des zweiten Jahrtausends verstärkt einsetzende Bau von Kirchen und Klöstern knüpfte an vorhergehende Traditionen an. Viele der Raumformen und Konstruktionen hatten ihre Ursprünge in der frühchristlichen Kunst des 4. und 5. Jahrhunderts Galliens, weitere Vorgaben kamen aus der karolingischen Architektur des 8. und 9. Jahrhunderts, die sich ihrerseits bewusst an die Antike angelehnt hatte: die mächtigen Westfassaden, die Türme und Westturmgruppen, die aus zwei, mitunter aus drei Türmen bestanden. Aus diesen architektonischen Motiven und noch zahlreichen anderen Einzelelementen entwickelte sich ein Formenrepertoire, das die Gestalt und das Aussehen europäischer Gotteshäuser für mehr als zwei Jahrhunderte bestimmen und auf den Profanbau Einfluss nehmen sollte: die Pfalz, das Wohnhaus sowie die Burg, als neuer Bautypus der Epoche.

Kennzeichnend für die romanische Baukunst ist – neben der charakteristischen Form des Rundbogens – die Gliederung des Außenbaus durch Gesimse und aufgelegte Wandstreifen (Lisenen), die durch Bogenfriese verbunden sind. Das Mauerwerk selbst ist kraftvoll und wuchtig; Putz und Tünche beleben das Bauwerk, das, anders als man es heute

Romanische Kirchenfassade

eigentlich kennt, farbig ausgemalt war. Ein besonderes Merkmal des romanischen Kirchenbaus ist die Aufeinanderfolge einzelner Räume, die in der Art eines Baukastens mehrere Baukörper aneinanderreiht bzw. kombiniert. Im Osten schließt meist eine Apsis, anfänglich halbrund, später dann auch polygonal gebildet, die Raumfolge ab. Flache Holzdecken und Dachstühle werden bald zur Ausnahme, die feste, steinerne Kreuzgratwölbung – wie beim Umbau des Speyerer Domes im ausgehenden 11. Jahrhundert zukunftsweisend gewagt – wird zur Regel. Im Laufe der Jahrhunderte werden die Formen vielfältiger und raffinierter, die ursprünglich homogene, durch betonte Massigkeit und Strenge gekennzeichnete Wand, wandelt sich immer mehr zu einer von Fensteröffnungen, Lisenen, Halbsäulen, Kapitellen, Schmuckfriesen und Skulpturen gegliederten Schaufassade.

Die Basilika war *das* Bauwerk der Romanik, hier fand die Epoche zu ihren ausgereiftesten und beeindruckendsten Lösungen. Dies überrascht nicht, denn die Kirche als das Abbild des Himmlischen Jerusalems auf Erden war die zentrale Bauaufgabe in einer von einer starken Religiosität geprägten Zeit. Verbindlich blieb stets die kreuzförmige Anlage, die bei größeren Bauten häufig durch doppelte Chöre im Osten und Westen zweipolig ausgestaltet wurde. Aussehen und Anordnung der Türme spielten ohnedies eine wichtige Rolle, im großen Maßstab der Kathedralen wie auch in den weitaus kleineren und bescheideneren Dimensionen der Dorfkirchen. Querbauten mit Turmaufsätzen, Zweiturmfassaden, Dreiturmbauten, Vierungstürme und Chorflankentürme traten in mannigfaltigen Kombinationen auf. Sie gaben dem Gotteshaus seine Gestalt, eine Gestalt und Größe, die das tatsächliche Raumbedürfnis

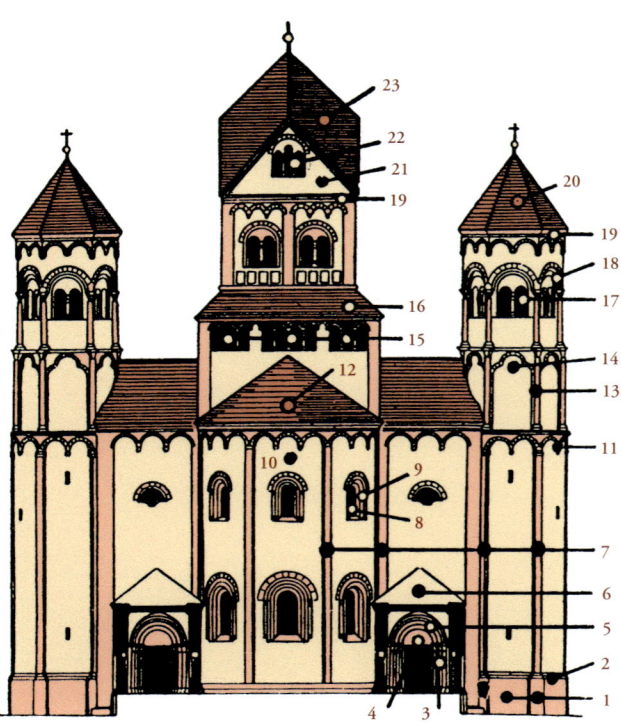

Romanische Kirchenfassade

1	Sockel	9	Fenstergewände	17	Gekuppeltes Fenster
2	Sockelgesims	10	Apsis	18	Blendbogen
3	Portalgewände	11	Rundbogenfries	19	Dachgesims
4	Portaltympanon	12	Halbkegeldach	20	Pyramidendach
5	Archivolte	13	Wandsäule	21	Giebeldreieck
6	Satteldach	14	Kleeblattbogen	22	Drillingsfenster
7	Lisene	15	Zwerggalerie	23	Rautendach
8	Apsisfenster	16	Pultdach		

oft bei weitem überstieg. Denn Kirchenbauten verstanden sich nicht nur als Denkmäler christlicher Frömmigkeit, die zur Verherrlichung und zum Ruhme Gottes erbaut wurden, sondern kamen auch als gebaute Weltanschauung einem Darstellungs- und Repräsentationsbedürfnis ihrer Stifter – der Kaiser und Könige, des herrscherlich organisierten Klerus und des Mönchtums – entgegen. So wie der Speyerer Dom einst Symbol des salischen Kaiserreiches und des Reiches Gottes zugleich war!

Im Zeitalter der Romanik entwickelten sich verschiedene, in sich geschlossene Kunstlandschaften, die sich durch einen verbindenden Stil auszeichneten. Eine solche Landschaft war das Oberrheingebiet, von Basel im Süden bis nach Mainz im Norden, dem auch die Pfalz zuzurechnen ist. Mit der – heute nicht mehr erhaltenen – doppeltürmigen Westfassade der Klosterkirche Limburg wurde hier ein Architekturmotiv eingeführt, das den Kirchenbau nachhaltig prägte. Auch das Wölbungsystem des Speyerer Doms sollte lange Zeit nachwirken: Das gebundene System einfacher Art bestimmte noch die Bauten des späten 12. und frühen 13. Jahrhunderts, den Wormser Dom, St. Martin in Worms sowie die Klosterkirchen von Otterbach, Enkenbach und Eußerthal.

Im Gegensatz zur kölnisch-niederrheinischen Architektur sind für die oberrheinischen Kirchen betonte Massigkeit und Strenge charakteristisch. Im Kircheninneren herrscht die schwere Form vor: gedrungene Pfeiler, kräftige Rundstützen, Kapitelle mit gedrücktem Umriss – wie auch die Außenbauten einer eher konservativen Gesinnung verpflichtet sind. Mit ihren mächtigen Chören sowie den markanten Gruppierungen von Türmen und Giebeln entfaltet die oberrheinische Kunst zugleich ihren ganzen Reichtum an großartigen Erfindungen, die charakteristisch für diese Kunstlandschaft sind. Relativ lange blieb hier die romanische Baugesinnung erhalten. Auch wenn die „klassische Gotik", die in Frankreich bereits in der zweiten Hälfte des 12. Jahrhunderts zu einer revolutionären Umkehr der Architektursprache geführt hatte, schon ihre ersten Vorboten entsandte, fand die Romanik des Oberrheins in ihrer Spätphase nochmals zu einer Blüte. Und sie überdauerte auch mancherorts das Ende der staufischen Herrschaft, mit der in Deutschland die Gotik als die neue Baukunst die Romanik endgültig ablöste, um einige Jahrzehnte.

Abbildung nächste Doppelseite: Burgruinen Grafendahn und Altdahn

Die Regionen

Burgruine Madenburg – Burgruine Landeck – Burgruine Schlössel – Ehem. Benediktinerklosterkirche Klingenmünster – Katholische Nikolauskapelle Klingenmünster – Katholische Pfarrkirche Pleisweiler – Burgruine Guttenberg – Burg Berwartstein – Burgruine Lindelbrunn – Burgruine Drachenfels – Evangelische Christuskirche Rumbach – Katholische Pfarrkirche Niederschlettenbach – Die Burgen des Wasgau – Stiftskirche Wissembourg (Weißenburg) – Katholische Pfarrkirche Altenstadt – Evangelische Kirche Minfeld – Schweinheimer Kirchel Jockgrim – Evangelische Kirche Wollmesheim

KLINGENMÜNSTER
Ruine Madenburg

Geschichte Nördlich von Klingenmünster erheben sich auf dem Südkamm des Rothenberges die Ruinen der Madenburg, die der pfälzische Heimatdichter August Becker eine „lang hingestreckte morgenländische Burgstadt" nannte. Das Terrain der im 11. Jahrhundert als Reichsburg gegründeten Festung erstreckt sich von Nord nach Süd in einer Länge von über 180 m und einer maximalen Breite von 50 m. In seinem Kern aus dem 12. und 13. Jahrhundert stammend, erfuhr das „castra beatae Mariae" – die Marienburg, Maidenburg oder Madenburg – in den nachfolgenden Jahrhunderten tiefgreifende bauliche Veränderungen, so dass sich dem heutigen Besucher ein Nebeneinander von Stilelementen der Romanik, Gotik und Renaissance bietet.

Längsschnitt und Grundriss

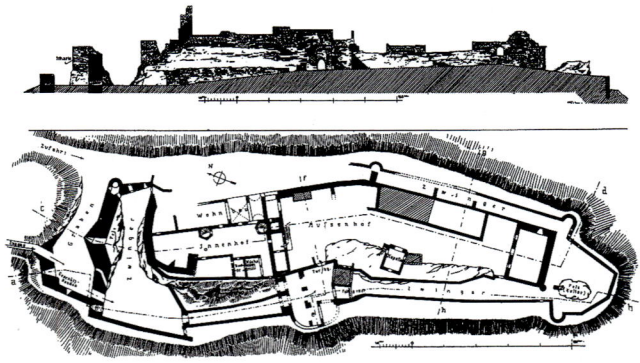

Im 11. Jahrhundert befand sich die Madenburg im Besitz eines Fürsten namens Diemar, dem auch der Trifels gehörte und der als „Gregorianer", als Anhänger des Papstes im Investiturstreit, ein Gegner des Kaiserhauses war. Auf der nach einer zeitgenössischen Quelle als „Parthenopolis" bezeichneten Burg wurde im Jahre 1076 eine Fürstenversammlung anberaumt, zu der auch der gebannte Kaiser Heinrich IV. eingeladen war. Vermutlich sollte der Herrscher hier gefangen genommen werden, was dieser jedoch zu verhindern wusste, indem er die Tagung nach Trebur in der Nähe von Darmstadt verlegte. Im frühen 12. Jahrhundert gelangte die Burg, die zwischenzeitlich für ein knappes Jahrzehnt dem salischen Herrscherhaus zugefallen war, in die Hände von Erzbischof Adalbert von Mainz. Dieser verweigerte jedoch mehrfach die Herausgabe an Kaiser Heinrich V. Erst nach seiner Gefangennahme auf dem Reichstag zu Worms willigte er ein, die Madenburg nebst dem Trifels wieder dem Kaiserhaus zu überlassen. Der deutsche Name „Maddenburg" taucht erstmals im Jahre 1176 auf, als sich die Anlage im Besitz der staufischen Hochstiftsvögte befand. Ihnen folgten im 13. Jahrhundert als kaiserliche Landvögte im Speyergau die Grafen von Leiningen, die den Güterkomplex ihrerseits wieder an andere Herren verliehen. Aufgrund immer

weiterer Lehnsverhältnisse war die Madenburg zum Ende des 14. Jahrhunderts zu einer Ganerbenburg geworden, deren Besitz sich mehrere Geschlechter teilten.

Im Bauernkrieg wurde die Festung geplündert und in Brand gesetzt; mit den Sühnegeldern der unterlegenen Bauern und ihren Frondiensten finanzierte der Speyerer Bischof Philipp von Flörsheim einen Wiederaufbau der Anlage, die nun „lustiger und wehrlicher" als der mittelalterliche Bau werden sollte. Während des im Jahre 1550 beendeten Um- und Neubaus wurde die innere Ringmauer erhöht, es entstanden die äußere Ringmauer mit dem Vorwerk, den Flankierungstürmen und der Torbastei sowie die äußere, mit Geschützkammern versehene Schildmauer im Norden, die 12 m hoch war und eine Mauerstärke von 5 bis zu 7 m aufwies. Nach einer erneuten Zerstörung in der Mitte des 16. Jahrhunderts durch den raublustigen Markgrafen Albrecht Alkibiades von Brandenburg-Kulmbach wurde die gesamte Anlage unter Bischof Eberhard von Dienheim 1593/94 wiederhergestellt. Dieser Bauperiode entstammen die innerhalb der Hauptburg errichteten Wohngebäude und die beiden polygonalen Treppentürme im Renaissance-Stil. Die nun in ein Schloss umgewandelte Festung konnte in all ihrer Pracht jedoch nicht lange bestehen: Wurde sie doch zuerst im Dreißigjährigen Krieg und dann, ein halbes Jahrhundert später, im Zuge der Reunionskriege Ludwigs XIV. in einen

Trümmerhaufen verwandelt. Das bis ins 18. Jahrhundert unter französischer Oberhoheit stehende „chateau de Madenbourg" war dem Verfall preisgegeben und wurde im 19. Jahrhundert als privater Steinbruch benutzt, bis sich der im Jahre 1870 gegründete Madenburgverein um eine Konservierung der übrig gebliebenen Burganlage bemühte.

Noch zweimal sollte die Madenburg in die Geschichtsannalen eingehen. Am 6. August 1843, als die tausendjährige Zugehörigkeit der Pfalz zum Deutschen Reich, die Teilung des Karolingerreiches, festlich begangen werden sollte, kam es zum sogenannten „Eschbacher Rutsch": Ein plötzlich aufkommender Gewitterregen verwandelte das Gelände in ein einziges Schlammbad – was für manchen Teilnehmer in einer Rutschpartie endete. Und fünf Jahre später, 1848, plädierte Robert Blum in einer in der Ruine abgehaltenen Kundgebung für die Einheit und Freiheit der Deutschen.

Baugestalt Man betritt den Burgbereich, der sich in eine jüngere südlich vorgelagerte, etwa 100 m lange Vorburg mit einem äußeren Burghof und in eine ältere nördliche, 80 m lange Hauptburg mit einem Innenhof gliedert, von Norden, der ehemaligen Angriffsseite. Beide Burgteile sind ringsum durch eine innere und eine äußere Ringmauer gesichert, zwischen denen der unregelmäßig verlaufende Zwinger liegt. Ein im Felsen ausgehaue-

Gesamtansicht von Osten

Eingangstor zum äußeren Burghof

Hauptburg mit Philippsbau und Bergfriedspitze (am oberen Bildrand)

ehem. Burgtor von der Innenseite

ner Graben führt durch das unter Bischof Philipp nach den Zerstörungen des Bauernkrieges errichtete Vorwerk in den Halsgraben, hinter dem die mächtige, mit Geschützkammern versehene äußere Schildmauer in die Höhe ragt. Durch diese gelangt man in den Zwinger, den eigentlichen Halsgraben der mittelalterlichen Festung. Hier erhebt sich nun auf einem Felsen die Hauptburg mit ihren doppelten Schildmauern. Vorbei an der teilweise aus gewachsenem Felsen bestehenden inneren Ringmauer führt der Weg bis zur spätgotischen Torbastei, ein dem Burgtor vorgelegter Torbau, dem nach Süden hin der schmale Westzwinger folgt, der um die Burg herumläuft und auf der anderen Seite in den östlichen Zwinger mündet. Auf der linken Seite befindet sich der Eingang in den Hof der Vorburg. Dieser Bereich ist vermutlich der älteste Teil der Madenburg.

Baugeschichtlich interessant ist das ehemalige Burgtor, das in einem Mauerverband aus glatt bearbeiteten Quadern eingelassen ist, der sich anhand der Steinmetzzeichen in das frühe 12. Jahrhundert datieren lässt. Ursprünglich rundbogig, wurde der romanische Durchgang im frühen 16. Jahrhundert zugesetzt. An seine Stelle trat ein tiefer liegendes, schmaleres und in einem spitzen Bogen auslaufen-

des Tor, wobei die Zugbrücke abgebaut und der Außenhof der Anlage abgesenkt werden mussten. Der Schlussstein des Rundbogens hat sich nicht mehr erhalten, eine Tafel im Blendbogenfeld über dem Tor berichtet vom Kauf der „madinbyrg" durch den Speyerer Bischof Georg von der Pfalz im Jahre 1516. Im Inneren korrespondiert dem romanischen Portal eine große Stichbogennische. Das seitlich ansetzende Buckelquader-Mauerwerk gehört der Zeit um 1200 an; das oben anschließende, aus kleinen Quadern gefügte Mauerwerk mit Rundbogenfriesen über Spitzkonsolen diente als Auflager des ehemaligen Wehrgangs.

Wenn man den Hof der Vorburg betritt, erblickt man auf der rechten Seite eine lang gestreckte Felsbank, die einst, wie die Balkenlöcher im Felsen bezeugen, in ihrem gesamten Verlauf An- und Aufbauten trug. Hier stand auch die frühgotische Burgkapelle St. Nikolaus, von der einzelne Teile der Umfassungsmauern sowie einige Fenster des 14. und späten 16. Jahrhunderts zu sehen sind. An der südlichen Schmalseite der Vorburg schließt ein größerer rechteckiger und ehemals dreigeschossiger Bau an, dessen Mauerwerk, mit Ausnahme der rekonstruierten Nordseite, noch in seiner ursprünglichen Höhe steht. Das aus dem 13. Jahrhundert stammende Gebäude, das vielleicht als Zeughaus diente, weist an der Süd- und Ostseite eine Mauerstärke von 2 m auf; zusätzlich wurde die Südwestecke dieses exponierten Bauteils durch einen ausspringenden Rundturm verstärkt. Von den übrigen Gebäuden, die sich an die östliche Ringmauer anlehnen, sind einzig die Grundmauern stehen geblieben. Hier befindet sich heute die Burggaststätte. An der Nordecke der Vorburg schließt der quergestellte, in westöstlicher Richtung verlaufende Mittelbau der Hauptburg an, der in verschiedenen Bauperioden entstanden ist. Der ältere, romani-

Renaissance-Portal am nördlichen Treppenturm

Innenhof der Hauptburg mit nördlichem Treppenturm

sche Teil im Osten mit einem Keller und einem darüber liegenden tonnengewölbten Raum stößt unmittelbar gegen einen in drei Geschossen erhaltenen quadratischen Turm des 14. Jahrhunderts, der ursprünglich frei stand. Im Westen folgt der sogenannte „Philippsbau", ein gleichfalls dreigeschossiger Gebäudeteil, der unter Bischof Philipp von Flörsheim im Jahre 1550 erbaut wurde. Hier ist heute ein kleines Museum eingerichtet, in dem Bauspolien der Burganlage ausgestellt sind. Im rechten Winkel zu diesem Bautrakt lagen, an die westliche Ringmauer angelehnt, der Küchenbau und ein nach Norden anschließender Wohnbau. Auf der Ostseite des inneren Burghofes erhob sich einst der von Bischof Eberhard von Dienheim 1593/94 errichtete und nach diesem benannte „Eberhardsbau", dessen relativ gut erhaltene viergeschossige Treppentürme mit ihren reich dekorierten Portalen bemerkenswerte Zeugnisse der Spätrenaissance in Deutschland sind.

Der Rundgang durch die Burg endet an der nördlichen und nordwestlichen, auf einem Felsen aufsitzenden Schildmauer der Hauptburg, deren Buckelquader-Mauerwerk mit Randschlägen und Steinmetzzeichen staufischen Ursprungs ist. Das südliche Ende dieses Mauerzuges läuft in einem rechten Winkel aus. Aufgrund seiner turmähnlichen Form und als zugleich höchstes Mauerwerk der gesamten Anlage könnte es sich bei diesem Bauteil um den Bergfried gehandelt haben. Die Schildmauer wurde wahrscheinlich als innere Verstärkung einer älteren vorliegenden Mantelmauer angelegt, die in ihrem kleinteiligen Mauerwerk auf salische Ursprünge zurückgeht und in ihren oberen Teilen durch Buckelquader erhöht wurde. Zusammen mit dem Vorwerk und der äußeren Schildmauer des 16. Jahrhunderts bildete die doppelte innere Schildmauer ein bollwerkartiges Verteidigungssystem, das der bischöflichen Bergfeste Madenburg den Ruf einbrachte, „das festeste Schloss in disen landen zu sein" –, das aber letztlich doch nicht den Stürmen des Dreißigjährigen Krieges und des Pfälzischen Erbfolgekrieges trotzen konnte.

Wohngebäude, Blick auf den Küchentrakt

KLINGENMÜNSTER

Burgruine Landeck

Geschichte Oberhalb von Klingenmünster erheben sich auf einer bewaldeten Bergnase des 500 m hohen Treutelsberges die Ruinen der Burg Landeck, über die der im 19. Jahrhundert lebende pfälzische Schriftsteller August Becker dichtete: „Zu Landeck auf der Feste saß König Dagobert, auf seinem Haupt die Krone, in seiner Hand das Schwert ...". Diese Verse entsprangen wohl mehr der freien Fantasie des in Klingenmünster geborenen Heimatdichters als der historischen Wirklichkeit – wollte er doch damit dem sagenumwobenen Merowingerkönig Dagobert I. seine Reverenz erweisen. So rankten sich um den König seit alters her schon zahlreiche Legenden, die etwa zu berichten wussten, dass das Herz des Merowingers in Göcklingen, wo er ein prachtvolles Schloss errichtet hatte, seine Eingeweide in Klingenmünster und sein Leib in Weißenburg bestattet sein sollen.

Die tatsächliche Gründung der Reichsburg Landeck erfolgte erst ein halbes Jahrtausend nach der Regentschaft Dagoberts, etwa um das Jahr 1200. Sie wurde wohl als Schutzburg der Reichsabtei Klingenmünster anstelle der im Jahre 1168 zerstörten Schlössel-Turmburg angelegt. Die ersten Lehnsherren waren die Gra-

Ansicht von Südosten

fen von Eberstein, ein aus dem nördlichen Schwarzwald stammendes, reich begütertes Geschlecht, zu deren Besitz auch die alte Salierburg Stauf bei Eisenberg in der Nordpfalz gehörte. Als kaiserliches Lehen fiel die Burg jedoch nur wenige Zeit später, im Jahre 1222, jeweils zur Hälfte an die Stammlinie des Hauses Leiningen und die jüngere Nebenlinie der Grafen von Leiningen aus dem Haus Saarbrücken. Die Stammlinie konnte sich bei der 1237 erfolgten Teilung des gräflich-leiningischen Besitzes durch den Speyerer Bischof Konrad V. von Eberstein die Eigentumsrechte über die gesamte Burg sichern. Die Landeck fiel somit als Reichslehen an Emich IV., der die Linie Leiningen-Landeck ins Leben rief und als von König Wilhelm von Holland im Speyergau bestellter Landvogt im Jahre 1274 die Stadt Landau gründete. Der Linie Leiningen-Landeck war jedoch nur eine kurze Lebensdauer beschieden; sie erlosch mit dem Tode des kinderlosen Emich V., des Sohnes des Gründers. Rudolf von Habsburg gab im Jahre 1290 das an das Reich zurückgefallene Lehen zu je einem Teil an die elsässischen Herren von Ochsenhausen und an die Grafen von Bitsch-Zweibrücken. Später dann, um 1500, saßen in der Folge weiterer Besitzübergaben und Teilungen drei Amtmänner auf der Burg Landeck: ein bischöflich-speyerischer, ein kurpfälzischer und ein gräflich-zweibrückener. Die Festung, die inzwischen durch mehrere im frühen 15. Jahrhundert erfolgte Erweiterungsbauten um die Gründungsanlage herum eine neue Gestalt angenommen hatte, wurde während des Bauernkrieges durch ein Feuer in Mitleidenschaft gezogen. Schwere Zerstörungen erlitt sie auch während des Pfälzischen Erbfolgekrieges. Heute ist die Burg, um deren Erhalt sich neben dem rheinland-pfälzischen Landesamt für Denkmalpflege auch der vor

*Vorwerk und
Hauptburg von Westen*

über 100 Jahren gegründeter Landeck-Verein verdient macht, staatliches Eigentum.

Baugestalt Die Landeck gehört neben den Burgen von Gräfenstein und Hohenecken zu jenen pfälzischen Burgen, in denen sich der Baucharakter der Stauferzeit am ausgeprägtesten erhalten hat. Der mächtige Bergfried zählt zu den besterhaltenen seiner Zeit. Der Besucher betritt die Anlage von Norden her; eine neuzeitliche hölzerne Brücke auf hohen Pfeilern, die 1965 sorgfältig rekonstruiert wurden, führt über den künstlich angelegten 10 m tiefen Halsgraben in das sogenannte Vorwerk. Das letzte Drittel der Brücke ließ sich früher hochziehen, so dass einem Feind das Eindringen von der bergwärts gelegenen Angriffsseite unmöglich gemacht wurde. Dem spätmittelalterlichen Vorwerk, das der romanischen Kernanlage und dem gotischen Zwinger hier angefügt wurde, liegt eine vermutlich noch romanische Torturmanlage aus Buckelquadern mit einem rundbogigen Eingang vor. Gegen Westen war das Vorwerk durch einen hervorspringenden Turm gesichert, dessen Mauerreste heute bis zur Scheitelhöhe des Tores reichen. Durch ein zweites, kaum noch erhaltenes Tor erreicht man den einige Meter tiefer als der Burghof gelegenen Zwinger, der im Jahre 1416 an die staufische Kernanlage angebaut wurde und der diese allseitig umläuft. Zur weiteren Sicherung der inneren Ringmauer wurden im Osten, Süden und Westen der Zwingermauer ein rechteckiger und vier halb- bis dreiviertelrunde, nach innen offene Flankierungstürme angefügt, die aus kleineren Quadern und Bruchsteinen gemauert sind. In den Türmen lassen sich noch Schießscharten erkennen, sogenannte „Schlüsselloch-Scharten", die, der Verwendung der Armbrust entsprechend, in der Art eines auf den Kopf gestellten Schlüssellochs ausgebildet sind. Der Typus dieser Wehrbauform – flankierend eingestellte Türme mit Gusslöchern und Pecherkern sowie die speziell für die Verwendung der Armbrust angelegte Schartenform – wurde von den

Kreuzfahrern aus dem Orient in das mittlere und westliche Europa importiert.

Das rundbogige Haupttor in der inneren Ringmauer führt in die romanische Kernanlage, die in der Form eines in Nord-Süd-Richtung gestreckten Vielecks eine Grundfläche von ca. 90 x 60 m einnimmt. Den inneren Burghof beherrscht der Bergfried, der sich an die mächtige, im Nordwesten verstärkte und bis auf 10 m erhöhte Ringmauer, den sogenannten Hohen Mantel, anlehnt. Mantelmauer und Bergfried dienten im Mittelalter dem Schutz der dahinterliegenden Wohnanlage, die sonst relativ leicht vom nahen Berghang hätte eingenommen werden können. Der fast quadratische Turm hat Seitenlängen von 8,5 x 9 m und war einst 25 m hoch, heute beträgt seine Höhe noch 23 m. Hier an der Hofseite, der Angriffsseite abgewandt, erkennt man in einer Höhe von 10 m eine rundbogige Einstiegsöffnung, den ehemaligen Zugang zum Turminneren. Die davorliegende, auf drei Steinkonsolen aufsitzende Plattform wurde in jüngerer Zeit angebracht, sie entspricht jedoch einer mittelalterlichen Verteidigungsstrategie. Hierhin konnte sich die Burgbesatzung über eine angestellte Leiter zurückziehen, wenn der Feind schon in das Innere der Burg eingedrungen war. So mochten die Bewohner in den oberen Geschossen des Bergfrieds ausharren, sofern es dem Angreifer nicht gelang, sie auszuhungern oder auf

anderem Wege zur Aufgabe zu zwingen. Im unteren, lichtlosen Geschoss, in das man durch eine Öffnung im Boden blickt, lagen die Räume für Vorräte und für Waffen, eventuell könnte sich hier auch, was jedoch weniger wahrscheinlich ist, ein Verlies befunden haben.

Heute betritt man den Bergfried durch eine neuere, an die innere Ringmauer gelehnte Treppe und durch einen neuzeitlichen Durchbruch an der Außenseite des ersten Obergeschosses, also an der dem ursprünglichen Eingang gegenüberliegenden Seite. Hier befindet sich das kleine Burgmuseum, in dem alte Ansichten, Urkunden und Pläne der Burg sowie Funde – Keramik, Eisenteile, Erntegeräte, Holzsäulen, Reste einer hölzernen Wasserleitung u. Ä. – ausgestellt sind. Treppen und Leitern führen wie im Mittelalter in die oberen Stockwerke. Auf der Höhe eines ehemaligen dritten Obergeschosses mit drei Schießfenstern auf jeder Seite, wie sich dies noch auf einer Lithografie aus dem 19. Jahrhundert erkennen lässt, liegt eine in neuerer Zeit aufgesetzte Plattform, von der sich ein herrlicher Ausblick auf die Rheinebene bietet. Einst bedeckte ein hölzernes Zeltdach den Bergfried, das, wenn es durch Feuerbeschuss in Brand geraten war, abgeworfen werden konnte. Bemerkenswert ist das Quaderwerk des Bergfrieds, der in Teilen restaurierten Mantelmauer und des Eingangstores, das in feinster, für die staufische Epoche typischer Buckelquadertechnik ausgeführt ist. Die unterschiedlich hohen Quaderschichten laufen in waagerechten Linien durch, die Buckel sind sauber behauen. Auf vielen der Quader sind heute noch die Steinmetzzeichen der verschiedenen am Bau beschäftigten Werkleute zu erkennen. Optisch reizvoll wirkt der farbliche Wechsel des Sandsteinmaterials an der einstigen Angriffsseite im Norden und Nordwesten, wo in ungefähr

Bergfried von der Hofseite

unten rechts: Innere Ringmauer mit (neuzeitlichem) Zugang zum Bergfried

halber Höhe der Mantelmauer zuerst weiße, darüber dann rote Sandsteinquader
versetzt sind. Dieser effektvolle Kontrast
lag jedoch nicht in der Absicht der Bau-
leute, sondern war eher zufällig von der
Anlieferung des Baumaterials bestimmt,
das aus verschiedenen Steinbrüchen von
den Fuhrleuten oder den Fronbauern her-
beigeschafft werden musste.

Südlich des Bergfrieds schlossen die
Wohngebäude an. Deren südwestliches,
der ehemalige Palas, war direkt an die
Ringmauer angeschoben, mit der er an
der Außenseite in einem Verband stand.
Der Palas, das sogenannte „Steinerne
Haus", von dem sich die äußeren Umfassungsmauern erhalten haben, erhob sich
in mindestens drei Geschossen. Während
das Erdgeschoss durchgehend geschlossen ist und nicht einmal Schießscharten
aufweist, öffnete sich das darüberliegende Stockwerk an seiner Südwestseite, die
keinen direkten Angriffen ausgesetzt war,
in einer Reihe von stichbogig überdeckten Doppelfenstern mit seitlich in die Nischen eingebauten Sitzbänken. (Die zu
den Fensternischen führenden Treppen
sind neuzeitlich.) Bei diesem Raum handelte es sich wahrscheinlich um den Saal
des Palas. Die Fensterflügel konnten im
Verteidigungsfall von innen mit Brettern
vernagelt werden, die durch Querhölzer
angepresst wurden. Die Nuten der Querhölzer mit den schrägen Einführungsril-
len sind in den Fenstergewänden noch
gut erkennbar. An zwei Stellen befinden
sich anstelle der Fensternischen Tür-
durchgänge, die zu den Aborterkern führten. Diese wichtigen sanitären Ein-
richtungen ragten weit über die Mantelmauer hinaus, so dass die Fäkalien durch
den Zwinger in das Gelände außerhalb
der Burg abgeleitet werden konnten.

Im Südosten lag, dem romanischen
Palas gegenüber, das 1407 errichtete „beumin huss", das „bäumene Haus", das in

Gesamtansicht von Osten

seinen oberen Geschossen aus Holz oder
Fachwerk bestand. Von dem Bau steht
noch die teilweise erneuerte dreigeschossige Südmauer; auch ein Teil der Westmauer ragt bis in eine Höhe von zwei
Stockwerken auf. Zwischen das „Steinerne Haus" und das „Beumin-Haus" wurde an der südlichen Schmalseite der Anlage nur wenige Jahre nach der Errichtung der Zwingermauern ein Bau mit einem schräg abwärts führenden Gang und
einem Tor gesetzt. Dieser 1421 errichtete schmale Verbindungsbau, welcher der
Hauptangriffseite abgewandt lag, ermöglichte einen Zugang zum Zwinger.

In der Mitte des Burghofes befindet
sich eine (restaurierte) gemauerte Zisterne über polygonalem Grundriss (ein interessantes Beispiel einer mittelalterlichen
Sickerzisterne), die vor allem in Kriegs-
und Belagerungszeiten von außerordentlicher Wichtigkeit war. Ein Kubus von
8 x 8 m ist mit Steinen angefüllt, die der
Reinigung des Wassers dienten; die dop-
pelwandige Außenwand ist mit festge-
stampftem Lehm abgedichtet. Das Regenwasser wurde durch zwei Eingussteine an
der Decke eingeleitet, die Entnahme erfolgte in einem 7,5 m tiefer gelegenen kreisrunden Schacht in der Mitte des Innenraumes, in den das Wasser durch vier quadratische Öffnungen eingeleitet wurde.

*Östlicher Wohnbau,
das sog. „beumin huss"*

*Zugbrücke und
Brückenturm*

KLINGENMÜNSTER

Burgruine Schlössel

Oberhalb der Burg Landeck liegt auf dem östlichen Ausläufer des Treutelsberges, im Wald versteckt, die Burgruine Schlössel, die von der Landeck aus über einen steilen, ca. 20-minütigen Fußweg zu erreichen ist. Der ursprüngliche Name der Anlage ist nicht mehr bekannt, die Bezeichnung „Schlössel" stammt aus nachmittelalterlicher Zeit. Das vor allem in baugeschichtlicher Hinsicht bemerkenswerte Areal bewahrt Reste einer salischen Turmburg sowie einer spätkarolingischen Fliehburg, die, in der Zeit der Ungarneinfälle zwischen 880 und 920 errichtet, zum nahe gelegenen Kloster Klingenmünster gehörte. Die Fliehburg, die später die Funktion einer Vorburg zu erfüllen hatte, wurde in ähnlicher Technik und nach einem ähnlichen Schema wie die Heidenlöcher bei Deidesheim erbaut.

Die noch in nahezu drei Vierteln ihrer ehemaligen Ausdehnung erhaltene Ringmauer folgte einem länglich-ovalen Grundriss, das Mauerwerk wurde aus Steinblöcken und aus größeren Bruchsteinen zusammengesetzt. Dem Mauerzug lagen ein tiefer Halsgraben und ein Erdwall vor, zwei Tore, in der Art sogenannter Zangentore, führten in das Innere der Burg. Bei den Zangentoren waren die anstoßenden Ringmauern zum Tordurchgang hin zurückgezogen, so dass man einen hier andrängenden Feind von drei Seiten aus unter Beschuss nehmen konnte. Anders als bei den Heidenlöchern konnten in der Schlössel-Vorburg jedoch keine Bebauungsreste festgestellt werden. Teile einer weiteren frühmittelalterlichen Fliehburg finden sich in unmittelbarer Nähe an der Nordseite des Treutelsberges. Sie gehören zur ehemaligen Fliehburg Heidenschuh. Hier sind noch zwei Abschnittsmauern zu erkennen, die eine ebenfalls von einer Mauer umgebene Bergnase abriegeln.

In frühsalischer Zeit wurde am nordwestlichen Ende der Schlössel-Vorburg ein von einem Graben und Wall umgebener kreisrunder Erdhügel aufgeschüttet, auf dessen oberstes Plateau ein Wohnturm gesetzt wurde. Es handelte sich hierbei um eine sogenannte Motte, die das frühmittelalterliche Areal nun überragte und ihm eine untergeordnete Funktion zuwies. Der noch als respektable Ruine erhaltene quadratische Turm mit einer Seitenlänge von 13 m und einer Mauerstärke von 2,5 m erhob sich wahrscheinlich über vier Geschosse. In zwei der drei

Gesamtansicht von Südosten

rechts unten:
Salischer Wohnturm

Obergeschosse befanden sich Zugänge zum ebenfalls quadratischen Abortschacht, der an der Nordseite angebaut war und eine Seitenlänge von 4 m aufwies. Diese zweifellos enormen Ausmaße lassen ebenso wie die beachtliche lichte Weite des Wohnturms von 8 x 8 m darauf schließen, dass der Turm einer größeren Zahl von Bewohnern Platz geboten haben muss. Wohnturm und Abort wurden aus kleineren, rechteckigen, sauber bearbeiteten Sandsteinquadern in unterschiedlich hohen Schichten errichtet. In manchen Quadern sind maskenartige Köpfe eingemeißelt, die – im apotropäischen Sinne – der Abwehr des Bösen (des Feindes) dienen sollten. Bemerkenswert sind die ähren-und fischgrätenartigen Zierschläge an den Eckquadern, die sich sonst nur an den Sakralbauten der Salier-

zeit, etwa in Niederkirchen, in Limburg an der Haardt und in Wissembourg im Elsass, finden. Anhand dieser Detailformen ist, da schriftliche Quellen und bauliche Hinweise fehlen, die Entstehung des Turmes für die Mitte bzw. die zweite Hälfte des 11. Jahrhunderts anzunehmen. Vielleicht war Bischof Benno von Osnabrück der Bauherr, der als Architekt Kaiser Heinrichs IV. für den Umbau des Speyerer Domes verantwortlich zeichnete. Die Oberlehnsherrschaft über das Schlössel lag vermutlich bei der Abtei Klingenmünster, als Klostervögte waren Salier eingesetzt.

Nur wenige Jahrzehnte nach der Errichtung der Motte, vermutlich zwischen 1100 und 1120, erfolgte die Anlage einer oval-polygonalen Ringmauer, wobei sich um den Turm herum ein Hofraum

oben: Eingangsbereich der Burganlage, rechts hinten der Wohnturm

Eckquader mit Zierschlag

Fensteröffnungen im Wohnturm, innen (oben) und außen (rechts)

schossen in Arkaden öffnete. Von diesem stammen die Bauspolien, die in unmittelbarer Nähe bei Grabungen entdeckt wurden und die heute im Historischen Museum der Pfalz in Speyer aufbewahrt werden: Pfeiler, Säulen, Basen, Kapitelle, ein Türsturz mit kerbschnittartigen Verzierungen sowie ein Topf und Gebrauchsgegenstände aus Bein, darunter eine Flöte, ein Spielwürfel und ein Mühlespiel.

Die Turmburg wurde bereits im Jahre 1168 in der Folge einer Fehde zwischen den Grafen von Saarbrücken, welche die Vogteirechte innehatten, und Kaiser Friedrich Barbarossa zerstört und nicht wiederaufgebaut. Ihr frühes Ende als fortifikatorische Anlage und das sich anschließende Desinteresse an einer weiteren Nutzung lässt sich aus heutiger Sicht fast als ein Glücksfall ansehen, denn so konnte sich eine salische Ruine in ihrer ureigensten Substanz und ohne nachträgliche Veränderungen erhalten. Der Wohnturm ist eines der wenigen erhaltenen Beispiele seiner Art, die das 11. und 12. Jahrhundert im Gebiet des ehemaligen Deutschen Reiches hinterlassen hat. Im Bereich der Pfalz legt nur noch die Burgkapelle der Ruine Winzingen Zeugnis von spätsalischer Bautechnik im Bereich der Wehrarchitektur ab. Gleichzeitig darf die romanische Schlössel-Turmburg über ihren regionalen Bezug hinaus in einer Reihe von mittelalterlichen Wohntürmen gesehen werden – wie sie sich etwa in England in den sogenannten Keeps und in Frankreich in den Donjons herausgebildet hatten.

bildete, in den zwei Gebäude eingestellt wurden. Während das nördliche frei stand, schloss das östliche ohne Mauerverband an den Wohnturm an. In die Ringmauer wurde ein Tor eingelassen, dessen Sandsteinquader in ihrer Ausgestaltung benachbarten spätsalischen Bauten ähneln – etwa dem zweiten Bauabschnitt des Speyerer Domes, der Speyerer Mikwe oder der Kapelle der Burg Winzingen. In die Erweiterungsphase fällt auch ein zusätzlicher Ausbau des Wohnturmes, der sich nun in seinen Oberge-

links: Salischer Westbau
mit nach Osten anschlie-
ßendem Langhaus aus
dem 18. Jahrhundert

*Markierung der roma-
nischen Ostapsis*

KLINGENMÜNSTER
Ehem. Benediktinerklosterkirche

Am südlichen Rand von Klingenmünster liegt eines der ältesten Klöster auf
deutschem Gebiet, das noch unter mero-
wingischer Herrschaft gegründet und mit
Mönchen aus der Gemeinschaft des iri-
schen Missionars Columban besetzt wurde. Vermutlich war es Dagobert I., der
hier im Jahre 636 den Grundstein für ein
Bendiktinerkloster legte, nur wenige Jahre, nachdem das Schwesterkloster im nahe gelegenen Weißenburg ins Leben ge-
rufen worden war. Beide Klöster gehören
vermutlich einer Reihe von im Laufe des
7. Jahrhunderts erfolgten Gründungen
an, die wie Haslach, Maursmünster (Mar-
moutier), Neuweiler, Andlau und schließlich Murbach im frühen 8. Jahrhundert
einem vordringlichen machtpolitischen
Zweck dienen sollten: nämlich der Eta-
blierung der königlich-fränkischen Macht
im alemannischen Reichsteil. Doch schon
bald wurde Klingenmünster von der
Reichsabtei Weißenburg in politischer
wie auch in wirtschaftlicher Hinsicht
überflügelt, deren Bedeutung es nie er-
langen konnte. Wie die Abtei Weißenburg, so lag auch das Kloster Klingen-

Ansicht von Westen

münster, das in seiner Gründungzeit Pli-dinfeld oder Blidenfeld hieß, auf einer Insel, die durch die Umleitung des Kling-bachs gebildet wurde. Die Anlage befand sich am Rande eines Siedlungsgebietes, dem auf Anordnung des merowingischen Königs Rodungsgebiet in dem weithin unbesiedelten Waldgebiet im Westen zu-gewiesen wurde. Um die Mitte des 8. Jahrhunderts trat, einer allgemeinen Entwicklung folgend, an die Stelle der Regel des hl. Columban die des hl. Be-nedikt, die den Verhältnissen im karo-lingischen Reich eher zu entsprechen schien. Ob sich der Einfluss des hl. Pir-minius, der im Anschluss an die Grün-dung des Klosters Hornbach in der Westpfalz als Begründer und Reformer von Klöstern am Ober- und Mittelrhein tätig war, auch auf Klingenmünster er-streckte, ist nicht bekannt. Jedoch ist ein solches Wirken nicht auszuschließen, da der Heilige sich öfter im benachbarten Weißenburg aufhielt und dort reforme-risch tätig war.

Der Bau einer Klosterkirche in Klin-genmünster ist erstmals für die karolin-gische Epoche urkundlich gesichert. Von dieser frühen Kirche, die sich, wie ande-re Gründungen der Zeit, durch eine dop-pelchörige Anlage auszeichnete, hat sich nichts mehr erhalten. Um das Jahr 1100 erfolgte ein grundlegender Umbau. Die romanische Kirche erhob sich nun als ei-ne kreuzförmige, dreischiffige Säulen-basilika, die an die Stelle des karolingi-schen Westchors eine getürmte Westfront mit Vorhalle aufwies. Dieser Westbau steht in wesentlichen Teilen heute noch; er wurde bei einer weiteren, groß ange-legten Erneuerung des Gotteshauses zwi-schen 1735 und 1737 in den von Kaspar Valerius, einem Heidelberger Baumeis-ter, errichteten Neubau integriert.

Erhalten haben sich als markanteste Überreste – neben den Umfassungsmau-ern des südlichen Langhauses und den beiden westlichen Halbsäulen des roma-nischen Langhauses – die Stümpfe der beiden Türme mit den alten Wendeltrep-pen und dem dazwischen liegenden, sich über zwei Stockwerke erhebenden Ver-bindungsbau, über dem jetzt ein einfa-cher barocker Glockenturm aufragt. Ober-halb der tonnengewölbten Vorhalle liegt der baugeschichtlich interessanteste Teil der Kirche: eine Emporenkapelle, die so-genannte Nikolauskapelle, in der Form eines annähernd quadratischen Raumes mit einem gebusten Kreuzrippengewöl-be. Die mit attischen Basen und Würfel-kapitellen versehenen Ecksäulen weisen in das 12. Jahrhundert. Die Stichbogen-öffnung in der Ostwand, die eine Ver-bindung zum Innenraum herstellte, wurde im 13. Jahrhundert eingelassen und später in eine Altarnische umgewan-delt. Der Raum bewahrt außerdem ei-nige Fundstücke vom romanischen Bau, darunter ein Nikolausrelief des 12. Jahr-hunderts, das vielleicht auch aus der Ni-kolauskapelle des Magdalenenhofes stammen könnte. Von den Klosterbau-ten stehen noch die im 18. Jahrhundert verbauten Ost- und Westflügel, im öst-lichen haben sich zwei Doppelarkaden mit Mittelsäulchen und Sattelstein als Reste des romanischen Kreuzgangs er-halten (heute Haus Im Stift 16). Weite-re Spolien der mittelalterlichen Kloster-kirche befinden sich im Historischen Mu-seum der Pfalz in Speyer.

KLINGENMÜNSTER

Katholische Nikolauskapelle

In den Weingärten in unmittelbarer Nähe der heutigen Pfalzklinik Landeck liegt die zum ehemaligen Magdalenenhof gehörende Katholische Nikolauskapelle – ein Kleinod staufischer Sakralarchitektur mit unverkennbaren Einflüssen der elsässischen und vor allem der Wormser Spätromanik. Möglicherweise diente die vermutlich zwischen 1215 und 1225 errichtete kleine Kirche als Burgkapelle der Burg Landeck. Auf jeden Fall gehörte sie zu einer der beiden Kaplaneien der Abtei Klingenmünster – St. Nicolai und St. Maria Magdalena –, von denen eine im Laufe des 15. Jahrhunderts aufgegeben wurde. Ob die jetzige Nikolauskapelle, die im Jahre 1924 im Auftrag der Heil- und Pflegeanstalt restauriert wurde, auch die alte Nikolauskapelle ist, lässt sich nicht mehr mit Sicherheit feststellen. Für den hl. Nikolaus als Patron sprechen Reste mittelalterlicher Wandmalereien im Inneren der Kapelle, ebenso wie das Fragment des heute in der Katholischen Pfarrkirche zu Klingenmünster (der ehemaligen Klosterkirche) aufbewahrten Nikolausreliefs ein Indiz dafür sein könnte.

Die aus Rotsandsteinquadern sorgfältig gemauerte Kapelle besteht aus einem einschiffigen Hauptraum zu zwei längsrechteckigen Jochen, an den ein eingezogener, durch einen schmalen Triumphbogen verbundener Rechteckchor anschließt. Über der oberhalb des Chorbogens verstärkten Trennwand erhebt sich

Ansicht von Südwesten

unten links: Ansicht von Südosten

unten rechts: Westliches Portal am südlichen Kapellenschiff

Kapitell im Chorraum

*Reste romanischer
Wandmalereien im
Inneren*

*rechts: Ostwand mit
spätromanischem
Vierpassfenster*

*Blick vom Schiff in
den Chorraum*

ein ebenfalls gequaderter Turm mit Ecklisenen und Rundbogenfriesen, der beide Dächer überragt und von einer barocken Zwiebelhaube bekrönt wird – der übrigens einzigen späteren Veränderung am gesamten Bauwerk. Im Süden führen zwei rundbogige Portale in das Kapellenschiff. Bemerkenswert ist vor allem das westliche, dessen Laibungsprofile ohne Unterbrechung durch Kämpfer in der Archivoltenzone fortgesetzt werden, wobei das Sockelprofil als umlaufende Rahmung das gesamte Gewände umzieht. Dies ist unverkennbar eine wormsische Architekturform, die sich besonders ausgeprägt in der Frauensynagoge, in St. Martin und im südlichen Turmportal von St. Andreas in Worms wiederfindet. Bei dem kleineren östlichen Portal wird die Gewänderahmung lediglich aus einem einfachen Wulst gebildet. Während die Nordwand des Schiffs fensterlos ist, weist die Südwand in ihrem Ostteil ein rundbogig geschlossenes Fenster auf; die Westwand wird durch ein Rundfenster mit einer (erneuerten) Vierpass-Steinplatte gegliedert.

Im Inneren wird das durch einen breiten Gurtbogen in zwei Joche geteilte Schiff von zwei erneuerten Kreuzgewölben überspannt, deren Rippen auf Eckdiensten bzw. Eckkonsolen aufliegen. Während die beiden westlichen Ecksäulen glatte Kelchblockkapitelle aufweisen, sind die östlichen Kapitelle mit zweizonigem Palmettenblattwerk mit Diamantbändern verziert, das gleichfalls an spätromanische Bauten in Worms erinnert – etwa an die Männersynagoge und an St. Andreas. Der Chorraum wird von einem längsrechteckigen Kreuzrippengewölbe überspannt, vier Ecksäulen stützen die Rippenenden. Auch hier sind, der Anordnung des Schiffs entsprechend, die beiden östlichen Kapitelle mit wormsischem Blatt- und Diamantwerk geschmückt, während die westlichen glatt belassen wurden. Die drei Fenster der Chorwände und die längsseitigen Schildbögen des Chorgewölbes sind rundbogig geschlossen; demgegenüber kündigt sich in den jeweils spitz zusammenlaufenden Schildbögen des Schiffs, den schmalseitigen Schildbögen des Chorgewölbes und dem spitzbogigen Triumphbogen bereits gotisches Formengut an.

PLEISWEILER
Katholische Pfarrkirche St. Simon und Judas

Im nördlich von Bad Bergzabern gelegenen Ort Pleisweiler steht die katholische Pfarrkirche St. Simon und Judas, deren Glockenturm romanischer Herkunft ist. Der Turm erhebt sich – in der Art eines norditalienischen Campanile – etwas abseits des unter dem kurpfälzischen Hofbaumeister Franz Wilhelm Rabaliatti zwischen 1755 und 1757 errichteten Saalbaus mit dem außen dreiseitig geschlossenen Chor. Die Südmauer des Turmes setzte sich ursprünglich im unteren Teil, wie an den dortigen Bruchstellen zu erkennen ist, nach Westen und Osten fort. Das durch rundbogige Schallöffnungen gegliederte Glockengeschoss und die

Ansicht von Nordwesten

Glockengeschoss und barocke Haube

Haube wurden dem Geschmack des 18. Jahrhunderts angepasst. Die beiden separat gestellten Baukörper bilden ein optisch reizvolles Ensemble.

DÖRRENBACH

Burgruine Guttenberg

Auf einem steilen Bergkegel südwestlich von Dörrenbach, nahe an der Grenze zum Elsass, erhebt sich die Burgruine Guttenberg, die vom zwischen Dörrenbach und Böllenborn gelegenen Parkplatz „Drei Eichen" über einen ca. 20-minütigen Fußweg zu erreichen ist. Die Burg liegt im Mundatwald, der sich beiderseits des Buchbachs erstreckt (und übrigens erst im Jahre 1986 von Frankreich an die Bundesrepublik Deutschland übergeben wurde). Die Bezeichnung „Mundat" lässt sich vom lateinischen „immunitas" herleiten, was in diesem Zusammenhang soviel wie „Abgabenfreiheit" bedeutete. Um das Jahr 760 hatte der fränkische König Pippin dem Kloster Weißenburg aus königlichem Besitz den Mundatwald als abgabenfreies Land geschenkt. Mit der Erhebung Weißenburgs zur Freien Reichsstadt durch Kaiser Sigismund im Jahre 1431 begannen Jahrhunderte andauernde Auseinandersetzungen um die Zugehörigkeit des Mundatwaldes zwischen der elsässischen Stadt auf der einen und dem Kloster bzw. dem Bistum Speyer auf der anderen Seite. War doch der nördliche Teil des Gebiets, der als ein ca. 700 ha großer Pfeil in die Pfalz hineinragt, für Weißenburg von außerordentlicher Bedeutung, da sich hier die Quellen für die städtische Wasserversorgung befanden.

Auf der seit der Mitte des 12. Jahrhunderts erwähnten Reichsburg Guttenberg saß einstmals ein edelfreies Geschlecht. Diesem gehörte unter anderem der Minnesänger Ulrich von Guotenburg an, dem eine Illustration in der kurz nach 1300 entstandenen Manessischen Liederhandschrift gewidmet ist. Die Burg kam im frühen 14. Jahrhundert in den Lehnsbesitz der Grafen von Leiningen. Diese mussten ihn sich in der Folgezeit mit dem Haus Pfalz-Zweibrücken teilen, bevor sie im Jahre 1463 ganz ausschieden. Die Anlage wurde im Bauernkrieg stark zerstört, der Amtssitz der Herren von Guttenberg lag von nun an im Ort Dörrenbach mit seinem stark befestigten Wehrfriedhof.

Im Bereich der Vorburg, in die ein relativ gut erhaltenes rundbogiges Tor führt, ragt der Felsen empor, der einst die Oberburg trug. Auf diesem erhebt sich noch der Stumpf des Bergfrieds, der sich mit Resten einer Buckelquaderverkleidung aus dem 13. Jahrhundert erhalten hat. Große Teile der Verkleidung sowie die Mauern der anschließenden Gebäude sind in die untere Burg gestürzt, wo Balkenlöcher in der geglätteten Südwand des Felsens die Stockwerke eines zweigeschossigen Wohnbaus kennzeichnen.

ERLENBACH

Burg Berwartstein

Geschichte Unweit von Erlenbach erhebt sich die Burg Berwartstein, die neben dem Drachenfels und der Burg Altdahn zu den charakteristischsten Vertretern der Gattung Felsenburg gehört. Sie ist die einzige Burg in der Pfalz, die sich als geschlossene Anlage zeigt und die auch bewohnt ist – wenngleich ein Teil der Aufbauten jüngere Ergänzungen sind, die ihr, bis ins späte 19. Jahrhundert eine Ruine, das heutige, pittoresk anmutende Erscheinungsbild verleihen. Erstmals 1152 erwähnt, gelangte die schon erheblich früher angelegte Festung als Schenkung Kaiser Friedrichs I. in den Besitz des Speyerer Bischofs. Seit dem Beginn des 13. Jahrhunderts benannte sich ein dort ansässiges Rittergeschlecht nach der Burg, das sich gemäß der Devise „Reiten und Rauben ist keine Schande, das tun auch die Besten im Lande" die Zeit vertrieb. Als Raubritter und Wegelagerer etablierten die Berwartsteiner in der näheren und weiteren Umgebung eine solche Schreckensherrschaft, dass schließlich die am stärksten betroffenen Reichsstädte Hagenau und Straßburg ein Heer zusammenstellten, um dem unrühmlichen Treiben ein Ende zu bereiten. Nach einer fünfwöchigen Belagerung fiel die Burg im Jahre 1314 durch Verrat. Die Dynastie der Herren von Berwartstein verschwand endgültig aus den Geschichtsannalen, als die hohen Kosten des Wiederaufbaus den letzten Vertreter der Ritterfamilie zwangen, die Burg zu verkaufen, die nach wenigen Jahren in den Besitz des Klosters Weißenburg überging. Die Abtei führte nun, um die Selbständigkeit und Machtfülle der Burgvögte in Grenzen zu halten, das sogenannte Dienstlehen ein, das im Gegensatz zum Erblehen die Möglichkeit bot, die Lehnsmänner sofort abzulösen, sobald sie sich zu große Rechte

anmaßten. In der zweiten Hälfte des 15. Jahrhunderts kam der Berwartstein in den Besitz des pfälzischen Kurfürsten, der ihn dem thüringischen Ritter Hans von Drott, auch Hans Trapp genannt, zu Lehen gab. Der inzwischen zum kurpfälzischen Marschall aufgestiegene Ritter ließ die Burg durch zusätzliche Befestigungen verstärken. So errichtete er neben der Vorburg und der durch flankierende Rundtürme geschützten Unterburg den südöstlich des Burgareals gelegenen Geschützturm „Kleinfrankreich", der, etwa 250 m von der Hauptanlage entfernt, mit dieser vermutlich durch einen unterirdischen Gang in Verbindung stand. Der Berwartstein wurde zum Stützpunkt der zahlreichen, vor allem gegen Weißenburg gerichteten Kriegs- und Raubzüge des Ritters. Er überfiel mit seinen Truppen die in die Reichsstadt ziehenden Kaufleute und ließ die Knechte der Abtei gefangen setzen. Schließlich staute er die durch die Stadt fließende Lauter, was einen Stillstand der Mühlen und einen beträchtlichen Wassermangel zur Folge hatte, um dann den Damm wieder brechen zu lassen, so dass sich die gestauten Fluten über die Stadt

Spätstaufische Oberburg mit historistischen Turmaufbauten

und deren Gemarkungen ergossen. Lebenslang genoss Hans von Drott den Schutz seines kurfürstlichen Herrn und Freundes, der ihn später sogar als Botschafter an den französischen Königshof entsandte. Mit fürstlicher Hilfe konnte er sich erfolgreich gegen die über ihn verhängte Reichsacht und den päpstlichen Bann zur Wehr setzen. Noch heute lebt der wegen seiner Taten und Untaten berühmt-berüchtigte Ritter vor allem als Kinderschreck in der Volkssage und Legende in der südlichen Pfalz und im Nordelsass weiter.

Im Jahre 1591 ging die Festung durch eine Unachtsamkeit in Flammen auf. Obwohl wesentliche Teile den Brand überstanden, blieb sie seitdem unbewohnt. Dieser Umstand jedoch bewahrte den Berwartstein vor dem Schicksal, das alle anderen pfälzischen Burgen im Dreißigjährigen Krieg und im Pfälzischen Erbfolgekrieg ereilte, so dass im ausgehenden 19. Jahrhundert, in den Jahren 1893–95, ein weitgehender, auf einer privaten Initiative beruhender Wiederaufbau in Angriff genommen wurde. In der heutigen Burganlage, die sich in Privatbesitz befindet, verbinden sich mittelalterliche Bauteile mit nostalgisch-historistischen Zutaten,

die jedoch während der jüngsten Restaurierung abgemildert werden konnten. Noch im Zweiten Weltkrieg kam der Berwartstein seiner ursprünglichen Funktion als Zufluchtsort nach, indem er in seinen Felskammern und Kasematten den Bewohnern des Dorfes Erlenbach Schutz vor den Flächenbombardements der alliierten Streitkräfte bot.

Die Kernanlage gliedert sich in die auf einem schmalen Felsklotz errichtete Oberburg, die im Wesentlichen aus dem 13. Jahrhundert stammt, und die auf einem Felsplateau liegende Unterburg, die vermutlich im 15. Jahrhundert von Norden her an und in den Felsen gebaut wurde. Mit Ausnahme der Südostspitze umschließt die im ausgehenden 15. Jahrhundert angebaute Vorburg, die einst durch fünf halbrunde Geschütztürme gesichert war, den Hauptkomplex an drei Seiten. Betritt man die Vorburg, die nach Osten hin weitgehend aufgeschüttet und in einen Garten umgestaltet ist, so erblickt man einen der Unterburg vorgelagerten hufeisenförmigen, überdachten Geschützturm mit einem seitlichen runden Treppentürmchen. Der Turm, dessen unregelmäßiges Quaderwerk sich mit einem spitzbogigen Eingang und neuromanischen Doppelfenstern öffnet, wurde in jüngerer Zeit zur Burgkapelle umgestaltet. An der Südostecke des Felsens befindet sich der ehemalige Aufstiegskamin, der in seiner Anlage und geologischen Beschaffenheit ohne Parallelen ist. Er dürfte wohl der einzige Zugang zur stauferzeitlichen Burg auf dem oberen Burgfelsen gewesen sein. Der Aufstieg erfolgte über Strickleitern und Holztreppen, die im Notfall hochgezogen werden konnten. Von oben konnte die Burgbesatzung mittels siedenden Pechs, heißen Öls oder gar flüssigen Bleis den Feind zum Rückzug zwingen. Damit war eine Einmannverteidigung sowohl des Aufgangs als auch der gesamten Burg ge-

Burgbrunnen im Obergeschoss der Unterburg

unten: Oberburg von Südwesten

währleistet, die lange Zeit als uneinnehmbar galt. In einem nach Osten in den Burggarten vorgeschobenen Rundturm beginnt ein grob ausgehauener, etwa mannshoher Felsgang im Gesteinsmassiv der Unterburg, der nach Westen hin in zwei große quadratische Felskammern führt. Die Kammern haben gerade Decken, jeweils eine Mittelstütze dient zum Abfangen des Drucks. In die Decke des nördlichen Saales ist ein Einstiegloch eingelassen, das in eine höher gelegene Felskammer führt, von der aus eine gewundene Treppe in das Obergeschoss der Unterburg überleitet.

Der heutige Besucher betritt die Festung über den sogenannten Rittersaal im Erdgeschoss der Unterburg, der in seinem Kern noch mittelalterlich ist. Den im Grundriss trapezförmigen Innenraum überdecken vier Kreuzgratgewölbe des 19. Jahrhunderts, die auf drei toskanischen Säulen in den Ecken und einer achteckigen Mittelsäule ruhen. An letzterer lassen sich noch mehrere Steinmetzzeichen des 13. Jahrhunderts erkennen. Die Südwand des Raumes bildet der glatt abgearbeitete Fels der Oberburg, in der ein Aufzugschacht in die darüberliegende Küche führt. Auch heute noch dient der Aufzug zum Transport der Speisen, die man in dem zur Gaststätte umgewandelten Rittersaal zu sich nehmen kann. Über ein nach außen vorspringendes Treppenhaus erreicht man das Obergeschoss der Unterburg mit ihren zu Ende des 19. Jahrhunderts ausgebauten Wohnräumen. Hier befindet sich unter einem erneuerten Aufsatz der Burgbrunnen mit einem Durchmesser von 2 m, der 104 m tief in den Felsen gemeißelt ist und bis zur Talsohle hinabreicht. Einzigartig ist die Anlage des Brunnens innerhalb der Wohngebäude und ihres schützenden Felsens, wodurch die Wasserversorgung während einer feindlichen Belagerung zu jeder Zeit gesichert war. In diesem Geschoss, wie auch in dem

darüberliegenden, schon zur Oberburg gehörenden sind zahlreiche Gänge und Kammern in den Fels gehauen, die museal ausgestaltet sind (Folterkammer, Burgküche etc.). Über ein neuzeitliches Treppenhaus gelangt man – ohne Holztreppen und Strickleitern, wie in der Frühzeit der Burg üblich – in den Bereich der Oberburg, die sich auf der südöstlichen Hälfte des hohen Felsens als Rechteck von etwa 8 x 30 m erhebt. Die aus Buckelquadern gefügten Außenmauern stammen bis ins zweite Geschoss aus der spätstaufischen Bauperiode. Das dritte Geschoss wurde während des Ausbaus von 1893–95 aufgesetzt. Nur am nordwestlichen und südöstlichen Ende reicht das alte Mauerwerk in der Art von Turmaufsätzen, die den Wohnbau in der Mitte des Felsplateaus flankieren, höher hinauf. Die obersten Geschosse dieser Turmbauten, denen mehr die Funktion von mächtigen Schildmauern als von Türmen zukam, sind auf Rundbogenfriesen vorgekragt. Ihre Abschlüsse, die den Umriss der Burg im Landschaftsbild bestimmen, sind wiederum Zutaten des 19. Jahrhunderts.

Eine Besichtigung der Burgräume ist nur im Rahmen einer Führung möglich. Der durchaus empfehlenswerte Rundgang führt durch die Wohn- und Museumsräume, den Brunnenraum, auf das Plateau der oberen Burg, durch den Burggarten und zum alten Aufstieg sowie, als sozusagen „romantischer" Abschluss, durch die unterirdischen Gänge des Berwartsteins.

Kasematte im Burgfelsen

rechts oben: Rüstkammer

*rechts: Wohnbauten
auf dem Burgplateau*

VORDERWEIDENTHAL
Burgruine Lindelbrunn

Nördlich von Vorderweidenthal erheben sich auf einem etwa 200 m ansteigenden bewaldeten Bergkegel die Ruinen der Burg Lindelbrunn, die über einen ausgeschilderten Parkplatz in 15 Fußminuten zu erreichen ist. Als Reichsfeste „Lindelbol" im späten 12. Jahrhundert gegründet, geht ihr Name vermutlich auf den in ihr eingeschlossenen Burgbrunnen zurück, an dem eine große Linde stand. Im Jahre 1274 gab Rudolf von Habsburg die Burg mit den dazugehörigen Ortschaften Vorderweidenthal, Oberschlettenbach, Darstein und Dimbach den Grafen von Leiningen zu Lehen. Seit dem 14. Jahrhundert diente die Festung als Ganerbenburg, deren Besitz sich eine zunehmende Zahl von Herren teilen musste, so dass es in der Folgezeit zu zahlreichen Zwistigkeiten und auch Belagerungen kam, die jedoch der Anlage keinen nennenswerten Schaden zufügten. Zerstört wurde Lindelbrunn erst im Bauernkrieg und blieb fortan unbewohnt.

Die Burg erhob sich über einem ungefähr dreieckigen Grundriss mit einem fast rechteckigen Winkel an der Westseite. Der Bering bestand nur aus einer Mauer aus kleineren, roh behauenen Buntsandsteinquadern in unregelmäßiger Schichtung, an die sich im Süden und an der Südwest- und Nordwestseite mehrere Wohnbauten anlehnten. Die heute noch in zwei bzw. drei Geschossen hochragenden Reste dieser Gebäude sind spätromanischen Ur-

Aborterker

*unten: Burgplateau
mit östlichem
Palasflügel*

sprungs. Einzelne Teile, wie die gedoppelten Spitzbogenfenster im ersten Obergeschoss des ehemaligen Palas und der Erker am Westflügel, lassen bereits frühgotische Einflüsse erkennen. Die Fenstergruppen stehen in tiefen, stichbogigen Nischen mit seitlichen Steinsitzen, an der Außenmauer sind sie mit Rundbogenblenden gerahmt. Im gleichen Geschoss befindet sich am nordwestlichen Trakt unmittelbar neben der Westecke ein steinerner Aborterker, der auf zwei Kragsteinen mit polygonalen Konsolen ruht. Die Stirnmauer des Erkers wird oben von einer kreisrunden Lichtöffnung durchbrochen. Dem östlichen Palasflügel, der an seiner äußeren Ecke noch in drei Geschossen mit einer gut erhaltenen Nischenöffnung aufrecht steht, war einst auf einem vorspringenden Felsen im Südosten ein Anbau vorgelagert. In Erdgeschosshöhe der Burg ist hier eine im Grundriss unregelmäßige Felskammer ausgehauen, die offenbar als Wachstube diente. Darüber erhob sich wahrscheinlich ein runder Turm, dessen ursprüngliche Höhe sich jedoch nicht mehr feststellen lässt. Nördlich des östlichen Wohnbaus ist eine zweite Kammer in den Felsen eingehauen, die vermutlich als Keller diente. Ungewöhnlich für eine mittelalterliche Burganlage ist die Lage des Brunnens, der in den steilen Felshang unterhalb des ehemaligen Palas eingelassen war und sich somit außerhalb der Schutzmauern befand.

BUSENBERG

Burgruine Drachenfels

Wie die Dahner Burgen und der Berwartstein ist auch die Burg Drachenfels auf einer Buntsandsteinformation angelegt, durch die sich ein Netz von in den Fels gehauenen Gängen, Treppen und Räumen zieht. Die ältesten Teile stammen aus dem beginnenden 13. Jahrhundert. Zu dieser Zeit befand sich die Festung im Besitz eines gleichnamigen Rittergeschlechts, das wahrscheinlich aus einer Wormser Ministerialenfamilie hervorgegangen ist. Ähnlich den Herren von Berwartstein entwickelten sich die Drachenfelser zu gefürchteten Wegelagerern, deren Raubzüge die ganze Gegend in Angst und Schrecken versetzten. Schließlich griffen Straßburger Heere ein, und im Jahre 1335 wurde die Burg belagert und zu großen Teilen geschleift. Über den unversehrt gebliebenen Überresten des romanischen Baus entstand bald eine neue Burg, in der sich bis zum Beginn des 16. Jahrhunderts insgesamt 25 Ganerben ansiedelten, so dass eine Erweiterung der Anlage notwendig wurde. Im Jahre 1463 schlossen sich die Ganerben zum Bund der „Hl. Geist-Gesellschaft" zusammen, die hier ihren Hauptsitz hatte und der unter anderem solch prominente Zeitgenossen wie Kaiser Maximilian und der Reichsritter Franz von Sickingen angehörten. Dessen Mitgliedschaft sollte sich jedoch bald als verhängnisvoll erweisen. Als der von Franz von Sickingen initiierte Aufstand der Reichsritter im Jahre 1523 niedergeschlagen wurde, gingen auch die sickingischen Reichsfesten – die Ebernburg, die Hohenburg, die Burg Nanstein und der Drachenfels – in Flammen auf. Die Ganerben wurden vertrieben, ein Wiederaufbau der Anlage wurde verboten, so dass sich der Drachenfels seitdem als Ruine über den Höhen des Wasgau erhebt.

oben: Aufstieg zur Oberburg
unten: Torturm der Unterburg

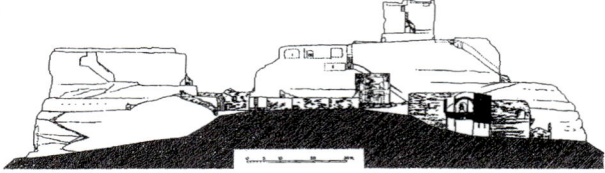

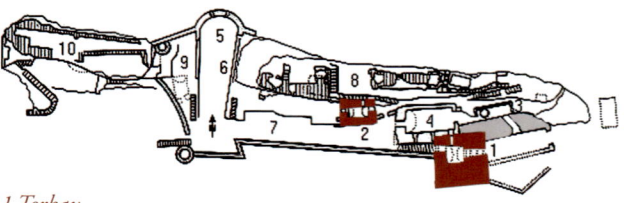

Grundriss und Längsschnitt der Burg Drachenfels

1 Torbau
2 Romanischer Wohnbau
3 Gotischer Wohnbau
4, 5 Wohnbauten der
Renaissance
6 Felsritzung in Form
eines Drachen
7 Östliche Unterburg
8 Östliche Oberburg
9 Westliche Unterburg
10 Westliche Oberburg

Östlicher Burgfelsen
von Süden

Über 150 m in west-östlicher Richtung erstreckt sich das Burggelände, das aus einer Unterburg an der Südseite des steilen Felsens und einer auf zwei schmalen Felsriffen im nördlichen Teil angelegten Oberburg besteht. Hier standen einst mehrere Wohn- und Wehrbauten, von denen sich jedoch kaum etwas erhalten hat. Dieser längeren östlichen Anlage mit ihrem romanischen Baubestand wurde im späten Mittelalter ein kleinerer westlicher Burgteil angegliedert, der durch einen großen Halsgraben abgetrennt war.

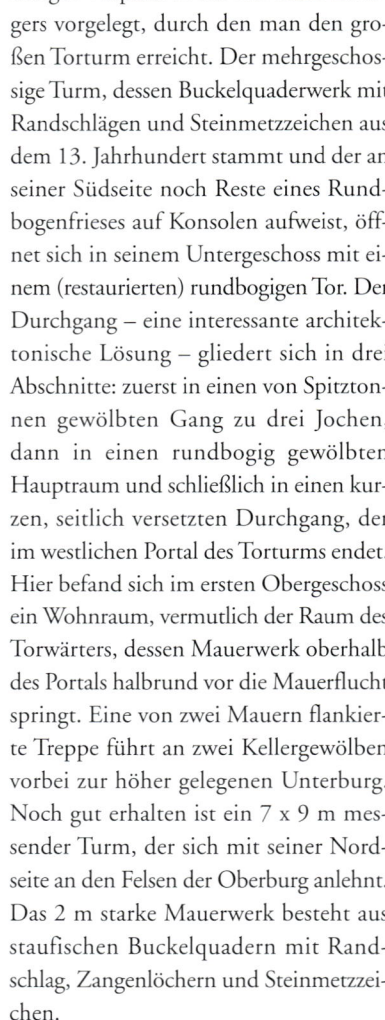

Dem östlichen Burgbereich ist ein fünfeckiger Vorplatz in der Art eines Zwingers vorgelegt, durch den man den großen Torturm erreicht. Der mehrgeschossige Turm, dessen Buckelquaderwerk mit Randschlägen und Steinmetzzeichen aus dem 13. Jahrhundert stammt und der an seiner Südseite noch Reste eines Rundbogenfrieses auf Konsolen aufweist, öffnet sich in seinem Untergeschoss mit einem (restaurierten) rundbogigen Tor. Der Durchgang – eine interessante architektonische Lösung – gliedert sich in drei Abschnitte: zuerst in einen von Spitztonnen gewölbten Gang zu drei Jochen, dann in einen rundbogig gewölbten Hauptraum und schließlich in einen kurzen, seitlich versetzten Durchgang, der im westlichen Portal des Torturms endet. Hier befand sich im ersten Obergeschoss ein Wohnraum, vermutlich der Raum des Torwärters, dessen Mauerwerk oberhalb des Portals halbrund vor die Mauerflucht springt. Eine von zwei Mauern flankierte Treppe führt an zwei Kellergewölben vorbei zur höher gelegenen Unterburg. Noch gut erhalten ist ein 7 x 9 m messender Turm, der sich mit seiner Nordseite an den Felsen der Oberburg anlehnt. Das 2 m starke Mauerwerk besteht aus staufischen Buckelquadern mit Randschlag, Zangenlöchern und Steinmetzzeichen.

Weiter westlich erhoben sich auf einem sockelartigen Felsvorsprung mehrere Wohngebäude, von deren Existenz nur noch die Balkenlöcher im Felsgestein zeugen. Zwei in den Fels gehauene Treppen, die durch kleine Tore versperrt werden konnten, leiteten von der Unterburg in die ehemals mit Quadern verblendeten Felsriffe der Oberburg über. Das Gestein ist hier von zahlreichen ausgehauenen Gängen und Räumen durchzogen, die etwa mannshoch sind und in flachen, zum Teil eingestürzten Decken enden. Der öst-

liche Teil war wahrscheinlich als Wehrplattform ausgebaut, die nicht überdacht war und auf der sich in einer – heute noch erhaltenen – Zisterne das Regenwasser ansammeln konnte. Auf dem Gipfel des Felsriffs steht der sogenannte Aufsatzfelsen, der schon seit langem das Wahrzeichen des Drachenfels ist und heimatlichen Malern nach wie vor als beliebtes Motiv dient. Ursprünglich war dieser Felsen, wie die beiden Felsbarren, ebenfalls mit Quadern verkleidet; vermutlich bildete er den Kern des rechteckigen Bergfrieds, um den sich die Wohnbauten gruppierten.

Der Weg von der östlichen Burganlage in den westlichen Burgbereich, der gegen Ende des 15. Jahrhunderts zum Zweck der Aufnahme weiterer Burgbewohner angelegt worden war, führt durch den Halsgraben mit seiner im Norden halbrund vorspringenden Abschlussmauer. Auch der Graben, dessen Längswände säuberlich abgeschrotet sind, beherbergte, wie anhand von Balkenlöchern zu vermuten ist, ein mehrgeschossiges Gebäude. Auf der östlichen Längswand ist eine Zeichnung in den Stein geritzt, die in groben Linien die Umrisse eines Drachen erkennen lässt, zweifellos eine Re-

verenz der Bewohner an den Namen der Burg. Sie dürfte wahrscheinlich, da eines der Balkenlöcher die Ritzzeichnung durchschlägt, im 14. oder 15. Jahrhundert eingemeißelt worden sein, vielleicht auch schon früher. Der hinter dem Halsgraben aufragende Westfelsen, der sich in eine obere und eine untere Burg gliederte, ist erheblich kürzer und niedriger als der östliche. Auch er ist von Felskammern und -gängen durchzogen. Ein Felsgang und ein kleiner runder Treppenturm an der Ostseite stellten eine Verbindung zwischen den beiden Burgbereichen her.

links oben:
Felsenkammer in der
östlichen Burganlage

Ehem. Bergfried, sog.
Backenzahn

RUMBACH

Evangelische Christuskirche

Zwischen Schönau und Nothweiler liegt der kleine Ort Rumbach mit der evangelischen Christuskirche, ehemals St. Gangolf. Mit dem Bau einer Wallfahrtskirche, die dem hl. Gangolf, einem burgundischen Märtyrer aus dem 8. Jahrhundert, geweiht war, wurde bereits in frühromanischer Zeit begonnen, vermutlich um das Jahr 1000. Aus dieser Zeit stammen die Nordwand und die unteren Teile des südlichen Langhauses, während von den beiden romanischen Apsiden im Osten, die durch Ausgrabungen nachgewiesen werden konnten, nichts mehr zu sehen ist. An ihrer Stelle wurde, der Breite des vorhandenen Langhauses entsprechend, um das Jahr 1200 der jetzige mächtige Chorturm in drei Geschossen errichtet. Er verleiht dem Gotteshaus das Aussehen einer mittelalterlichen Wehrkirche, die auch heute noch den Ort weithin sichtbar überragt. Schon bald nach der Erbauung des Turmes wurde das Kirchenschiff um 4,5 m nach Westen verlängert und durch ein – inzwischen wieder freigelegtes-gotisches Portal abgeschlossen. Im frühen 18. Jahrhundert erfolgte eine Barockisierung des Kirchenraumes, der nun mit dem Zeitstil gemäßen Malereien und einer Empore ausgestattet wurde. Die Barockmalereien wurden bei den Restaurierungsarbeiten im Jahre 1957 zugunsten der in den darunter liegenden Putzschichten entdeckten mittelalterlichen Fresken entfernt, was dem Denkmalpfleger eine sicherlich nicht leichte Entscheidung abverlangte. Das Hauptargument für eine solche Freilegung jedoch war: Kirchen mit barocken Malereien gibt es viele – und dies sollte sich als ein richtiger Entschluss herausstellen.

Um aber auch Zeugnisse des 18. Jahrhunderts in dem Gotteshaus zu bewahren, entschloss man sich, die barocke Ornamentik in den Fensternischen zu erhalten und sie lediglich farblich aufzufrischen. Diese im Grunde als gelungen zu bezeichnende Lösung bestand aber nur 20 Jahre, und was der heutige Besucher in den Fenstergewänden erblickt, ist ein Kuriosum. Aus welchen Gründen auch immer wurden die Barockzeugnisse in den Südfenstern bei einer erneuten Restaurierung im Jahre 1977 vernichtet und durch Nachempfindungen der Ausmalung um das gotische Chorfenster ersetzt – das Resultat: Pseudogotik in Barockfenstern!

Diese äußerst eigenwillige Ausgestaltung wird jedoch durch die freigelegten mittelalterlichen Wandmalereien aufgewogen, die sich in Fragmenten im Chorraum, im Chorbogen, seitlich der Steinkanzel und an der Nordwand des Kirchenschiffs erhalten haben. Die drei Ge-

Die Christuskirche von Südosten

mäldereste an der nördlichen Langhauswand wurden oberhalb der Empore entdeckt und nachträglich nach unten versetzt. Die Darstellung der drei Frauen und das Kruzifix scheinen Reste einer ganzen Passionsfolge zu sein, deren Entstehung für das 15. Jahrhundert zu vermuten ist.

Das älteste, wohl im 12. Jahrhundert entstandene und zugleich in ikonographischer Hinsicht interessanteste Bild befindet sich unmittelbar daneben. Das Fragment zeigt einen kräftigen Baum mit vier großen Blättern und sieben Vögeln, von denen einer, ein weißer Vogel, auf einem Zweig sitzt, während die anderen, in Braun gehaltenen Vögel auf den Baum zufliegen. Alle blicken nach Osten, die meisten haben die Schnäbel geöffnet. Das Fresko lässt vielfache Deutungen zu, die in den Bereich der Zahlenmystik der Kirchenväter verweisen. So symbolisieren die vier Blätter die vier Himmelsrichtungen oder die vier Elemente, die sieben Vögel die Wochentage, wobei der weiße für den Sonntag steht. Die sieben Vögel können auch auf die sieben Sakramente der römischen Kirche hinweisen oder auf die sieben Weltalter, wie sie der Kirchenvater Augustinus in seiner Schrift „De Civitate Dei" („Der Gottesstaat") als Einteilung der Welt- und Menschheitsgeschichte entworfen hat. Die siebte Weltzeit könnte der Maler mit dem weißen Vogel angedeutet haben. Am plausibelsten aber erscheint ein Deutungsversuch, der das Fresko als Illustration eines Gleichnisses aus dem Neuen Testament interpretiert, des im Bereich der Architekturmalerei relativ selten dargestellten Gleichnisses vom Senfkorn. In der Form einer Bilderbibel, die, im Mittelalter häufig an Kirchenwänden angebracht, der Unterweisung der des Lesens unkundigen Laien dienen sollte, wird hier die Schrift zum bildhaften Zeichen. Bei Matthäus 13, 31–32 heißt es: *„Das Himmel-*

Langhaus und Chorraum

Christus mit Aposteln, Fresko, frühes 15. Jahrhundert

reich ist gleich einem Senfkorn, das ein Mensch nahm und säte es auf seinen Acker; welches das kleinste ist unter allem Samen; wenn es aber gewachsen ist, so ist es größer als alle Sträucher und wird ein Baum, dass die Vögel unter dem Himmel kommen und wohnen in seinen Zweigen." Demnach ließen sich die vier Blätter als das Weltkreuz deuten, die Vögel als die aus allen Himmelsrichtungen herbeiströmenden Völker, wobei der weiße Vogel, als Personifikation des alten Bundesvolkes Israel, bereits auf dem Baum sitzt. Die offenen Schnäbel der Vögel verweisen auf den Lobgesang der Völkerscharen.

Im Zusammenhang mit dem Vogelfresko sei noch folgende Begebenheit angemerkt, die sich während der Restaurierungsarbeiten im Jahre 1957 ereignete. Beim Abklopfen der Putzschichten des

*Christus und die drei
Frauen, Fresko, 15.
Jahrhundert*

*rechts: Der Baum mit
den sieben Vögeln,
Fresko, 12. Jahrhundert*

*Christus unter den
Juden, Fresko, 1. Hälfte
13. Jahrhundert*

*Fragmente einer
Weltgerichtsdarstellung,
Fresko, 1. Hälfte
13. Jahrhundert*

mit dem Turm gemeinsam errichteten Chorbogens klang es auf einmal eigenartig hohl, und man entdeckte etwa eineinhalb Meter über dem Kirchenfußboden eine sauber geschliffene kleine Grabplatte aus Sandstein. Hinter ihr saß in einem Hohlraum ein Vogel mit gelbem Schnabel, gelben Füßen und schwarzem Gefieder, vermutlich eine Amsel. Nur wenige Sekunden blieb er sichtbar, dann fiel sein Skelett unter der Lufteinwirkung zusammen. Fast 800 Jahre hatte ein seinerzeit lebendig begrabener Vogel in seinem Grab gesessen. Er war von den Turmbauern – in Kenntnis des Wandbildes und vielleicht als Reverenz an dasselbe – als Bauopfer der Nachwelt hinterlassen worden. Die Überreste des Vogels wurden auf einer Glasscherbe gesammelt und wieder in das alte Grab gelegt, das anschließend mit der Sandsteinplatte verschlossen wurde.

Rechts der Steinkanzel, im Südteil des Langhauses, befinden sich zwei Reihen mit je vier sitzenden Figuren, die vermutlich im frühen 15. Jahrhundert entstanden sind. Die untere Reihe zeigt von links nach rechts Johannes mit dem Kelch, Christus mit der Siegesfahne, Petrus mit dem Schlüssel und dem Himmelstor und Paulus mit dem Schwert. In der oberen, stark restaurierten Reihe – hier wurden die Köpfe der Apostelfiguren neu gemalt – sind Andreas, Jakobus d. Ä., Thomas und Jakobus d. J. dargestellt. Älteren Datums sind die um 1300 entstandenen Bilder der großen Schriftpropheten im Chorbogen, Jesaia, Jeremia, Hesekiel und Daniel. Die Propheten, deren unterer auf der Nordseite fehlt, halten Spruchbänder in ihren Händen und stehen unter von Säulen getragenen Baldachinen.

Durch den Chorbogen betritt man den kleinen Chorraum, der wohl ursprünglich ganz ausgemalt war und ein einheitliches, in zyklischer Form angelegtes Bildprogramm enthielt. Anhand der vorhandenen, teilweise überarbeiteten Malereifragmente lässt sich seine Entstehung für die erste Hälfte des 13. Jahrhunderts vermuten. An der Nordwand befinden sich die Reste einer Weltgerichtsdarstellung, die den thronenden Christus mit Krone und Zepter auf einem Regenbogen über den Wolken sitzend zeigt. Zu seinen Seiten standen zwei Figuren, die sich nicht mehr eindeutig identifizieren lassen. Wahrscheinlich dürfte die linke, die vom Maler zwei gleiche Füße erhalten hat (!), der Jünger Johannes gewesen sein, bei der rechten könnte es sich, nur noch an den unteren Gewandresten erkennbar, um die Muttergottes gehandelt haben. Demgegenüber ist der Posaune blasende Engel auf der linken Seite noch gut erhalten. Die Szene wird durch ein Ornamentband begrenzt, unter dem ein lediglich in Bruchstücken erkennbarer Passionsfries um den gesamten Chorraum verlief. Unmittelbar links und rechts neben der westlichen Gewölberippe erkennt man eine Darstellung des jungen Christus unter den Juden und den Torso der Grablegung Christi. Interessant ist das gut erhaltene, an die Rippe direkt angrenzende Bild eines jungen Mannes, der einen Judenhut aus dem 13. Jahrhundert trägt. Aus dem 15. Jahrhundert stammen die Jüngergestalten in der Chornische, die einst Bestandteil eines die gesamte Ostwand bedeckenden Pfingstbildes waren.

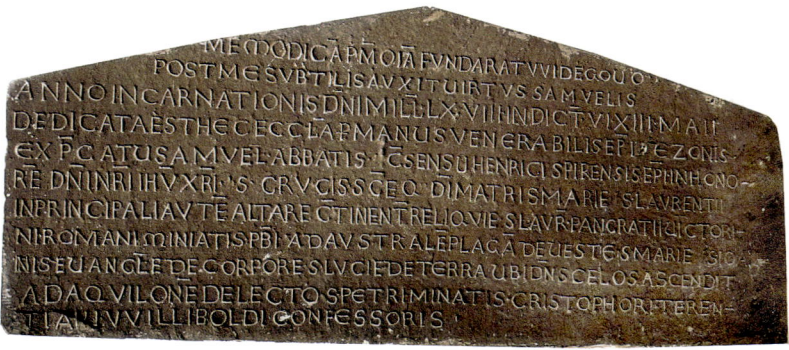

Weihetafel im ehem. Chor

NIEDERSCHLETTENBACH

Katholische Pfarrkirche
St. Laurentius

Ca. 5 km nordöstlich von Nothweiler liegt Niederschlettenbach, in dessen katholischer Pfarrkirche St. Laurentius sich der spätromanische Chor als Seitenkapelle erhalten hat. Von außen kaum wahrnehmbar, schiebt sich der ehemalige Altarraum aus dem ersten Drittel des 13. Jahrhunderts zwischen den gotischen Glockenturm und das im Zweiten Weltkrieg zerstörte und danach in neuen Formen wieder aufgebaute Langhaus, das auf den Fundamenten eines im Jahre 1068 geweihten Vorgängerbaus entstand. Von diesem Bau zeugt noch auf der inneren Nordwand des Chors eine in Sandstein gehauene Weihetafel, die von der Weihe des Gotteshauses durch den Straßburger Bischof Werner II. von Achalm im Jahre 1068 berichtet. Das ehemalige Chorgeviert wird von einem fast rundbogigen, nur leicht gespitzten Kreuzgewölbe mit Rippen überspannt, das in einem Schlussstein mit kreuzförmig angeordnetem Wellenband zusammenläuft. Das Gewölbe liegt auf vier Eckstützen auf, die von vier schönen, unterschiedlich gestalteten spät-romanischen Kapitellen bekrönt werden. Eines davon ist ein Knospenkapitell, zwei sind flächig behandelte Kapitelle, ein weiteres ist, für die mittelalterliche Baukunst nicht unüblich, in unfertigem, d. h. unbearbeitetem Zustand versetzt.

Eckstütze mit Knospenkapitell

DIE BURGEN DES WASGAU

Der Wasgau im Süden der Pfalz bezeichnet eine Landschaft, die ihre Eigenart und Schönheit aus dem Wechselspiel von ausgedehnten Waldgebieten, pyramidenförmigen Bergkegeln und teils schroffen, teils malerischen Sandsteinformationen bezieht. Charakteristisch sind die oftmals hoch gelegenen, aus dem weichen Material des Sandsteins errichteten Felsenburgen, die der Landschaft einen besonderen Akzent verleihen. Einst nannte sich das gesamte Gebiet von Pfälzerwald, Haardt, Donnersberg und Wasgau „Wa-

sigen". Auch die Vogesen, die zwei Drittel des Gesamtareals einnahmen, zählten dazu. Aus dem frühen und hohen Mittelalter ist die Bezeichnung „Waldo Wosago" und „Wosiga silva" überliefert, das Nibelungenlied erwähnt die Varianten „Wasigen-Walt" bzw. „Wasichen-Walt". Nachdem der Name lange Zeit in Vergessenheit geraten war, belebte der Heimatdichter August Becker zur Mitte des 19. Jahrhunderts den Wasigenwald als geographischen und historischen Terminus aufs Neue. Der heutige Wasgau erstreckt sich zwischen der Queich im Norden und der elsässischen Grenze im Süden, zwischen Pirmasens im Westen und der Weinstraße im Osten.

Besiedelt wurde das für die Landwirtschaft wenig geeignete und von den großen Städten weit entfernte Gebiet erst in salisch-staufischer Zeit, wobei die Landeserschließung von Südwesten ausging, vom Bliesgau und von Weißenburg, dem Tal der Wieslauter folgend. Das Kloster Weißenburg entwickelte sich – ebenso wie das weiter nordwestlich gelegene Kloster Hornbach – zu einem geistig-religiösen Zentrum, von dem aus die Verbreitung des christlichen Glaubens in den einsamen Waldlandschaften erfolgte. Der Wasgau war ein Burgenland, in dem zahlreiche auswärtige Herren im Besitz großer und gut gesicherter Festungsanlagen waren, so die Herren von Zweibrücken, die Pfalzgrafen, die Grafen von Leiningen, das Kloster Hornbach und das Hochstift Speyer. Reichsburgen wie Wasigenstein, Fleckenstein, Wegelnburg und Hohenburg sicherten die in nord-südlicher Richtung angelegten Handelsstraßen vom Trifelsgebiet ins Elsass.

Heute liegen die steinernen Überreste dieser mittelalterlichen Wehranlagen – eine einzigartige Synthese aus vorgegebener Naturformation und gebauter Architektur – abseits befestigter Straßen im

Burgruine Blumenstein von Osten

unmittelbaren Grenzgebiet zwischen Deutschland und Frankreich. Sie sind jedoch über gut markierte Wanderwege zu erreichen, und es ist empfehlenswert, sich für die Rundwanderungen mehrere Stunden Zeit zu nehmen. Als Ausgangspunkte für die Burgenbesichtigungen sind die Orte Schönau, Hirschthal und das nur wenige Kilometer östlich gelegene Nothweiler in der Südpfalz sowie die beiden Ortschaften Niedersteinbach und Obersteinbach in den benachbarten Ausläufern der Nordvogesen zu empfehlen.

Von Schönau führt ein Wanderweg zur 3,5 km entfernten Burgruine Blumenstein am Nordosthang des Maimontsattels und von dort aus weiter zur im Elsass gelegenen Burgruine Wasigenstein auf der Südseite des Berges. Über die Anfänge der **Burg Blumenstein**, die zu den höchstgelegenen Wehranlagen in der Pfalz gehört, ist kaum etwas bekannt. Es gilt lediglich als erwiesen, dass sie im 13. Jahrhundert, vermutlich um das Jahr 1260, von der elsässischen Familie von Blumenstein gegründet wurde. Erst im darauffolgenden Jahrhundert tritt sie aus dem Dunkel der Geschichte, als eine Urkunde von der Vertreibung des Geschlechts der Blumensteiner durch einen Angehörigen des Hauses Fleckenstein berichtet. 1347 erscheint die Burg, zu deren Besitzungen 400 Morgen Wald gehörten, bereits als Ganerbenbesitz, den sich in der Folgezeit die Grafen von Zweibrücken und die Herren von Dahn teilten. Noch im frühen 18. Jahrhundert gab es zwei Herren auf der inzwischen im Bauernkrieg stark in Mitleidenschaft gezogenen und als „zerbrochen Hauß" bezeichneten Anlage: das Haus Pfalz-Zweibrücken und das Hochstift Speyer. Obwohl Ruine, diente sie auch in dieser Zeit als einigermaßen wiederhergestellte und durch eine Fallbrücke gesicherte Festung dem Schutz vor feindlichen Überfällen. Ihre beste Verteidigungswaffe

war nach wie vor die exponierte Lage auf dem nahezu 500 m hohen, von Wäldern umsäumten Bergrücken.

Die verhältnismäßig kleine Anlage gliederte sich in drei Zonen. Die untere Burg war zwar über 60 m lang, ihre größte Breite betrug aber nur 10 m, so dass an der Nordseite, an der die Felswand unmittelbar in den Steilabfall des Burgberges übergeht, kein Raum für die untere Befestigungsanlage übrig war. Sie erstreckte sich an der freien Süd- und Ostseite und war durch einen mit glatten Wänden in den Fels getriebenen Halsgraben zur ansteigenden Bergseite hin geschützt. Die mittlere und die obere Burg erhoben sich auf einem schmalen und steilen, lang gestreckten Sandsteinfelsen von beachtlicher Höhe. Beide Burgbereiche waren durch – heute teilweise erneuerte – Felstreppen mit ehemals zwischengeschalteten Toren verbunden. An der Schmalseite der mittleren Burg, direkt über dem Halsgraben, stehen noch Teile der mit Buckelquadern des 13. Jahrhunderts verkleideten Schildmauer, an die an der Innenseite ein rechteckiger Wohnbau anschloss. In den Hauptfelsen eingehauen liegt eine schmale Felskammer, in die zwei

Burgruine Blumenstein, mittlere Burg

Burgruine Blumenstein, Wohnbau in der mittleren Burg

Wohnturm von Klein-Wasigenstein

rechts: Bergfried von Groß-Wasigenstein

Burg Groß-Wasigenstein von Osten

Zugänge führen. Das starke Mauerwerk des Felsens öffnet sich mit einer Beobachtungsluke sowie zwei rechteckigen Fensteröffnungen, die jeweils in einer tiefen Nische mit einer Sitzbank angelegt sind. Bemerkenswert ist eine große muldenförmige Vertiefung im Boden vor der Ostwand, in die vermutlich ein Lastenaufzug mit einer Seilwinde eingelassen war. Eine Treppe neben der Felskammer führt in den Bereich der kleinen oberen Burg hinauf, deren oberste Plattform nur 3 x 5 m misst. In dem etwas tiefer gelegenen östlichen Teil der Oberburg deuten geringe Grundmauerspuren auf einen weiteren Wohnbau hin, von dem sich jedoch kein aufgehendes Mauerwerk erhalten hat. Eine unregelmäßig gerundete Schachtöffnung in der Mitte der Anlage, die jetzt zum Teil aufgefüllt ist, stand einst mit der Seilwinde der Felskammer in Verbindung.

Die **Burg Wasigenstein** im Elsass, erstmals im späten 8. Jahrhundert erwähnt und Namensgeber für den Wasgau, ist wie die Wegelnburg, die Hohenburg und der Fleckenstein im 12. Jahrhundert als Reichsburg entstanden. Bis zum Ende des 15. Jahrhunderts war die Burg als Reichslehen im Besitz der Herren von Wasigenstein, sie fiel dann nach dem Aussterben des Geschlechts an die Fleckensteiner und wurde im Dreißigjährigen Krieg zerstört.

Eindrucksvoll sind heute noch die Felsentreppen und -kammern der kühnen, auf zwei durch eine tiefe Schlucht getrennten Felsklippen erbauten Anlage. Auf dem Südostfelsen erhob sich die Burg Klein-Wasigenstein mit einem wohnturmartigen, polygonalen dreigeschossigen Wohnturm in Buckelquadern. Von der Burg Groß-Wasigenstein auf dem Nordwestfelsen, in den eine innere Wendeltreppe eingehauen ist, stehen noch größere Teile des ehemaligen Palas und Reste des quadratischen Bergfrieds. Der Wasigenstein war vermutlich der Schauplatz des Walthariliedes, das im frühen 10. Jahrhundert vom St. Gallener Mönch Eckehard in lateinischer Sprache verfasst und von Victor von Scheffel im 19. Jahrhundert ins Deutsche übertragen

wurde. Nach dieser Dichtung soll es sich hier zugetragen haben, dass Walter von Aquitanien, mit Hildegund vom Hofe des Hunnenkönigs geflohen, gegen die Mannen König Gunthers von Worms kämpfte. Beim Kampf um den Hunnenschatz verlor Walther die rechte Hand, Gunther ein Bein, und Hagen, der Gefolgsmann des Königs, ein Auge. Anders als im Nibelungenlied blieben die Helden am Leben und schlossen Frieden.

Von Nothweiler führt ein Wanderweg zur etwa eine Stunde entfernt liegenden Wegelnburg und von dort aus zu den elsässischen Burgen Hohenburg und Fleckenstein. Die Gründung der **Wegelnburg** fällt in die Zeit der Staufer, vermutlich in das späte 12. bzw. frühe 13. Jahrhundert. Bereits 1272 wurde die Anlage belagert und zerstört. Eine Urkunde überliefert, dass der damalige kaiserliche Vogt, der auf der Burg saß, die Straßen unsicher gemacht und den Landfrieden gebrochen haben soll, woraufhin die Bürger Straßburgs und der Landvogt des Elsass die Festung eingenommen und verwüstet hätten. Sie wurde bald wieder aufgebaut und diente einer Familie von Wegelnburg als Wohnsitz, später kam sie in den Besitz der Pfalzgrafen bei Rhein, welche die Erben der Staufer im pfälzischen Raum waren. Bei der Teilung der pfälzischen Güter im Jahre 1410 fiel die Burg an das neu gegründete Herzogtum Pfalz-Zweibrücken, bei dem sie bis zur Französischen Revolution verblieb. 1679 be-

Wegelnburg, obere Burg

Wegelnburg, Felsenkammer in der mittleren Burg

lagerten französische Truppen (ebenso wie die benachbarte Hohenburg und der Fleckenstein) auch die Wegelnburg, sie schleiften die Mauern, Türme und den Zwinger und ebneten den Felsen ein, auf dem die Burg stand. In jüngerer Zeit wurde die Ruine umfassend, aber relativ maßvoll restauriert, indem man den meterhohen Schutt beseitigte und einige Tore und Mauern sorgfältig wiederherstellte.

Mit 572 m ist die Wegelnburg die höchstgelegene Burgruine der Pfalz. Einem ähnlichen Grundrissschema wie die Burg Blumenstein folgend, gliederte sich die auf einem langt gestreckten Gipfelfelsen angelegte Festung in drei Zonen: in eine untere Vorburg am Westhang des Felsens, eine mittlere, ca. 90 m lange Burg auf der eigentlichen Plattform und eine

Wegelnburg, untere Burg

Hohenburg, Toranlagen in der unteren Burg

Hohenburg, Mauerreste der unteren Burg

Hohenburg, obere Burg mit Bergfried

kleinere Oberburg auf einem nur 30 m langen Aufsatzfelsen. Die Unterburg, die vermutlich erst nach der Zerstörung im Jahre 1272 erbaut wurde, war von geringem Umfang, wie sich anhand der vorhandenen Reste der Ringmauer über der glatt gearbeiteten Felswand belegen lässt. Ein rundbogiges, ehemals leicht abgetrepptes Tor in dieser Mauer führt in den schmalen Bereich der mittleren Burg, in der noch die Grundmauern eines rechteckigen Gebäudes stehen. Vermutlich lehnten sich in früherer Zeit weitere Gebäude an den Aufsatzfelsen der oberen Burg an, worauf möglicherweise die in die Felswand eingelassenen Balkenlöcher hinweisen. Der schmale Aufsatzfelsen der Oberburg besitzt in der Höhe der mittleren Burg eine große, rechteckig ausgeschlagene Felskammer, die von Westen her durch eine rundbogige Türöffnung in einer rechteckigen Blende zugänglich ist. Auf der gleichen Seite befinden sich zwei kleine rechteckige Fensteröffnungen mit schräger Laibung. Oberhalb der Kammer ist der Felsen mit gebuckelten Sandsteinquadern verkleidet, die aus der staufischen Gründungszeit stammen. Von der ehemaligen Oberburg, die man über in den Felsen gehauene Treppen an der Nord- und Südseite erreicht, ist aufgehendes Mauer-

werk nicht mehr vorhanden. Schwache Grundmauerspuren zeugen von ehemaligen Wohnbauten; vermutlich stand auch ein Turm auf dem Felsen. Im Inneren des Gesteins, oberhalb der Felskammer der mittleren Burg, waren noch weitere Kammern ausgehauen, von denen eine unzerstört ist. Die obere Plattform lag einstmals an der Angriffsseite in Richtung Hohenburg. Wenn hier auch nur wenig von der mittelalterlichen Befestigungsanlage zu sehen ist, so entschädigt doch der phantastische Rundblick über die weite Landschaft des Wasgau.

Nur wenige hundert Meter von der Wegelnburg entfernt liegt die **Hohenburg**. Ursprünglich diente die wahrscheinlich noch im 12. Jahrhundert erbaute Anlage dem Schutz der kaiserlichen Interessen zwischen der Kaiserpfalz Hagenau und dem Trifels. Die Festung war

um einen Felskern herum angelegt worden, und zwar, wie die staufische Ringmauer verrät, auf einem ungefähr fünfeckigen Grundriss. Der Ministeriale Konrad von Fleckenstein begründete das durch einen Minnesänger bekannt gewordene Geschlecht der Puller von Hohenheim, das gegen Ende des 15. Jahrhunderts ausstarb. Die letzte Erbin heiratete einen Ritter aus dem Geschlecht der Sickingen; ihr Sohn war der am 2. März 1481 auf der Ebernburg geborene Franz von Sickingen. Dieser ließ auf der Hohenburg, ähnlich wie auf der Burg Nanstein bei Landstuhl, einen mehrstöckigen Geschützturm errichten, der von nun an das Bild der Festung prägte. Die Burg wurde in den 20er-Jahren des 16. Jahrhunderts zerstört. Erhalten haben sich von der Anlage vor allem der gewaltige Geschützturm Franz von Sickingens mit den Renaissance-Toranlagen der Unterburg, das Ritterhaus, die Kapelle und die in den Felsen getriebene Zisterne. Von dem auf dem Kernfelsen liegenden Bergfried stehen noch Teile der staufischen Buckelquaderverkleidung.

Während die nur einen Steinwurf entfernte **Burg Löwenstein**, die erstmals im frühen 13. Jahrhundert erwähnt wurde, fast gänzlich zerstört ist, zeugen die Ruinen der **Burg Fleckenstein** von den einst imposanten Ausmaßen dieser zu den größten Festungsanlagen in den Vogesen zählenden staufischen Gründung. Die Burg entstand auf einem 40 m hohen und 50 m langen Sandsteinfelsen über einem schmalen Felsriff, ein großer Teil der Gänge und der Wohnzwecken vorbehaltenen Räume wurde direkt in das Gestein geschrotet. An den beiden Langseiten führten runde bzw. eckige Treppentürme in den Bereich der oberen Burg, zusätzlich wurde ein seitwärts allein stehender, hoch aufragender Felsen als Treppenturm in die Anlage mit einbezogen und durch

eine Wendeltreppe zugänglich gemacht. Die ältesten Teile der Burg stammen aus der Mitte des 12. Jahrhunderts; im späten Mittelalter erhielt die Anlage mehrere Ergänzungen, die den inzwischen weiterentwickelten Wehr-und Wohnbedingungen Rechnung trugen.

Ursprünglich war der gesamte Felsen mit Mauerwerk verblendet, noch deutlich heben sich die staufischen Buckelquader vom Felsgestein ab. Erhalten haben sich auch die in den Fels gehauenen Gemächer und Gänge, Reste des gotischen Palas auf der Felsplattform und Tei-

Burg Fleckenstein von Norden

links: Burgruine Löwenstein

unten: Burg Fleckenstein, rekonstruierter Lastenkran

Burg Fleckenstein, Fahrweg in der Unterburg

le der Vorbauten. Ein Felsraum, die frühere obere Kapelle, dient heute als kleines Burgmuseum. Die Burg war Stammsitz der Freiherren von Fleckenstein, die als Ministerialen in kaiserlichen Diensten standen und wiederholt den kaiserlichen Statthalter stellten. Nach den Grafen von Lichtenberg waren sie das mächtigste Adelsgeschlecht im Unterelsass, ihre Stammburg stellte ein wichtiges Bindeglied zwischen den Reichsländern um Hagenau und Kaiserslautern dar. Die Herrschaft Fleckenstein zählte insgesamt sechs Ämter und erstreckte sich bis an den Rhein. Die im 15. und 16. Jahrhun-

Burg Lützelhardt, Nischen und Balkenlöcher in der unteren Burg (unten)

Burg Fleckenstein, Oberburg mit Treppenturm und Graben

dert ausgebaute Anlage galt lange Zeit als uneinnehmbar, bis sie im Jahre 1674 vom französischen Festungsbaumeister Vauban ohne Widerstand besetzt und nur sechs Jahre später von den Truppen des Generals Montclar zerstört wurde.

Oberhalb des elsässischen Obersteinbach liegen die Ruinen der Kleinen Arnsburg (Petit Arnsbourg) und der Ruine Lützelhardt (Ruines de Lutzelhardt), die einzig über teilweise recht steile Fußwege zu erreichen sind. Die **Burg Lützelhardt**, deren Name sich vom gleichnamigen Waldgebiet herleitet, wurde vermutlich kurz vor 1250 auf einem lang gestreckten Rotsandsteinfelsen erbaut. Die Gesamtanlage ist heute ziemlich zerstört, lediglich einzelne Reste, wie Teile des Bergfrieds, konnten sich in größeren Partien erhalten. Noch gut erkennbar im roten Sandsteinfelsen sind mehrere eingelassene Nischen sowie quadratische Einlassungen für die Deckenbalken der einstigen Palasgebäude. Der heutige Besucher betritt die Anlage über eine ziemlich lange und steile Holztreppe, die über eine sich anschließende Sandsteintreppe und eine noch steilere Stahltreppe auf eine obere Plattform führt, von der aus sich ein herrlicher Rundblick bietet. Auch die unweit gelegene **Kleine Arnsburg** wurde auf einem Sandsteinfelsen oberhalb der Ortschaft Obersteinbach errichtet. Schon früh aufgegeben, lag sie bereits vor dem Dreißigjährigen Krieg in Ruinen. Es haben sich noch Teile der Treppenanlagen, Reste eines Wohngebäudes sowie des hohen Bergfrieds auf der Bergseite erhalten. Oberhalb des benachbarten Niedersteinbach erheben sich die Ruinen der **Froensburg** (Ruines de Froensbourg), die, im Jahre 1269 im Besitz derer von

Froensburg

Froensburg, untere Burganlage

Froensburg erstmals urkundlich erwähnt, auf einem mächtigen Felsen errichtet wurde. Wie von der Kleinen Arnsburg und der Burg Lützelhardt haben sich hier noch einige, zum Teil recht ansehnliche Gebäudefragmente erhalten – so die Felsenkeller und Mauerreste im unteren Teil der Burg und ein gut erhaltener Felsenkeller im oberen Teil. Bemerkenswert sind die Reste des sechseckigen Bergfrieds, der den oberen Abschluss dominiert. Auch diese Wehranlage, die bereits im Jahre 1359 zerstört und in der Folge zu einer Raubritterburg verkam, ist über exponierte Außentreppen sowie eine luftige Holzbrücke begehbar.

Kleine Arnsburg / Petit Arnsbourg

WISSEMBOURG (ELSASS)/ WEISSENBURG

Stiftskirche St. Peter und Paul

Die ersten Anfänge einer Siedlung in Weißenburg gehen auf die Jahre 631/32 zurück, als der merowingische König Dagobert I. am südlichen Rand des Mundatswaldes am kleinen Fluss Lauter die Gründung eines Benediktinerklosters verfügte, das 30 Jahre später unter Bischof Dragobod von Speyer ausgebaut wurde. In den folgenden Jahrhunderten konnte die Abtei durch zahlreiche Schenkungen, insbesondere durch Schenkungen seitens des ostlothringischen Adels ausgedehnte Ländereien im Elsass, im Speyergau und an der Saar erwerben, so dass das durch vier Burgen geschützte Kloster bereits unter karolingischer Herrschaft zu einem religiös-kulturellen Zentrum im Südwesten des Reiches avancierte. Von der Mitte des 8. bis zum 10. Jahrhundert wurden des Öfteren Bischöfe von Speyer, Mainz, Worms und Basel mit der Abtei belehnt, 973 schließlich erhielt Weißenburg den Status einer Reichsabtei. Einen Teil ihres Besitzes sollte die Abtei dann gegen Ende des 10. Jahrhunderts wieder verlieren, als Otto, der Sohn des Saliers

Stiftskirche St. Peter und Paul

Konrad des Roten, als Ausgleich für den Verlust des Herzogtums Kärnten mehrere Weißenburger Ländereien erhielt, um seine Vasallen auszustatten. Diese Güterübertragung, die einem Säkularisierungsvorgang gleichkam, bezeichnete die kirchliche Geschichtsschreibung auch als „Weißenburger Kirchenraub".

Einen hohen Ruf genoss auch die Weißenburger Klosterschule, in welcher der Mönch Otfried im Jahre 860 seine berühmte *Evangelienharmonie* (die Übersetzung der Evangelien aus dem Lateinischen) verfasste, die zu den herausragenden Schriftdokumenten in althochdeutscher Sprache zählt. Damals unterstand das Kloster dem Abt Grimald, der zugleich auch Abt des Klosters St. Gallen und Kanzler Kaiser Ludwigs des Deutschen war. In der Salierzeit erfolgte unter Abt Samuel (1055–97) ein groß angelegter Neubau der Klostergebäude, der im Jahre 1074 geweiht wurde. Die damalige Kirche verfügte über einen Westbau (mit dem noch heute erhaltenen Westturm), ein Ostquerhaus und eine Krypta. In der Folge der staufischen Herrschaft erlebte die Abtei, wie auch die um sie herum entstandene, 1178 erstmals bezeugte Siedlung, ihre eigentliche Blütezeit – Weißenburg nahm am allgemeinen Aufschwung der Städte teil, erhielt Mauern sowie kaiserliche Privilegien und trat im Jahre 1254 dem Rheinischen Städtebund bei. So berichtet die *Edelsasser Chronik* in ihrem 10. Band von 1529 im Rückblick: *„Das Closter Weissenburg Sanct Benedicten Ordens ist der mächtigsten und ältesten Clöszters eines in Teutschland gewesen; wird unter die Abteyen des Römischen Reichs gezahlt, ward gebauen in dem Elsass an dem berg Vogeseo in der Reichsstatt Weissenburg bey dem Fluss die Lautter genannt, welche mitten durch die Staat fleusst, an einem lustigen Ort des Bistumbs; die Alten haben es Witzenburg oder der Weisheit Burg ge-*

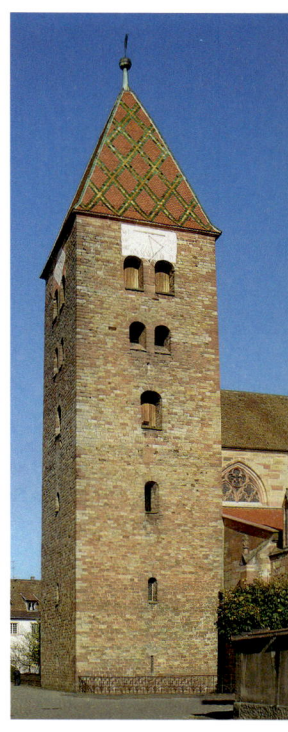

nannt, dieweil die Münch solches Closters jederzeit in guter Lehr gehalten." Zur Mitte des 13. Jahrhunderts hatte Weißenburg eine solche Bedeutung erlangt, die auch nach einer Erweiterung des vorhandenen Baubestandes verlangte: So wurde in der zweiten Hälfte des 13. Jahrhunderts unter Abt Edelin (1262–93) mit einem Neubau begonnen, der sich in weiten Teilen bis auf den heutigen Tag erhalten hat.

In ihrem Gesamtbild folgt die Kirche dem Typus einer kreuzförmigen Pfeilerbasilika mit Vierungsturm. Sie erstreckt sich in ihrer Längsausrichtung über sieben Joche, die Querhausflügel weisen jeweils zwei Joche auf; an der nördlichen Längsseite schließt ein Kreuzgang an, der aus einem Südflügel und einer Partie des Ostflügels besteht. Während diese Bauteile – wie auch die Wandmalereien, darunter das gewaltige Christopherus-Fresko, die Altäre und Skulpturen im Inneren – im Stil der Gotik gehalten sind,

stammen der quadratische Westturm und die Peter-und-Pauls-Kapelle im Osten noch vom romanischen Vorgängerbau. Der aus rötlich-braunen Steinen gemauerte Turm erscheint kompakt und nahezu monolithisch. Die großen Mauerflächen öffnen sich lediglich mit nach oben hin größer werdenden rundbogigen Fenstern, ansonsten fehlen jegliche horizontale Gliederungselemente wie Friese oder Gesimse. Der Dachaufsatz ist jüngeren Datums. Eine an der südlichen Außenmauer angebrachte, 1851 restaurierte Inschrift erinnert an den Bauherrn: SAMUEL ABBAS HANC TVRRIM FECIT (Abt Samuel hat diesen Turm errichtet).

Romanischer Westturm

links: Ansicht von Osten

Inschrift an der Südmauer des Westturms

Peter-und-Pauls-Kapelle, um 1060

oben rechts: Fensterrose im Nordquerhaus, um-1190

Christus von Wissembourg, Rundfenster, um 1070

An der Ostseite, über den Kreuzgang zu erreichen, befindet sich die um 1060 erbaute und späterhin profanierte Peter-und-Pauls-Kapelle, die ursprünglich als Kapitelsaal diente. Dem Vorbild der Krypta im Speyerer Dom folgend besteht der kleine Raum aus drei Schiffen zu vier Jochen, die gratigen Kreuzrippen ruhen auf kräftigen Säulen mit Würfelkapitellen über Schaftringen; die Apsis wurde zerstört. Noch erkennbare Einkerbungen in den mittleren Säulen legen Zeugnis davon ab, dass die Kapelle von der Französischen Revolution bis in die 1960er-Jahre als Weinkeller diente.

Ein weiteres Zeugnis des romanischen Vorgängerbaus befindet sich im Kircheninneren: die Fensterrose im nördlichen Querhaus. Sie entstand um das Jahr 1190 und zählt zu den ältesten noch erhaltenen Glasmalereien im Elsass. Sie hat einen Durchmesser von 2 m und besteht aus acht Rundmedaillons, deren mittleres eine thronende Muttergottes mit Kind zeigt. Ein weiteres Glasfenster des romanischen Vorgängerbaus, der „Christus von Wissembourg", befindet sich heute im Muséée de l'Œuvre Notre-Dame in Straßburg. Das um 1070 entstandene Rundfenster mit einem Durchmesser von 25 cm zeigt einen bärtigen Christuskopf, es gehört zu den Inkunabeln figürlicher Glasmalerei in Europa. (In einen neuzeitlichen Kontext eingebunden finden sich das Motiv in einem Glasfenster an der Ostwand der Peter-und-Pauls-Kapelle.) Aus gleicher Zeit stammt der berühmte fünfstufige Kronleuchter mit einem Durchmesser von 6 m, der, so die Überlieferung, unter Abt Samuel angefertigt wurde (heute als verkleinerte Kopie aus Holz im nahe gelegen Museum Westerkamp zu besichtigen). Ähnlich wie die Leuchter in Aachen und Hildesheim verstand er sich als Symbol des Himmlischen Jerusalem aus der Johannes-Offenbarung. Das aus Eisen gefertigte und mit Gold und Silber verzierte Original wurde in den Wirren der Französischen Revolution zerstört. Heute hängt ein nachempfundener Kronleuchter aus dem 19. Jahrhundert in der Vierung.

ALTENSTADT (ELSASS)

Katholische Pfarrkirche St. Ulrich

Im 10. Jahrhundert gegründet und in salischer Zeit über einem römischen Heiligtum errichtet, folgt die Kirche dem Typus der flach gedeckten Pfeilerbasilika, deren fünf Joche ursprünglich mit einem unentwickelten Querhaus und einer Apsidengruppe im Osten abschlossen. Der Baubeginn datiert in die Jahre um 1050, worauf die in kleinsttteiligem Mauerwerk ausgeführten und von Eckquadern begrenzten alten Außenwände verweisen. Etwas jünger ist der Westturm, zwischen 1070 und 1100 ausgeführt, dessen gequadertes Erdgeschoss als tonnengewölbte Eingangshalle dient. In den beiden unteren Geschossen wird der Turm durch Lisenen und allseitig umlaufende Blendbogenfriese gegliedert, während das dritte Geschoss in kompakte Quadratflächen eingeteilt ist. Das darüberliegende Obergeschoss ist nahezu ungegliedert; lediglich unterhalb des (neuzeitlichen) Dachaufsatzes öffnet sich das Mauerwerk mit säulengekuppelten Schallarkaden. Während der Westturm und das Langhaus der romanischen Bauperiode entstammen, sind die östlichen Gebäudepartien jüngeren Datums. Der kreuzrippengewölbte nördliche Nebenchor mit der sich anschließenden dreiseitigen Apsis stammt aus dem 13. Jahrhundert, während das Chorgeviert und der südliche Nebenchor im 16. Jahrhundert errichtet wurden. Der „romanisch" anmutende östliche Abschluss, die gestelzte halbrunde Hauptapsis sowie die südliche Nebenapsis sind historisierende Zutaten des 19. Jahrhunderts.

Man betritt das Kircheninnere durch das reich verzierte Portal im Untergeschoss des Westturms. Im Tympanon oberhalb des Sturzes ist ein heller Sandstein eingemauert, auf dem das Lamm Gottes dargestellt ist. Vermutlich entstand der Stein

in der ersten Hälfte des 11. Jahrhunderts und war ursprünglich in einem anderen Sakralbau beheimatet. Gleichfalls aus einem anderen architektonischen Kontext stammt der in karolingisch-ottonischer Zeit entstandene Türsturz, der inmitten eines Rankenrahmens sieben Kreisfelder mit figürlichen und ornamentalen Darstellungen zeigt. Oberhalb des Sturzes kann man folgende Inschrift erkennen: J+HOC QUI COENOBIU(M) CUPITIS TRANSIRE DECORUM POSITE SUPR(ENAM) ARBATI(S) VENIA(M) LIUTHAR(DI) SUBERAM. Das heißt, dass jene, welche das schöne Kloster betreten wollen, die Erlaubnis des Abtes Liuthard einholen müssen. Liuthard war von 1002 bis 1031 Abt des nahe gelegenen Klosters Weißenburg, nach dessen Tod die Inschrift ihre Bedeutung verlor. Im Zuge der großen Klostererneuerung unter Abt Samuel könnte dieses schöne Werkstück nach Altenstadt gekommen sein.

Blick ins nördliche Seitenschiff

oben: Ansicht von Süden

Karolingisch-ottonischer Türsturz

Westportal, 11. Jh.

MINFELD

Evangelische Kirche

Den Ort Minfeld am Nordrand des Bienwalds überragt die evangelische Kirche, ein im zweiten Drittel des 11. Jahrhunderts errichteter Saalbau mit einem eingezogenen Chor, an den im Osten ein im frühen 17. Jahrhundert erhöhter Turm anschließt. Langhaus und Chorwände stammen noch vom Gründungsbau, während die Einwölbung des Chors, der Einbau der Maßwerkfenster, die beiden Seitenkapellen im Norden und Süden des Langhauses sowie die Sakristei auf die Zeit um 1500 zurückgehen. Auf der Chorbogenwand haben sich Reste von Malereien erhalten, die vermutlich aus dem späteren 13. Jahrhundert stammen und die jüngst einer grundlegenden Restaurierung unterzogen wurden (2008/2009). In ihrer Typik und Stilistik sind sie jedoch einer älteren Auffassung verpflichtet, die noch stark romanisches Formengut – etwa in der flächigen Behandlung der Figuren und der architektonischen Ausgestaltung der Szenen – spüren lässt. Durch den Einbau des Gewölbes und die Vergrößerung des Bogens wurden die Bilder teilweise zerstört, so dass manche Szenen nur noch in kleineren Fragmenten erkennbar sind.

Dargestellt ist ein in ikonographischer Hinsicht äußerst interessanter christologischer Zyklus, der sich in drei waagerechte Zonen gliedert: Die noch nahezu vollständig erhaltene obere Reihe zeigt eine Szenenfolge aus dem Leben Jesu: die Anbetung der Könige, die Taufe im Jordan und die Versuchungen durch den Teufel. Dreimal begegnet Christus dem Versucher, den Gott zur Prüfung seines Sohnes auf die Erde sandte. Diese selten dargestellte biblische Begebenheit geht auf das Matthäus-Evangelium (4,1–11) und das Lukas-Evangelium (4,1–13) zurück, wo von drei verschiedenen Versuchungen an drei verschiedenen Orten – in der Wüste, auf einer Zinne des Tem-

rechts unten:
Chorbogen-Malereien,
linke Seite

Ansicht von Südosten

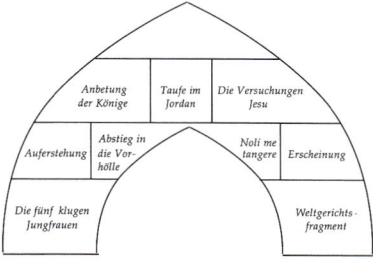

pels und auf einem Berg – berichtet wird. (Hier lassen sich noch zwei Versuchungsszenen gut erkennen.) Der mittlere Bildstreifen zeigt die Auferstehung, den Abstieg in die Vorhölle, die Begegnung mit Maria Magdalena (Noli me tangere) und die Erscheinung Christi bei den Aposteln (?). Das Bild des „Noli me tangere" hat seine literarische Vorlage im Johannes-Evangelium (20,11–18). Geschildert wird die österliche Erscheinung des Auferstandenen vor Maria Magdalena, die ihn, nachdem sie ihn nicht im Grab findet, zunächst für einen Gärtner hält, ihn dann aber doch als den Heiland erkennt, worauf dieser sagt: „Rühre mich nicht an!". In der unteren Bildzone ist auf der linken Seite die Gruppe der fünf klugen Jungfrauen dargestellt. Die Szene geht auf das Gleichnis von den fünf klugen und den fünf törichten Jungfrauen zurück (Matthäus 25,1–13), die auf ihren Bräutigam warten. Während die fünf Klugen wachsam und auf die herannahende Dunkelheit vorbereitet sind, haben die fünf Törichten kein Öl in ihren Lampen. Sie gehen, um welches zu kaufen, kommen aber, da der Bräutigam inzwischen eingetroffen ist, zu spät zur Hochzeit und finden die Türen verschlossen. Dieses im Mittelalter sehr beliebte Gleichnis für das Jüngste Gericht – bekannte Darstellungen des Themas finden sich an der um 1180 entstandenen Galluspforte des Basler Münsters sowie am südlichen Westportal des Straßburger Münsters – war oftmals Bestandteil einer Weltgerichtsszene. Die

Reste einer solchen Szene erkennt man noch im unteren rechten Bildfeld der Minfelder Chorbogenwand. Ein kleineres, nicht mehr näher bestimmbares Fragment an der Südseite ist ein Indiz dafür, dass sich der Zyklus an den Chorwänden fortsetzte. Von der Ausmalung, die im Zuge des Kirchenausbaus kurz nach 1500 erfolgte, stammen im Gewölbe und an der Südwand mehrere Prophetengestalten, die lange Spruchbänder tragen – ein Motiv, das sich besonders ausgeprägt in den gotischen Chormalereien der evangelischen Pfarrkirche im nördlich gelegenen Billigheim wiederfindet. (Hier ist der Turmunterbau noch romanischen Ursprungs).

Relativ gut erhalten ist auch eine Secco-Malerei, die sich auf der dem Mittelschiff zugewandten Nordseite des Chorbogens befindet. Die bereits für den romanischen Gründungsbau ausgeführte Darstellung zeigt den zu Pferde sitzenden hl. Martin, der gerade im Begriff ist, mit dem Schwert seinen Mantel für den am Boden knienden Armen zu teilen.

Chorbogen-Malereien, spätes 13. Jahrhundert

links oben:
Bildprogramm
(Schema)

Hl. Martin, Secco-Malerei an der Nordseite des Chorbogens, spätes 11. Jahrhundert

rechts: Ansicht von Süden

JOCKGRIM

Kapelle St. Maria und Pankratius (Schweinheimer Kirchel)

Südwestlich von Jockgrim steht am Rande des Bienwalds das Schweinheimer Kirchel, eine kleine romanische Kapelle, heute eine der Muttergottes geweihte Wallfahrtsstätte. Im Jahre 1170 in den Akten des Klosters Eußerthal erstmals beurkundet, war der kleine romanische Bau, der zu dem untergegangenen Ort Schweinheim gehörte, um die Mitte des 13. Jahrhunderts fertig gestellt. Im Dreißigjährigen Krieg und unter der napoleonischen Besatzung schwer zerstört, wurde das Kapellchen wieder aufgebaut und letztmals im Jahre 1969 restauriert und teilweise erneuert.

rechts unten: Nische in der Südwand

Ansicht von Westen

Das weiß verputzte Bauwerk präsentiert sich als einfacher rechteckiger Kubus mit einer halbrunden Apsis im Osten, die von einer wenig passenden Dachkonstruktion, die der jüngsten Renovierungsphase entstammt, überdeckt wird. Ansonsten ist das Äußere des Kirchleins relativ schlicht gehalten und weitestgehend behutsam rekonstruiert, so dass sich dem Betrachter der ursprüngliche Baugedanke der Romanik gut erschließt: Ein kleines rundbogiges Eingangsportal im Westen führt ins Kircheninnere, ein kleines Rundfenster setzt die vertikale Achse nach oben fort. Gut erkennbar ist noch das alte Mauerwerk an den Seitenkanten. In die Nord- und Südwand ist jeweils ein rundbogiges Fenster eingelassen, dem sich im Süden noch eine kleine Wandnische zugesellt.

WOLLMESHEIM

Evangelische Kirche, ehem. St. Mauritius

In Wollmesheim, östlich von Landau, steht außerhalb des Ortes auf einem Lehmhügel die evangelische Kirche, ehemals St. Mauritius, mit dem ältesten der erhaltenen Türme im Gebiet der Pfalz. Die Kirche wurde nach einer verlorenen Inschrift durch den Speyerer Bischof Sigibodo am 18. August 1040 zu Ehren Jesu Christi, des hl. Kreuzes, der Jungfrau Maria und des hl. Mauritius geweiht. Mit dem Bau des Turmes dürfte, jüngsten Ausgrabungen zufolge, bereits im ausgehenden 10. Jahrhundert begonnen worden sein.

Der westlich ausspringende, aus Kleinquadern errichtete und in einem gedrungenen Spitzhelm abschließende Turm ist bis auf den geschrägten Sockel nahezu ungegliedert, die Portale sind zugesetzt. Noch schwach erkennt man über dem Scheitelstein des äußeren Westportals ein vollrund gearbeitetes Kopfrelief, vermutlich das Haupt Christi, und seitlich davon die ebenfalls stark verwitterte Darstellung des Gotteslammes – ein an dieser Stelle relativ ungewöhnliches Motiv, „drohten" doch ansonsten von romanischen Türmen dämonenhafte Masken und Tiergestalten, die böse Mächte vom Gotteshaus fernhalten sollten.

Die darüberliegenden drei Geschosse, die durch eine Rundbogenöffnung von der Empore aus zugänglich sind, werden von teilweise rundbogigen, teilweise rechteckigen Lichtschlitzen durchsetzt. Eine stärkere Gliederung erfährt der monolithisch wirkende Turm lediglich in seinem Obergeschoss durch rundbogige, gekuppelte Schallöffnungen. Die Säulchen enden in Würfelkapitellen, die Basen weisen Eckknollen auf, die vermutlich von einer späteren Ausgestaltung aus dem 12. Jahrhundert stammen. Auch die zwei

Ansicht von Nordwesten

westlichen Fensterachsen des Langhauses gehören der romanischen Bauzeit an, während die dreiseitig geschlossene Osthälfte im 18. Jahrhundert hinzugefügt wurde. Von den ursprünglichen Fenstern über dem Portal an der Südseite des Langhauses ist ein zugesetztes romanisches Rundfensterchen mit sternförmiger Einfassung erhalten.

links: Kopfrelief über dem Westportal

Gotteslamm-Relief neben dem Westportal

BAD DÜRKHEIM

Ehem. Benediktinerabtei Limburg

Geschichte Von der ehemaligen, knapp eintausend Jahre alten Benediktinerabtei Limburg, oberhalb von Bad Dürkheim, hat sich vor allem die Klosterkirche in noch beeindruckenden Resten erhalten. Sie liegt auf einer Bergzunge, auf der bereits im frühen Mittelalter eine aus Holz gebaute Burg stand, die „Lyntburg". Diese war an der Stelle eines Keltensitzes und eines späteren römischen Wachtpostens errichtet worden. Die Burg hatten die rheinfränkischen Herzöge von Worms nach dem Ende der Karolingerherrschaft

als Fliehburg angelegt, in salischer Zeit diente sie als eine strategisch sehr wichtige Wehranlage. Nach seiner Wahl zum Kaiser im Jahre 1024 wandelte Konrad II. diese Stammburg, die er selbst als „*locus hereditarius Lintburg*", als ererbten Burgsitz, bezeichnete, in ein Benediktinerkloster um. Zu dieser Entscheidung mögen ihn zwei Gründe bewogen haben: Zum einen war er auf das Wohlwollen der Kirche angewiesen, hatte doch der Mainzer Erzbischof Aribo seine 1016 geschlossene Ehe mit Gisela, der Tochter Herzog Hermanns und der burgundischen Prinzessin Gerberga, aufgrund zu naher verwandtschaftlicher Verhältnisse als

Ansicht von Südosten

nicht kanonisch anerkannt. Zum anderen wollte Konrad durch die Umwandlung der Burg in ein Kloster in den Genuss göttlicher Gnade gelangen, als Dank für die ihm zuteil gewordene Herrscherkrone.

Die Grundsteinlegung der Abtei erfolgte im Jahr 1025. Baumeister war bis zu seinem Tod im Jahr 1035 der Benediktinermönch und spätere Abt Gumbert, der seine baulichen Kenntnisse als Mönch in St. Gallen erworben hatte. Er wusste um die Festigkeit von Baustoffen, vor allem des Buntsandsteins, der in dieser Gegend als Baumaterial prädestiniert war. Ihm dienten – in Anlehnung an antike Bautheorien – die Regeln der Mathematik als Grundlage zur Errichtung eines Klosters. So bilden die geometrischen Elemente des Kreises und vor allem des Quadrats die Grundrissformen der Anlage. Von der quadratischen Vierung, die sich nach oben in Form eines Achtecks in den Vierungsturm entwickelt, wird nach Süden, Norden und Osten jeweils ein Quadrat zur Bildung eines kreuzförmigen Grundrisses angesetzt. Nach Westen schließt der Gründungsbau zunächst mit den drei Quadraten des Kirchenschiffs an. Bei Berücksichtigung der Höhen ist wiederum ein Teilmaß des Vierungsquadrats entscheidend: das durch die Diagonale gewonnene Dreieck, das den gesamten Aufbau nach den Gesetzen der „Triangulatur" gliedert und so zu einer vollkommenen Harmonie aller Bauteile führt. (Die Triangulatur ist ein Konstruktionsschema, bei dem gleichseitige oder spitzwinklige Dreiecke als Maßgrundlage und Gliederungsmittel dienen.)

Nach neun Jahren Bauzeit waren das Sommer- und das Winterrefektorium, die Aufenthalts- und Schlafräume fertig gestellt – insgesamt entstanden 19 Ökonomiegebäude –, so dass im August des Jahres 1034 der von Kaiser Konrad berufene Abt Poppo von Stablo mit zwölf Mönchen (die Zahl Zwölf als Symbol für die Jünger Christi) die Limburg beziehen konnte. Gemäß der Regel des hl. Benedikt unterwarfen sich die Mönche einer strengen Ordensdisziplin, die den Tag in dreimal acht Stunden einteilte. Acht Stunden waren für den Gottesdienst, insbesondere für die Liturgie, vorgesehen, acht Stunden für die geistige und körperliche Arbeit und weitere acht Stunden für die Ruhe, die Kontemplation und die Meditation. Dank der strikten Einhaltung der Klosterverfassung konnte sich die Abtei Limburg zu einem bedeutenden religiösen, kulturellen und wirtschaftlichen Zentrum in der Pfalz und zugleich zu einer Stätte der Wissenschaft entwickeln. Während der Amtszeit von Abt Poppo wurden die Reichsinsignien für 30 Jahre (zwischen 1034 und 1065) auf der Limburg gelagert, bevor sie nach einer vorübergehenden Aufbewahrung im Speyerer Dom und auf der Burg Hammerstein bei Andernach auf den Trifels verbracht wurden.

Krypta
(1980 restauriert)

Krypta, Wandsäule

Bereits ein Jahr nach dem Einzug der Mönche ging der Bau der unterirdischen Kirche seiner Vollendung entgegen. Am 16. März 1035 konnten die drei Altäre an der Ostseite der Krypta feierlich eingeweiht werden, der mittlere wurde vom Erzbischof von Köln, die beiden äußeren von den Bischöfen von Worms und Speyer konsekriert. Im gleichen Jahr noch übergab der Kaiser dem Abt den sogenannten „Dotationsbrief", in dem er bekundete, das Kloster aus Dankbarkeit für seine Wahl zum König und Kaiser, zu seinem und seiner Ehefrau Gisela Seelenheil und zum „Lob und zur Ehre Gottes" errichtet zu haben. In der sogenannten „Limburger Rottel", einer Urkunde in Form einer Schriftrolle, bestätigte der Herrscher der Abtei eine Reihe von Hoheitsrechten, die auch für die Bewohner der Region bindend wurden. Er übertrug dem Kloster u. a. das Münzregal, d. h. das Recht, Münzen zu prägen, und das Lehnsrecht, das den Abt ermächtigte, nicht weniger als an „20 Grafen und Herren" Lehen zu vergeben. Neben den großen Waldungen im Westen wurden Orte wie Dürkheim, Grethen, Wachenheim

und Schifferstadt mit dem damals gegründeten Limburger Hof dem Kloster übereignet. Die Bewohner dieser Ortschaften mussten als Gutsabhängige Zinsen an die Abtei entrichten und dem Abt wöchentlich mindestens einen Tag innerhalb oder außerhalb des Klosters dienen. Da der Abt das Recht hatte, seine Untertanen beim Bau des Klosters als Fronbedienstete zu verpflichten, konnte der Bau der Klosterkirche in relativ kurzer Zeit vollendet werden. Nach dem Tode Konrads II. übernahm sein Sohn Heinrich III. das Erbe, und unter seiner Regentschaft wurde die Benediktinerabtei Limburg im Jahre 1042, zwei Jahre nach der im Voraus erfolgten Weihe des Hochaltars im Osten, ihrer Bestimmung übergeben. Aus diesem Anlass schenkte der Metzer Bischof Theoderich dem Kloster eine Reliquie, den Arm der hl. Lucia. Und fünf Jahre später, als Heinrich III. aus Italien ein Stück des heiligen Kreuzes mitbrachte und es der Abtei als Reliquie dedizierte, konnte die Bedeutung der Limburg als Stätte christlichen Glaubens nochmals erhöht werden. Seit dieser Zeit trug das Kloster den Namen „Zum Hl. Kreuz" und führte in seinem Wappen ein schwarzes Kreuz mit der Dornenkrone im silbernen Feld.

Im Jahre 1206 übernahmen die Grafen von Leiningen die Schutzvogtei. Zu ihnen bestand – nach der Beilegung einer Streitigkeit wegen der widerrechtlichen Erbauung der Hardenburg auf klösterlichem Gebiet um die Mitte des 13. Jahrhunderts – ein über zweihundert Jah-

re andauerndes gutes Verhältnis. Im Zuge des Landshuter Erbfolgekrieges zerstörten die Leininger jedoch im Jahre 1504 das Kloster, das danach zusehends an Bedeutung verlor. Wohnbauten und Refektorium wurden bald wiederhergestellt, zwischen 1540 und 1554 folgte eine Restaurierung des Chors, der gegen den Rest der Kirche, der als Ruine verblieb, durch eine Mauer abgeschlossen wurde. Weitere Wiederherstellungsarbeiten setzte aber im Jahre 1574 die Säkularisierung des Klosters ein Ende, und es begann ein allmählicher Verfall der Gebäude. 1843 übernahm die Stadt Dürkheim die Ruine, die durch zahlreiche Sicherungsmaßnahmen in ihrer noch vorhandenen Substanz erhalten werden konnte, ohne dass jemals ein kompletter Wiederaufbau wie beim Speyerer Dom zur Diskussion stand. 1973 wurde die Limburg als nationales Baudenkmal eingestuft.

Baugestalt Die ehemalige Abteikirche, die den Mittelpunkt der Klosteranlage bildete, war von ungewöhnlicher Größe. Die lang gestreckte, dreischiffige Säulenbasilika mit Querhaus, quadratischem Chor, darunter liegender Krypta und einer im Westen anschließenden Doppelturmfront mit Vorhalle und Paradies maß in ihrer Längserstreckung 98 m, das Querhaus war 38 m breit. Das Mauerwerk aus rotem Sandstein (die Umfassungsmauern haben sich zum Teil noch bis zur Höhe der Mauerkrone erhalten), die Wandpfeiler und die Türgewände waren aus sorgfältig gearbeiteten Quadern gefügt. Der in großen Resten erhaltene Putz überzog den gesamten Außenbau, im Inneren blieben die Pfeiler und die gequaderten Gliederungselemente jedoch frei. Ein Gewölbe besaß nur die Krypta, die übrigen Bauteile waren flach gedeckt.

Der Besucher betritt die Klosteranlage von Osten her, vorbei an dem 88 m tiefen Brunnen, der noch der Zeit der fränkischen Holzburg angehört. Der Rundgang mag im ältesten Bauteil, der 1980 restaurierten Krypta, beginnen. Von dem etwa 2 m höher gelegenen Chor aus steigt man über eine der beiden symmetrisch angelegten Treppen in die unterirdische Gewölbehalle, die durch vier freistehende Säulen in dreimal drei Joche geteilt ist und deren neun quadratische Felder mit Kreuzgewölben überspannt sind. Von bemerkenswerter stereometrischer Klarheit sind die noch erhaltenen Wandsäulen, deren runder Säulenschaft fast unmerklich über das Würfelkapitell in die viereckige Kämpferplatte übergeht. In der Ostwand befinden sich drei Nischen, in denen einst die drei schwarzen Marmoraltäre standen, die 1035 geweiht worden waren. Die Krypta diente als Grabstätte der rheinfränkischen Herzöge, während die Äbte des Klosters und die Grafen von Leiningen in zwei symmetrisch gelegenen Gewölben zwischen dem Chor und den Apsiden bestattet wurden – im nördlichen Trakt die Äbte, im südlichen die Grafen. Die Grabplatte des Baumeisters und späteren Abtes Gumbert liegt vor der Westwand der Krypta.

Nordapsis von innen

links oben: Apsis des Südschiffs

Chor mit Südapsis

Langhaus nach Westen

rechts oben:
Sandsteinsäule im
Mittelschiff

Grab der Königin
Gunhild

Vierung, Querschiffarme und Chor bilden im Grundriss je ein Quadrat von ca. 12 m Seitenlänge. An der Ostwand der Querhausarme springt zu beiden Seiten des Chors je eine hoch aufsteigende halbkreisförmige Apsis vor. In jeder der in zwei Geschosse gegliederten Quadratseiten befinden sich drei rundbogige Fenster. Die oberen sind, ähnlich wie in den Seitenschiffen des Speyerer Domes, von hochrechteckigen, aus flachen Lisenen und Rundbogenfriesen gebildeten Flächen eingefasst. Im Inneren ist die Wand durch Rundbogenfriese gegliedert, welche die Erdgeschossfenster umgreifen. Die Bögen über den gequaderten Vierungspfeilern sind mit Ausnahme des östlichen eingestürzt. Unter diesem wurden bei der Wiedererrichtung des Chors als Notkirche zwischen 1540 und 1554 eine fassadenartige Wand mit drei Spitzbogenöffnungen – über der mittleren ist das alte Limburger Wappen eingemauert – und ein Rundbogenfenster eingezogen. Auch die unteren Chorfenster wurden spätgotisch verändert. Über der Vierung erhob sich einstmals der achteckige Turm, dessen Seiten durch je ein Rundbogenfenster gegliedert waren. Das Dach bestand aus Holz, da die Ordensregel der Benediktiner von steinernen Helmen absah.

Gegen Westen erstreckt sich das basilikale Schiff, das vom Querhaus ursprünglich durch eine Schranke abgetrennt war. Unmittelbar vor der Vierung befindet sich das durch eine schlichte Steinplatte gedeckte Grab der 1038 jung verstorbenen Königin Gunhild, der ersten Frau Heinrichs III. Das Mittelschiff erreichte eine Höhe von 21 m, während die Seitenschiffe 10,5 m hoch waren. Diese Teilung ist noch gut an den Querhauswänden zu erkennen, die sich gegen die Seitenschiffwände mit hohen Rundbogentoren öffnen. Elf Fenster mit Rundbogenabschluss auf jeder Seite des Mittelschiffs und der Seitenschiffe, also insgesamt 22 Fenster auf jeder Seite, erhellten den Innenraum. Das Längsschiff ruhte auf je zehn in zwei Reihen angeordneten und durch Rundbögen verbundenen Sandsteinsäulen. Die sich stark verjüngenden Säulen – von denen sich zwei in Fragmenten erhalten haben, während der Standort der anderen durch Platanen markiert wird – erreichten eine Höhe von 7,5 m, ihre Basis hatte einen Durchmesser von 90 cm. (Eine rekonstruierte Säule am ersten südwestlichen Joch mag einen Eindruck von den enormen Dimensionen einer solchen Stütze vermitteln.) Ein mächtiges, glattes Würfelkapitell bildete den oberen Abschluss der Säulen. Die einheitliche Verwendung dieses einen Kapitellmotivs verlieh dem Innenraum Strenge und Klarheit.

Durch das Schiff erreicht man den Westbau, dessen ursprüngliche Gestalt nicht eindeutig rekonstruierbar ist. Vor dem Mittelschiff lag eine nach Westen geöffnete, dreischiffige und zwei Joche tiefe innere Vorhalle, die von einem Kreuzgewölbe überspannt wurde. Dieser war wiederum eine äußere Vorhalle, das sogenannte Paradies oder Atrium, vorgelagert, ein mit einem Satteldach gedeckter einstöckiger Bau, der die Mittelschiffbreite von 12 m aufnahm und eine Länge von 15 m erreichte. (Ein solches Paradies hat sich noch sehr schön in der spätromanischen Klosterkirche von Maria Laach in der Eifel erhalten.) Über der inneren Vorhalle lag die Kaiserloge, die durch drei Rundbogenöffnungen mit dem Mittelschiff verbunden war. Vor den Seitenschiffen erhoben sich zwei symmetrisch angeordnete, viereckige Türme, deren Untergeschosse von halbkreisförmigen Tonnengewölben überspannt waren. An den äußeren Ecken dieser Türme saßen flankierende runde Treppentürme, von denen sich der nordwestliche in seinem Unterbau erhalten hat. Auf der gegenüberliegenden Seite steht der verhältnismäßig gut erhaltene gotische Turm aus dem 14. Jahrhundert, der bis zum Ansatz des achtseitigen Turmhelms eine Höhe von 37 m erreicht. Er ist das heute weithin sichtbare Wahrzeichen der Klosterruine. Auch über der mittleren Vorhalle

erhob sich einst ein turmartiger Aufbau, über dessen Aussehen jedoch weder schriftliche noch bildliche Quellen berichten.

Bei Renovierungsarbeiten im Jahre 1976 konnten im nördlichen Querschiff die Reste eines Wandbildes freigelegt werden, das einen Abt (einen Heiligen?) und einen Soldaten zeigt. Der Priester hält in seiner Hand ein Buch, während der Krieger, mit einem spitzen Helm auf seinem Kopf, einen Speer trägt. Die Malerei dürfte im 11. oder frühen 12. Jahrhundert entstanden sein, es könnte sich um eine Darstellung des Klosterbaumeisters Gumbert handeln, dessen Grabplatte in der Krypta aufbewahrt wird. Möglich ist auch, dass das Bild den 1031 verstorbenen Bischof Walther von Speyer zeigt, dem Kaiser Konrad II. die Bauaufsicht und die Vogteirechte über die Limburg übertragen hatte. Das Fresko befindet sich heute im Historischen Museum der Pfalz in Speyer.

Während die Wohn- und Wirtschaftsgebäude in einiger Entfernung zur Klosterkirche lagen, schlossen die Konventsgebäude unmittelbar an die Sakristei an. Hier wurden, neben Monstranzen, Abendmahlskelchen und anderen liturgischen Geräten, auch die Reichsinsignien aufbewahrt. Westlich von Sakristei und Kapitelsaal, dessen Westwand romanischen Ursprungs ist, folgt der Kreuz-

Refektorium

links oben: Sockelzone des nordwestlichen Treppenturms

gang. Sein spätgotisches Kreuzgewölbe ist noch in Resten erhalten. Nördlich des Kreuzgangs lassen sich der Grundriss und die Anlage des Sommerrefektoriums erkennen, über dem sich das Dormitorium, der Schlafsaal der Mönche, befand. Die Ruinen dieses Gebäudeteils stammen von einem Neubau des frühen 16. Jahrhunderts. Vor dem Refektorium lag der Küchengarten, welcher der Eigenversorgung der Mönche diente.

Neben dem Handwerk und der Baukunst wurden im Bereich der Limburg auch die Methoden des Ackerbaus, der

Kreuzgang

Viehhaltung und der Hortikultur weiterentwickelt. So pflanzten die Mönche im Küchengarten neue Gemüse, Früchte und Blumen an, die ihre Ordensbrüder von Pilgerfahrten oder Kaufleute von ihren Reisen in den Süden und den Nahen Osten mitgebracht hatten. Im Westen des Kreuzgangs lag rechtwinklig zum Sommerrefektorium das Winterrefektorium. Zwischen beiden Gebäuden führte eine heute ansatzweise noch erkennbare steinerne Wendeltreppe zu den Mönchszellen. Der etwa 3 m breite Raum zwischen dieser Treppe und dem Winterrefektorium beherbergte das Calefactorium, die Wärmstube. Östlich der Kirche lagen wahrscheinlich die Wohnung des Abtes und das Beinhaus, der sogenannte Karner, während sich die Wirtschaftsgebäude und das Hospiz, das Gästehaus, außerhalb des eigentlichen Klosterbezirks befanden. Hier waren die Stallungen, die Scheunen, die Vorratskammern, die Kelter, die Backstube, das Waschhaus sowie die Werkstätten untergebracht, hier wohnten die Laienbrüder, die Handwerker und die Gäste. Eine ca. 2 bis 3 m hohe Mauer umfasste den ehemaligen Gebäudekomplex, der heute nur noch in spärlichen Resten erkennbar ist.

Die ehemalige Benediktinerabtei Limburg ist in ihrer Einfachheit und der Klarheit von Baugestalt und Formensprache ein eindrucksvolles Beispiel frühromanischer Architektur. Sie steht in enger geistes- und baugeschichtlicher Verbindung zum Speyerer Dom, Konrad II. war hier wie dort Gründer und Bauherr. Während die Bischofskirche und kaiserliche Grabstätte jedoch mehrfach verändert wurde, konnte die benediktinische Klosterkirche – da ein Wiederaufbau wie in Speyer nie erwogen wurde – ihr ursprüngliches Erscheinungsbild, wenn auch als Ruine, im Großen und Ganzen bewahren.

BAD DÜRKHEIM-SEEBACH

Ehem. Klosterkirche St. Laurentius
(Evangelische Pfarrkirche)

In Seebach, einem Ortsteil von Bad Dürkheim, steht die ehemalige Klosterkirche St. Laurentius, die in ihrer heutigen Gestalt jedoch nur noch ein Fragment des ursprünglichen Baus ist, der aus einem dreischiffigen, vermutlich flach gedeckten Langhaus, einem Querschiff, einem quadratischen, gerade geschlossenen Chor und einem achteckigen Vierungsturm bestand. Erhalten haben sich der Turm, der Chor sowie die Vierung mit Resten der Querhausschiffe. Das dreischiffige Langhaus wurde 1471 bei der Belagerung Dürkheims zerstört und danach lediglich einschiffig wiederaufgebaut. Doch nach der Säkularisierung im 16. Jahrhundert verfiel auch dieser Bau, ebenso wie die Klostergebäude. Heute stehen Chor und Vierung für den evangelischen Gottesdienst zur Verfügung, während der – oben offene – Nordquerarm als Kolumbarium, als Aufbewahrungsstätte von Urnen, dient.

Der Konvent der Benediktinerinnen wurde unmittelbar nach 1100 durch Ritter Siegfried von Seebach gegründet und dem hl. Laurentius gewidmet. Laurentius, ein römischer Diakon aus dem 3. Jahrhundert, war der Lieblingsschüler von Papst Sixtus II., in dessen Auftrag er die Kirchenschätze unter die Kranken und Armen verteilte, um sie so vor dem Zugriff des Kaisers zu retten. Sein Martyrium war äußerst grausam: So wurde er auf Befehl von Kaiser Valerian auf einem Feuerrost zu Tode gemartert. Die Wahl dieses Patronats, das in der Pfalz ansonsten selten ist, mag sich daraus erklären, dass am Tag des hl. Laurentius, dem 10. August des Jahres 955, auf dem Lechfeld der Sieg über die Ungarn errungen wurde, wobei der Salier Konrad der

Ostchor und Vierungsturm

Rote das Aufgebot der Franken ins Feld geführt hatte. Im Jahre 1166 gab der Bischof von Speyer dem unter der Oberaufsicht der Abtei Limburg stehenden Kloster Seebach eine Ordnung, die eine strenge Klausur einerseits und eine relativ selbständige Verfassung andererseits vorsah. Zu Beginn des 13. Jahrhunderts wurde das Kloster zur eigenständigen Abtei. Die Schutzvogtei ging nach den Saliern auf die Grafen von Leiningen über, und seit dieser Zeit entwickelte sich das Kloster zu einer angesehenen pädagogischen Institution.

Der Kern der Anlage entstand vermutlich im 12. Jahrhundert, die Gewölbe und die Außengliederung stammen aus der Zeit um 1220. Die Außenwände des Chors bestehen aus regelmäßig geschichteten Rotsandsteinquadern, sie sind nach

Ansicht von Westen

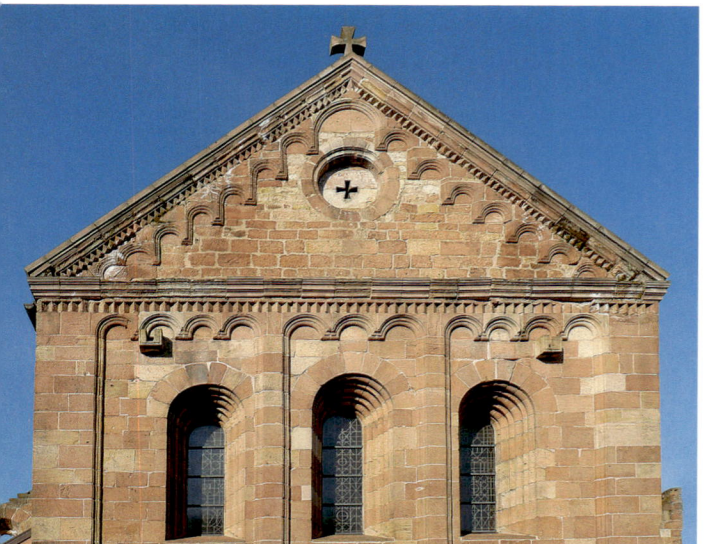

Ostgiebel

Chor nach Osten

Fenster am
Vierungsturm

Nordquerarm mit
Kolumbarium

dem Vorbild des Ostchors des Wormser Domes durch profilierte Lisenen und durch Rundbogenfriese gegliedert. Die tief liegenden, sechsfach gewulsten Fenster, die zur Mitte hin zusammengerückt sind, betonen die Massigkeit des Baukörpers. Der über dem Hauptgesims leicht zurückspringende Dreiecksgiebel, der aus kleineren Quadern gefügt ist, wird durch einen aufsteigenden Rundbogenfries seitlich begrenzt. Die Ostwand des Chors als Ganzes ist ein hervorragendes und reizvolles Beispiel spätromanischer Architektur am Oberrhein, deren stilistische Eigenständigkeit und bauhistorische Bedeutung der Kunsthistoriker Georg Dehio wie folgt charakterisierte: „Die Sockel-, Wand- und Gesimsgliederung ist, ohne reich zu sein, durch Klarheit und Feinheit der Form sehr vornehm im Ausdruck."

Die Wände des achteckigen Vierungsturmes sind bis auf den abschließenden Rundbogenfries ungegliedert, lediglich die Ecken weisen eine Quaderung auf. Auf jeder Seite sitzt eine gekuppelte

Schallarkade, die von einer Rundbogenblende umrahmt wird. Der Übergang in das Achteck liegt an der Westseite über dem der Ostseite, da das Dach des ehemaligen Langhauses auf höherem Niveau ansetzte. Die Querschiffarme wurden im Gegensatz zum Chor und zum Vierungsturm aus unregelmäßigen Quadern errichtet, die rundbogigen Arkaden, die zu den ehemaligen Seitenschiffen überleiteten, sind vermauert. Ein Portal mit einem Tympanon, auf dem ein Kreuzeszeichen angebracht ist, hat sich an der Nordwand des nördlichen Kreuzarms erhalten. Im Inneren sind, nach wormsischem Vorbild, die Vierungsbögen und die Schildbögen des Chors als stumpfe Spitzbögen über schön geformten Polsterkapitellen ausgebildet. Die spätromanischen Kreuzgewölbe im Chor sind mit Rundstabrippen besetzt, die auf runden, kräftigen Eckdiensten aufliegen. Das Vierungsgewölbe entstand in der Spätgotik, vermutlich im Zusammenhang mit dem Neubau des Langhauses.

Felsen und Gesteinsreste der staufischen Anlage

BAD DÜRKHEIM

Burgruine Nonnenfels

Im Isenachtal, unmittelbar gegenüber der im 16. Jahrhundert neu ausgebauten Hardenburg, liegt die Burgruine Nonnenfels (heute ein Naturdenkmal), die man von einem Parkplatz gegenüber der Hardenburg über einen Fußweg in zehn Minuten erreicht. Die ursprüngliche Festungsanlage hatte vermutlich die Gestalt einer Holzburg, die kurz vor 1100 entstanden sein könnte; über den Erbauer und die Bewohner der Burg liegen keine Erkenntnisse vor. In spätsalischer Zeit erfolgte die Erweiterung in eine Steinburg mit Bergfried und Palas, der sich ein Vergrößerungsbau unter den Staufern anschloss; wann diese Anlage zerstört wurde, lässt sich nicht mehr rekonstruieren. Von der einstmals 20 langen, insgesamt relativ kleinen Anlage ha-

Felsenkammer

ben sich lediglich einzelne Ausarbeitungen im Felsen wie Türrahmen, Stufen, Balkenlöcher, ein vermeintlicher Steinaltar sowie geringfügiges Mauerwerk erhalten. Im westlichen Bereich ist ein natürlicher, künstlich erweiterter Halsgraben noch erkennbar.

BAD DÜRKHEIM

Burgruine Schlosseck

Etwas weiter westlich liegt auf einer Bergnase gegenüber der Papierfabrik Schleipen die Burgruine Schlosseck, die man in ca. 30 Minuten über einen mit einem weißen Punkt gekennzeichneten Fußweg erreicht. Erbaut wurde die Burg vermutlich zu Beginn des 13. Jahrhunderts unter den Grafen von Leiningen auf einer älteren frühmittelalterlichen Anlage, deren zyklopische Wälle zum Teil noch stehen geblieben sind. Ihr ursprünglicher Name ist nicht mehr bekannt (die Bezeichnung „Schlosseck" ist ein Notname), da die Burg bereits früh zerstört wurde.

Die mit der ersten Anlage der Hardenburg im 13. Jahrhundert etwa gleichzeitig errichtete und einen ovalen Grundriss beschreibende Anlage entstand in einem Zug: zunächst der fünfeckige Bergfried, anschließend die Schildmauer. Ähnlich wie auf Hohenecken und Beilstein stieß der Turm mit seiner Spitze an die Schildmauer, wodurch die anfliegenden feindlichen Geschosse abgeleitet werden sollten. Der aus dem Fels geschrotete Halsgraben vervollständigte die Verteidigungsanlage an ihrer gefährdetsten Seite, an der Bergseite im Norden. In die aus Buckelquadern gefügte Ringmauer war westlich des Bergfrieds ein romanisches Portal eingelassen, das bei Wiederherstellungsarbeiten im Jahre 1883 aus Fundstücken rekonstruiert wurde. Der kräftige Torbogen ist mit einem mit vegetabilischen Formen reliefierten Rundbogen geschmückt und ruht auf zwei Kämpferplatten, die als Eckverzierung je zwei Adler mit ausgebreiteten Flügel zeigen. Der Reichsadler diente bereits bei den staufischen Kaisern als Herrschaftsemblem, mit dem viele Burgen im Reichsgebiet ausgestattet waren. Im Scheitel des Rundbogens ist ein Stein mit einer dämonen- bzw. koboldartigen Fratze eingelassen, die von Rankenwerk umrahmt wird (das Original befindet sich im Historischen Museum der Pfalz in Speyer). Oberhalb des Portals verläuft ein Rundbogenfries mit teilweise figürlichen Konsolen, die jedoch stark verwittert sind. Der Bauschmuck des Portals lehnt sich an Speyerer Formengut an, das vermutlich über Baumeister und Steinmetzen aus der Bischofsstadt bei der Errichtung der Burg Schlosseck Verwendung fand.

Romanisches Portal (rekonstruiert)

Dämonenfratze im Scheitelstein

WACHENHEIM

Ruine Wachtenburg

Etwa 3 km südlich von Bad Dürkheim liegt der Weinort Wachenheim, über dem sich auf dem Schlossberg die Ruine Wachtenburg erhebt. Erstmals im Jahre 1257 urkundlich erwähnt, soll die Burg bereits im 12. Jahrhundert von König Konrad von Hohenstaufen, einem Halbbruder von Friedrich I. Barbarossa, initiiert worden sein. Als Reichsgut übergab Konrad Burg und den dazugehörigen Ort Wachenheim dem Reichsministerialengeschlecht von Bolanden als Lehen, die dieses bis ins späte 13. Jahrhundert innehatten. Mehrfach im Spätmittelalter erwähnt, erfolgte ihre endgültige Zerstörung im Jahre 1689, als französische Soldaten den Bergfried in die Luft sprengten.

Von der Anlage aus der ersten Hälfte des 13. Jahrhunderts haben sich Reste des Palas sowie der Westteil des buckelquaderverkleideten, zur Rheinseite hin offenen Bergfrieds erhalten, der in einer jüngst erfolgten Sanierungsmaßnahme ergänzt wurde. An der Bergseite kann man noch den Halsgraben mit der im späten 15. Jahrhundert hinzugefügten Schildmauer erkennen, die einst mit fünf halbrunden Wehrtürmen ausgestattet war. Einer nach dem Spätmittelalter erfolgten Baumaßnahme entstammt wohl auch die Mauerverbindung, die von der Nordwestecke der Anlage bis zu einem Turm im Weinort bestand.

Burganlage von Südosten

Spätmittelalterlicher Wehrturm mit staufischem Bergfried

Südliches Zugangstor

DEIDESHEIM

Heidenlöcher

In der Nähe des Weinortes Deidesheim kann man ein seltenes Beispiel einer frühmittelalterlichen Fliehburg, die sogenannten Heidenlöcher, besichtigen. Von einem Waldparkplatz am nördlichen Ende des Weinortes erreicht man nach einer ca. 30-minütigen Wanderung das oberhalb der Michaelskapelle gelegene Terrain dieser frühen Schutzanlage. Hinter einem Erdwall verläuft ein deutlich eingetiefter Graben, dem sich ein Mauerring, der den ovalen Grundriss umzieht, anschließt. Zwei Tore führen in den inneren Bereich: eines im Süden, als einfache Unterbrechung in der Mauer, und ein zweites im Norden, in der Art eines Übergreiftores. Bei dieser Torform greift die eine Torwange derart vor die andere, dass ein Gegner, der gegen das rechtwinklig im Mauerverband vorspringende Tor vordrang, den Verteidigern der Burganlage seine rechte unbeschildete Seite hätte darbieten müssen. Die Mauern der Fliehburg waren aus zum Teil sehr großen Steinen errichtet, die ihre Erbauer aus den umliegenden Wäldern zusammengetragen hatten. Gehalten wurde der Mauerverband vermutlich durch Lehmmörtel.

Im Zentrum der Fliehburg lagen 65 Hausstellen mit einer durchschnittlichen Größe von 10–20 m², die der Bevölkerung der umliegenden Dörfer als Zuflucht dienen sollten. Der Bau regelrechter Wohnstätten, wie auf diesem Areal, stellte für den

Sog. Hausstellen im Inneren der Fliehburg

Typus der Schutzburg eine Neuerung dar. Die Häuser wurden über rechteckigen, ovalen und polygonalen Grundrissen errichtet, ihre Keller- und Erdgeschosse waren aus Bruchsteinen gefügt (die sich über die ganze Anlage verteilt noch in Resten erhalten haben), während die Aufbauten wahrscheinlich aus Holz bzw. aus Fachwerk gefertigt waren. Aufgrund fehlender Siedlungsfunde lässt sich jedoch sagen, dass dieses Befestigungswerk, das mit seinen 143 x 107 m weitaus größer als die späteren Burganlagen war, wohl nie benutzt worden ist.

Die nachträgliche Bezeichnung „Heidenlöcher" entspringt einem historischen Missverständnis, indem die wohl primitiv wirkende Verteidigungsanlage fälschlicherweise den Heiden (=Römern) zugewiesen wurde. Entstanden ist die Fliehburg jedoch erst in der spätkarolingischen oder ottonischen Epoche, entweder während der Normanneneinfälle in den 70er- und 80er-Jahren des 9. Jahrhunderts oder im frühen 10. Jahrhundert, als die Ungarn ins mittlere Europa eindrangen. Die Erbauer waren, wie einer Quelle zu entnehmen ist, die Hintersassen (=freie bzw. halbfreie Bauern) des Dorfes Littersheim im Wormsgau. Sie wurden im Auftrag des bei Worms gelegenen Klosters Nonnenmünster zur sogenannten „Mauerbaupflicht" herangezogen, d. h. zur Fronfahrt mit dem Wagen, der mit zwei Quadersteinen und mit Sand beladen war. Die karolingische Mauerbaupflicht stellte eine besondere Form des Heerbannes, d. h. des Militärdienstes, im Zeitalter der fränkischen Herrscher dar. Der Auftraggeber der Fliehburg bei Deidesheim dürfte der König selber oder ein von ihm ernannter Verwalter des Königslandes gewesen sein. So erklärt sich auch der Umstand, dass die Bauherren bzw. Werkleute aus dem Wormsgau kamen, die Schutzanlage aber im Gebiet des Speyergau angelegt wurde.

NIEDERKIRCHEN
Katholische Pfarrkirche St. Martin

Schon von weither zu sehen ist der mächtige Vierungsturm der katholischen Pfarrkirche von Niederkirchen, der sich über dem niedrigen Gotteshaus mit gotischem Chor und modernem Langhaus erhebt. Anhand von Grabungen in den 1950er-Jahren konnten eine zugehörige Rundapsis und ein kurzes, einschiffiges Langhaus des romanischen Vorgängerbaus festgestellt werden, der dem Typus der einschiffigen Kreuzkirchen angehörte. Der romanische Turm, der wahrscheinlich zwischen 1050 und 1080 entstanden ist, wurde aus kleinen Bruchsteinen gemauert. Seine Größe erklärt sich vermutlich aus dem Umstand, dass er ursprünglich auch als Chorraum vorgesehen war, dem erst in späterer Zeit ein separater gotischer Polygonalchor angefügt wurde. Mit dieser Bestimmung als sogenannte Chorturmanlage folgte er einem Bauty-

pus, der im Bereich der hochmittelalterlichen Dorf- bzw. Landkirchen weit verbreitet war.

Die beiden unteren Geschosse (oberhalb der Dächer von Vierung und Langhaus) zeigen allseitig ein querrechteckig vertieftes Feld mit einem kleinteiligen Rundbogenfries. Die breiten Mauerstreifen, die an den Turmecken stehen geblieben sind, wirken wie überbreite Lisenen. Im ungegliederten oberen Geschoss befinden sich auf jeder Seite zwei Paar gekuppelter Schallarkaden, deren Teilungssäulchen in würfel- und trapezförmigen, zum Teil figürlichen Kapitellen enden. Beachtenswert ist im linken Fenster der Südseite eine Standfigur, die mit einem bis zu den Knien herabreichenden Rock bekleidet ist und die ihre Hände vor den Körper gelegt hat. Ihre Füße stehen vor dem Sockel, der Kopf sitzt unmittelbar vor der dreieckig ausgeformten Kapitellseite.

Im südlichen Querarm hat sich ein nachträglich zugemauertes Portal aus der

rechts: Türsturz und Tympanon am südlichen Querarm

Schallarkade mit Standfigur an der Turmsüdseite

Erbauungszeit erhalten, dessen Tympanon ein sehr ungewöhnliches Dekor aufweist. Der Sturz und das halbkreisförmige Bogenfeld sind aus einem Werkstück gehauen, darüber liegt ein sichelförmiger Entlastungsbogen aus großen keilförmigen Steinen auf. Auf dem Sturz sind seitlich flache konzentrische Kreise eingekerbt, die durch eine einem Rundbogenfries ähnliche Welle miteinander verbunden sind. Oberhalb eines darüber liegenden Taustabes, der als Schmuckglied in der normannischen Baukunst verbreitet war, sind nochmals zwei Bogenfriese angeordnet, die gegeneinander versetzt sind.

Unter dem Turm erhebt sich über einem querrechteckigen Grundriss die ausgeschiedene Vierung, die auch heute noch

Blick in die Vierung

mit ihren vier mächtigen frühromanischen Pfeilern und ihren vier Rundbögen den Mittelpunkt der Kirche bildet. Der kräftige und relativ regelmäßige rotgelbe Farbwechsel der Bögen, der an den Innenraum des Speyerer Domes erinnert, verstärkt diese Wirkung, während die Pfeiler aus einheitlich gelben Sandsteinen bestehen. Das auf Konsolen aufliegende Kreuzrippengewölbe entstand im Zuge der Errichtung des gotischen Chores um das Jahr 1300. In dieser Kirche verdeutlicht sich eindrucksvoll der Gedanke des Vierungsraumes als zentraler Raumzelle des Baus, der dann in der etwas später entstandenen kleinen Stiftskirche St. Fabian in Hornbach durch die rein quadratische Form noch konsequenter ausgeprägt ist.

Für eine dörfliche Pfarrkirche ist die monumentale Gestalt des Bauwerks ganz und gar ungewöhnlich, auf ein in Niederkirchen, dem früheren Nieder-Deidesheim, etwa ansässiges Stift oder Kloster gibt es keine Hinweise. Das dominierende Element der kreuzförmig angelegten Baugruppe ist der gewaltige Turm, einer der frühesten und besterhaltenen Vierungstürme im mittleren Europa. In diesem hat sich nicht zuletzt auch deshalb ein wichtiges bauhistorisches Dokument erhalten, weil sich über ihn Rückschlüsse auf eventuelle, womöglich ebenso große oder noch größere Vierungstürme der benachbarten Klosterkirche Limburg und des Speyerer Domes ziehen lassen, über die ja keine gesicherten Nachrichten vorliegen.

Ostwand des Südquerarms

Ansicht von Süden

FRIEDELSHEIM

Protestantische Kirche

Vier Kilometer nördlich von Niederkirchen liegt der kleine Ort Friedelsheim, in dessen Zentrum sich inmitten einer kleinen Parkanlage die protestantische Kirche erhebt. Um 1074 als fränkische Eigenkirche gegründet, wurde das Gotteshaus im Jahre 1153 als Pfarrkirche der Benediktinerabtei Limburg geweiht. Vom mittelalterlichen Bau hat sich noch der schlanke, in drei Geschosse gegliederte Turm erhalten, der mit einem hohen neuzeitlichen Knickhelm abschließt. Romanischen Ursprungs sind noch die an allen vier Seiten eingelassenen gekuppelten Rundbogenfenster, in deren Mitte jeweils eine halbrunde Säule mit einem schlichten Würfelkapitell und einem hochgezogenen Kämpfer eingestellt ist.

Im Barock errichtetes und im 19. Jahrhundert neuromanisch ergänztes Langhaus

rechts: Spätromanischer Turm von Osten

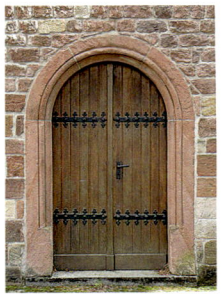

Spätromanisches Rundbogenportal

ALTRIP

Evangelische Pfarrkirche, ehem. St. Peter

Eine Wiederaufnahme der Gestalt der Speyerer Domtürme findet man in der evangelischen Pfarrkirche, ehemals St. Peter, in Altrip, das ca. 13 km nördlich von Speyer, unmittelbar vor den Toren Ludwigshafens, liegt. Der spätromanische Turm an der Nordostecke des in der Mitte des 18. Jahrhunderts errichteten einfachen Saalbaus verwendet das Speyerer Prinzip in vereinfachter Form. Wie dort verläuft über dem glatten Unterbau eine von Lisenen mit Rundbogenfriesen gerahmte Wandblende, in die zwei spitzbogig gekuppelte Schallarkaden eingelassen sind, die ihrerseits auf Säulchen ruhen. Darüber erscheinen – durch Rundbogenfries, Deutsches Band und Kehlgesims getrennt – Dreiecksgiebel, die zum achtseitigen gemauerten und verputzten, so genannten Wormser Helm überleiten. Zusammen mit den Giebelfensterchen, den übereck gestellten Wasserspeiern und

den kleinen Dachgauben in den Diagonalgraten des Helmes ergibt sich ein Gesamtbild, das sich eng an das Speyerer Vorbild anlehnt. Diese Ähnlichkeit lässt vermuten, dass der Altriper Turm, der einst den Rhein-Schiffern als Distanzenmesser diente, relativ bald nach der Vollendung der Speyerer Türme, wohl zwischen 1230 und 1240, entstanden ist.

DIEDESFELD

Katholische Pfarrkirche St. Remigius

In Diedesfeld, heute ein Ortsteil von Neustadt, steht die katholische Pfarrkirche St. Remigius. Der Ort war schon zur Karolingerzeit besiedelt, wofür ein aus der Wende vom 8. zum 9. Jahrhundert angelegtes Gräberfeld sichere Hinweise bietet. Zusammen mit Hambach kam Diedesfeld im ausgehenden 11. Jahrhundert unter Bischof Johann I. an das Hochstift Speyer. Im 12. Jahrhundert wurde eine dem Patronat des hl. Remigius unterstehende Kirche errichtet, deren Westturm sich noch erhalten hat. Er besteht

aus kleinteiligem Bruchsteinmauerwerk und verjüngt sich über einem Schrägsockel in fünf Geschossen. Das vierte Geschoss, das oberste des romanischen Gründungsbaus, besitzt drei große Blendbögen auf jeder Seite, die Schallöffnungen weisen Doppelarkaden über Säulchen mit Würfelkapitellen auf. Im Zuge eines spätgotischen Umbaus wurde das Untergeschoss neu eingewölbt und der Turm gleichzeitig um ein Stockwerk erhöht, über dem der Spitzhelm des späten 16. Jahrhunderts aufsteigt. Das mit einem dreiseitig geschlossenen Chor abschließende Langhaus stammt aus der Mitte des 18. Jahrhunderts.

Burganlage von Osten

NEUSTADT-HAARDT
Burgruine Winzingen

Nordöstlich von Neustadt an der Weinstraße liegt am Rande des eingemeindeten Winzerdorfes Haardt die Burgruine Winzingen, im Volksmund auch „Haardter Schlösschen" genannt, deren spätsalische bzw. frühstaufische Burgkapelle St. Nikolaus in sehenswerten Resten erhalten geblieben ist.

Der Gründer der Burg war vermutlich Friedrich II. der Einäugige von Schwaben, der Vater Friedrich Barbarossas. Als Reichslehen des Speyerer Bischofs entstand die Festung, die der Herzog als Afterlehen einem Rittergeschlecht übertragen hatte, im ersten Drittel des 12. Jahrhunderts. Im Jahre 1146 wird als erster bekannter Lehnsträger ein Berthold von Winzingen bezeugt, nach dessen Tod die Burg in den Besitz des Pfalzgrafen Konrad von Hohenstaufen, des Stief-

bruders Friedrich Barbarossas, überging; noch bis zum Ende des 18. Jahrhunderts sollte sie in den Händen der Pfalzgrafen bzw. der Kurfürsten von der Pfalz verbleiben. Eine erhöhte strategische Bedeutung erhielt die Burg, die urkundlich erstmals 1248 erwähnt wird, als die Pfalzgrafen Neustadt gründeten. Zusammen mit der westlich gelegenen Wolfsburg diente die Burg Winzingen von nun an der militärischen Sicherung der 1275 mit den Stadtrechten ausgestatteten Gründung. Bis zum Ende des 17. Jahrhunderts blieb die Feste bewohnt, bevor sie im Pfälzischen Erbfolgekrieg durch deutsche Soldaten, welche die hier lagernden französischen Truppen vertreiben wollten, zerstört wurde. Gegen Ende des 18. Jahrhunderts ging die Burg in Privatbesitz über und wurde zur Gartenanlage ausgestaltet. Noch heute beherbergt das Areal einen schönen Garten, in dem auch subtropische und exotische Pflanzen gedeihen.

*Würfelkapitell an der
äußeren Apsiswand*

*Südwand der
Nikolauskapelle*

Man betritt die Burganlage zuseiten des eigentlichen „Haardter Schlösschens", einer gründerzeitlichen Villa. Das pittoreske Gebäude entstand im Jahre 1876 an der Stelle des ehemaligen Torbaus, dem in barocker Zeit noch eine kleine dreieckige Bastion vorgelegen hat. Auf der rechten Seite des Toreingangs erhebt sich nun die romanische Burg aus dem 12. und 13. Jahrhundert, deren gerundet-polygonal gebrochener Grundriss noch zu erkennen ist. Die Burg setzt sich aus zwei auf eiförmigen Grundrissen errichteten Teilen zusammen: einem älteren, in der Wand aus kleineren und an den Ecken aus größeren Quadern gemauerten Komplex des früheren 12. Jahrhunderts und einem jüngeren Bauteil aus der zweiten Jahrhunderthälfte, dessen Mauerwerk aus unregelmäßigem Quaderwerk besteht. Die ältere, im Osten gelegene Anlage, die aufgrund des verwendeten Baumaterials in die spätsalische bzw. frühstaufische Epoche zu datieren ist, war nur wenige Jahrzehnte nach ihrer Errichtung erweitert worden, indem man eine stärkere, etwa 3 m breite Ringmauer der Nord-, West- und Südseite vorgesetzt hat-

te. So entstand ein zweiter westlicher Gebäudeteil mit einem eigenen Innenhof, der nach Süden und Westen durch – heute noch vorhandene – mächtige Strebepfeiler abgestützt wurde. An der Südseite, der südlichen Ringmauer, wurde ein Palas verkantet gegen die ältere Kapelle gesetzt, die vermutlich schon mit einem vorhergehenden Wohnbau in Verbindung gestanden hat. Vom Palas hat sich einzig der lang gestreckte tonnengewölbte Keller erhalten, über dem in der zweiten Hälfte des 19. Jahrhunderts ein Kelterhaus im neuromanischen Stil erbaut wurde. Auch von den ehemaligen Gebäuden an der Nordostseite der älteren Anlage ist nichts mehr stehen geblieben.

Dagegen konnte die Nikolauskapelle an der Ostseite des ehemaligen Palas einiges ihrer einstigen Gestalt bewahren. Die rechteckige, einschiffige Kapelle gliederte sich in zwei kreuzgewölbte Joche: in ein fast quadratisches, in das die Apsis eingezogen ist, und ein querrechteckiges, an das ein schmaler, dreieckiger Raumkeil anschloss, der eine Verbindung zum verkantet anstoßenden Palas herstellte. Während die Nordseite eingestürzt ist, steht das gelbfarbene Mauerwerk an der Süd-, West- und Ostseite in noch beachtlicher Höhe. Der Raum über dem westlichen Joch erhob sich vermutlich zweigeschossig. Hier war eine Empore eingebaut, die vom Obergeschoss des Palas zu betreten war und die zugleich mit dem Erdgeschoss der Kapelle über eine in die Südwand eingelassene Treppe in Verbindung stand. Es handelte sich dabei um eine Herrschaftsempore, wie sie in mittelalterlichen Burg- und Palastkapellen oftmals üblich war. Sie hat eine Entsprechung im nicht weit entfernten Trifels, wo zwei Treppen im Kapellenturm von den unteren Wachträumen in den Vorraum der Kapelle hinaufführen.

Inneres der Apsis

Da die Nikolauskapelle im Verband der Ringmauer lag und somit etwaigen feindlichen Angriffen ausgesetzt war, beschränkte man sich bei Gestaltung der Wandfläche auf schmale rundbogige Fensteröffnungen mit schrägen Gewänden, gleichzeitig verzichtete man – mit Ausnahme der Apsis – auf Schmuckformen am Außenbau. Das Fenster an der Südwand des Ostjochs wurde in späterer Zeit nach unten erweitert und in seinem oberen Teil in ein Rundfenster umgewandelt, um dem Raum unter der Empore mehr Tageslicht zu geben. Die von einer Halbkugel gedeckte Apsis, deren Fenster man nachträglich vergrößerte und der ein neuzeitlicher, dem Gesamtcharakter keineswegs dienlicher Ausgang auf die Terrasse hinzugefügt wurde, weist eine Formensprache auf, die unverkennbar in der Tradition der Speyerer Dombauhütte steht. So zeigt sich in den fünf hohen rundbogigen Blendarkaden an der äußeren Apsiswand, deren Bögen auf Halbsäulen mit Würfelkapitellen aufliegen und über die einstmals ein Gesims verlief, die Kenntnis der

Ostapsis des Speyerer Domes – wenngleich in einfacherer Ausführung. Wahrscheinlich hatten nach Abschluss der Dombauarbeiten zwischen 1110 und 1120 nicht wenige Speyerer Steinmetzen die Bischofsstadt verlassen, um hier in Winzingen, wie auch anderorts, ihre baulichen und handwerklichen Kenntnisse und Fähigkeiten unter Beweis zu stellen.

Nikolauskapelle, Apsis

Südende der westlichen Schildmauer

Ansicht von Süden

RHODT

Ruine Rietburg

Oberhalb der für König Ludwig I. von Bayern um 1850 erbauten Villa Ludwigshöhe nahe Rhodt erheben sich auf einem 550 m hohen Ausläufer des Blättersberges die Ruinen der Rietburg, die zu den höchstgelegenen Burgen der Pfalz zählt und zu der täglich von April bis Oktober ein Sessellift hinaufführt.

Das Edelgeschlecht von Riet, das in der Gegend von Speyer oder Germersheim ansässig war, gab der Burg den Namen. Gegründet wurde die Festung zwischen 1200 und 1204 unter Konrad von Riet, doch blieb sie nur ein halbes Jahrhundert in Familienbesitz. Ziemlich unrühmlich kam im Jahre 1255 das Ende der Herren von Riet bzw. von Rietberg, wie sie sich nun nannten. Der Neffe des Gründers, ein gewisser Hermann, verfiel auf die fatale Idee, bei Edesheim die Ehefrau König Wilhelms von Holland, eine bayerische Prinzessin, die auf dem Weg von Worms zum Trifels war, zu überfallen, auszurauben und samt ihrem Gefolge auf der Burg gefangen zu setzen. Daraufhin zog ihr Vater, Herzog Ludwig von Bayern, mit mehreren Adeligen und Bürgern der Städte Worms, Oppenheim und Mainz vor die Burg und erzwang ihre Kapitulation. Hermann verlor seinen Besitz, sein Name und der seines Geschlechts verschwand aus den Annalen, die Rietburg wurde zur Reichsfeste und gelangte im 14. Jahrhundert in den Besitz der Speyerer Bischöfe. Im Dreißigjährigen Krieg schwer beschädigt, unterblieb ein Wiederaufbau, da die Burg an strategischer Bedeutung verloren hatte.

Auf vorgeschobener Bergzunge war die im ersten Drittel des 13. Jahrhunderts errichtete Rietburg an den drei dem Tal zugewandten Seiten so gesichert, dass man sie von hier aus kaum einnehmen konnte. Die einzige mögliche Angriffsseite bot sich von Westen her, wo der Blättersberg in eine Höhe von fast 620 m ansteigt. An dieser Stelle wurde hinter einem mächtigen Halsgraben, aus dem das Baumaterial für die Anlage gewonnen worden war, eine hohe und 3 m starke Schildmauer angelegt, aus deren Mitte der Bergfried aufragte. Hinter der Mauer lagen die um einen inneren Burghof gruppierten Wohngebäude der höher gelegenen Hauptburg, die durch eine mehrmals abgeknickte innere Schildmauer, die zugleich als Umfassungsmauer für die innen angelehnten Bauten diente, von der etwa 6–10 m tieferen Vorburg abgeschlossen wurde. Die das südöstliche Terrain einnehmende untere Burg beanspruchte den weitaus größeren Teil der ca. 60 x 50 m messenden trapezförmigen Gesamtanlage. Während von der Vorburg aufgehendes Mauerwerk kaum noch zu finden ist, hat sich die westliche Schildmauer in einer beachtlichen Höhe erhalten. Die höchste Erhebung weist diese in ihrem unteren Teil über 3 m starke, in ihrem oberen ungefähr 2,5 m dicke und aus Buckelquadern gefügte Mauer heute an ihrem Südende auf. Sie erreicht dort eine Höhe von 14 m und wirkt wie ein turmartiger Aufsatz. Ein an die Nordseite der Schildmauer stoßendes Mauerstück dürfte der Rest eines später entstandenen Wehrbaus sein. Störend wirkt die am Nordende hinaufführende Treppe, ebenso wie die modernen Einbauten und die Terrasse den Gebäudecharakter beinträchtigen.

NEUSTADT

Ruine Wolfsburg

Etwa 2 km westlich von Neustadt liegt am Nordhang des Speyerbachtals die Ruine Wolfsburg. Sie wurde erstmals im Jahre 1259 als „castrum Volfperg" erwähnt und war ein Lehen des Bistums Speyer an die Pfalzgrafen bei Rhein. Sie diente in erster Linie der Sicherung der unterhalb des Burgberges vorbeiziehenden Handelsstraße, die über Lambrecht und Frankenstein nach Kaiserslautern führte. Zudem war sie der westliche Wachtposten der neu gegründeten Stadt Neustadt und damit das bergwärts gelegene Pendant zur Burg Winzingen im Nordosten, der die Kontrolle der Rheinebene oblag. Die Gründung dürfte kurz vor 1250 erfolgt sein, was aufgrund der verwendeten Baumaterialien und der Bautechnik – Buckelquader und glatte Quader mit Randschlägen in den Eckverbänden – zu vermuten ist. Während sich der lang gestreckte Grundriss einerseits an die natürlichen Gegebenheiten des schmalen Bergausläufers anpasst, folgen andererseits die größtenteils gerade verlaufenden Mauerzüge noch ganz dem Typus der romanischen Rechteckburg. Im Bauernkrieg wurde die Festung zweimal gestürmt und geplündert, endgültig zerstört wurde sie dann im Dreißigjährigen Krieg. Danach verfiel die Anlage. In den 40er-Jahren des 18. Jahrhunderts verwendete man ihre Steine für den Wiederaufbau der im Tal gelegenen Papiermühle, gut 100 Jahre später diente die Wolfsburg als historische Kulisse für ein Nationalfest freiheitlich gesinnter Neustädter Bürger. Heute wird die Ruine von Burgenfreunden aus der Umgebung instand gehalten.

Im Grundriss beschreibt die Burg ein etwa 140 m langes Rechteck, das von Nordosten nach Südwesten, wo sich die

Ansicht von Osten

Anlage gegen den Abhang des Speyerbachtals vorschiebt, schmaler wird. Die längere Schmalseite im Nordosten war die einstige Angriffsseite, die sich für eine Burg ungewöhnlich nah an das bergseitige Gelände heranschob – im Verteidigungsfall zweifellos ein Nachteil! Die höher gelegene Kernburg wird allseitig von einer unterschiedlich hoch erhaltenen Ringmauer umgeben, die aus kleineren Rotsandsteinquadern besteht. Bis in eine Höhe von 13 m erhebt sich noch die 3 m starke Schildmauer im Nordosten, die in ihren unteren Partien mit den Ringmauerenden verzahnt ist. Einige ihrer Quader weisen Steinmetzzeichen aus der Erbauungszeit auf. Eine etwas tiefer liegende Zwingermauer umläuft den gesamten Bering der inneren Anlage in einem nahezu gleich bleibenden Abstand von etwa 4 m. Ungewöhnlich für eine Burg aus dem 13. Jahrhundert ist das Fehlen flankierender Türme, die weder für die Zwingermauer noch für die innere Ringmauer vorgesehen waren. Demgegenüber besaß die Festung zwei Bergfriede: einen im Nordosten, der, ähnlich wie in Hohenecken, Landeck und Gräfenstein, gegen die Angriffsseite gerichtet war, und einen am südlichen Ende, der als Aussichtsposten ins Tal diente. Der vermutlich rechteckige nördliche Berg-

rechts: Blick von Nordosten über die Kernburg ins Speyerbachtal

fried, der sich auf einem aus Quadern verkleideten Sockel direkt hinter der Schildmauer der Kernanlage befand, ist völlig zerstört. Der südliche Turm, der sich über einem quadratischen Grundriss erhob, hat sich in einigen Quadern an den Ecken erhalten. Diese wurden in jüngerer Zeit aufgemauert und oben abgeschlossen, der Turmstumpf dient nun als Plattform, von der aus sich ein reizvoller Blick auf das Tal bietet.

Von den Gebäuden der Kernanlage steht nur noch im Norden der zweigeschossige Palas, der von der Schildmauer und dem ehemaligen nördlichen Bergfried geschützt wurde ist. Er liegt quer zur Längsrichtung der Gesamtanlage, seinen beiden Schmalseiten wurden wahrscheinlich nachträglich kräftige Strebepfeiler vorgelegt, die den Druck der Gebäudemauern auf die seitlich angrenzenden Ringmauern abfangen sollten. Erkennbar sind im Inneren noch die an den Langseiten eingemauerten gerundeten Konsolen, auf denen die Deckenbalken auflagen. An der westlichen Schmalseite

unten: Palas, Frontansicht

Innenhof

ist auf jedem der beiden Stockwerke eine Tür eingelassen, die einst zu einem Aborterker führte. Vor einigen Jahren erfolgte eine Aufmauerung des Palas über den teils stichbogig, teils scheitrecht überdeckten Erdgeschossfenstern, die jedoch wenig überzeugend wirkt. So wurde der waagerechte Abschluss derart angelegt, dass die Wandstücke zwischen den Obergeschossfenstern wie vermeintliche Zinnen in die Höhe ragen – was den ursprünglichen Charakter dieses Gebäudeteils der im Ganzen doch ansehnlichen Burganlage bedauerlicherweise leicht verfälscht.

BURGEN IM ELMSTEINER TAL

Im Elmsteiner Tal, südwestlich von Lambrecht, erheben sich entlang des Speyerbaches noch heute die Überreste der vier Burgen Elmstein, Breitenstein, Spangenberg und Erfenstein. Sie alle waren auf relativ kleinen, hochragenden Felsen, die gleichzeitig als Bestandteil der Wehranlagen dienten, errichtet worden.

Oberhalb des gleichnamigen Ortes liegt die **Burgruine Elmstein**, die im 12. Jahrhundert von den Pfalzgrafen zur Sicherung des Talwegs zwischen Neustadt und Johanniskreuz angelegt wurde. Einstmals stand die – heute allerdings verschwundene – Ortsbefestigung mit der Burg in enger Verbindung, auch jetzt noch lehnen sich die aus dem Steinmaterial der Ruine erbauten Häuser dicht an die Süd- und Ostseite des Felsens am unteren Hang des Schlossberges an. Von der Hauptburg erhalten haben sich ein 12 m hohes Stück der aus glatten Sandsteinquadern erbauten Schildmauer mit einem Erker und Reste des daran anschließenden Palas. Beide Bauteile stammen vermutlich aus der zweiten Hälfte des 13. Jahrhunderts. Unterhalb des Felsens lässt sich noch aufgehendes Mauerwerk des Zwingers erkennen ist.

Weiter talabwärts liegt die **Burgruine Breitenstein**, die von einem Parplatz an der Talstraße in ca. 15 Minuten fußläufig zu erreichen ist. Die Burg wurde in der ersten Hälfte des 13. Jahrhunderts als Lehnsburg der Grafen von Leiningen angelegt und von den Truppen des Pfalzgrafen im pfälzisch-leiningischen Krieg im Jahre 1470 zerstört. Ursprünglich bestanden zwei getrennte Wehranlagen, eine obere und eine untere Burg, die im Laufe des 14. Jahrhunderts miteinander verbunden wurden. Eine hohe und starke Schildmauer mit Buckelquaderverklei-

Burgruine Elmstein, Reste von Schildmauer und Palas
Burgruine Breitenstein, Mauerreste des Palas

Burgruine Spangenberg

*rechts unten: Burgruine
Spangenberg, Wohnbau*

*Burgruine Spangenberg,
von Erfenstein aus
gesehen*

dung, von der ein Teil mit Resten eines sich verbreiternden Wehrgangs in die Höhe ragt, schützte die die Festung gefährlich überhöhende Bergseite. Ein inmitten des ungefähr quadratischen Berings stehender kleiner Felsklotz trägt noch aufgehendes Mauerwerk des Palas, der an seiner Schmalseite an die Schildmauer anschloss und über eine Felsrampe an der Westseite zugänglich war. Im Schutz der oberen Kernanlage befand sich im Süden die Unterburg, die heute jedoch verfallen ist.

Wiederum weiter talabwärts, kurz vor dem Ort Erfenstein, erheben sich zu beiden Seiten der Straße die Burgruinen Spangenberg und Erfenstein, die von einem ausgeschilderten Parkplatz an der Talstraße in jeweils 15 Minuten zu Fuß zu erreichen sind. Beide Burgen stehen sich in einer Entfernung von nur 250 m gegenüber; dies wäre an sich nicht weiter bemerkenswert, hätte es sich bei den beiden Festungsanlagen nicht um zwei „feindliche Brüder" gehandelt, welche die mitten im Tal verlaufende Grenze zweier Territorien zu sichern hatten: auf der einen Seite die bischöflich-speyerische Burg Spangenberg, auf der anderen die gräflich-leiningische Gründung Erfenstein. Hier entstand auch die Sage von den feindlichen Brüdern mit der ledernen Brücke. Sie erzählt, wie der Spangenberger die luftige Verbindung zerschnitt, als der

Erfensteiner, mit einem Schwert zum Zweikampf gerüstet, hinübereilte; dieser fiel hinab und stürzte sich zu Tode.

Die **Burg Spangenberg,** auf einem 150 m hohen Felsklotz auf der rechten Talseite gelegen, war die frühere Gründung. Schon zu Ende des 11. Jahrhunderts von den Saliern erbaut, diente sie zur Sicherung des Talwegs und wurde vom Bistum Speyer Rittern zur Burghut anvertraut. Bemerkenswert in der Geschichte der Burg ist der Umstand, dass das Burglehen 1385 einem jüdischen Bürger Speyers für einige Jahre übertragen wurde, womit der Bischof vermutlich eine Schuld begleichen wollte. Zu dieser Zeit bestand für den Lehnsträger nicht mehr die Aufgabe der Burghut, also der Bewachung der Burg. So dürften die auch damals vorgenommenen baulichen Veränderungen zu erklären sein, die nicht unbedingt zu fortifikatorischen Zwecken erfolgt sind. 1470 wurde Spangenberg, als Vergeltung für einen früheren Angriff, von den Grafen von Leiningen zerstört. Danach diente die Unterburg als Gestüt, bis ihr der Dreißigjährige Krieg ein endgültiges Ende bereitete.

Die terrassenförmige Anlage des 13. und 14. Jahrhunderts besteht aus einer Unter-, Mittel- und einer Oberburg, die im Mittelalter vermutlich durch eine hölzerne Brücke verbunden waren. Die durch eine umlaufende Ringmauer gesicherte Unterburg, die die Wirtschaftsgebäude und die Stallungen beherbergte, lehnt sich über einem dreieckigen

Grundriss an die oberen Festungsteile an. An ihrer Westseite liegt ein größeres rechteckiges Gebäude, das zur Talseite hin durch drei mächtige Strebepfeiler abgestützt wird. Im Süden steigt die Felswand der Oberburg, welche die dritte Seite der Unterburg bildet, steil in die Höhe. 12 m über der unteren Burg erhebt sich die Mittelburg, die sich gegen die Angriffsseite im Osten durch eine hochrechteckige Schildmauer schützte und gleichzeitig der dahinter liegenden Oberburg vor anfliegenden Geschossen Deckung bot.

Der älteste Bauteil von Spangenberg ist der wiederum 5 m höher liegende Wohnbau der Oberburg, der ursprünglich – nur durch einen kleinen Halsgraben im Osten als einziger Befestigungsmaßnahme gesichert – alleine auf dem hohen Felsriff in das Tal ragte. Als später die Unter- und Mittelburg angebaut wurden, diente er als Palas der gesamten Anlage. Der Zugang erfolgte seit dieser Zeit nicht mehr über die alte hölzerne Treppe, sondern durch einen der Stirnmauer vorgelegten Treppenturm, der innen rund und außen von polygonaler Form war. Der aus kleinen Rotsandsteinquadern errichtete Wohnbau erhob sich über einem trapezförmigen Grundriss und war, der Fläche des Felsgrundes angepasst, verhältnismäßig klein – er maß nur 9 x 18 m. Neben der mächtigen östlichen Stirnwand ist auch die südliche Längswand in drei Geschossen erhalten, während an der Nordseite der Mauerverband in den unteren Teilen des ersten Obergeschosses endet und an der dem Tal zugewandten Westseite bereits in Brüstungshöhe aufhört. Der Zugang in die Ruinen des Wohnbaus erfolgt durch ein erneuertes spitzbogiges Portal, hinter dem sich auf der linken Seite eine in den Fels gemeißelte runde Zisterne befand, die der Wasserversorgung der Burgbesatzung diente. Vermutlich hatte der Palas einen großen Saal, worauf die

Burgruine Erfenstein

Fensternischen mit Sitzbänken und vor allem das gotische Kleeblatt-Doppelfenster im zweiten Geschoss der Südwand schließen lassen. Unter dem Gebäude erstreckt sich ein gewölbter Keller bis an die Westseite, hier öffnet sich die Wand mit einem großen Fenster zum Tal. Von der ursprünglichen Ausstattung stammt noch ein Küchenausguss, ein Rotsandsteinquader mit einem maskenähnlichen Tierkopf, der im Historischen Museum der Pfalz in Speyer aufbewahrt wird.

Auf der gegenüberliegenden Talseite liegt die **Burgruine Erfenstein**, die um 1240, fast eineinhalb Jahrhunderte nach der Burg Spangenberg, von den Grafen von Leiningen als Lehnsburg gegründet wurde. Von der Hauptburg stehen noch Reste der Ringmauer, die eine Plattform umzog, und der mit Buckelquadern verkleidete rechteckige Bergfried, der sich auf einem Tischfelsen ca. 10 m hoch erhebt. Einst schloss seitlich an den stark vorkragenden Felsen, der in jüngerer Zeit durch Stützmauern gesichert werden musste, der Palas an. Geringfügige Reste der Vorburg, der sogenannten „Alten Burg" – der Sockel eines mit Buckelquadern verkleideten Bergfrieds und einige Mauerfragmente – lassen sich im Wald oberhalb der Hauptburg entdecken.

Burgruine Erfenstein, Bergfried

ZWISCHEN ANNWEILER UND HORNBACH
PFÄLZERWALD UND WESTRICH

Annweiler: Trifels, Burgruinen Anebos und Scharfenberg – Ehem. Zisterzienserklosterkirche Eußerthal – Burgen um Ramberg – Burgruine Lemberg – Dahner Burgen – Burgruine Neudahn – Ruine Falkenburg – Burgruine Gräfenstein – Kapelle Rosa Mystica – Burgruine Steinenschloss – Evangelische Pfarrkirche Winterbach – Katholische Pfarrkirche Nünschweiler – Ehem. Zisterzienserabtei Wörschweiler – Ehem. Benediktiner-Prioratskirche Böckweiler – Ehem. Benediktinerkloster Hornbach

ANNWEILER

Trifels

Nach Speyer ist Annweiler die älteste Stadt der Pfalz. Die Stadtrechtsverleihung fiel in eine Zeit der Herrschaftskonsolidierung Friedrichs II. in Deutschland. So erhielten in den Jahren 1219 und 1220 Goslar, Straßburg, Nürnberg, Molsheim (Elsass), Worms, Dortmund und Pfullendorf wie auch Annweiler besondere Privilegien und Kodifikationen eigenen Rechts. Nach dem Vorbild der Stadt Speyer wurde der Bürgerschaft Annweilers Zollfreiheit und eine Befreiung von Erbschaftssteuerabgaben gewährt. Wahrscheinlich als erste Stadt im Reich, noch vor Lübeck, erhielt Annweiler das Münzrecht, wobei der Erlös der Münze dem Unterhalt des Trifels zufließen sollte. An-

Trifels, Anebos und Scharfenberg

ders als in Speyer aber, wo sich um 1200 ein eigenes Stadtparlament zu bilden begann, diente die Verleihung des Stadtrechts an Annweiler eher herrschaftlichen Interessen. Die Stadtgründung stand in engem Zusammenhang mit der wirtschaftlichen Förderung königlichen Besitzes, und so besaß der königliche Schultheiß hier volle richterliche Befugnisse. Darüber hinaus sollten die Bürger eine Sakralgemeinschaft bilden, der es aufgetragen war, den Jahrestag des Todes Friedrichs II. im Rahmen einer feierlichen Versammlung zu begehen – ähnlich wie es Heinrich V. in seinem 1111 erlassenen Privileg den Speyerer Bürgern zur Pflicht gemacht hatte, jährlich des Todes seines Vaters zu gedenken.

Seit Anbeginn stand Annweiler in engstem Zusammenhang mit der staufi-

schen Königsfeste Trifels, die sich auf einem 145 m langen und bis zu 40 m breiten Buntsandsteinfelsen oberhalb der Stadt erhebt. Der dreigeteilte, felsbekrönte Berg, welcher der ehemaligen Reichsfeste den Namen gegeben hat (Trifels = dreigeteilter Berg), war schon lange vor seiner ersten Erwähnung im späten 11. Jahrhundert bewohnt. Vorchristliche Kelten und Römer, die hier bis zum Abzug der römischen Truppen im frühen 5. Jahrhundert ansässig waren, hinterließen zahlreiche Siedlungsreste, Gefäßstücke, Werkzeuge und Bronzemünzen. Ein halbes Jahrtausend lag der Felsen dann verlassen, bis im 10. Jahrhundert unter den sächsischen Kaisern eine Holzburg errichtet wurde, deren Spuren – in den Stein eingemeißelte viereckige Löcher – noch im Eingangsbereich der heutigen Anlage, dem Bereich der Vorburg, zu erkennen sind. Unter den salischen Herrschern entstand auf dem Felsen eine Steinburg, deren Fertigstellung um das Jahr 1100 erfolgt sein dürfte. Dies lässt ein um diese Zeit entstandener Sattelstein vermuten, der, als eine der wenigen noch erhaltenen Bauspolien der salischen Burg, im Historischen Museum der Pfalz in Speyer aufbewahrt wird. Eine Urkunde aus dem Jahr 1081 erwähnt einen Edlen namens Diemar von Trifels, der die Burg, zusammen mit der Madenburg, dem König schenkte, bevor er in das der päpstlichen Partei im Investiturstreit nahe stehende Kloster Hirsau eintrat. Der Beschenkte war jedoch nicht Heinrich IV., sondern der Gegenkönig Hermann von Salm, wodurch die Festung in die Hände der Kaisergegner fiel. In kaiserlichen Besitz gelangte die Burg wieder, als Heinrich V. den Mainzer Bischof Adalbert gegen Ende des Jahres 1112 in Gefangenschaft nahm und so die Herausgabe erzwang.

Die Pfalz galt zu dieser Zeit als das Herzland des Deutschen Reiches, in des-

Der Trifels von Nordwesten

sen Zentrum der Trifels als seinerzeit wohl sicherste und stärkste Festung lag. Um den die Reichskleinodien bewahrenden Trifels und die beiden Nachbarburgen Anebos und Scharfenberg herum erstreckte sich, als zusätzliche Sicherung des Staatsschatzes, ein ganzes Burgensystem, das an den aus der Rheinebene heranführenden Zugängen und den von hier aus weiterführenden Straßen angelegt wurde und das jahrhundertelang für den gesamten pfälzischen Bereich von höchster strategischer Bedeutung war. So wurde die Straße durch das Modenbachtal und das Dernbachtal durch die Reichsburgen Meistersel, Ramburg und Neuscharfeneck gesichert; an der Straße nach Pirmasens und dann weiter nach Lothringen lagen die ehemalige Reichsfeste Falkenburg und die Burg Lemberg. Ein weiterer Verkehrsweg führte vorbei an den ehemaligen Reichsburgen Lindelbrunn und Berwartstein nach Süden bis zur Barbarossa-Pfalz in Hagenau und nach Straßburg. Hier bewachten die Burg Blumenstein und auf elsässischer Seite die Reichsburg Wasigenstein den Maimont-Sattel. An einer zweiten Straße ins Elsass lagen dicht beisammen die Wegelnburg, die Hohenburg sowie die Burgen Löwenstein und Fleckenstein.

Ein Ausbau des Trifels unter den staufischen Machthabern erfolgte in den ersten Jahrzehnten des 13. Jahrhunderts, als aufgrund der fortschreitenden Belagerungstechniken neue Befestigungsanlagen notwendig geworden waren. Für den Aufbau wurden vermutlich Teile des Lösegeldes für den englischen König Richard Löwenherz verwendet, der im Jahre 1193 als Gefangener auf die Festung gebracht worden war, ebenso wie der Erlös der Annweilerer Münze für die Bauarbeiten bestimmt war. Als Rudolf von Habsburg 1274 die Reichsinsignien auf die Schweizer Kyburg überführte (sie sollten wenige Jahre später noch einmal, aber zum letzten Mal und für nur kurze Zeit, in die Pfalz verbracht werden), begann der unaufhörliche Niedergang der Reichsfeste. 1330 an Kurpfalz verpfändet, kam die Burg im frühen 15. Jahrhundert an Pfalz-Zweibrücken und diente der Unterbringung des herzoglichen Archivs.

Hauptburg von Süden: Wachthaus, Turm und Palas

Zwar blieb der Trifels im Bauernkrieg verschont, doch setzte ein Blitzschlag im Jahre 1602 die Anlage in Flammen, wobei vor allem der Palas schwere Beschädigungen erlitt. Als im Dreißigjährigen Krieg unter den Bewohnern, die aus der Umgebung auf die Burg geflüchtet waren, die Pest ausbrach, wurde der Trifels für immer aufgegeben. Was der Blitzschlag nicht vermocht hatte, leisteten dann das 17. und 18. Jahrhundert, als die Burg von den Anwohnern als Steinbruch missbraucht wurde. Das 19. Jahrhundert entdeckte im Zuge einer romantischen Mittelalterbegeisterung aufs Neue die Reichsfeste, über die Victor von Scheffel schrieb:

> *„Annweilers Berge seh' ich wieder*
> *Und ihre Burgdreifaltigkeit*
> *In Ehren alt, vernarbt und bieder,*
> *Kriegszeugen deutscher Kaiserzeit.*
> *Dort Scharfenberg, die schlanke, feine,*
> *Vor ihr der Felsklotz Anebos,*
> *Und hier als dritter im Vereine*
> *der Reichspfalz Trifels Steinkoloss.“*

1866 wurde der Trifels-Verein gegründet, der sich fortan um die Restaurierung der Feste kümmerte. Die zweifellos anerkennenswerten Bemühungen mündeten in einem – von den Initiatoren sicherlich nicht solcherart beabsichtigten – Wiederaufbau während der nationalsozialistischen Herrschaft, dem der Gedanke eines sogenannten „Reichsehrenmal" zugrunde lag. In dieser Gestalt, mit einigen Ergänzungen der Nachkriegszeit, präsentiert sich der Trifels dem heutigen Besucher. In seinem jetzigen Bestand ist er jedoch weder Ruine noch Rekonstruktion, weder mittelalterliche Burg noch ein Bau des 20. Jahrhunderts – aber trotz allem ein sehenswertes Baudenkmal.

Der Trifels gliedert sich im Wesentlichen in zwei Bereiche: in eine Hauptburg auf dem Felsgipfel und eine während der Ausgrabungen des Jahres 1937 entdeckte Vorburg, die in der Form eines lang gestreckten Dreiecks die Kernanlage umzieht. Äußerst ungewöhnlich für den staufischen Wehrbau ist die Zusammenfassung von Palas und Turm nebst einer Kapelle zu einer geschlossenen Baugruppe. Drei in der Regel getrennt gelegene Baukörper vereinen sich hier zu einem Komplex von sowohl profaner als auch sakraler Funktion, der zugleich auch Ausdruck gestiegener Komfortbedürfnisse ist. So dient der Turm des Trifels nicht nur als Bergfried, sondern auch als Torturm, durch den der Zugang zum Palas erfolgt. Der zwischen 1200 und 1208 errichtete Turm schob sich ursprünglich an den älteren salischen Palas an, an dessen Stelle etwa 30 Jahre später ein neuer Wohnbau entstand. Der neue Palas muss von Anfang an geplant gewesen sein, wie es die drei Türöffnungen in der Nordwand des Turms – so auf einem Aquarell von 1834 – vermuten lassen. In seinen mächtigen Abmessungen und der rechteckigen Grundrissform ähnelt der Turm dem normannischen Wohnturmtypus des 12. Jahrhunderts, dem englisch-walisischen Keep und dem französischen Donjon. Auch die Zweiteilung der Geschosse, die in die Mauern eingelassenen Treppen und der große Abortschacht zwischen Turm und Palas weisen auf normannische Baugewohnheiten hin – was nicht verwundert, gab es doch seit der Zeit Heinrichs VI. enge Beziehungen zwischen den Staufern und den Normannen. Der mit mächtigen Buckelquadern verkleidete, ursprünglich dreigeschossige Turm erhielt bei den Restaurierungsarbeiten von 1964–66 ein viertes, durch Doppelfenster gegliedertes Geschoss, dessen oberer Abschluss eine Plattform in einer Höhe von 32 m bildet. Ein Teil der großen Buckelquader zeigt gegabelte Zangenlöcher, die zum Aufziehen

der Steine dienten. Für den Wiederaufbau der Westwand wurden alte, im Bauschutt gefundene Steine verwendet, während die Palasmauern aus gänzlich neuen, sich von den alten deutlich unterscheidenden Quadern errichtet wurden.

An der östlichen Turmseite ragt aus dem Mauerverband ein Kapellenerker mit einem Rundbogenfenster, dem im Inneren eine Altarnische entspricht. Der Erker ruht auf drei Maskenkonsolen, deren mittlere eine neuere Ergänzung ist. Er schließt oben in einem reich gegliederten Gesims ab, das sich – in Anlehnung an Formen der Wormser Bauschule – aus einem Rundbogenfries, einem Deutschen Band, einem tauförmig gedrehten Wulst sowie einem Gesims mit Blättern und Schlingen zusammensetzt. Auf dem Kegeldach erkennt man noch die Konturen einer stark verwitterten Figurengruppe, eine Löwin mit einem kleineren Tier in ihren Fängen und einen menschlichen Kopf.

Im Inneren des Turmes führen zwei ungleich große, gratgewölbte Räume im Erdgeschoss in den Palas. Von jedem der beiden Räume gelangt man über eine in der Mauer angelegte Treppe in das Obergeschoss, das gleichfalls in zwei Räume aufgeteilt ist. Der größere, die ehemalige Königskapelle, erhebt sich über einem quadratischen Grundriss mit einer Apsis an der Ostseite. Früher stand in diesem Raum, gemäß einem Inventar aus dem Jahre 1246, ein steinerner Altar, ebenso wie zwei Säulen mit Kelchkapitellen an den Seiten der Apsis eingestellt waren. In die Nordwand sind zwei rundbogige Blendnischen eingelassen, eine Steinbank umläuft den gesamten Raum. In der Mitte des Kreuzgewölbes, dort wo die Gewölberippen zusammenlaufen, befindet sich eine runde Öffnung von 80 cm Durchmesser, die eine Verbindung zum darüber liegenden Raum, dem Tresorraum, herstellt. Dieser mit einem neuzeitlichen Ab-

Brunnenturm von Südosten

Kapellenerker

*Brunnenanlage auf
dem Brunnenturm*

Königskapelle

schluss versehene Raum ist nur vom Palas aus zugänglich. Hier wurden einst die Reichskleinodien aufbewahrt; heute sind es Kopien von hoher kunsthandwerklicher Qualität, die in einer Vitrine ausgestellt sind. Der an die Königskapelle anschließende Vorraum diente als Aufenthaltsraum für die Mönche des Klosters Eußerthal, denen die kirchliche Betreuung der kostbaren Herrschaftssymbole aufgetragen war. Die Trifels-Kapelle lieferte auch das Vorbild für den improvisierten Bau einer Kapelle im Frankfurter Saalhof anlässlich eines Hoftages im Jahre 1208, als die Reichskleinodien dort an König Otto IV. übergeben wurden.

Vom Vorraum gelangt man zugleich in den Palas. Von diesem Gebäudeteil, der an die Nordseite des Turmes anstößt, waren vor dem 1938 begonnenen Wiederaufbau nur noch geringfügige Reste vorhanden, darunter ein Teil der salischen Ostwand, die jedoch eingemauert wurde. Auf das Aussehen des ehemaligen Wohngebäudes gibt es nur spärliche Hinweise. Die früheste bildliche Darstellung und zugleich die einzige zeitgenössische Bildquelle überhaupt ist ein Siegel der Stadt Annweiler aus dem 13. Jahrhundert, das auf der rechten Seite die Stadtkirche und links den Turm des Trifels und den anstoßenden Palas zeigt. Hierbei handelt es sich aber lediglich – wie im Mittelalter nicht unüblich – um die symbolhafte Andeutung eines bestimmten Bautyps wie Burg, Kirche oder Stadt, die für eine möglichst originalgetreue Rekonstruktion bei weitem nicht ausreichend war. Und die überlieferten Zeichnungen und Graphiken des 18. und 19. Jahrhunderts konnten den in der Zwischenzeit durch Blitzschlag und Abbruch weitgehend zerstörten Palas natürlich nicht mehr berücksichtigen. Dennoch nahm man in den 1930er-Jahren – trotz schwerwiegender Bedenken – unter der Leitung des Architekten Rudolf Este-

rer einen Wiederaufbau des Wohntraktes in Angriff, der im Andenken an die mittelalterliche Reichsherrlichkeit in eine „nationale Weihestätte" umgewandelt werden sollte. Ausgehend von Studien an unteritalienischen Stauferkastellen und eigenen Vorstellungen entstand ein Gebäude, das sich in erster Linie durch die für die NS-Zeit obligatorische Monumentalität auszeichnete. Die Bauarbeiten wurden nach dem Zweiten Weltkrieg fortgesetzt und in der Mitte der 1960er-Jahre beendet.

Der staufische Palas bestand, wie sich anhand der drei Ausgänge an der nördlichen Turmmauer und eines Inventars aus dem 16. Jahrhundert schließen lässt, aus drei Geschossen, die einer im Mittelalter üblichen Einteilung folgten. Im Erdgeschoss befand sich die aus drei Kreuzgewölben bestehende Küche mit einer Zisterne in der Mitte und einem Abort-Zugang an der Südwestecke. Das erste Obergeschoss war der Repräsentation vorbehalten, hier erstreckte sich der flach gedeckte und mit einem Marmorfußboden ausgelegte Kaisersaal. Im zweiten Obergeschoss lagen die Wohnräume, die über eine Treppe im Vorraum des Saals zu erreichen waren. Entgegen der üblichen Anordnung von Festsälen in mittelalterlichen Palatien erhebt sich der neue Kaisersaal der Jahre 1938–54 über zwei Geschosse, so dass sich nun der Eindruck einer großen Halle einstellt, die es hier nie gegeben hat. Einzig eine umlaufende Galerie mit Triforien-Öffnungen, die über eine Freitreppe zu begehen ist, weist auf ein oberes Geschoss hin. Der Raum ist flach gedeckt, große, im Stil der Frühgotik gehaltene Doppelfenster in gestuften Nischen mit Sitzbänken sorgen für die Ausleuchtung mit Tageslicht. In Anlehnung an die Laufgänge normannischer Kathedralen öffnet sich die Galerie mit sieben Triforienbögen zum Saal. Die über einem Schachbrettfries eingestellten Säulen sind,

Kaisersaal

wie alles in diesem Raum, „neu-mittelal-
terlich", sie enden in Kapitellen, welche
die 1937 gefundenen Baureste ziemlich
eigenwillig kopieren.

An der Südspitze des Felsklotzes, auf
dem sich Turm und Palas erheben, liegt
die Ruine des spätgotischen Wachthau-
ses. Innerhalb der Ringmauer befanden
sich neben der Kernburg noch weitere Gebäude, von denen jedoch nur die Fundamente stehen geblieben sind. Deren wich-
tigstes, das sogenannte Ritterhaus, nahm
einstmals die ganze Breite der Felsfläche
ein. Südlich davon lag ein kleiner Hof,
auf dem sich jetzt das neue Wohnhaus des
Kastellans erhebt. Auf staufische Ursprünge wiederum geht der der Südostecke vorgelagerte, etwa 20 m hohe Brunnenturm
zurück, der zu Beginn des 13. Jahrhunderts errichtet und im 16. und späten 19.
Jahrhundert mehrmals restauriert wurde.
Er steht über eine steinerne Bogenbrücke
aus dem Jahre 1882 mit der Hauptburg
in Verbindung. Das in halber Höhe angebrachte Gesims ist eine Zutat des 16.
Jahrhunderts, der oberere Rundbogenfries
und die kleinen Quader wurden dem ro-

manischen Baukörper im späten 19. Jahrhundert angefügt.

Dem Trifels kamen während seiner
Blütezeit im 12. und 13. Jahrhundert zwei
hauptsächliche Funktionen zu: Er war
Aufbewahrungsort der Reichsinsignien
und Staatsgefängnis. Der prominenteste
Gefangene war zweifellos der englische
König Richard Löwenherz – nachdem
hier bereits zu Beginn des 12. Jahrhunderts der Mainzer Erzbischof Adalbert in
Haft gesessen hatte. Der König war bei
seiner Rückkehr vom Kreuzzug von
Markgraf Leopold II. von Österreich gefangen genommen und zunächst auf der
Burg Dürnstein in der Wachau arrestiert
worden. Der Grund: Richard hatte bei
dem Sturm auf Akkon die Fahne des
Babenbergers vom eroberten Turm geris-
sen und dafür seine eigene gehisst, wodurch sich Leopold zutiefst beleidigt fühl-
te. Als Kaiser Heinrich VI. von der Gefangennahme des englischen Herrschers
erfuhr, verlangte er die Übergabe Richards
unter Zusicherung eines Teils des zu zah-
lenden Lösegeldes. Die Übergabe des königlichen Gefangenen erfolgte im März

Reichskleinodien: Reichsapfel, 12. Jahrhundert (Kopie)

oben und unten: Reichskleinodien: Reichskrone, 10. Jahrhundert (Kopie)

1193 auf dem Reichstag zu Speyer, von dort wurde er auf den Trifels verbracht. Fast ein Jahr dauerte die Haft; die Behandlung soll eines Königs würdig gewesen sein, wie Richard in einem Brief an seine Mutter schrieb. Die Freilassung erfolgte dann nach Zahlung eines immens hohen Lösegeldes – der englische König übergab sein Reich dem deutschen Kaiser und erhielt es von diesem als Lehen zurück. Am 13. März 1194 konnte Richard den Trifels in Richtung England verlassen.

Mit der Gefangenschaft von Richard Löwenherz verknüpft sich die sogenannte „Blondelsage", die sich jedoch keineswegs mit der historischen Wirklichkeit deckt. Ein Sänger namens Blondel de Nesle soll sich auf den Weg nach Deutschland gemacht haben, um den gefangenen König ausfindig zu machen. Nach langem Suchen kam er vor eine Burg, wo er als Erkennungszeichen ein Minnelied anstimmte. Kaum war die erste Strophe verklungen, so erscholl im Inneren die zweite Strophe – der Sänger hatte seinen König gefunden. Noch in der gleichen Nacht soll er seinen Herrn zusammen mit zwölf Rittern befreit haben. Diese Sage wird gerne mit dem Trifels in Verbindung gebracht, wobei es sich aber auch um die Burg Dürnstein gehandelt haben könnte.

Mit dem Lösegeld Richards finanzierte Heinrich VI. seinen Feldzug nach Italien, um dort die Erbansprüche seiner Gemahlin Konstanze auf das Normannenreich in Apulien und Sizilien durchzusetzen. Unter der Führung des Truchsesses Markward von Annweiler eroberte sein Heer die beanspruchten Gebiete. Der gewaltige Normannenschatz wurde im Jahre 1195 auf 150 Saumtieren auf den Trifels verbracht, neben einer Reihe in Geiselhaft genommener sizilianischer Edelleute, die auf der Feste in Ketten gelegt wurden.

Ihre größte Bedeutung erlangte die Reichsburg als Aufbewahrungsort der Reichskleinodien, der höchsten Machtsymbole des Reiche. In dieser Zeit kam es zu dem Ausspruch: Wer den Trifels hat, hat das Reich. Als letzte Verfügung des sterbenden Kaisers Heinrich V. wurden im Jahre 1125 die erst im Kloster Limburg und im Speyerer Dom, dann auf der Burg Hammerstein bei Andernach verwahrten Herrschaftssymbole auf den Trifels überführt. Hier verblieben sie mit mehreren, mitunter längeren Unterbrechungen bis zum Jahre 1298. Die sakralen Teile fanden in der Königskapelle ihren Aufbewahrungsort, während die übrigen Kleinodien im Tresorraum über der Kapelle untergebracht wurden. Zu den Reichskleinodien gehörten damals die eigentlichen Insignien: die Krone, das Zepter, der Reichsapfel, das Reichsschwert; ferner das Reichskreuz mit den darin enthaltenen Reliquien, darunter die karolingische Reichslanze, ein kreuzförmiger Behälter mit einem vermeintlichen Stück Holz vom Kreuze Christi und zwei Armspangen und Sporen. Vermehrt wurden die Kleinodien später durch den Ornat, der den Beständen des Normannenschatzes entnommen wurde: den Kaisermantel, die Albe und die Dalmatika (beides liturgische Gewänder), die Strümpfe, Schuhe und Handschuhe, das Reichsschwert und das Zeremonienschwert mit den dazugehörigen Scheiden. Seit dem Beginn des 19. Jahrhunderts werden die Reichskleinodien und die Insignien des Heiligen Römischen Reiches in der Schatzkammer der Wiener Hofburg aufbewahrt. Die im Tresorraum des Trifels ausgestellten Exponate sind detailgetreue, nach dem Zweiten Weltkrieg angefertigte Kopien der Reichskrone aus dem 10. Jahrhundert, des Reichs- oder Mauritiusschwertes aus dem 11. Jahrhundert, des Reichsapfels und des Reichskreuzes aus dem 12. Jahrhundert sowie des Zepters, das im 14. Jahrhundert entstand.

Burgruinen Scharfenberg (links) und Anebos (rechts)   *unten: Felsblock des Anebos*

Burgruine Anebos

Auf dem mittleren und südlichen der drei
Burggipfel bei Annweiler erheben sich die
Burgen Anebos und Scharfenberg, zu denen man über die Trifels-Straße gelangt.
Vom Anebos, nach dem sich ein Geschlecht im späten 12. Jahrhundert benannte, stehen nur noch spärliche Fundamentreste, aufgehendes Mauerwerk ist
nicht mehr erhalten. Balkenlöcher an den
Wänden des hochragenden und bizarr
geformten Felsblocks, der im Volksmund
„Dickkopf" genannt wird, weisen darauf
hin, dass sich einst die Burggebäude an
den Felsen anlehnten. Auf der oberen
Plattform stand vermutlich ein Turm.

Ruine Anebos, Balkenlöcher im Felsblock

Burgruine Scharfenberg

Die Burg Scharfenberg hat den volkstümlichen Beinamen „Münz", da hier die Stadt Annweiler das ihr bei der Gründung verliehene Münzrecht ausübte und ihre typischen Denare prägen ließ. Wohl zusammen mit dem Trifels im 11. Jahrhundert als Reichsburg gegründet, gab sie dem Ministerialengeschlecht von Scharfenberg den Namen, dessen berühmtester Vertreter der Speyerer Bischof und Hofkanzler Konrad III.

rechts unten:
Eingangsportal zur
Oberburg

Ruine Scharfenberg,
Bergfried

von Scharfenberg gewesen ist. Als das Geschlecht zu Beginn des 14. Jahrhunderts ausstarb, fiel die Burg an die Abtei Weißenburg und dann an den Herzog von Zweibrücken. Seit ihrer Zerstörung im Bauernkrieg ist sie Ruine.

Auch heute noch beherrscht der um 1200 erbaute schlanke Bergfried das Terrain, das einst aus einer unteren Vorburg und einer oberen Hauptburg auf einem 35 m langen Felsblock bestand. Der gut erhaltene, 20 m hohe Turm weist in ungefähr halber Höhe der Westseite eine rundbogige Einstiegsöffnung auf, durch die man die beiden oberen Geschosse erreichen konnte. Unterhalb des Einstiegs verengt sich der Innenraum zu einem Schacht, der vermutlich der Lagerung von Vorräten oder der Aufbewahrung von Waffen gedient hat. An den mit Buckelquadern verkleideten Bergfried stießen die nördliche und östliche Ringmauer, im Westen stand der Wohnbau, der noch in wenigen Resten erkennbar ist. Im Bergsattel nordwestlich der Ruine ragen die sogenannten fünf „Münzfelsen" empor, die teilweise für Beobachtungszwecke ausgebaut waren.

EUSSERTHAL

Ehem. Zisterzienserklosterkirche

Baugeschichte Die ehemalige Zisterzienserklosterkirche, jetzt katholische Pfarrkirche St. Bernhard, entstand an der Stelle einer kleinen, inmitten des abgeschiedenen Tales gelegenen Marienkapelle. Ihr Stifter war der Ritter Stephan von Mörlheim, der die Ländereien im „Usserthal" zuvor von dort ansässigen Benediktinern erworben hatte. An ihn erinnert im Kircheninneren, an der südwestlichen Pfeilervorlage zwischen Chor und Vierung, ein im 16. Jahrhundert angefertigtes Wappen mit der Inschrift: *„Arma dni Steffani strenuiac nobil ‚milit' de merihem qui fundat hoc monasteriu Anno 1148"* („Wappen des Herrn Stephan, tatkräftigen und edlen Ritters zu Mörlheim, der dieses Kloster im Jahre 1148 gegründet hat"). Rasch wuchsen in den folgenden Jahren Ansehen und Bedeutung der 1148 erfolgten Gründung. Dem Kloster wurde von adeligen Gönnern ein großer Waldbezirk

Ansicht von Südosten

überlassen, Kaiser Friedrich Barbarossa bestätigte die Schenkungen und alle weiteren Besitzungen und nahm es unter den besonderen Schutz des Reiches.

Eußerthaler Mönche wurden auf dem Trifels als Burgkapläne und später als Hüter der Reichskleinodien bestellt. Ferner richtete der Orden ein Krankenhaus ein, das nicht nur eine eigene Verwaltung hatte, sondern auch über gesonderte Einkünfte verfügte. Die Besitzungen des Konvents vermehrten sich durch fromme Zuwendungen im Laufe der Jahre derart, dass man zu Beginn des 13. Jahrhunderts mit dem Bau einer neuen und größeren Kirche begann, die 1262 geweiht wurde. Ein Beweis für das hohe Ansehen des Klosters war der Wunsch des Speyerer Bischofs Friedrich von Bolanden, in der Kirche beigesetzt zu werden.

Brände und kriegsbedingte Zerstörungen sollten in den folgenden Jahrhunder-

Wappeninschrift des Gründers Ritter Stephan zu Mörlheim an der Chorwand

ten den Bestand der Klostergebäude jedoch so stark dezimieren, dass einzig die östliche Partie der Kirche den Wechsel der Zeiten mehr oder weniger unbeschadet überstanden hat. Die ehemaligen Konventsgebäude sind vollständig vernichtet. Erst wütete ein Feuer in der Mitte des 14. Jahrhunderts, dann wurde die Anlage mehrmals durch kriegslüsterne Herzöge des Hauses Zweibrücken in Brand gesteckt und geplündert. Die schlimmsten Zerstörungen trafen die Abtei jedoch während des Bauernkrieges im Jahre 1525 – was seine Ursachen in einem Ereignis hatte, das zwar lange zurücklag, das Verhältnis der Landbevölkerung gegenüber den Eußerthaler Mönchen aber über Jahrhunderte bestimmt hatte. Die im 12. Jahrhundert erfolgte

Blick auf die Ostpartie

Überlassung der Waldungen an das Kloster war von den Bauern der Haingeraide – einer bäuerlichen Waldgenossenschaft – nie anerkannt worden. Auch ein Vergleich, der 250 Jahre später, im Jahre 1396, stattfand, hatte den Konflikt nicht beilegen können. So wurde Eußerthal als erstes Kloster im Bauernkrieg ausgeraubt und verwüstet.

Den Zerstörungen folgte nur wenige Jahre später die Auflösung durch Kurfürst Friedrich von der Pfalz. Bei der Errichtung einer Pfarrei im frühen 18. Jahrhundert stand die Kirche nur noch als Ruine; sie wurde um die Jahrhundertmitte unter kurfürstlicher Herrschaft in Teilen gesichert und wiederhergestellt. Chor und Querschiff erwuchsen aufs Neue, das noch erhaltene Doppeljoch des Langhauses er-

hielt eine kräftige Abschlusswand. Unter der französischen Herrschaft zu Beginn des 19. Jahrhunderts wurden die Trümmer des Langhauses und der Klostergebäude abgetragen und die Fußböden wegen der Bodenfeuchtigkeit höhergelegt. So sieht man noch heute manche Architekturstücke in Eußerthaler Häuser eingemauert. Eine letzte stilgerechte Erneuerung der Kirche erfolgte in den Jahren 1961/62.

Baugestalt Obwohl die heutige Kirche nur ein Torso des ursprünglichen Baus ist, lässt sie dennoch die Einfachheit und Klarheit des zisterziensischen Baugedankens spüren. Gemäß der Ordensregel lag das im charakteristischen Rotsandstein erbaute Gotteshaus in einem abgeschiedenen Tal, es hatte keine Türme, keinen figürlichen Schmuck, keine bunten Glasfenster. Es erhob sich als dreischiffige Pfeilerbasilika mit einem ausladenden Querschiff und einem aus ehemals fünf Jochen bestehenden Langhaus im gebundenen System, in dem einem Mittelschiffjoch jeweils zwei Joche in den Seitenschiffen entsprachen. Der Chor ist gerade geschlossen, an den Ostseiten der Querhausarme sind je zwei Kapellen angebaut. Dieses Schema folgt dem seinerzeit für alle Zisterzienserkirchen verbindlichen, auf Bernhard von Clairvaux zurückgehenden sogenannten „bernhardinischen Plan", der sich von der zwischen 1139 und 1147 errichteten Klosterkirche im burgundischen Fontenay ausbreitete und eine Antwort der asketischen Reformvorstellungen des Ordens gegenüber den monumentalen Sakralbauten der Benediktiner darstellte, die ihren Höhepunkt im dritten Bau der Abteikirche von Cluny gefunden hatten. Der bernhardinische Plan sah die Absetzung der einzelnen Architekturteile, gerade geschlossene Ostteile mit Kapellen an den Kreuzarmen,

abgekragte Gewölbedienste und die Wölbung mit Spitztonnen vor. Die Klosterkirche Eußerthal folgt dieser Vorgabe in weiten Partien, wobei noch Anklänge an die früher begonnene und mächtigere Abteikirche Otterberg, an die Klosterkirche Wörschweiler im Saarland und die Zisterzienserkirche Eberbach im Rheingau deutlich werden.

Innenbesichtigung Die 1262 geweihte Kirche wurde in der Übergangszeit von der Romanik zur Gotik errichtet, die Hauptbauzeit lag vermutlich in den 30er-, 40er- und 50er-Jahren des 13. Jahrhunderts. Begonnen wurde mit dem Chor im Osten, dem zuerst das nördliche Querschiff, dann die übrigen Teile und zum Schluss die Einwölbung des gesamten Baus folgten. Während die Chorfenster, die nördlichen Querhauskapellen und die

Blick in Langhaus, Vierung und Chor

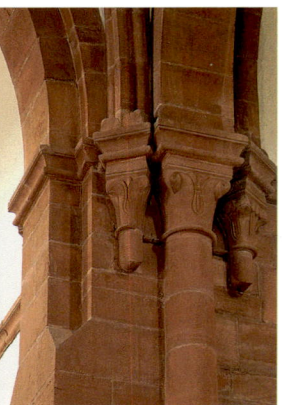

Vierungspfeiler

rechte Seite oben:
Romanische Rund-
fenster an der
Giebelwand des Chors

Chorfenster

Drachenrelief in der
äußeren nördlichen
Querhauskapelle

Wandgestaltung noch von romanischem Formengut geprägt sind, weisen die übrigen Fenster und die Gewölbe frühgotische Elemente auf. Chor, Querhaus und Mittelschiff werden von Kreuzrippengewölben mit spitz zulaufenden Gurtbögen und rosettenförmigen Schlusssteinen überspannt, in den Seitenschiffen und den nördlichen Kapellen sind es Gratgewölbe mit rundbogigen Gurten. Die Vierung wird von Chor und Langhaus durch einfach gestufte Gurtbögen getrennt, die Runddienste laufen in allen Raumteilen in verschiedenartig gestalteten Laubwerkkapitellen aus. In der Höhe der Kämpfer umzieht ein Gesims die Hochwände der Kirche. Schön ausgebildet und für die zisterziensische Bauweise charakteristisch sind die in Form von Laubwerk gestalteten Konsolen an den westlichen Vierungspfeilern, welche die Gewölberippen und den Gurtbogen zwischen Vierung und Langhaus tragen und unter denen kurze Dienste angefangen sind. Diese Form der Stützgruppe, die aus einem halbrunden Hauptdienst und zwei ihn flankierenden Dienststummeln besteht, setzte sich ursprünglich im ge-

samten fünfjochigen Langhaus fort, was sich anhand von Resten an der Ecke zur im späten 18. Jahrhundert erneuerten Westwand feststellen lässt. Im unteren Teil der Wand des südlichen Querhauses sind zwei Rundbogenfenster angebracht, im oberen Teil über dem Gesims befindet sich ein Vierpassfenster, das sich im nördlichen Querschiff wiederholt. Hier ist die Wand jedoch anders gestaltet, denn ursprünglich schlossen an dieser Seite die Klostergebäude an. Die in der Folge der Fußbodenerhöhung zugesetzte Tür rechts unten führte zur Sakristei und zum Kapitelsaal. Die Nische neben dem Fenster mit Kleeblattbogen war die ehemalige Tür, die eine Verbindung zum Dormitorium, dem Schlafraum der Mönche, herstellte. Reste der Kreuzganggewölbe der ehemaligen Konventsgebäude lassen sich ebenfalls an der Außenwand des nördlichen Seitenschiffs und der anschließenden Wand des Querschiffs erkennen.

Reich gegliedert ist die östliche Chorwand, in die fünf rundbogige Fenster eingelassen sind. Vom Gründungsbau, stammen nur die unteren drei – das mittlere war bis 1962 zugemauert –, während die beiden oberen eine Zutat des 18. Jahrhunderts sind, die sich in ihrer Anordnung an die Gestaltung des Klosters Eberbach im Rheingau anlehnen. Beiderseits des Chors liegen vier Kapellen, die für die Privatmesse der Mönche bestimmt waren. Die an das nördliche Querhaus anschließenden Kapellen werden von runden Gurtbögen und Kreuzgratgewölben überspannt, während die des südlichen Querhauses, die einige Jahre später entstanden sind, bereits die für die gotische Bauweise üblichen Kreuzrippengewölbe und den Spitzbogen aufweisen. Sehenswert sind in den nördlichen Kapellen zwei romanische Reliefs aus der Gründungszeit: ein Bogenfeld mit Schlangen und die Darstellung eines Drachen in einer flachen Spitzbogenrahmung oberhalb einer rechteckigen Wandöffnung, welche die beiden Räume miteinander verbindet.

Außenbesichtigung Ganz im Sinne zisterziensischer Bauvorstellungen wird das Äußere der Kirche von einem – im Barock erneuerten – Dachreiter überragt. Auffallend sind die urtümlich wirkenden gotischen Strebepfeiler an den Ecken des südlichen Querhauses und des Chors, die sich in Form gestufter Mauerverstärkungen nach oben verjüngen. Unter dem Dachgeschoss verläuft ein Konsolfries, der verschiedenartige Profile und Blattmotive aufweist. Zwischen den Fenstern der nördlichen Kapellen ist eine runde Blende für eine Sonnenuhr eingelassen, wie sie auch an der Abteikirche von Otterberg anzutreffen ist. Am aufwändigsten gestaltet ist – analog zum Innenraum – die Giebelwand des Chors. Den unteren Teil der Wand gliedert eine Dreiergruppe rundbogiger Fenster, die in ihrer Anordnung der Ostpartie des Wormser Domes und der ehemaligen Klosterkirche von Seebach bei Bad Dürkheim nicht unähnlich ist. Das mittlere der Fenster wird durch die Verdoppelung der rahmenden Säulen und durch einen Zickzackbogen hervorgehoben. Oberhalb der Fenstergruppe spannt sich eine Rundbogenblende, die ursprünglich wohl ein großes Rundfenster rahmte. Die beiden jetzigen Rundbogenfenster stammen vom Ausbau des 18. Jahrhunderts.

Trotz der Verkürzung des Langhauses und mehrfacher Erneuerungsarbeiten wirkt der Außenbau auch heute noch als geschlossenes Ganzes und fügt sich, ganz aus unverputzten Rotsandsteinquadern errichtet, harmonisch in das Landschaftsbild. Den Baukörper bestimmen Einfachheit und Klarheit, in ihm, als einem der spätesten Beispiele der sogenannten Übergangszeit in der Pfalz, fin-

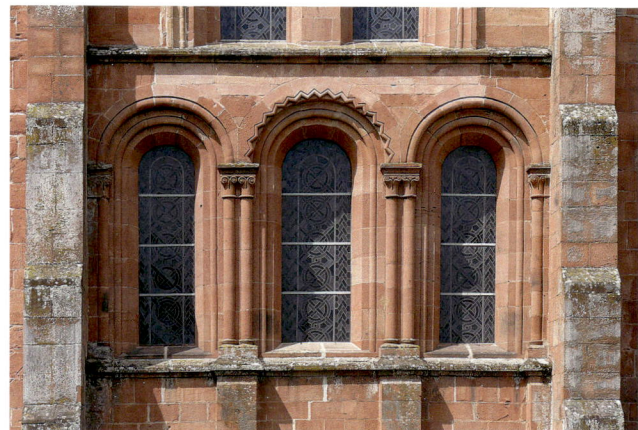

den Formen der oberrheinischen Spätromanik und Elemente der Frühgotik zu einer gelungenen Synthese.

Südquerhaus

BURGEN UM RAMBERG

Zwischen Albersweiler und Ramberg liegen auf waldigen Berggipfeln die drei ehemalige Ritterburgen Ramburg, Neuscharfeneck und Meistersel, die einst in enger Verbindung zum Trifels standen. So oblag den Rittern der Ramburg die Versorgung der Reichsfeste, wenn der Kaiser dort weilte; die Herren von Meistersel sprachen Recht im Namen des Kaisers und übten die Vogteirechte im Dernbach- und Sulzbachtal aus; die Herren von Scharfeneck und Scharfenberg waren hohe Ministerialen mit Sitz auf Scharfenberg. Auch in strategischer Hinsicht kam den drei Burgen eine wichtige Funktion zu. Als Vorwerke der Reichsburg Trifels sicherte Scharfeneck den Eingang des Hainbachtals, Meistersel den Zugang vom Modenbachtal, und die Ramburg überwachte die wahrscheinlich schon von den Römern angelegte Hochstraße, die durch das Modenbachtal zum Schänzel und über Johanniskreuz, Kaiserslautern, Kreuznach, Bingen und Mainz zum Rhein zog.

Ruine Ramburg

Die Burgmannen der Ramburg, die den Namen „von Ramberg" trugen, traten erstmals im Jahre 1163 auf. Die Bezeichnung „ram" (mittelhochdeutsch für Widder) weist wohl auf die Schafzucht hin, die an dieser Stelle betrieben wurde. Über die Baugeschichte der einstmals starken Feste sind keine Nachrichten erhalten, doch lässt sich anhand der mächtigen, aus Bossenquadern verkleideten Schildmauer an der Nordwestecke und der daran angrenzenden Südwand eine Erbauung für das 12. Jahrhundert annehmen. Wegen ihrer Lage und ihrer starken Befestigung galt die Burg lange Zeit als uneinnehmbar. Ihre Zerstörung erfolgte im

Bauernkrieg und im Dreißigjährigen Krieg, ein Wiederaufbau fand danach nicht mehr statt.

Mit einem relativ geringen Umfang von lediglich 20 x 30 m war die Anlage auf allen Seiten durch Steilhänge geschützt, außer im Nordwesten, wo ein aus dem Felsen gehauener Halsgraben von 20 m Länge und 5 m Breite Angriffe von der Bergseite her aufzuhalten hatte. Die Hauptanlage, die nur aus einem Wohngebäude ohne Bergfried bestand, befand sich auf einem bis zu 10 m ansteigenden Felsen, der sich über einer geräumigen Terrasse erhob. Um diesen zog sich, mit Ausnahme der Nordostseite, der Burghof mit einer Vorburg, die durch eine Ringmauer geschützt wurden. Noch heute ragt die nordwestliche Schildmau-

Treppe zum Burgkeller

Palas-Südseite

er in einer Höhe von fast 20 m auf. An ihrer Innenseite sind mehrere Kragsteine für Geschossbalken zu erkennen, deren Einteilung auf sechs Geschosse des einstmals angrenzenden Palas schließen lässt. Charakteristisch für den Palas der Ramburg sind die vier großen Fensteröffnungen an der Südseite, die noch in vier Stockwerken aufsteigt. Wie die stichbogigen Nischenabschlüsse zeigen, war die Mauer in ziemlich regelmäßig angeordnete Nischen aufgeteilt, in denen vermutlich gepaarte Fenster, wie auf den Burgen Landeck und Lindelbrunn, eingelassen waren. Die Burgmannen wohnten mit ihren Familien in den oberen Stockwerken, während die Gesindewohnungen und die Stallungen im Südosten der Burg lagen. An der Nordwestseite, unmittelbar unterhalb der Schildmauer, befand sich die sogenannte „Eselskrippe", die als eine künstliche Felsvertiefung zum Schutz der Reittiere angelegt worden war. Wegen des steilen Anstiegs,

Burgkeller

den der heutige Besucher bei seinem Aufstieg zweifellos bemerken wird, erwies es sich als unerlässlich, auch Esel als Reittiere zu benutzen. Sehenswert ist der rechteckige Burgkeller im Inneren des Felsens, in den an der südöstlichen Schmalseite ein überwölbter Gang mit Steintreppe hinabführt. Der Raum ist ganz aus dem Felsen gehauen, über 17 m lang, 10 m breit und 2,5 m hoch. Zwei mächtige quadratische Pfeiler stützen das Felsgewölbe und die darüber liegende Burg, selbst in den Sommermonaten herrschen hier spürbar niedrige Temperaturen.

Vorburg von Westen

Burgruine Neuscharfeneck

Die südöstlich auf einem Ausläufer des Kalkofenberges in 500 m Höhe gelegene Burg Neuscharfeneck wurde in der ersten Hälfte des 13. Jahrhunderts gegründet. Der Name der Burg ist verbunden mit dem Ministerialengeschlecht der Scharfenberger, als deren berühmtester Abkömmling Konrad III. überliefert ist. Dieser war Propst von St. German in Speyer, Notar der Reichskanzlei Friedrich Barbarossas, Bischof von Speyer, Reichskanzler unter Philipp von Schwaben und Kaiser Otto IV. und bis zu seinem Tode im Jahre 1214 Bischof von Metz. Wenige Jahre nach Konrads Ableben erfuhr das Besitztum eine Teilung in die Linie der Herren von Scharfeneck und von Scharfenberg, die beide jedoch bald ausstarben. Um das Jahr 1230 ließ der Nachfahre Johann I. von Scharfeneck-Metz 3 km östlich der Burg Altscharfeneck einen Neubau errichten, der vermutlich zunächst als Vorwerk der älteren Anlage geplant war. Ein grundlegender Um- und

Aufriss der Burganlage

Ausbau von Neuscharfeneck – Altscharfeneck war inzwischen verfallen – erfolgte unter dem Kurfürsten Friedrich I. von der Pfalz in den 50er- und 60er-Jahren des 15. Jahrhunderts, der vor allem mit der Errichtung der kolossalen Schildmauer der Wirkung der Feuerwaffen begegnen wollte. Nach den Verwüstungen des Bauernkrieges im Jahre 1525 fand ein weiterer und äußerst aufwändiger Umbau statt, der die Burg in eine wohnlich gestaltete Schlossanlage verwandelte. Diese wurde jedoch ein Opfer des Dreißigjährigen Krieges. Seitdem ist Neuscharfeneck eine Ruine, um deren Erhalt sich ein Burgenverein kümmert.

Mit einer Länge von 150 m und einer größten Breite von mehr als 60 m nimmt die Burg in der Form eines lang gestreckten Dreiecks das gesamte zungenförmige Bergplateau ein, das durch einen großen und breiten Halsgraben von der Angriffsseite im Osten abgetrennt ist. Die in unterschiedlichen Bauperioden errichtete Anlage gliedert sich in drei Bereiche: die obere Burg, die Kernanlage aus dem 13. Jahrhundert, die um diese über trapezförmigem Grundriss herum gebaute untere Burg aus dem 15. und 16. Jahrhundert und schließlich die westlich angrenzende, etwas tiefer gelegene Vorburg. Beeindruckend ist die 58 m lange Schildmauer, die sich dem Besucher auch heute noch entgegenstellt. Die in ihrem Kern aus der Gründungszeit der Burg stammende Mauer wurde in spätgotischer Zeit bis in eine Höhe von 20 m mit großem

Palas und Burgfelsen

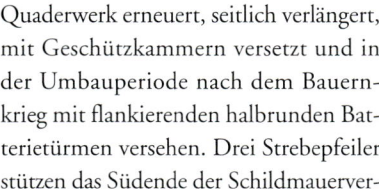

links: Tor zum Innenhof der Vorburg

Torturm der Vorburg

Quaderwerk erneuert, seitlich verlängert, mit Geschützkammern versetzt und in der Umbauperiode nach dem Bauernkrieg mit flankierenden halbrunden Batterietürmen versehen. Drei Strebepfeiler stützen das Südende der Schildmauerver-

stärkung ab, die mit der oberen Burg auf dem dahinter liegenden Felsriff in Verbindung steht. Nach Osten öffnen sich in dem Mauerwerk mehrere Scharten, die Schießkammern im Inneren des Felsens entsprechen. Diese sind durch in der mächtigen Mauer angelegte Gänge und Treppen vom inneren Burgbereich aus zu erreichen. Als ein für die damalige Zeit vorbildliches Deckungswerk gehört die Schildmauer zu den gewaltigsten ihrer Art und nimmt zugleich in der Reihe der europäischen Burganlagen eine Sonderstellung ein.

Am südlichen Flankierungsturm befindet sich eine Toranlage aus dem 15. Jahrhundert, durch die man den Burgbereich betritt. Vorbei an dem lang gestreckten Wohngebäude des 16. Jahrhunderts erreicht man am Westende der Bergzunge die Vorburg. Hier erstreckt sich eine Quermauer, die den Hof der Vorburg nach Westen abschließt und die durch einen Rundturm in der Mitte gesichert wird. Mauer und Turm sind an ihrer Außenseite mit kleineren Buckel-

Palas-Westgiebel mit Renaissance-Altan

quadern mit Randschlag und Zangenlöchern verkleidet; sie wurden im 13. Jahrhundert als Bauspolien an dieser Stelle ein zweites Mal verwendet. Durch ein spitzbogiges Tor betritt man den Innenhof der Vorburg, von hier aus bietet sich ein eindrucksvoller Blick auf die Ruinen der unteren und der oberen Burg. Von der in West-Ost-Richtung angelegten Unterburg ragen noch einige Gebäude, zum Teil mit den ursprünglichen Gewänden und Laibungen versehen, mehrgeschossig in die Höhe. Über drei Bogendurchgängen kragt der sorgfältig restaurierte Altan am Westgiebel des um 1530 errichteten Palas in den äußeren Burghof. An der Nordmauer lassen sich zwei rechteckig ausspringende Standerker mit rechteckigen Frührenaissancefenstern erkennen; der östliche war der Kapellenerker. Westlich davon befindet sich eine schachtartige Öffnung, bei der es sich vermutlich um eine Abortanlage gehandelt hat. Zwischen den Resten der Unterburg im Norden und einem inneren und äußeren Zwinger im Süden strebt ein 10 m hoher, 6 m tiefer und 30 m langer Felsblock auf, der als Eckpunkt in den Gebäudekomplex integriert war. Auf diesem lag einst die obere Burg, die rechtwinklig auf die große Schildmauer zuläuft. Aufgehendes Mauerwerk hat sich nicht mehr erhalten, doch zeugen die Buckelquader mit Randschlag, Zangenlöchern und Steinmetzzeichen an der sauber gemauerten Ummantelung des Felsens, vor allem am westlichen Ende, von der einstigen Verkleidung der romanischen Burganlage. Vom Felsplateau der oberen Burg führt ein Aufstieg auf die Schildmauer, den man sich auf keinen Fall entgehen lassen sollte. Von hier aus hat man nicht nur einen instruktiven Überblick über das gesamte Burgareal, sondern auch einen grandiosen Panoramablick in alle Himmelsrichtungen.

Burgruine Meistersel

Die älteste, aber auch am meisten zerfallene und am wenigsten unterhaltene der Burgen um Ramberg ist die Burg Meistersel, auch Modeneck genannt, die etwa 2 km nordöstlich von Ramberg auf dem Gipfel einer bewaldeten Bergkuppe liegt. Als Reichsburg im 11. Jahrhundert gegründet, war sie für einige Zeit der einzige Feudalsitz der Gegend, bevor sie im folgenden Jahrhundert zum Glied einer ganzen Burgenkette wurde, die sich von nun an durch die Pfalz zog. Der Besitz wechselte mehrfach zwischen dem Reich und den Bischöfen von Speyer, die ihrerseits Rittern und Grafen die Burg zu Lehen gaben. Im 14. Jahrhundert ging ihre erste Blütezeit zu Ende, die Festung wurde zum Ganerbensitz. Im frühen 15. Jahrhundert nochmals ausgebaut, erlitt Meistersel im Bauernkrieg und im Dreißigjährigen Krieg schwere Zerstörungen, die sie zur Ruine machten. Ein erneuter Wiederaufbau unterblieb.

Im Nordwesten waren die Burg und der ihr vorliegende Halsgraben durch ein Vorwerk nach außen abgeschlossen, im Südosten erhoben sich der steile Burgfelsen und eine starke Schildmauer. Eine an eine 36 m lange Wehrmauer anschließende Brücke, von der noch drei Grundpfeiler stehen, führte einstmals über den 11 m breiten, aus dem Fels gehauenen Graben. Die Anlage, die der Form eines Dreiecks folgte, gliederte sich in eine obere und eine untere Burg, wobei der größere westliche Teil unterhalb des Felsens lag. Während der Ganerbenherrschaft wurde die Burg noch

Aufstieg zur Oberburg

in eine vordere und eine hintere Hälfte geteilt, hier entstanden auch hauptsächlich die Bauten des frühen 15. Jahrhunderts.

Im Wald versteckt und von Gestrüpp umgeben finden sich nur noch wenige Spuren der ehemaligen Gebäude. Vom Ritterhaus in der Unterburg haben sich das innere Burgtor und drei Umfassungsmauern aus der Gotik erhalten, ein turmähnlicher, aus Buckelquadern errichteter Anbau am Felsen der Oberburg weist in seinem Mauerwerk in das 12. bzw. 13. Jahrhundert. Während der nördliche Palas der oberen Anlage fast ganz verschwunden ist, stehen vom südlichen Palas noch dreigeschossige Mauerreste an der Nord- und Ostseite. Ungewöhnlich ist die Wandöffnung in der Ostmauer, die aus vier schmalen Spitzbogenfenstern besteht.

Die Burgen um Ramberg sind auf markierten Fußwegen zu erreichen. Vom Parkplatz „Drei Buchen" gelangt man in etwa 10 Minuten zur Burgruine Meistersel; ca. 40 Minuten dauert die Wanderung in südlicher Richtung zur Burgruine Neuscharfeneck, zu der auch Wege von Ramberg und Dernbach führen. Von einem am Ortsende von Ramberg ausgeschilderten Parkplatz gelangt man über einen 20-minütigen Fußweg zur Ramburg.

Blick auf den Torzwinger der Vorburg

Felsenkeller in der Unterburg

Mauerzug des ehem. Palas

LEMBERG

Burgruine

Im Jahre 1198 erwarb Graf Heinrich von Zweibrücken-Bitsch aus dem Besitz des Klosters Hornbach zwei Berge, den „Gutinberc" und den „Ruprechtisberc", auf denen er die Befestigungsanlagen Lemberg und Rupertstein errichten ließ. Der zur Festung auf dem „Gutinberc" gehörige Bezirk, die Herrschaft Lemberg (auch „Lehinberg", „Lewenberg" oder „Lemberch", wie sie früher genannt wurde), war ein Teil der Grafschaft Zweibrücken und lag im Bliesgau, der in kirchlichen Angelegenheiten dem Bistum Metz unterstand. Die Burg entstand als Sicherungsposten der Grafschaft Zweibrücken und diente dem Schutz des dortigen Waldgebietes, das im Osten an den Speyergau, südlich an die Herrschaft Bitsch und im Norden an die Gräfensteiner Besitzungen grenzte. Im 16. Jahrhundert wurde die staufische Anlage erweitert und durch Befestigungen ausgebaut, die zwar den kaiserlichen Truppen des Dreißigjährigen Krieges relativ unbeschadet standhalten, den Stürmen der Reunionskriege aber nicht mehr trotzen konnte und seitdem Ruine ist. (Über die bereits früh zerstörte Burg Rupertstein ist kaum etwas bekannt.)

Östlich des Dorfes Lemberg liegen auf einem niedrigen Bergrücken die Reste der einst ansehnlichen Anlage, die aus einer oberen und einer unteren Burg bestand. Ein im Grundriss annähernd dreieckiger Buntsandsteinfelsen trug die Oberburg, die den Gipfelfelsen einnahm und von der konzentrisch angelegten Ringmauer der umfangreicheren Unterburg auf allen Seiten umgeben war. Von der Oberburg sieht man noch ein Mauerstück des Palas, eine Mischung aus kleinen Quadern, Bruchsteinen und Ziegelstückchen, und nicht weit davon entfernt eine im Felsen ausgehauene runde, flaschenförmige Vertiefung, die wahrscheinlich als Zisterne diente. Von der Wasserversorgung im Mittelalter zeugt noch der 96 m tiefe Brunnenstollen mit einem knapp 140 m langen begehbaren Schacht. Die Unterburg hat sich in Resten eines runden Flankierungsturmes und der mit Buckelquadern verkleideten Ringmauer erhalten; ein tonnengewölbter Keller am Nordrand des oberen Burgfelsens wurde in jüngerer Zeit als Burgschänke ausgebaut. Von den Renaissance-Erweiterungsbauten aus dem späteren 16. Jahrhundert stammen noch einzelne schön verzierte Fensterpfosten und Konsolen mit Löwenköpfen. Baugeschichtlich interessant sind die Felskammern, die an der Nord- und an der Südseite des Felsens, wohl unter Benutzung natürlicher Höhlen, ausgehauen sind. Die beiden nördlichen Kammern dürften aufgrund der Wandbearbeitung bereits in römischer Zeit entstanden sein.

Im Jahre 2001 wurde auf der Burg Lemberg das Burgen-Informations-Zentrum (BLZI) eröffnet, das mehr als 30 Burgen im Wasgau und in den nördlichen Vogesen in Bild und Text dokumentiert.

DAHN

Dahner Burgen

Die sogenannten Dahner Schlösser, die sich auf fünf nebeneinander stehenden Felsen in einer Länge von annähernd 200 m erstrecken, gehen in ihren Anfängen auf das frühe 12. Jahrhundert zurück. 1127 wird ein Anshelmus de Tannicka erwähnt, der sich auf dem lang gestreckten Felsriff eine Burg errichtet hatte. Diese erhielt den Namen Altdahn, nachdem unter den Nachfahren des Anselm, die sich als Lehnsmänner in den Dienst des Speyerer Bischofs stellten, Familienzwistigkeiten ausbrachen, die zur Gründung einer zweiten Linie, der Linie Neudahn, führten. Die Herren von Neudahn errichteten um 1230 als ihren Stammsitz eine Burg gleichen Namens auf dem Kauertberg nordwestlich der Stadt. Die Altdahner Linie erbaute dann gegen Ende des 13. Jahrhunderts neben ihrer Stammburg eine zweite Anlage, die, nachdem sie schon bald zum Ganerbenbesitz mehrerer Geschlechter wurde und im Jahre 1339 durch Verkauf an die Grafen von Sponheim überging, den Namen Grafendahn erhielt. Quasi als Ersatz für die verlorene Burg gründeten die Herren von Altdahn auf dem westlichen Teil des Felsens die Festung Tanstein, auch Dahnstein genannt. So gab es seit dem 14. Jahrhundert in Dahn vier Burganlagen, von denen drei im Besitz des Altdahner Geschlechts waren: Altdahn, Tanstein und Neudahn – letztere war nach dem Aussterben der Neudahner wieder an die Altdahner zurückgefallen –, während Gra-

fendahn im späteren 15. Jahrhundert an Kurfürst Philipp I. den Aufrichtigen übertragen wurde, der die Anlage an den Hausherrn des Berwartstein, den Ritter Hans von Drott, weiterverkaufte. Schon um das Jahr 1500 galt Grafendahn als unbewohnt; etwa 100 Jahre später ereilte die beiden flankierenden Nachbarburgen das gleiche Schicksal, und auch sie waren seitdem dem allmählichen Verfall preisgegeben. Einzig das abseits gelegene Neudahn wurde im 16. Jahrhundert nochmals ausgebaut. Von dieser Erweiterung zeugt die gewaltige Renaissance-Toranlage mit den mächtigen runden Batterietürmen.

Grafendahn vor Altdahn, von Tanstein gesehen

oben: Die Dahner Burgen von Norden

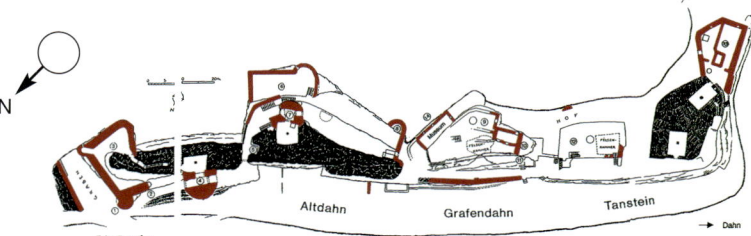

1. kleiner Flankierungsturm
2. gemauerte Zisterne
3. östlicher Burghof
4. nördlicher Torturm und Felsenkammer
5. Sitznische (Kartenhäuschen)
6. südlicher Burghof
7. Südturm und Felsenkammer
8. Brunnen von Altdahn
9. Zisterne mit Filtrieranlage
10. Schildmauer
11. Brunnen von Grafendahn
12. Zisterne (31,60 m tief)
13. Werkstatt mit Brennöfen
14. Burgmuseum

Bergfriede von Grafendahn und Altdahn

Altdahn, Kleiner Flankierungsturm (Südturm)

Burgruine Altdahn

Die drei „Dahner Schlösser" gliedern sich, in ostwestlicher Richtung aufeinander folgend, in eine jeweils von einer Ringmauer umwehrte Unterburg und eine auf einem Felsen angelegte Oberburg, die über Treppen und Felsgänge mit dem unteren Areal in Verbindung stand. Der auf einem zweiteiligen Felsriff errichteten Burg Altdahn ist an der Nordostecke ein 1 x 18 m großer Halsgraben vorgelegt, der einerseits als Hindernis gegen den heranziehenden Feind diente, andererseits, mit einem großen, aus dem Gestein gehauenen Becken, als Wasserreservoir genutzt wurde. Eine bastionsartige Anlage über trapezförmigem Grundriss schützte an dieser Seite, der einstigen Angriffsseite, die gesamte Burgengruppe. Hier stand vermutlich die erste Burg von

Altdahn, die im Zusammenhang mit dem Ritter Anshelmus de Tannicka im Jahre 1127 erwähnt wurde. Reste einer Umfassungsmauer deuten auf eine Entstehung

in spätsalischer Zeit hin, das kleinteilige, glatt bearbeitete Mauerwerk erinnert an die Schlössel-Turmburg bei Klingenmünster und die Mauerfragmente des ersten Trifels-Palas. Die beiden halb- bzw. dreiviertelrund vorspringenden Flankierungstürme wurden der salischen Mauer im Spätmittelalter vorgesetzt.

An der Nordseite des ersten Felsriffes erhebt sich ein hufeisenförmiger Geschützturm mit einem anschließenden, in den Fels gehauenen Wachtraum, der in seinen vier Geschossen von der Unterburg bis zum Plateau der Oberburg reicht. Er wurde im 15. Jahrhundert erbaut, sein Buckelquader-Mauerwerk stellt jedoch eine – baugeschichtlich interessante – Wiederaufnahme staufischer Konstruktionstechniken dar. Ebenfalls aus dem 15. Jahrhundert stammt ein zweiter viergeschossiger Geschützturm mit einem angebauten Wachtraum in der südlichen Unterburg, die dem zweiten Felsriff vorgelagert ist. In seiner Mauertechnik ist er ähnlich wie der nördliche Turm gestaltet, auch er verbindet den unteren mit dem oberen Burgbereich. Von hier aus führt eine steil ansteigende Treppe auf das Plateau der Oberburg auf dem westlichen der beiden Burgfelsen, den einst die Palasgebäude von Altdahn einnahmen. Der staufische Palas erhebt sich an seiner Nordseite noch in zwei Geschossen, ebenso wie die Ostwand und ein Teil der Südwand aufgehendes Mauerwerk aufweisen. Halbrunde Steinkonsolen, auf denen die

Deckenbalken auflagen, sowie die Fenster mit Seitensitzen in den Nischen vermitteln einen ungefähren Eindruck vom ehemaligen Aussehen des Gebäudes. Vor die Nordseite des Palas, der im 19. Jahrhundert in großen Teilen den Burgfelsen hinabstürzte, tritt ein mit Buckelquadern verkleideter, nahezu quadratischer dreigeschossiger Turm, der vermutlich als Bergfried diente. Von hier aus waren die vorspringenden Aborterker im zweiten und dritten Stockwerk zu erreichen. Über eine in den Felsspalt zwischen den beiden Burgfelsen führende Stiege erreicht man das östliche Areal der Oberburg, an dessen Ende sich einst ein ovaler Turmbau erhob, der hoch über die Bastion hinter dem Halsgraben aufragte. Ein Aufstieg auf die Plateaus der Oberburg von Altdahn ist unbedingt empfehlenswert, da sich von hier aus ein instruktiver Überblick über die gesamte Burgengruppe wie auch ein eindrucksvoller Blick auf die immer wieder von rotleuchtenden Gesteinsformationen unterbrochene Wald- und Hügellandschaft des Dahner Felsenlandes bietet.

Altdahn, Bergfried mit angrenzendem Palas

Altdahn, Geschützkammer

Burgruine Grafendahn

Unmittelbar neben der Festung Altdahn, die nahezu die Hälfte der gesamten Felsformation einnimmt, liegt auf dem mittleren der fünf Burgfelsen die in den 80er-Jahren des 13. Jahrhunderts in der ungefähren Form eines Dreiecks erbaute Burg Grafendahn. Einstmals umgab die Ringmauer der Unterburg, die sich noch in einigen Resten erhalten hat, den Oberburgfelsen an der Nord- und Ostseite. Eine Treppe führt auf die in jüngerer Zeit restaurierte Oberburg hinauf, auf deren oberer Plattform mehrere Wohnräume lagen. In einem der Räume befand sich eine Zisterne mit Filtrieranlage. Nach Westen ging die heute bis in Brüstungshöhe ergänzte Ringmauer in eine mit Buckelquadern verkleidete Schildmauer über, deren hoch aufragende Reste, neben den Turm- und Palasbauten von Altdahn, das weithin sichtbare Burgenensemble dominieren.

rechts unten: Tanstein, Zisterne im westlichen Burgfelsen

Grafendahn, Bergfried

Burgruine Tanstein

Die im Westen der Bergformation angelegte Burg Tanstein, die von Grafendahn durch einen Felsspalt mit bizarren Gesteinserosionen abgetrennt ist, wurde auf zwei benachbarten Felsriffen errichtet. Eine gewinkelte Felsentreppe führt auf den östlichen Felsen hinauf, in den in etwa 2 m Höhe eine Kammer eingeschrotet ist. Von den Gebäuden der verhältnismäßig kleinen Oberburg sind nur noch geringfügige Reste erhalten, interessant ist allerdings die über 30 m tiefe Zisterne mit ihren gut erkennbaren Wasserzuläufen, die der Versorgung der Burgmannschaft diente. Dem westlichen Fels von Tanstein, der früher über eine Holzbrücke zu erreichen war, ist am südwestlichen Fuß eine Unterburg über dreieckigem Grundriss vorgelagert. Von hier führt, vorbei an mehreren Felskammern mit Mittelstütze, eine (heute nicht mehr zugängliche) in das Gestein gehauene Treppe auf die Oberburg hinauf, deren Gebäude jedoch verschwunden sind.

Auf Grafendahn befindet sich ein kleines Museum, das, wie auch die Freilegung und die Sicherung der mittelalterlichen Festungsanlagen, auf die Initiative des rührigen Burgenvereins Dahn e.V. zurückgeht. Hier sind Fundstücke aus allen vier Dahner Burgen ausgestellt. Neben einem Modell der Festungsanlage vermitteln die sorgfältig präsentierten Exponate – Werkzeuge, Haushaltsgegenstände aller Art, Waffen, Münzen, Schmuck, Schlüssel und Schlösser, Spielzeuge und anderes mehr – einen Einblick in das Leben auf einer mittelalterlichen Burg.

Burgruine Neudahn

Die Burg Neudahn, die man vom Parkplatz am Neudahner Weiher in einem gut
15-minütigen Aufstieg erreicht, ist die
jüngste der Dahner Burgen. Sie wurde
vermutlich kurz vor 1240 im Auftrag des
Speyerer Bischofs errichtet, der ausfüh-
rende Ministeriale war ein Heinrich von
Dahn, der auch unter dem Namen Heinrich Mursel von Kropsberg belegt ist. Im
sogenannten Vierherrenkrieg von 1438
niedergebrannt und danach wieder aufgebaut, wurde die Anlage im Bauernkrieg
des Jahres 1525 erneut stark beschädigt
und fiel, zwischenzeitlich gründlich re-
noviert, nach dem Ableben des letzten
Dahner Ritters Ludwig II. im Jahre 1603
wieder an das Bistum Speyer zurück, das
dort einen bischöflichen Amtmann in-
stallierte. Zu Beginn des Pfälzischen Erbfolgekrieges im Jahre 1689 wurde die
Burg von französischen Truppen in weiten Partien zerstört. Das heutige Erscheinungsbild verdankt sich im Wesentlichen
Sicherungsarbeiten, Renovierungen und
Rekonstruktionen aus der zweiten Hälfte des 20. Jahrhunderts.

Von der spätstaufischen Anlage haben
sich auf dem Kernfelsen einzig eine Zisterne am Westende und einzelne Mauerreste des kleinen Palas der Unterburg im

Süden erhalten, während der ehemals verputzte Treppenturm und die Reste der
Wohnbauten an der nordwestlichen Kante des Burgfelsens aus dem Spätmittelalter stammen. Die markantesten Bauteile
von Neudahn sind nach wie vor die beiden 24 m hohen viergeschossigen Batterietürme aus der Umbauphase des 16.
Jahrhunderts, mit denen die Burgherren
die Verteidigungsanlagen den geänderten
fortifikatorischen Bedürfnissen anpass-
ten. In gleicher Zeit – es war das Zeitalter der aufkommenden Feuerwaffen –
wurde auch zum Schutz der Oberburg
die keilförmige Bastion im Südosten errichtet; diese sollte verhindern, dass Geschosse dort frontal aufprallten.

*Mauerreste des südli-
chen Flankierungs-
turms*

*Ansicht von Süden:
Batterietürme (links)
und Dreiecksbastion
(rechts)*

Aufgang zur Oberburg

WILGARTSWIESEN

Ruine Falkenburg

Am westlichen Ortseingang von Wil-
gartswiesen führt ein steiler, ca. 800 m
langer ausgeschilderter Fußweg zur Ruine Falkenburg hinauf. Die auf einem
schmalen Felsen angelegte Festung geht
vermutlich auf eine bereits im 8. Jahrhundert erfolgte Gründung zurück, die
zum Schutz des Klosters Hornbach angelegt worden war. Der Abt des Klosters
war über Jahrhunderte der oberste Ge-
richts-, Bau- und Zehntherr, die Landes-
hoheit und die Vogteirechte standen jedoch den Herren von Falkenburg zu. Sie
hatten die Aufgabe, die Zollfreiheiten der
Bewohner des dem Reich unterstehen-
den Siebeldinger Tales zu schützen. Die
erstmals 1246 als Reichsfeste erwähnte
Falkenburg ging später in den gemein-
schaftlichen Besitz der Grafen von Leiningen und von Kurpfalz bzw. Pfalz-
Zweibrücken über, zerstört wurde die Anlage im Pfälzischen Erbfolgekrieg.

Relativ ungewöhnlich ist der Grundriss der Burg, die sich auf einem zungen-
förmigen, 125 m langen und nur etwa

*Plateau der Oberburg
nach Osten*

20 m breiten Felsen erstreckte. Am nördlichen Fuß des Felsens lag die ebenfalls
sehr schmale untere Burg, von der heute
eine sehr steile Holztreppe zur oberen
Burg hinaufführt. Die Treppe mündet in
einem Felseinschnitt in einer gut gesicherten Schlupfpforte, die schnell vor
dem heranziehenden Feind verriegelt werden konnte. Weitere in den Stein gehauene Stufen leiten in den ehemaligen Burghof auf dem oberen Plateau über, der auf
der rechten Seite durch den quadratischen
Bergfried, von dem noch die Grundmauern stehen, und auf der linken Seite durch
den Wohntrakt begrenzt wurde. Das
Wohngebäude nahm die ganze, hier oben
nur noch 11 m betragende Breite des Felsens ein und erstreckte sich in einer Länge von 50 m bis an die östliche Felsspit-
ze. Die einzelnen Räume waren in der
Längsrichtung aneinandergereiht, der östliche Bereich des Gebäudes war teilweise unterkellert. Hinweise auf die Gestalt
des Palas sind nicht vorhanden, ebenso
wie Nachrichten zur Baugeschichte der
Burg überhaupt fehlen. Anhand von Bau-
funden lässt sich jedoch vermuten, dass
es sich bei der Festung Falkenburg um eine spätromanische Gründung gehandelt
hat, die im 14., 15. und 16. Jahrhundert
mehrfach erweitert wurde.

MERZALBEN

Burgruine Gräfenstein

Unweit von Merzalben liegt, von einem am Ortseingang Richtung Leimen ausgeschilderten Parkplatz über einen 10-minütigen Fußweg zu erreichen, die Burg Gräfenstein, auch „Merzalber Schloss" genannt. Die auf einer bewaldeten Bergkuppe erbaute Festung gehört, trotz einiger Veränderungen im 15. und 16. Jahrhundert, zu den stattlichsten und besterhaltenen staufischen Burgen in der Pfalz. Ursprünglich im Besitz der Grafen von Zweibrücken, wurde die Kernburg zu Beginn des 13. Jahrhunderts vermutlich anstelle der Festung Steinenschloss errichtet, die, ebenso wie das Schlössel bei Klingenmünster, von Friedrich Barbarossa im Jahre 1168 zerstört worden war. Als sich das Haus Leiningen im Jahre 1222 in eine Stammlinie und eine jüngere Linie der Grafen von Leiningen aus dem Haus Saarbrücken aufgliederte, verblieb der Gräfenstein im Besitz des Stammhauses. Dieses ließ bald nach der leiningischen Teilung des Jahres 1237 eine Unterburg erbauen, die, im Falle eines feindlichen Angriffs, der Unterbringung einer größeren Zahl von Kriegsknechten dienen sollte. Nach mehrfachem Besitzerwechsel wurde die Burg in den 20er-Jahren des 15. Jahrhunderts an das Haus Leiningen-Hardenburg verpfändet, bei dem sie für mehr als 100 Jahre verblieb. In dieser Zeit wurde die Unterburg nach Norden erweitert, mit einem spitzbogigen Burgtor an der Ostseite und einer vorgelagerten Zwingeranlage mit einem vorderen Doppelturmtor versehen. Außerdem entstand am Palas der Kernanlage ein großer Abortschacht. Nach den Zerstörungen des Bauernkrieges ließ der neue Besitzer, Pfalzgraf Ruprecht von Zweibrücken-Veldenz, die Anlage wiederherstellen, wobei die Fenster des Ober-

Bergfried

burg-Palas erneuert und ein Renaissance-Treppenturm an der Hofseite angebaut wurden. Im Dreißigjährigen Krieg von Truppen verschiedener Lager besetzt, ist der Gräfenstein, so eine Quelle des 16. Jahrhunderts, *„durch Ohnvorsichtigkeit der kayserlichen Part heyen, so darinnen Posto gefasset, in Brand gerathen ond völlig eingeäschert worden"*. Seit dieser Zeit ist der Gräfenstein Ruine.

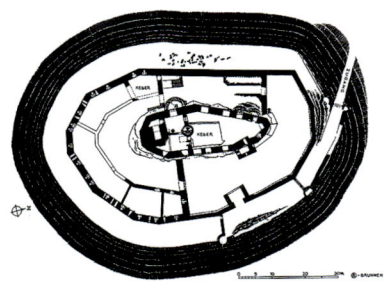

Ähnlich der Landeck, einer ebenfalls leiningischen Gründung, erhob sich die Burg über einem oval-polygonalen Grundriss, Die Ringmauer ist in ihrem südlichen Teil zu einer Mantelmauer verstärkt, hinter der, durch einen überwölbten Zwischenraum getrennt, der Bergfried aufragt. Der freie Raum zwischen Mauer und Turm war von strategischer Bedeutung, denn so konnte vermieden werden, dass im Falle der Beschädigung des einen Bauteils der andere automatisch in Mitleidenschaft gezogen wurde. Außergewöhnlich ist die Form des mit Buckelquadern verkleideten Bergfrieds, der sich als ein Fünfeck über einem siebeneckigen Grundriss erhebt. Zu dieser eigenwilligen Gestaltung kam es, als man die beiden hinteren Kanten abplattete, um mehr Raum im engen Burghof zu schaffen, der nördlich anschließt. Die vordere Kante des Turmes läuft, ähnlich wie bei den Bergfrieden von Hohenecken und Beilstein, im spitzen Winkel auf die Mantelmauer zu, wodurch aufprallende Geschosse abgeleitet und die dahinter liegenden Wohnbauten geschützt werden konnten. Während die Kante im oberen Teil des Turmes scharfgratig gehauen ist,

erscheint sie im unteren Teil abgerundet, so dass die Verteidiger auf dem davor verlaufenden Wehrgang der Mantelmauer nicht behindert wurden. Wie auf der Burg Landeck führt ein hochgelegener rundbogiger Eingang in den Bergfried hinein, der früher über eine hölzerne Rampe zugänglich war. An einem zweiten stichbogigen Eingang an der nordwestlichen Seite setzte eine hölzerne Brücke an, die direkt in den Palas hinüberführte. Das Innere des Bergfrieds folgt nicht dem Grundriss, sondern ist quadratisch; dadurch wurde die Turmkante an der Angriffsseite noch massiver, was einen zusätzlichen Schutz bei feindlichem Beschuss darstellte.

Den größten Teil des Kernbereichs bildet das an den engen Burghof anschließende Palasgebäude, das an der Nordecke spitz zuläuft und in seinem südlichen Teil unterkellert ist. Die mit Buckelquadern verkleideten Umfassungsmauern, die gleichzeitig die Ringmauern der Kernanlage waren, haben sich nahezu in voller Höhe erhalten. Anhand der Gewölbeansätze lässt sich erkennen, dass das Erdgeschoss zumindest in Teilen gewölbt gewesen ist, während die beiden darüber liegenden Geschosse flachgedeckt waren. Die die Wand in unregelmäßiger Abfolge gliedernden Fenster waren ursprünglich zweigeteilt und rundbogig gedeckt; die Bögen und Säulchen wurden jedoch später entfernt. Während des Wiederaufbaus im 16. Jahrhundert setzte man an ihre Stelle, vor allem im obersten Geschoss, rechteckige Fenster. In der Nordostecke des Gebäudes befanden sich geschossweise versetzte Aborterker, die im 15. Jahrhundert mit einem großen rechteckigen Turm ummantelt wurden, der die Fäkalien durch eine Ausflussrinne in die Unterburg ableitete. So waren die Burgbewohner von nun an auch bei dieser Verrichtung vor Beschuss gesichert! Als

Hof zwischen Palas und Bergfried in der Oberburg

Palas-Außenwand

letzte Baumaßnahme am Palas wurde die Südwand erneuert und durch einen Treppenturm in Renaissanceformen ergänzt. Von diesem führte eine Verbindungsmauer zum Bergfried hinüber, die den kleinen Burghof in zwei Hälften teilte.

Im Süden umzieht die 2 m starke Ringmauer der zur Mitte des 13. Jahrhunderts angelegten Unterburg die Kernanlage in der Form eines polygonal gebrochenen Halbkreises. Von innen waren die Wohnbauten, deren Außenmauern sich in einer Höhe von zwei Geschossen erhalten haben, an den sogenannten Hohen Mantel herangeschoben. Im Erdgeschoss sind schmale Schießscharten eingelassen, vermutlich für Armbrustschützen, das Obergeschoss wird durch kleine Spitzbogenfenster gegliedert, die innen von größeren Rundbogennischen mit steinernen Sitzbänken gerahmt werden. Nach Norden setzt sich die spätromanische Ringmauer in einer schwächeren, polygonal gebrochenen Mauer aus dem 15. Jahrhundert fort, so dass diese den inneren Burgbereich allseitig in der Form eines Ovals umläuft. An der Ostseite öffnet sich die Mauer mit einem mächtigen spitzbogigen Torturm, der den einzigen Zugang zum Burgareal bildet. Dieser tritt nicht, wie sonst üblich, flankierend nach außen, sondern ist nach innen vorkragend an die Ringmauer angesetzt und offen, so dass sich einem eindringenden Gegner – ähnlich wie bei der Anlage mit-

telalterlicher Stadttore – keine Deckungsmöglichkeit beim Vordringen auf die Kernanlage bot. Einen zusätzlichen, den fortifikatorischen Bedürfnissen des Spätmittelalters entsprechenden Schutz gewährte der zweiteilige Torzwinger mit flankierenden Rundtürmchen an der Außenseite, der durch ein kleines Doppelturmtor an der Nordseite zugänglich war.

Nordecke des Palas

links oben: Zweites Eingangstor

Innerer Torturm, dahinter Palas mit Abortturm (rechts) und Bergfried (links)

BURGALBEN

Kapelle Rosa Mystica

Am Ortseingang von Burgalben liegt die Wallfahrtskirche Maria Rosenberg, eine vielbesuchte pfälzische Pilgerstätte. Hier steht am Rande eines rechteckigen Hofes, der von den 1910–12 errichteten, mäßig schönen Gebäuden der ehemaligen Erziehungsanstalt und der Wallfahrtskirche umgeben ist, die romanische Kapelle Rosa Mystica. Der aus roten Sandsteinquadern gefügte kleine Sakralbau gehörte vermutlich zu einem Hof, den das Kloster Wadgassen an der Saar seit dem 12. Jahrhundert im Bereich der Pfarrei Burgalben besaß. Der Kernbau der Kapelle entstand um 1150, das Schiff war ganze 9 m lang, 6,5 m breit und 4,25 m hoch. Gegen Mitte des 13. Jahrhunderts

Ansicht von Südwesten

wurde ein Chorgeviert nach Osten angebaut, eine Erweiterung des Langhauses um zwei Achsen nach Westen erfolgte im 15. Jahrhundert. Der Nischenanbau an der Südwand und der quadratische verschieferte Dachreiter sind neuzeitlich. Bei einer Renovierung in den 1930er-Jahren wurde der Bau von unnötigem Zierrat späterer Zeit befreit, so dass sich die Kapelle wieder in ihrer ursprünglichen Klarheit und Schlichtheit zeigt.

Vom romanischen Gründungsbau stammt das vermauerte Portal in der Mitte der Nordwand mit einem ungewöhnlich schmalen Durchlass, der lediglich 75 cm beträgt. Der kräftige Sturz über den schlanken Türgewänden ist mit einem Kreuz geschmückt. Seine Kanten umläuft ein Ornamentband aus Andreaskreuzen und sich überkreuzenden

Rundbögen, das sich in den oberen Pfostenenden wiederholt. Auch das kleine Rundbogenfenster schräg über der Pforte gehört noch – als einziges – zur ursprünglichen Kapelle, während die je drei größeren Fenster an den Langseiten von einem barocken Umbau stammen. Es ist aus einem Quader gehauen, der winzige Rundbogen hat eine tiefe Schräglaibung und wird von einer rechteckigen Leiste aus Andreaskreuzen gerahmt. Das Andreaskreuzmotiv gestaltet ebenfalls das Kreuz in dem in den Sturz eingetieften Rundbogenfeld des Westportals, das sich ursprünglich an der Südseite der Kapelle befand.

Das Portal führt in den Innenraum, der sich in klaren Formen gliedert. Das flach gedeckte Langhaus schließt in einem Triumphbogen ab, hinter dem sich der quadratische, nach Osten flach geschlossene Chorraum öffnet. An den Ecken stehen gedrungene, teilweise erneuerte Säulen, über deren kräftigen Kapitellen dreifach profilierte Sandsteinrip-

Blick in den Chorraum

pen emporsteigen, die das hohe Kreuzgewölbe tragen. Der Altarschrein an der Ostwand des Chorraums bewahrt das Gnadenbild, eine in Holz geschnitzte Madonna des frühen 18. Jahrhunderts, die das Herzstück der Wallfahrt bildet.

links: Westportal

Vermauertes Portal in der Nordwand

RODALBEN

Burgruine Steinenschloss

Wenige Kilometer nordwestlich von Rodalben liegen auf einer Bergzunge bei Biebermühle die Überreste der spätsalischen Burganlage Steinenschloss, die man von einem ausgeschilderten Parkplatz über einen 15-minütigen Fußweg erreicht. Der Name Steinenschloss ist, wie im Falle des Schlössels bei Klingenmünster und der Burg Schlosseck im Isenachtal, eine spätere Bezeichnung, da der ursprüngliche Name verloren gegangen ist. Auch gibt es keinerlei urkundliche Erwähnungen, doch ist zu vermuten, dass die Gründung und die Errichtung der Burg zu Beginn des 12. Jahrhunderts unter den Grafen von Leiningen erfolgt sind. Vermutlich diente sie als südliche Grenzfestung zur Sicherung des Reichslandes um Kaiserslautern, bis sie im Jahre 1168 von Friedrich Barbarossa zerstört wurde. Ein Wiederaufbau unterblieb, so dass sich, ähnlich wie beim Schlössel, Zeugnisse salischer Baukunst ohne spätere bauliche Veränderungen über die Jahrhunderte erhalten konnten.

Ehem. Palas der Oberburg

Dank einer auf Initiative von Burgenfreunden veranlassten Freilegung und Sanierung in den 1960er-Jahren konnte der im Ganzen relativ geringe Baubestand gesichert werden.

In ihren zu einem Oval gerundeten Abmessungen von 70 x 46 m folgt die Anlage einem typisch romanischen Grundrissprinzip, das vor allem für den mitteldeutschen Burgenbau und den Burgenbau des Harzes charakteristisch war, im Südwesten jedoch eine Ausnahme bildete. Lediglich an der feindlichen Angriffen ausgesetzten Nordwestseite wurde die Ringmauer durch einen abgeknickten Mauerzug ersetzt. Im Inneren fällt das Gelände sanft von Nordwest nach Südost ab, zwei Aufgänge führten vom niedrigeren in den höheren Teil der Burg. Da die mit dem Gelände ansteigende Ringmauer das Areal in einem Stück umlief, ist eine Einteilung in eine obere und eine untere Burg auszuschließen.

Reste von rechteckigen Gebäuden, die sich an die Ringmauer anlehnten, finden sich im gesamten Burgbereich. In der Nähe der Nordostecke stand ein größerer Bau mit drei Räumen, bei dem es sich wahrscheinlich um den Palas gehandelt hat. Dem mittleren Raum lag nach außen ein rechteckiger Anbau vor, der sich mit einem kämpferlosen Rundbogen öffnet. Dieser dürfte, ähnlich wie der Vorbau am Wohnturm des Schlössels, der Abortschacht gewesen sein, aus dem die Fäkalien unter einem noch erhaltenen Keilsteinbogen in das Gelände abflossen.

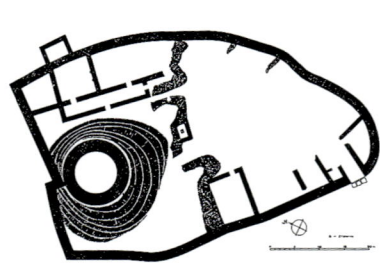

An der höchsten Stelle des Areals, auf einem kreisrunden Hügel, erhob sich einst der mächtige Bergfried, der – im Bereich des pfälzischen Burgenbaus ungewöhnlich – von runder Gestalt war. Das innere Mauerwerk bestand aus kleinen Quadern, wie sie in salischer Zeit verwendet wurden, während die Außenmauer mit für die staufische Epoche charakteristischen Buckelquadern verkleidet war. Wahrscheinlich erhielt der Turm noch vor seiner Zerstörung im Jahre 1168 diese zusätzliche Ummantelung. Bei einem Durchmesser von 13,5 m und einer Mauerstärke von 2,5 m betrug seine lichte Weite 8,5 m. Diese doch beträchtlichen Maße legen den Schluss nahe, dass der Turm von Steinenschloss nicht nur reinen Wehrzwecken gedient hat, sondern auch bewohnt war und somit ein auf rundem Grundriss errichtetes Pendant zur Schlössel-Turmburg darstellte. (Sein heutiges Aussehen geht auf eine Restaurierungsmaßnahme zu Beginn der 1990er-Jahre zurück.)

Wohnturm

Blick auf die Unterburg

Nordportal

rechts: Westturm

WINTERBACH

Evangelische Pfarrkirche, ehem. St. Matthäus

In Winterbach am Rande des abgeschiedenen Wiesbachtales liegt die evangelische Pfarrkirche, ehemals St. Matthäus, deren stämmiger, unverputzter Westturm um 1200 errichtet wurde. Er besteht aus glatten Buntsandsteinquadern und ist im Wesentlichen ungegliedert. Lediglich das oberste Geschoss weist gekuppelte Schallarkaden mit gedrungenen Mittelsäulchen auf, die in Würfelkapitellen über Halsringen enden. Auch das kurze Schiff mit einem rechteckigen, an der Südseite eingezogenen Chor dürfte romanischen Ursprungs sein, es wurde jedoch im Zuge einer Restaurierung im frühen 18. Jahrhundert verändert. Interessant ist das Portal an der Nordwand, das, ursprünglich romanisch, eine barocke Veränderung erfuhr. Die rundbogige Türöffnung wird von zwei

seitlichen Pilastern und einem darüber liegenden querovalen Oberlicht gerahmt, das zwischen zwei kleinere Pilaster mit einem Gebälk und Giebelschenkeln eingestellt ist.

rechts: Chorturm von Süden

Grabplatte, 12. Jahrhundert

NÜNSCHWEILER

Katholische Pfarrkirche Mariä Himmelfahrt

Von der katholischen Pfarrkirche Mariä Himmelfahrt, ursprünglich St. Jakob, hat sich der spätromanische massige Chorturm mit kleinen gekuppelten Schallarkaden und einem gebusten Kreuzrippengewölbe im Inneren erhalten. Beachtenswert ist eine Steinplatte aus dem 12. Jahrhundert, die an die Nordostecke des um 1500 entstandenen Langhauses versetzt wurde. Es handelt sich hierbei vermutlich um den Grabstein eines Geistlichen, der ursprünglich die Deckplatte eines Steinsarges war und sich im Pflaster vor dem nördlichen Seitenaltar befand. In die 178 cm hohe und 78 cm breite Steinplatte ist ein T-Kreuz, ein sogenanntes Anto-

niuskreuz, eingeritzt, im unteren Teil sind noch schwach ein Kelch und ein Buch – als priesterliche Symbole – zu erkennen.

WÖRSCHWEILER

Ehem. Zisterzienserabtei

Die ehemalige Zisterzienserabtei Wörschweiler war die älteste Gründung dieses Ordens im einstmals pfälzischen Raum. Das südlich von Homburg, heute im Saarland gelegene Kloster entstand an der Stelle eines Vorgängerbaus des Benediktinerordens, der hier im Jahre 1131 von Graf Friedrich von Saarwerden und seiner Gemahlin Gertrud auf dem Gelände einer keltisch-römischen Kultstätte gestiftet und mit Mönchen aus dem nahe gelegenen Kloster Hornbach besetzt worden war. Aus der benediktinischen Tradition erklärt sich auch die ungewöhnliche, landschaftlich äußerst reizvolle Berglage inmitten einer Waldwiese, die für die Zisterzienser ja unüblich war – bevorzugten diese doch für ihre Klostergründungen abgeschiedene Flusstäler. Als es in den folgenden Jahrzehnten zu einem allmählichen Aufweichen der Ordensregel und zu einem Verfall der Klosterzucht kam, ging die Abtei auf Wunsch der Enkel des fürstlichen Stifters und mit ausdrücklicher Billigung des Papstes in den Besitz der Zisterzienser aus dem lothringischen Kloster Weilerbettnach über. Die offizielle Übergabe an Abt Roger fand im Jahre 1170 in der Kaiserpfalz zu Kaiserslautern statt.

Zwischen 1180 und 1235 errichtete der Orden einen Neubau, der über dem nach der Übernahme völlig abgetragenen benediktinischen Gründungsbau – einer dreischiffigen, querhauslosen Pfeilerbasilika mit rechteckiger Hauptapsis – ent-

Spätromanisches Stufenportal in der Westwand

Grund- und Aufriss der Klosteranlage

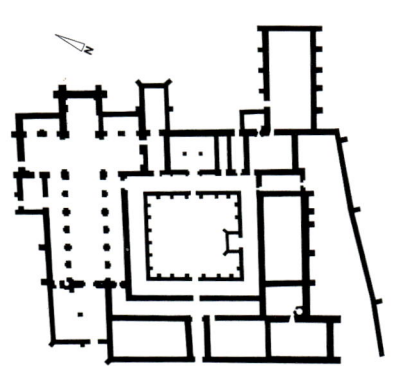

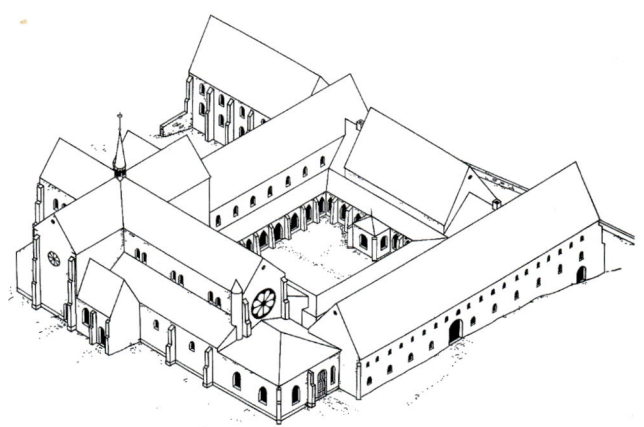

Säule im ehem. Langhaus

stand. Die von Formen der oberrheinischen Spätromanik und der französisch-burgundischen Frühgotik geprägte, im Ganzen jedoch schlicht gehaltene Zisterzienserkirche erhob sich als eine dreischiffige, turmlose Pfeilerbasilika mit einem Querschiff, rechteckiger Hauptapsis und zwei rechteckigen Nebenapsiden an den Ostseiten der Querschiffarme Das dreijochige, im gebundenen System angelegte Langhaus sollte ursprünglich ein viertes Doppeljoch nach Westen erhalten, zu dessen Ausführung es jedoch nicht mehr kam. Ganz in der Art zisterziensischer Konstruktionsprinzipien ruhten die spitzbogigen Gewölbe des Mittelschiffs auf kurzen Wandsäulen, die ihrerseits auf Konsolen auflagen; die Seitenschiffe wiesen einfache Gratgewölbe auf. An das Langhaus schloss eine westliche Vorhalle an, die im 14. Jahrhundert zu einer quadratischen Halle mit einem achteckigen Mittelpfeiler verdoppelt wurde.

Von der ehemaligen Anlage, die durch einen Brand im frühen 17. Jahrhundert zur Ruine wurde, konnten im Zuge mehrerer Ausgrabungen die Fundamente vollständig freigelegt und die Reste des aufgehenden Mauerwerkes gesichert werden, so dass sich der heutige Betrachter wieder eine Vorstellung von der einstigen Anordnung und Größe des Klosters machen kann. Die Klostergebäude erstreckten sich auf einem außerordentlich weiträumigen Areal, die Lage am Berg hatte eine terrassenartige Gruppierung zur Folge, aus der eine ungewöhnliche Mehrgeschossigkeit der Häuser resultierte. Von der Kirche steht noch als eindrucksvollster Rest der Außenmauern eine Partie der Westwand, die im Zuge des letzten Bauabschnitts im Jahre 1235 errichtet wurde. Das Mauerfragment aus der Zeit des Übergangs von der Spätromanik zur Frühgotik zeigt ein rundbogiges Säulenportal mit einem dreifach gestuften Gewände und schönen frühgotischen Knospenkapitellen sowie den Ansatz einer großen Fensterrose. Mit einigen Metern Höhe relativ gut erhalten hat sich die südliche Langhauswand, an der eine Reihe von mittelalterlichen Grabplatten angebracht ist.

Westportal und Außenwand des Südschiffs, rechts der ehem. Kreuzgang

Frühgotische Kapitelle am Westportal

BÖCKWEILER

Ehem. Benediktiner-Prioratskirche

Von der ehemaligen Benediktiner-Prioratskirche, jetzt evangelische Pfarrkirche,
im saarländischen Böckweiler kamen bei
Ausgrabungen nach dem Zweiten Weltkrieg römische Gebäudereste sowie die
Fundamente eines östlich der heutigen
Kirche gelegenen karolingischen Vorgängerbaus – einer dreischiffigen Klosterkirche mit drei Parallelapsiden – zutage. An
seiner Stelle war im ausgehenden 11.
Jahrhundert ein Neubau, vermutlich eine dreischiffige Anlage mit Westempo-
re, errichtet worden, die gegen Mitte des
darauf folgenden Jahrhunderts nach Westen erweitert wurde. Die Erweiterung
stand aller Wahrscheinlichkeit nach im

Östlicher Chorturm
mit Trikonchos

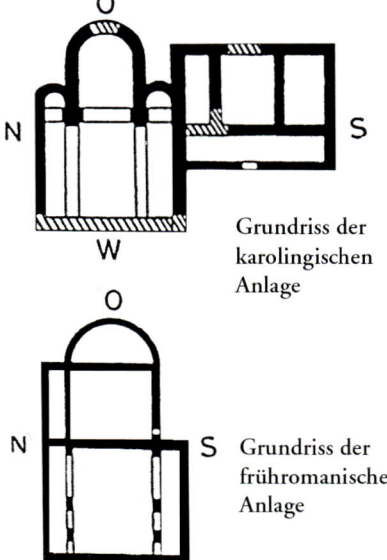

Grundriss der
karolingischen
Anlage

Grundriss der
frühromanischen
Anlage

Ostkonche

Zusammenhang mit der Einrichtung eines Priorats durch das nahe gelegene Kloster Hornbach im Jahre 1149.

Aus dieser Zeit stammt, als einziger aus dem Mittelalter überkommener Bauteil, der östliche Chorturm mit den drei Konchen an den Freiseiten, eine für eine ländliche Kirche äußerst ungewöhnliche architektonische Lösung. Ist doch die Anlage einer kleeblattförmigen Chorpartie eher charakteristisch für die romanischen Kirchen von Köln – in der näheren Umgebung findet sich diese Form lediglich im elsässischen Avolsheim. Vielleicht lässt sich die Dreikonchenanlage von Böckweiler aus dem ursprünglichen Patrozinium der Heiligen Cantius, Cantianus und Cantianilla erklären, dreier Geschwister, die während der Diokletianischen Christenverfolgung in Aquileja enthauptet worden sein sollen.

Die drei Konchen an der Ost-, Süd- und Nordseite, die ihren Prototyp unverkennbar in der von griechischen Baumeistern kurz vor 1020 errichteten Apside der Paderborner Bartholomäuskapelle hatten, waren ursprünglich mit Steinplatten gedeckt, der quadratische Zentralturm trug einst ein niedriges Zeltdach anstelle des heutigen Satteldaches. Im Turmchor bestimmt ein Kreuzgewölbe mit schweren Bandrippen den Raumcharakter, wie es sich ähnlich ausgeprägt in Weilerbach bei Kaiserslautern, in Hornbach und im Ostchor des Wormser Domes findet.

Blick in den Chorraum

Kreuzgewölbe im Turmchor

HORNBACH

Ehem. Benediktinerkloster

Die Anfänge einer Siedlung in Hornbach gehen auf das Jahr 742 zurück, als der Missionsbischof Pirminius im Auftrag des fränkischen Edelmannes Warnharius aus der Familie der Widonen auf altem Königsgut ein Kloster nach der Regel des hl. Benedikt gründete. Die Gründung hieß zunächst „Gamundias" (= Gemünd), was sich auf den Zusammenfluss der beiden Bäche Trualb und Sualb bezog, die von dieser Stelle an den Namen „Haurunbach" (= Hornbach) führten. Seit dem 9. Jahrhundert wurde der Name des Baches als Bezeichnung für das Kloster und auch die Siedlung verwendet, in deren Mauern es als eigener, geschützter Immunitätsbezirk lag.

Der Gründer des Klosters, der hl. Pirminius, entstammte dem irofränkischen Mönchtum. Sein Wirkungsfeld lag im elsässisch-alemannischen Raum, weshalb er auch „Apostel der Alemannen" genannt wurde. Er rief die Klöster Reichenau und Murbach ins Leben, wirkte an der Gründung von Gengenbach und Schwarzau mit und reformierte das elsässische Maursmünster. Der Grundgedanke seiner mönchischen Existenz wurzelte in der „peregrinatio", dem inneren Weg, der Trennung des Mönchs von der Welt, seiner Heimat, seinen Angehörigen, seinem Besitz. So gründete er seine Klöster bevorzugt an abgeschiedenen Orten: Reichenau auf einer Insel, Hornbach am entlegenen Zusammenfluss zweier Bäche. Der hl. Pirminius starb im Jahre 753 und wurde vor dem Hochaltar der Kirche in Hornbach beigesetzt, wo die sterblichen Überreste bis zu ihrer Überführung nach Innsbruck im Jahre 1575 verblieben.

Etwa ein Jahrhundert später, im Jahre 865, fanden auch die Gebeine des im Jahre 250 verstorbenen Märtyrerpapstes Fabian in Hornbach ihre letzte Ruhestätte, in dessen Andenken ein dem Patronat der Abtei untergeordnetes Stift gegründet wurde. Das Benediktinerkloster selbst verblieb im Eigenbesitz der Gründerfamilie, bis es als Schenkung Kaiser Heinrichs IV. an das Bistum Speyer überging. Die Vogtei über den Klosterbesitz wurde an die Grafen von Saarbrücken übertragen. Deren Nachfahren, die Grafen von Zweibrücken, nutzten ihre Vogteirechte derart aus, dass zahlreiche Orte im Zweibrücker Raum, in denen das Kloster bislang Grundbesitz hatte, nun weltlichen Herren zufielen. So wurde die kulturelle und wirtschaftliche Weiterentwicklung der einst angesehensten und reichsten Abtei zwischen Speyer und Metz bereits früh unterbunden. Unter der Schirmherrschaft der pfälzischen Kurfürsten verlor Hornbach weiter an Bedeutung, aufgrund einer immer größeren Verschuldung musste eine Vielzahl der Güter und Rechte veräußert werden. Eine recht ungewöhnliche Begebenheit lässt sich aus dem Zeitalter der Reformation berichten, als einer der letzten der Hornbacher Äbte, der auf Seiten der lutherischen Bewegung stand, den Reformator Huldreich Zwingli auf seinem Weg zum Marburger Religionsgespräch (1529) in den Klostermauern beherbergte. Nach der Säkularisierung – das Kloster wurde 1557 aufgehoben – verwendete man die Einkünfte zur Errichtung eines Gymnasiums, das, für die Ausbildung der künftigen Geistlichen und herzoglichen Beamten bestimmt, im Januar 1559 in den Räumen der ehemaligen Abtei eröffnet wurde. Während der Kriege des 17. Jahrhunderts brannten weite Teile von Stadt und Kloster nieder. Zu schweren Zerstörungen kam es auch unter nationalsozialistischer Herrschaft, die nicht so sehr auf militärische Handlungen zurückzuführen waren (der nur wenige Kilometer von

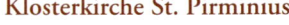

Kloster Hornbach:
Heutiger Baubestand
1 *Pirminiuskapelle*
2 *Fundamentreste*
3 *Schulhaus (1827)*
4 *Turmstumpf mit*
    rekonstruiertem
    Seitenschiff (heute
    Historama)
5 *Protestantische*
    Klosterkirche (1786)
6 *gotischer Kreuzgang*
    mit Abtskapelle
7 *ehem. Refektorium*
    mit Kreuzgang
8 *Fundamentreste*
    der Ostbauten des
    Klaustrums
9 *Garten des Kreuz-*
    gangs
10 *Klostertor und*
    Remise
11 *Klostergarten*

der französischen Grenze gelegene Ort war bereits 1939 feindlichem Artilleriebeschuss ausgesetzt, jedoch dadurch nicht zerstört worden), sondern auf eine propagandistisch betriebene „Wiederaufbauaktion" des Gauleiters Heinrich Bürkel. Durch den Abbruch ganzer Straßenzüge wurde das einst reizvolle Ortsbild Hornbachs nachhaltig in Mitleidenschaft gezogen, auch die ansonsten während dieser Aktion verschont gebliebenen Sakralbauten waren indirekt betroffen, indem sie aus ihrem ursprünglichen architektonischen Gesamtzusammenhang herausgerissen wurden. Als einzigen Gewinn dieser Abbruchaktion lässt sich vielleicht die Freilegung der St. Fabians-Kirche und der ihr benachbarten Kapelle bezeichnen.

In zum Teil noch beachtenswerten Resten haben sich in Hornbach vier romanische Sakralbauten erhalten: die ehemalige Benediktinerabtei, die ehemalige Stiftskirche St. Fabian, die benachbarte romanische Kapelle sowie, am Ortsrand gelegen, die Friedhofskapelle St. Johann.

Klosterkirche St. Pirminius

Geschichte Der größte Sakralbau Hornbachs war die ehemalige Benediktinerabtei mit der Klosterkirche St. Pirminius, die auf einer Hügelzunge angelegt wurde. Ein erster karolingischer Gründungsbau, der vermutlich auf den Resten eines römischen Bauwerks errichtet worden war, datiert ins 8. Jahrhundert (Bau I). Es handelte sich dabei um einen einfachen Saalbau mit eingerücktem, rechteckigem Altarraum, dem sich ein kleiner Klosterbezirk anschloss. Im 9. und 10. Jahrhundert erfolgten beträchtliche bauliche Erweiterungen (Bau II): Die Kirche wurde auf 45 m verlängert, sie hatte nun die Gestalt einer einschiffigen Basilika mit jeweils einer halbrunden Apsis im Osten und im Westen. 829 kam es bereits zum Anbau einer Klosterschule, die sich der Ausbildung adeliger Söhne widmete. Im 11. und 12. Jahrhundert wurde das Gotteshaus – dem additiven Prinzip der Romanik folgend – erneut vergrößert (Bau III). Es hatte nun das Ausmaß einer Basilika in Form einer Fünfturmanlage, die Gesamtlänge betrug 71 m, wovon alleine 49 m auf das Langhaus entfielen. Einer Zweiturmgruppe im Westen korrespondierte eine Dreiergruppe im Osten; diese bestand aus einem Vierungsturm über einem gewölbten Querhaus, einem Altarhaus mit angehängter Apsis und zwei runden Treppentürmen, die in ihrer Gestalt den Türmen des Wormser Domes folgten. Auch das Klaustrum, das entgegen der Tradition, durch die Lage auf dem schmalen Höhenzug bedingt, im Norden der Kirche lag, wurde erneuert und vergrößert (Bau IV). So entstand zwischen dem 13. und 16. Jahrhundert eine Reihe von Klostergebäuden im Stil der Gotik, von denen sich einzelne, vor allem im Bereich des Kreuzgangs, relativ gut erhalten haben. Im Inneren

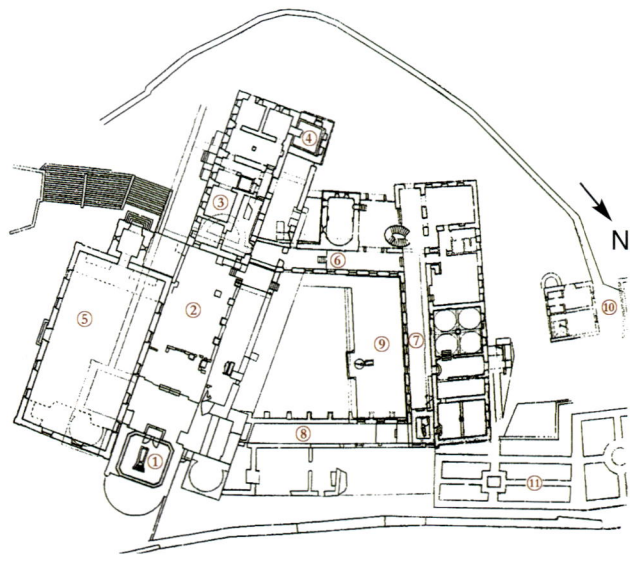

präsentierte sich die Klosterkirche als eine flachgedeckte, dreischiffige Basilika zu elf Jochen, die im Osten mit der leicht querrechteckigen Vierung und der sich daran anschließenden Apsis abschloss, während im Westen ein Querbau in der Art des karolingisch-ottonischen Westwerks mit einer Vorhalle angegliedert war.

Baugestalt Form und Gestalt der einstigen Anlage sind heute aufgrund der zahlreichen Zerstörungen und der danach erfolgten Um-, An- und Neubauten nur schwer nachvollziehbar. (Eine Hilfe bieten die im gesamten Areal aufgestellten Hinweistafeln mit Grundrisszeichnungen.) Mehrere Baulichkeiten des 18., 19. und 20. Jahrhunderts – die protestantische Pfarrkirche, das Schulhaus, die Pirminius-Gedächtnisstätte, der moderne Hotelkomplex und das Historama – markieren heute das Areal des einstigen Gotteshauses: So erhebt sich die im 18. Jahrhundert errichtete protestantische Pfarrkirche in Teilen über den Fundamenten des südlichen Querhauses und des südlichen Seitenschiffs, während das im Jahre 1826 erbaute Schulhaus die westliche Partie des Mittelschiffs und die einstige Vorhalle einnimmt. Über dem unmittelbar daran anschließenden Sockel des Nordwestturms wurde der turmartige Aufbau des Historamas errichtet, Reste der gotischen Klosteranlage sind Bestandteil des neu errichteten Hotels. Teile des Mittelschiffs und die ehemalige Vierung liegen im Freien, wie auch weite Teile der östlichen Partie, und sind nur noch in ihren Fundamenten und in geringen Teilen des aufgehenden Mauerwerks erkennbar. Durch einen Fußboden aus Steinplatten hervorgehoben ist die Vierung, die leicht erhöht liegt. Auf die Vierung folgten weiter östlich das Chorgeviert und die halbrunde Apsis, hier steht heute die 1957 errichtete achtseitige und mit ei-

nem Zeltdach gedeckte Gedächtnisstätte des hl. Pirminius. In ihrem Inneren ist die Grabkammer des Klostergründers freigelegt und die kleinere Apsis des karolingischen Vorgängerbaus im Boden markiert. Während der jüngsten archäologischen Untersuchungen der Jahre 2008/2009 konnte am Ostende der Kapelle die aus glatt gearbeiteten Quadern gemauerte romanische Rundapsis freigelegt werden, die ihrerseits über dem älteren rechteckigen Chorschluss des Vorgängerbaus errichtet worden war. Ein erster Bau war wahrscheinlich schon im 9. Jahr-

Ehem. Klosterkirche von Westen: Turmsockel mit Historama-Aufbau (links), Schulhaus von 1826 (Mitte), protestantische Pfarrkirche von 1786 (rechts)

unten links: Pirminius-Gedächtnisstätte

unten rechts: Grabkammer (freigelegt)

Pirminius-
Gedächtnisstätte,
freigelegte Ostapsis

rechts unten:
Historama (links) und
Nordflügel des goti-
schen Kreuzgangs
(rechts)

Zugemauertes Portal
im Nordwestturm

hundert zum Andenken an den Kloster-
gründer errichtet worden, der bereits kurz
nach seinem Tode in der Diözese Metz
als Heiliger verehrt wurde. Die der Wallfahrt dienende Grabstätte – ein gemau-
ertes, später überwölbtes Grab von konischer Form mit zugehöriger Treppenan-
lage und einem Fensterchen als Verbindung zum Grab – ist das älteste bekannte Zeugnis kirchlicher Baukunst im pfälzischen Raum.

Zu den besterhaltenen Partien der
Klosteranlage zählt die im Grundriss quadratische Sockelpartie des Nordwestturms, der aus unverputzten Rotsandsteinquadern gemauert war, wobei die
Größe der Quader nach oben hin ab-
nahm. Der Turmunterbau ist heute Bestandteil des Historamas. Der Unterbau
wird in einem rekonstruierten Geschoss
nach oben weitergeführt und verbindet
sich auf der ganzen Höhe mit dem an der
Stelle des ehemaligen nördlichen Seiten-
und westlichen Mittelschiffs neu errichteten, in der Art eines „aufgeschnittenen"
Langhauses angelegten Gebäudekomplexes. Den Architekten ging es bewusst
nicht um eine historisch getreue, sondern
eher um eine freie, den Geist des Bau-

werks paraphrasierende Rekonstruktion.
Noch gut erkennbar sind im großen Saal
des Historamas vier zugemauerte Arkadenbögen, die sich vom nördlichen Seitenschiff ins Mittelschiff öffneten.

Im Historama, einem multimedialen
Museum, informieren Film-, Bild- und
Textdokumente sowie Computeranima-
tionen über den hl. Pirminius, über die
Entstehung und Bedeutung des Klosters
im Mittelalter, über das Klosterleben sowie über die Schreib- und Buchkunst im
Allgemeinen. Daneben sind zahlreiche
originale, aus der mittelalterlichen Anlage stammende Bauspolien, wie Säulen-
reste, Kapitelle und Skulpturen, ausgestellt. Das prominenteste Stück der
Sammlung ist ein in der ersten Hälfte des
12. Jahrhunderts entstandener reliefierter Altarstein mit der – sehr seltenen –
Darstellung eines Meerweibchens zwischen zwei Drachen. Das Relief wie auch
die beiden ebenfalls reich ornamentierten Quader aus dem Kreuzgang sind
zweifellos Beleg für das hohe künstlerische und handwerkliche Niveau der
Hornbacher Klosterwerkstätten.

Neben dem Historama befindet sich
im Westflügel des Klosters die Abtskapel-

le aus dem 12. Jahrhundert, ein ursprünglich zweijochiger, kreuzgewölbter Raum mit einer Altarnische im Osten. Im rechten Fenstergewände haben sich einzelne Reste von Malereien erhalten, die auf eine Ausschmückung des gesamten Raumes schließen lassen. Der anschließende gotische Kreuzgang wurde in seinem West- und Nordteil zum Bestandteil der im Jahre 2000 seiner Bestimmung übergebenen Hotelanlage. Er öffnet sich zum Innenhof hin mit hohen spitzbogigen, sozusagen „gotisierenden" Fenstern, die sich an dem einzigen gotischen Original, das sich im aufgehenden Mauerwerk in der im Freien liegenden Ostpartie erhalten hat, orientieren. In die Hotelanlage gleichfalls integriert wurde das ehemalige, sich über sieben Joche erstreckende Refektorium, das heute ein Restaurant beherbergt. Am Nordostende des Kreuzgangs wurden im Zuge der jüngsten Grabungs- und Restaurierungsarbeiten bislang unentdeckte Mauerfragmente freigelegt. Das an dieser Stelle angelegte „Archäologische Fenster" zeigt Fundamentreste aus der römischen, der merowingisch-karolingischen, der romanischen sowie der gotischen Bauperiode des Klosters.

Die heutige Klosteranlage präsentiert sich dem Besucher in äußerst komplexer Gestalt – als eine Kombination von virtueller historischer Rekonstruktion und zeitgenössischer, den ursprünglichen Baugedanken behutsam zitierender und paraphrasierender Nutzarchitektur.

Ehem. Stift St. Fabian (Evangelische Kirche)

Südlich der Abteikirche, hinter dem Gelände des evangelischen Pfarrhauses, liegt das ehemalige Stift St. Fabian, das nach aufwändigen Sanierungsarbeiten im Jahre 1995 wieder seiner ursprünglichen Bestimmung übergeben werden konnte. Die Kirche diente einstmals als Gotteshaus des Kollegiatsstifts, das vermutlich bereits seit dem späten 10. Jahrhundert existierte, nachdem im Jahre 865 die Gebeine des Märtyrerpapstes Fabian nach Hornbach überbracht worden waren. Papst Fabian hatte sich um die Konsolidierung der jungen christlichen Kirche bemüht, die zu einer Festigung der römischen Bistumsorgani-

Abtskapelle, östliche Altarnische

links: Malereireste in der ehem. Abtskapelle, 12. Jahrhundert

Kreuzgang-Fenster (rekonstruiert)

*Romanische
Kapellenruine und
Fabianskirche (rechts)*

sation führte. Er starb im Jahre 250 als Opfer der Verfolgung unter Kaiser Decius und wurde in der Calixtuskatakombe in Rom beigesetzt. Wie und an welcher Stelle die Reliquien des hl. Fabian aufbewahrt wurden, die im Rahmen der in der Karolingerzeit üblichen Translationen römischer Heiliger aus der Papstkapelle in Rom hierher gekommen waren, ist nicht mehr bekannt.

*Fabianskirche von
Osten*

Das Bauwerk, das im 16. Jahrhundert in ein Wohnhaus umgewandelt und im Zuge des nationalsozialistischen „Wiederaufbaus" Hornbachs freigelegt wurde, dürfte in seinem Kern um die Mitte des 12. Jahrhunderts entstanden sein. Es wurde an der Stelle einer spätkarolingischen Vorgängerkirche errichtet, die vermutlich in der Form eines byzantinischen Zentralbaus angelegt war. Die kompakte Kleinkirche des 12. Jahrhunderts erhob sich über einem kreuzförmigen Grundriss, sie war einschiffig mit einer ausgeschiedenen quadratischen Vierung, einem Vierungsturm, mit quadratischem Chor und kurzen Kreuzarmen. Das aus glattem Rotsandsteinwerk gefügte Äußere beeindruckt durch die Strenge und Einfachheit der kubischen Formen; es erfährt durch die kleinen rundbogigen Fenster an den Längsseiten sowie an der Ostpartie eine zusätzliche, jedoch äußerst reduzierte Dynamisierung. Noch gut erkennbar ist ein Sägezahnfries, der an der Ostwand des Querschiffs und am Chorgeviert unterhalb des Dachgesimses verläuft. Im Zuge der Baumaßnahme der 1990er-Jahre wurden der Vierungsturm mit den kleinen Zwillingsfenstern, der Nord- und der Südgiebel sowie der gesamte Dachaufbau rekonstuiert.

Das Innere beherrschte der Zentralraum der ausgeschiedenen Vierung mit seinen hohen Bogenstellungen. Gegenüber dem flachgedeckten (heute mit dem modernen Satteldach abschließenden) Langhaus, das den Laien vorbehalten war, hoben sich die gewölbten und durch Stufen erhöhten Ostteile, wo sich die Kleriker zur Messe versammelten, deutlich hervor. Gegen Ende des 12. Jahrhunderts wurden im Westteil des Langhauses nachträglich niedrige Bandrippengewölbe eingebaut, ein relativ selten verwendeter Gewölbetypus. Diese trugen eine Empore, die über eine Außentür in der Westwand zu erreichen war. In drei Ecken des westlichen Joches sind niedrige Säulen als Emporenstützen eingestellt, in der vierten, der nordwestlichen Ecke befindet sich eine Atlantenfigur. Die Figur ist gedrungen, das kräftige, bärtige Gesicht sitzt unmittelbar auf einem langen, faltigen Gewand. Die vermutlich einen Mönch darstellende Gestalt tritt barfuß auf zwei im rechten Winkel zueinander stehende Löwen, die an der Kante einen gemeinsamen Kopf haben.

Nördlich an die Kirche schlossen die Stiftsgebäude an, die sich um einen sehr kleinen Kreuzgang gruppierten. Hier lebten in der Frühzeit die Stiftsherren, die mit der Seelsorge am Klosterort sowie in den zu Hornbach gehörenden Besitzungen betraut waren. Beachtenswert sind im ehemaligen Kreuzhof vier Gräber mit Kopfnischen, von denen zwei aus dem Felsen geschrotet sind, während die beiden anderen als Sarkophage in Erscheinung treten. Ähnliche in den Felsen gehauene Gräber finden sich ebenfalls im Südflügel der Benediktinerabtei.

Fabianskirche, Vierung

Romanische Kapellenruine

Im ehemaligen Friedhof der Klosteranlage, in nur knapp einem Meter Abstand von der Fabianskirche, liegt eine kleine romanische Kapellenruine, die des Öfteren, jedoch ohne eine hinreichende Begründung, als Michaelskapelle bezeichnet wird. Der quadratische Grundriss des aus dem 12. Jahrhundert stammenden Saalbaus lässt vermuten, dass es sich bei diesem Torso um den allein übrig gebliebenen Chor einer wohl einschiffigen Kirche handelt, der bis zum Zweiten Weltkrieg als Scheune eines Bauernhofes diente. Wie es dazu kam, dass zwei Kirchen in solch unmittelbarer Nachbarschaft errichtet wurden, lässt sich nicht mehr sagen.

Das Äußere des Sandsteinquaderbaus ist in seinem unteren Teil reich gegliedert. Über einem hohen Sockel mit attischem Profil teilen kräftige Lisenen die Wand in regelmäßige Felder, die oben durch ein mit Wellenranken verziertes Gesims begrenzt werden. Das Ornament erinnert an speyerisches Formengut, und zwar an einen Sturz in der Westgalerie am nördlichen Querschiffarm des Domes aus der

Atlantenfigur

*Romanische
Kapellenruine,
Nordwand*

drei kreisrunden Fensterchen in der Ostwand korrespondierten im Inneren drei
halbkreisförmige Nischen mit Halbkup-
peln (heute sind es noch zwei). An der
Nordost- und Nordwestecke haben sich
jeweils ein eingestellter Rundpfeiler auf
viertelrundem Schaft mit oben abschlie-
ßendem Würfelkapitell erhalten. Die
Dreiergruppe der Eckdienste verweist auf
eine ursprüngliche, zumindest geplante
Rippenwölbung, über der sich vermutlich ein Zeltdach erhob, das dem Bauwerk ein turmartiges Aussehen verliehen
hat.

Friedhofskapelle St. Johann

Zeit um 1100. Die Ostwand öffnet sich
mit zwei (früher drei) kleinen kreisrunden Fenstern mit quadratischer Rahmung, die jeweils aus einem Quader gebildet sind. Vom glatten Oberteil der
Mauern ist nur noch auf der Nordseite
ein Stück erhalten, das einen Giebel vor-
täuscht (das ursprüngliche Gewölbe wurde nachträglich durch ein Satteldach gedeckt). In seiner Mitte befindet sich ein
großes rundbogiges Fenster mit einem
eingelegten Rundstab. Mit den einstmals

Etwa 1 km östlich vom Ort, an einem
sanften Hang zwischen alten Bäumen gelegen, erhebt sich inmitten eines Fried-
hofes der Turm der ehemaligen Kirche
St. Johann. Das aus dem 12. und frühen
13. Jahrhundert stammende Gotteshaus
war einst die Pfarrkirche eines gleichnamigen Ortes, der bereits im 15. Jahrhundert untergegangen ist. Der vom mittelalterlichen Bau allein erhalten gebliebene Turm – das im späten 18. Jahrhundert erneuerte Kirchenschiff musste nach
dem Zweiten Weltkrieg einem schlichten, heute als Leichenhalle dienenden
Neubau weichen – stellt für die Gegend
eine Besonderheit dar und verweist
gleichzeitig auf den hohen Standard der
klösterlichen Bautätigkeit in Hornbach.

Das obere Geschoss des mit glatten
Rotsandsteinquadern verkleideten Turmes gliedern gekoppelte rundbogige
Schallfenster an der Süd-, Ost- und
Nordseite. Sie haben gebauchte Säulen-
schäfte mit einfachen Basen und Würfelkapitellen. Basis, Schaft und Kapitell
sind jeweils aus einem Stein gearbeitet.
Dem Sattelkämpfer der östlichen Öffnung
ist an der Außenseite ein stark verwitter-
ter Tierkopf vorgearbeitet, dem nördli-

*Ehem. Kreuzhof, mit-
telalterliche Gräber mit
Kopfnischen*

Ansicht von Süden

chen ein großer Pferdekopf mit Zaumzeug. Bemerkenswert ist der (stark erneuerte) kugelbekrönte Steinhelm, dem auf allen vier Seiten steinerne Gauben mit senkrecht gestellten Satteldächern und kleineren gekuppelten Rundbogenfensterchen in der Achse der Schallarkaden aufgesetzt sind. Die Säulen haben hier keine Schwellung, die westliche und östliche enden in Würfelknäufen, die südliche in einem Kelchknospenkapitell, die nördliche in einem Kelchkapitell mit Zungenblättern. Unverkennbar sind Affinitäten zur Wormser Bauschule, die besonders deutlich in der Konstruktion des Turmhelmes mit den Gauben und dem steinernen Knauf – in Anlehnung an die Türme des Wormser Domes – und in der Bauskulptur – man denke an den prachtvollen figuralen Schmuck an den Wormser Chorpartien – zutage treten.

Die verhältnismäßig kleine Stadt Hornbach besaß einst eine ungewöhnli-

che Vielzahl romanischer Kirchen- und Kapellenbauten, welche die Macht und das Ansehen der Abtei im Mittelalter verdeutlichten und – so der Architekturhistoriker Günter Bandmann – die „Vorstellung von der himmlischen Stadt in Gestalt der vereinigten Wohnungen der Heiligen" repräsentieren sollten.

Steinerne Dachgaube

Ehem. Barbarossaburg Kaiserslautern – Burgruine Beilstein – Burgruine Hohenecken – Katholische Pfarrkirche Weilerbach – Evangelische Pfarrkirche Reichenbach – Ehem. Zisterzienserkloster Otterberg – Katholische Pfarrkirche Enkenbach – Evangelische Pfarrkirche Alsenborn – Evangelische Pfarrkirche Rohrbach – Burgruine Diemerstein – Burgruine Frankenstein – Burgruine Wilenstein – Evangelische Pfarrkirche Langwieden – Simultankirche Vogelbach

KAISERSLAUTERN

Ehem. Barbarossaburg

Als Zentrum des sogenannten „Königslandes" war Kaiserslautern im Mittelalter die bevorzugte Residenz der staufischen Herrscher, wenn sich diese im Gebiet der Pfalz aufhielten. Das Königs- oder Reichsland erstreckte sich von Lauterecken im Norden bis nach Werschweiler im Westen, von Thaleischweiler im Süden bis nach Alsenborn im Südosten, weiter bis zum Donnersberg und dann wieder bis nach Lauterecken. Unter Rudolf von Habsburg wurde das Königsland dann in der zweiten Hälfte des 13. Jahrhunderts in das „Reichsland", rund um Kaiserslautern, und das „Königsland", rund um die 1275 gegründete Stadt Wolfstein, aufgeteilt. Der älteste Teil Kaiserlauterns, ein karolingischer Königshof, entstand vermutlich als Verwaltungssitz

und Wirtschaftshof in Verbindung mit einer Ansiedlung. Auf einem in früherer Zeit auf zwei Seiten von der Lauter umspülten Felsen wurde die erste Befestigungsanlage errichtet, an welcher sich dann später die sogenannte Barbarossaburg anlehnte. Sie lag im Nordwesten der in Form eines gestreckten unregelmäßigen Vielecks angelegten mittelalterlichen Stadt, die im 13. Jahrhundert von einem Bering umschlossen wurde. Eine erstmalige Erwähnung fand der Ort im ausgehenden 11. Jahrhundert als „villa nomine Lutera" (als „Dorf Lautern") und im Jahre 1215 als „burgus" („Burgflecken"). Rasch wuchs dann im 13. Jahrhundert seine politische, wirtschaftliche und kulturelle Bedeutung: 1237 ist von „Lutra imperialis" („Kaiserliches Lautern") die Rede, 1253 erscheint die Bezeichnung „oppidum Lutra" („Stadt Lautern"), und im Jahre 1276 verlieh Rudolf von Habsburg dem Ort die Speyerer Stadtrechte. Die erstmalige Nennung Kaiserslauterns als „Keyserslutern" stammt aus dem Jahre 1322, als Ludwig der Bayer die Stadt an Johann den Blinden von Böhmen verpfändete.

So ist die Geschichte der Stadt Kaiserslautern eng verknüpft mit der Entstehung der kaiserlichen Pfalz, der ehemaligen Barbarossaburg. Heute wirken die an einer belebten Durchgangsstraße gelegenen Reste dieser historisch bedeutsamen Anlage eher bescheiden und werden um einiges durch den benachbarten neuzeitlichen „Herrschersitz", den zwischen

Inneres der Kapelle der Barbarossaburg nach einer Zeichnung von Johannes Ruland, Ende 18. Jahrhundert

1963 und 1968 errichteten 84 m hohen Rathausneubau, überragt. (Von der oberen Plattform des Rathauses bietet sich übrigens ein guter Blick auf das Ruinengelände; gleichsam aus der Vogelperspektive lässt sich von hier die bauliche Situation, der Zusammenhang von salischen, staufischen und nachmittelalterlichen Architekturteilen nachvollziehen.) Bei Ausgrabungen in den 1930er- und 60er-Jahren wurden die Fundamente einer rechteckigen, aus sechs Räumen bestehenden Anlage sowie einige Mauerfragmente freigelegt: von einer spätsalischen Burg größere Teile der südlichen Ringmauer aus glattem Quaderwerk und vom staufischen Baukomplex Mauerreste einer Kapellenummantelung, die aus Buckelquader-Mauerwerk aus Eußerthaler Rotsandstein bestand.

Ein wichtiges zeitgenössisches Zeugnis für die Gründungszeit des staufischen Bauwerks, das in den 50er-Jahren des 12. Jahrhunderts im Anschluss an den Neubau der Pfalz in Hagenau entstand, ist ein Bericht des Mönches Rahewin, der als Schüler des berühmten Historiographen Bischof Otto von Freising die Chronik „De gestis Frederici imperatoris" fortsetzte und über einen Aufenthalt des Herrschers im Jahre 1158 in der Pfalz zu Lautem schrieb: *„Nachdem Kaiser Friedrich das Osterfest in N. (= Maastricht) gefeiert hatte, nahm er seinen Weg wieder zurück nach den oberen Gegenden der Vangionen und nach dem Königspalast, den er in Lutra erbaut hatte, abschwenkend, widmete er einige Tage seinem Hause und der Ordnung von häuslichen Angelegenheiten ... Die herrlichen von Karl d. Großen einst erbauten Pfalzen und mit rühmlichster Pracht gezierten Königshöfe bei Nimwegen und dem Dorf Ingelheim, die zwar sehr fest gebaut waren, aber durch Vernachlässigung und Alter schon sehr gelitten hatten, hat er aufs herrlichste wiederhergestellt und hierbei einen hervor-*

ragenden Beweis der ihm angeborenen Seelengröße gegeben. In Lutra hat er aus roten Steinen einen königlichen Palast erbaut und mit nicht geringer Pracht ausgestattet. Denn auf der einen Seite hat er ihn mit einer starken Mauer umgeben, die andere Seite bespült ein einem See ähnlicher Fischteich, der jede ergötzliche Art von Fischen und Geflügel enthielt zur Weide der Augen und des Gaumens. Auch stößt daran ein Park, der eine Masse von Hirschen und Rehen hegte. Die königliche Pracht aller dieser Dinge und ihre reiche Menge, die größer ist, als dass man sie schildern könnte, erweckt das Staunen der Beschauenden."

Soweit die zeitgenössische Quelle. Während diese die Gebäudeanlage insgesamt beschreibt und preist –, können zwei Zeichnungen des 18. Jahrhunderts eine detailliertere Vorstellung von der Gestalt der ehemaligen Pfalz vermitteln. Nach

Mauerzug der ehem. Barbarossaburg, im Hintergrund das neue Rathaus

*Kaiserslautern,
ehem. Barbarossaburg,
Zeichnung,
Mitte 18. Jahrhundert*

*Mauerreste der ehem.
Barbarossaburg mit
dem (restaurierten)
Casimirsaal im
Hintergrund*

der Zeichnung, welche die südliche Schmalseite zeigt, war der Palas mehrgeschossig, mit gekuppelten rundbogigen Fenstern im ersten Obergeschoss zu Seiten einer hier beginnenden mächtigen Balkonkonsole. Den obersten Stock schmückten seitlich des Balkons zweimal drei Doppelfenster. Je zwei oben hoch herausragende Schornsteine lassen auf große Kamine an den ehemaligen Langseiten des Palas nach Westen und nach Osten schließen. Rechts des Palas lag der Kapellenanbau, ein rechteckiger Saalbau mit nicht mehr feststellbaren Apsiden, dessen Südwand von der älteren Ringmauer gebildet wurde. Über dem – heute noch erhaltenen – Sockel aus großen Buckelquadern erhoben sich drei große Arkaden, darüber saß eine Zwerggalerie aus kleinen Säulen und Pfeilern, die von Spitzbögen bekrönt wurde.

Bei diesem zwischen 1160 und 1225 erbauten Sakralbau handelte es sich um eine Doppelkapelle – eine Urkunde von 1215 spricht von *„duas capellas in castro nostro unam superius et aliam inferius"* (*„zwei Kapellen in unserer Burg, eine obere und eine untere"*) –, die während der Regentschaft Friedrichs II. um 1220/30 gewölbt wurde. Palastkapellen waren in der Regel Doppelkapellen. Sie bestanden aus zwei übereinander liegenden Räumen, die durch eine kommunizierende größere Mittelöffnung verbunden waren. Im westlichen Teil des Obergeschosses befand sich der Sitz des Burgherren des Königs, Bi-

schofs, Herzogs, des Grafen oder Ritters; dieser konnte von dort aus dem Gottesdienst, der am Altar im Osten des Untergeschosses abgehalten wurde, folgen. Im unteren Geschoss saßen die Dienstmannen, Knechte und die übrigen Burgangehörigen. In staufischer Zeit wurden solche Doppelkapellen, die ihre Vorbilder in den frühchristlichen Zentralbauten von Konstantinopel und Ravenna sowie in der karolingischen Doppelkapelle von Aachen hatten, häufig und über das ganze Reichsgebiet verteilt errichtet, wie etwa auf dem Trifels, in Hagenau im Elsass, in Nürnberg, in Lohra in Sachsen, in Neuenburg an der Unstrut in Thüringen sowie im böhmischen Eger.

Die salisch-staufische Pfalz in Kaiserslautern war auch nach der Stauferzeit eine Stätte von überregionaler politisch-kultureller Bedeutung. Im Jahre 1269 fand hier, um nur eines von zahlreichen Ereignissen zu nennen, die prunkvolle Hochzeit König Richards von Cornwall mit Beatrix von Falkenstein statt. Eine wichtige spätere Veränderung war der Umbau zwischen 1570 und 1580 unter dem Pfalzgrafen Johann Casimir, der östlich der Barbarossaburg auf älteren Fundamenten ein dreigeschossiges Renaissance-Schloss, das sogenannte „Casimirschloss", errichten ließ.

Auch von diesem Nachfolgebau, der 1703 von französischen Truppen in Brand gesetzt, nach den Zerstörungen der Französischen Revolution mit einem Gefängnis und einer Brauerei überbaut wurde, blieb nur verhältnismäßig wenig übrig. In den erhaltenen zwei Geschossen der Südfront, die der heutigen Stadtverwaltung für repräsentative Zwecke vorbehalten ist, befinden sich in der kreuzgratgewölbten Eingangshalle eine wiederverwendete Säule der Zeit um 1200, im Kellergeschoss salische Baureste aus dem späten 11. bzw. frühen 12. Jahrhundert sowie einige mittelalterliche Spolien.

KAISERSLAUTERN
Burgruine Beilstein

Am südöstlichen Stadtrand von Kaiserslautern liegt die Burgruine Beilstein, die über einen ausgeschilderten Parkplatz in zehn Minuten zu erreichen ist. Die erstmals 1185 genannte und im Jahre 1234 als „castrum Bylenstein" auf dem Grund des Lauterer Marienhospitals der Prämonstratenser ausgebaute Reichsburg lag an der ehemaligen Geleitstraße zwischen Trifels und Donnersberg. Durch Ausgrabungen in jüngerer Zeit konnte ein ovaler Mauerring freigelegt werden, der die Hauptburg, die durch einen Querriegel in zwei Hälften geteilt wurde, umschloss. In der Westhälfte, der ehemaligen Hauptangriffsseite, liegen auf einem spitzen Felsklotz Reste eines fünfeckigen, mit Buckelquadern verkleideten Bergfrieds. Dieser „beilförmige" Grundriss hat der relativ kleinen, jedoch charakteristischen Anlage ihren Namen gegeben. Noch erhaltene Balkenlöcher an der nördlichen Ringmauer sowie ein mit einem Spitzbogen hinterfangenes Portal weisen auf ehemalige Wohnbauten hin. Nach Osten vorgelagert lag, durch einen in den Felsen gehauenen Graben getrennt, eine kleine Vorburg, von der heute eine Holzbrücke auf die Hauptanlage hinüberführt.

links: Ansicht von Südwesten   *oben: Bergfried*
unten: Portal

KAISERSLAUTERN

Burgruine Hohenecken

Im Kaiserlauterer Ortsteil Hohenecken erhebt sich in 75 m Höhe die gleichnamige Burgruine, die von einem Parkplatz im Ort in ca. 15 Fußminuten zu erreichen ist. Sie gehört, neben Gräfenstein und Landeck, zu den Burgruinen in der Pfalz, in denen sich am eindrucksvollsten der Wehrbaucharakter der Stauferzeit erhalten hat. Über die Geschichte dieser recht aufwändigen Bergfeste – sie hat die Grundmaße von 50 x 80 m – ist nur wenig bekannt. Gegen Ende des 12. Jahrhunderts wurde mit dem Bau der Wehranlage begonnen, die als Sitz eines Ministerialen zum Schutz der neu errichteten Kaiserpfalz in Kaiserslautern dienen sollte – lag sie doch in unmittelbarer Nähe der im Tal vorüberführenden Durchgangsstraße und war so von entsprechend hoher strategischer Bedeutung. Das Geschlecht, das sich nach der Burg benannt hat, war ein Zweig der Herren von Lutra und ist seit 1184 urkundlich nachweisbar. Die Herren von Hohenecken nahmen eine wichtige Stellung in der Verwaltung des staufischen Imperiums in Italien ein, stellten mehrere Reichsschultheißen, einen Bischof von Worms und gründeten die Deutschordenskommen-

de Einsiedeln, die sich an der Stelle des heutigen Einsiedlerhofs westlich von Kaiserslautern befand.

Die Burganlage von Hohenecken stellt sich, bis auf die Wohngebäude an der Südostseite, als ein relativ einheitlicher Baukörper dar. Ihre Entstehung dürfte für die erste Hälfte des 13. Jahrhunderts anzunehmen sein. Bauernkrieg und Pfälzischer Erbfolgekrieg hinterließen schwere Schäden und machten die Burg unbewohnbar. Man betritt die Festung durch das Burgtor, das, ebenso wie das angrenzende sogenannte Dienstgebäude, im 16. Jahrhundert errichtet wurde. Es schließt an ein künstlich bearbeitetes Felsriff auf der rechten Seite an, das an der ehemaligen nordöstlichen Angriffsseite einen natürlichen Riegel zum Burgareal bildete und in die äußere Verteidigungslinie mit einbezogen wurde. Die Burganlage selbst gliedert sich in eine Unter- bzw. Vorburg, deren Schildmauer noch in einigen ansehnlichen Resten erhalten ist, und in eine Oberburg. Die obere stauferzeitliche Kernanlage mit den Maßen von 25 x 40 m erstreckt sich auf einem gerade abgearbeiteten Felsplateau, das sie zum Teil umkleidet. An der Angriffsseite schützte eine 3 m starke, 25 m lange und über 11 m hohe Schildmauer die Oberburg vor Beschuss durch Angriffsmaschinen. Über der starken Schildmauer erhebt sich der im Grundriss fünfeckige, mit Buckelquadern verkleidete Bergfried, dessen in der Außenkante zusammenlaufende Nordwest- und Nordostwand sich in Teilen bis in eine Höhe von 20 m erhalten hat. Er sitzt mit seinem spitz vorspringenden Oberteil – ähnlich wie in Beilstein, Schlosseck und Gräfenstein – direkt auf der Schildmauer auf. Diese Positionierung war das Resultat genauer Berechnungen und diente der Verteidigung. Indem die auftreffenden Wurfgeschosse durch die Kanten des Fünfecks seitlich

Fenster am Nordwestbau

Schildmauer mit Bergfried und Palas (links)

abgeleitet wurden, konnten so die hinter dem Bergfried stehenden Wohngebäude vor Beschädigungen geschützt werden. Der Wehrgang der Schildmauer führte außen an der Kante des Turmes vorbei.

In dem nach Südwesten polygonal abgerundeten Areal liegen, im ähnlichen Grundriss wie in Landeck und Gräfenstein, noch beachtliche Reste der stauferzeitlichen Wohngebäude. Sie wurden vom Bergfried und von der Schildmauer geschützt. In den aus kleineren, glatt bearbeiteten Quadern errichteten, bis zu drei Geschossen hohen Gebäuden öffnen sich rundbogige, stichbogige oder scheitrecht gedeckte Fenster, einige mit seitlichen Sitzbänken in den inneren Nischen. Sehenswert ist das Doppelfenster an der Hofseite des Nordwestbaus. Der Mittelsäule zwischen den beiden rundbogigen Arkaden ist eine Dreiviertelsäule mit attischer Basis vorgeblendet, die in einem fein ausgearbeiteten Laubwerkkapitell aus der Mitte des 13. Jahrhunderts endet. Aus gleicher Zeit stammt ein weiteres Knospenkapitell im Nordwestbau. Diese De-

tailformen ermöglichen anhand ihrer Stilistik und ihrer Materialeigenschaft, die sie als Bestandteil des ursprünglichen Baus ausweisen, eine ziemlich exakte Datierung des Gebäudes in die Zeit zwischen 1235 und 1250 und treten somit an die Stelle nicht (mehr) existenter Baunachrichten. Für die Entstehungszeit spricht auch die Ähnlichkeit mit dem zerstörten

Wohngebäude im Südwesten der Oberburg

Bergfried

des Palas von Hohenecken öffnen sich die obligaten rechteckigen Schießscharten. Durchgänge an den Außenseiten des zweiten und dritten Obergeschosses führten einstmals zu den Aborterkern, von denen sich im oberen Teil ein rundbogiger Durchgang und ein abgerundeter Konsolstein erhalten haben.

Den südöstlichen Teil der Oberburg beschließt ein Wohnbau des späten 16. Jahrhunderts. Er ist mit dem in einem spitzen Winkel dazu gelegenen romanischen Wohnbau durch ein quer gelagertes Gebäude verbunden. Auch dieser Bauteil ist in seinen Außenmauern dreigeschossig erhalten. Im Osten des Burghofs, in Nähe des Bergfrieds, steht noch ein Teil einer Brunneneinfassung, deren oberer Abschluss in einem romanischen Rundbogenfries endet.

staufischen Trifels-Palas, dessen Datierung anhand gefundener Bauspolien gesichert ist. Im Erd- und Kellergeschoss

WEILERBACH
Katholische Pfarrkirche Heiligkreuz

Vom mittelalterlichen Bau der katholischen Pfarrkirche von Weilerbach, nordwestlich von Kaiserslautern gelegen, hat sich noch der Chor mit der südlichen Seitenkapelle erhalten, an den um 1500 ein spätgotischer Turm angebaut wurde (das Langhaus ist ein Um- bzw. Neubau aus den Jahren 1930–33). Romanischen Ursprungs ist der eingezogene, rechteckige Chor, der von einem gotischen Kreuzgewölbe überspannt wird. Die in der zweiten Hälfte des 12. Jahrhunderts errichtete doppeljochige Seitenkapelle weist ein Kreuzgewölbe aus schweren bandartigen Rippen auf, das, ähnlich wie in Hornbach und Böckweiler, aus dem Elsass übernommen sein dürfte. Sehenswert ist an der Ostwand des nördlichen Seitenschiffs der um 1200 entstandene, in einer schlanken Kelchform gehaltene und etwas über einen Meter hohe Taufstein.

rechts: Blick in den Chor

Romanischer Taufstein

Das runde Becken ist mit einem Rundbogenfries verziert, es ruht auf einem rechteckigen Pfeiler mit einem vorgesetzten, in einem Laubwerkkapitell auslaufenden Halbsäulchen.

REICHENBACH (-STEEGEN)

Evangelische Pfarrkirche

Die Kirche wurde um 1250 oder nur wenige Jahre danach errichtet. Der Westturm, der in seiner Form dem der Wolfskirche ähnlich ist, könnte auch Bestandteil einer früheren Wehranlage gewesen sein. An den Turm schließen das flach gedeckte, im 18. Jahrhundert veränderte Langhaus und der quadratische Chor mit gebustem Kreuzrippengewölbe an. Am Gewölbe wurden 1927 Malereien aus der Erbauungszeit entdeckt, die freigelegt und ziemlich stark ergänzt wurden. Diese Übermalungen konnten bei späteren Restaurierungsarbeiten jedoch nicht mehr ganz beseitigt werden, so dass ein leicht verfälschter Eindruck des ursprünglichen Aussehens bestehen blieb.

Die vier Gewölbefelder enthalten je eine sitzende Hauptfigur, die von kleineren Nebenfiguren flankiert wird. Im östlichen Segment ist Christus als thronender Weltenrichter in der Mandorla dargestellt, die von den vier Evangelistensymbolen gehalten wird. Diese in Form von geflügelten Wesen dargestellten Symbole, auch als Tetramorph bezeichnet, weisen auf Christus hin, der in seiner Person die Einheit der Evangelien verkörpert. Jedem Evangelisten ist eine bestimmte Symbolfigur zugeordnet: Mensch oder Engel = Matthäus, Stier = Lukas, Löwe = Markus, Adler = Johannes. Das nördliche Ge-

Ansicht von Westen

wölbefeld zeigt die von einem Fünfpassfenster umrahmte Muttergottes mit dem Jesusknaben auf einem Thron sitzend. Im Westen folgt Gottvater, der, von einem blauen Dreieck umrahmt, in seiner rechten Hand ein Rundmedaillon mit dem Lamm Gottes hält. Im südlichen Gewölbesegment ist in einem Fünfpass der mit einem prächtigen Kreismantel gekleidete Abraham dargestellt, der mit seinen Händen ein ausgebreitetes Tuch mit den geretteten Seelen von zehn Menschen umfasst, die, an ihrer Kleidung erkenntlich, aus ganz unterschiedlichen gesellschaftlichen Schichten stammen. Das Motiv von „Abrahams Schoß", als eine Verkörperung des Paradieses, fand sich ursprünglich in Illustrationen zum Gleichnis vom reichen

Romanischer Westturm und Langhaus, 18. Jahrhundert

*Spätromanische
Malereien im Chor*

*unten rechts: Abrahams
Schoß (südliche
Gewölbekappe)*

*unten Mitte:
Muttergottes mit dem
Jesusknaben (nördliche
Gewölbekappe)*

*unten links: Christus in
der Mandorla (östliche
Gewölbekappe)*

Mann und vom armen Lazarus, die Abraham mit der Seele des Lazarus im Schoß zeigen, gemäß der alttestamentlichen Vorstellung, dass das von Abraham abstammende Volk Gottes zuletzt wieder in seinem Schoß versammelt werde. Daraus entwickelte sich das Bildmotiv des thronenden Abraham mit mehreren Seelen, die als kleine nackte Figürchen in einem ausgebreiteten Tuch dargestellt wurden. Der Hintergrund der vier Gewölbefelder ist mit architektonischen Elementen gestaltet, mit Toren und Mauertürmen. Das Bildprogramm als Ganzes spielt auf die Idee des auf die Erde herabsinkenden himmlischen Jerusalems, „der heiligen Stadt, des neuen Jerusalems", an. Der Chorraum der Kirche wird gleichsam mit der christlichen Paradiesesvorstellung in Verbindung gesetzt, wie sie im 21. Kapitel der Johannes-Offenbarung dargelegt wird: „Und ich sah die heilige Stadt, das neue Jerusalem, von Gott aus dem Himmel herabkommen, bereitet wie eine geschmückte Braut für ihren Mann. Und ich hörte eine große Stimme von dem Thron her, die sprach: Siehe da, die Hütte Gottes bei den Menschen!"

OTTERBERG

Ehem. Zisterzienserklosterkirche

Geschichte Weithin sichtbar dominiert die Kirche des ehem. Zisterzienserklosters Otterberg die kleine pfälzische Stadt, ein mittelalterlicher Sakralbau von heute noch beeindruckender Gestalt. Seine Gründung geht auf das Mutterkloster Eberbach im Rheingau zurück. Ein Graf Siegfried von Northeim-Boyneburg, so ist zu vermuten, hatte den Zisterziensern im Rheingau die pfälzische Otterburg samt Inventar geschenkt, mit der Auflage, dass sie auf dem Burgberg ein Kloster errichten sollten. Die ersten Mönche kamen bald; sie ließen sich jedoch für nur etwas mehr als zwei Jahrzehnte auf der Höhenburg nieder, um dann – einer zisterziensischen Tradition folgend – das neue Kloster zu Füßen des Burgbergs im Tal zu erbauen. 24 Jahre vor dieser Umsiedlung, im Jahre 1144, war also bereits die Gründung erfolgt, die in einer bis auf den heutigen Tag erhaltenen Urkunde überliefert ist. In dieser wird festgestellt, dass Erzbischof Heinrich von Mainz – im „Namen der Hl. Dreifaltigkeit" – dem Abt von Eberbach zwecks Gründung eines Klosters die Kirche auf der Otterburg zusammen mit dem Patronatsrecht an der Kirche des benachbarten Dorfes überträgt. Er bestätigt die Überlassung des Grundeigentums an Burg und Umgebung durch Siegfried. Fernerhin betraut er den Pfarrer von Sambach bis zur Bildung eines Konvents mit der Pfarrseel-

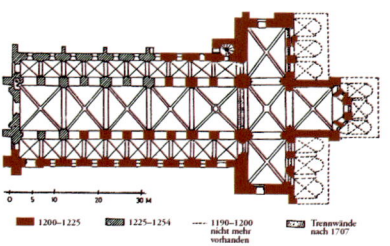

sorge und weist ihm anstelle des Zehnten 30 Schillinge zu. Beglaubigt wird die Schenkung, die der Graf als gute Tat gegenüber Gott und der Kirche verstanden wissen will und die der Errettung seines Seelenheils dienen soll, von mehr als 20 Zeugen, darunter den Bischöfen von Straßburg und Havelberg.

Baugeschichte Die Fundamente der Klosterkirche wurden noch in der Amtszeit des ersten Abtes im Jahre 1168 gelegt. Über 80 Jahre sollte sich dann die weitere Bautätigkeit hinziehen, bis Weihbischof Arnold von Lüttich die Kirche am 10. Mai 1254 ihrer Bestimmung übergab. Aus der ungewöhnlich langen Bauzeit erklärt sich das Zusammentreffen von romanischen Bauprinzipien und gotischen Stilelementen, die sich jedoch zu einem in allen Partien harmonischen Gesamtbild fügen. Zuerst entstanden, dem Ost-West-Prinzip folgend, bis etwa 1225 der Chor, das Querhaus und die an den Kreuzgang anstoßende Außenwand des südlichen Querschiffs. Dieser Bauabschnitt wurde maßgeblich vom damaligen Abt Philipp gefördert, dessen Grab – er verstarb im Jahre 1225 – vor dem Bogen der mittleren Chorkapelle liegt. Anschließend wurden die Seitenschiffe von Osten her begonnen, im

Ansicht von Süden

Fensterrose in der Westfassade

oben: Westfassade

Hauptportal

mittleren Drittel bediente man sich dann erstmals gotischer Gestaltungselemente. Zum letzten Bauabschnitt bis zur Weihe im Jahre 1254 gehören die Hochwände und das Gewölbe des Mittelschiffs, das letzte Doppeljoch des Langhauses und die Westfassade mit der Rosette mit einem Durchmesser von 7 m. Zwei Inschriften belegen in diesem Abschnitt die Namen der beiden vermutlich letzten Baumeister: „Hartmut" am Gurtbogen zwischen dem ersten und zweiten Mittelschiffjoch und „Memento Cunradi" im ansonsten heute leeren Tympanon des Hauptportals.

Baugestalt Die mächtige, turmlose Anlage der Klosterkirche überragt noch immer die Dächer der in den letzten Jahrhunderten nahezu unverändert gebliebenen kleinen Stadt. In ihrem Aufbau und ihrer Gliederung entspricht sie den Grundsätzen der an den Formen der oberrheinischen Spätromanik orientierten Zisterzienserbauweise: Einfachheit bei sorgfältigster Ausführung, Verzicht auf steinerne Türme und eine Krypta, schlichter und flacher Chorschluss, die Ablehnung jeglichen Schmuckwerks sowie die Lage im Tal in möglichst einsamem Gelände. (Eine Ausnahme innerhalb zisterziensischer Baukunst stellt die um die Mitte des 13. Jahrhunderts erfolgte Wölbung des Schiffs dar, was zweifellos auf ein zwischenzeitlich gelockertes Baureglement zurückzuführen ist.) Die Maße der Anlage sind beachtlich. Die Gesamtlänge beträgt 74 m, davon entfallen 50 m alleine auf das Langhaus. 35 m lang ist das Querhaus, die Gewölbehöhe erreicht 20 m. Die Maßverhältnisse sind nach einfachen und klaren mathematischen Regeln angelegt, wie bei fast allen Zisterzienserkirchen liegt die Langhausbreite den übrigen Maßen zugrunde. Drei Langhausbreiten von je ca. 24 m ergeben die Gesamtlänge, eineinhalb die Längenerstreckung des Querhauses. Die Querhausbreite einschließlich der Nebenkapellen entspricht der Breite von Mittelschiff und einem Seitenschiff, was wiederum drei Vierteln der Langhausbreite entspricht. Für den Aufriss diente das über der Langhausbreite errichtete gleichseitige Dreieck als Maß.

Das gestreckte Langhaus erhebt sich in einfacher basilikaler Form im gebundenen System. Das Mittelschiff besteht

aus fünf quadratischen Jochen, je einem dieser Joche entsprechen zwei rechteckige Joche in den Seitenschiffen, das Querschiff erstreckt sich über drei Joche. Der Chor ist einjochig und öffnet sich im Osten mit der eingezogenen, dreiseitig vorspringenden Apsis. Gemäß zisterziensischer Bauordnung schlossen an dieser und an der Ostwand der Kreuzarme je drei niedrige, gerade geschlossene – heute jedoch nicht mehr erhaltene – Nebenkapellen an, die in jeweils einer Altarnische ausliefen. Die Ausführung dieser Anlage stellte eine architektonische Besonderheit dar – handelte es sich hier doch, ähnlich wie in der ebenfalls nicht mehr vorhandenen

oben: Ansicht von Norden

Mitte: Sonnenuhr

unten: Nördlicher Kreuzarm, Ostwand

oben: Dienst an der Mittelschiffwand

Mittelschiff nach Westen

Choranlage des Basler Münsters, um eine im Oberrheingebiet einmalige Variante eines Chorumgangs. Die polygonale Apsis, mit einem Gewölbe in Form eines Kegelabschnitts, war in den Kranz von rechteckigen Kapellen integriert, die unten ein mauerschweres Rechteck bildeten und durch schmale Durchgänge einen Umgang formten. Fundamentreste dieser Chorkapellen konnten bei Ausgrabungsarbeiten im Jahre 1929 gesichert werden.

Außenbesichtigung Der breit gelagerte Außenbau der Kirche beeindruckt durch das mächtige, sorgfältig aus gelben Sandsteinquadern im Millimeterschnitt gefügte Mauerwerk. Als Widerlager dienen Mauerverstärkungen, erst bei den jüngeren Teilen treten die für die Gotik charakteristischen Strebepfeiler auf. Blendbogenfriese und an den Ecken auskragende Konsolen gestalten gleichförmig den Dachansatz, während das Mauerwerk durch regelmäßig angeordnete Fenstergruppen, Eckverstärkungen und flache Lisenen gegliedert wird. Der im 19. Jahrhundert abgerissene Dachreiter im Osten wurde in jüngerer Zeit erneuert.

Die als Schauseite angelegte Westfassade vereint, quasi als Resümee der langen Entstehungszeit des Gesamtbaus, romanische und gotische Formelemente. Im oberen Geschoss ist in eine rundbogige Blendnische die 1249 entstandene Fensterrose eingefügt; sie verweist, wie die gesamte Fassadengestaltung, auf burgundische Vorbilder. Die Rosette hat einen Durchmesser von 7 m. Im Giebelfeld darüber befindet sich ein doppeltes Maßwerkfenster in den bereits charakteristischen Dekorationsformen der Gotik. Das aus Rundbogenwülsten über beiderseits vier Gewändesäulen gebildete Portal sollte, wie die Giebelschrägen

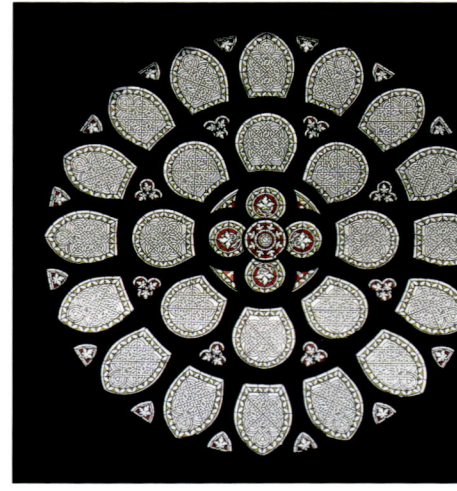

und die Bruchstellen seitlich der Bogen- läufe im Untergeschoss zeigen, ursprüng- lich durch eine Vorhalle geschützt wer- den, die jedoch nie ausgeführt wurde. Von den ehemals sieben Portalen sind nur noch vier geöffnet. An der Südseite des südlichen Seitenschiffs kann man noch eine Sonnenuhr aus der Erbau- ungszeit sehen, die von ungewöhnlicher Form ist. Auf einer mit reliefierten Pal- metten geschmückten Mauerkonsole steht eine Pyramide, deren abgestumpf- te Spitze die kräftige, überhalbkreisför- mige Uhrscheibe trägt. Aufgrund der au- ßerordentlichen Seltenheit romanischer Sonnenuhren stellt dieses Exemplar ei- ne Rarität besonderer Art dar.

Innenbesichtigung Betritt man das Inne- re der Kirche, so zeigt sich deutlich, dass der gesamte Bau nach *einem* Plan ausge- führt wurde. Im Langhaus trennen schwere geknickte Gurtbögen die fünf mächtigen Kreuzrippengewölbe. Knos- pen- und Blattkapitelle beschließen die Rundvorlagen der Pfeiler, als typisch zis-

terziensisch gilt das Abkragen der mittle- ren Dienste. Der Wandaufbau ist zwei- geschossig. Je zwei Arkaden sind in einem Joch zusammengefasst, im Obergaden an- gebrachte schmale, paarweise zusammen- gerückte Fenster mit planen, d. h. unbe- malten Gläsern sorgen für einen gleich- mäßigen Lichteinfall. Das Licht dringt ungebrochen in den Sakralraum und ent- spricht so einer die Architektur und Kunst betreffende Zisterzienser-Vor- schrift, die farbige Fenster ablehnt: *„Vi- tree albe fiant et sine crucibus et picturis."* *(„Die Fenster sollen aus klarem Glas und ohne Kreuze und Bilder sein.")* Gegenüber dem Mittelschiff wirken die gratgewölb- ten Seitenschiffe, insbesondere das nörd- liche, wie dunkle Gänge, wie in Fels ge- schlagene Galerien. Die Vierungspfeiler sind mächtig und straff, sein Licht erhält der Vierungsraum durch die Rosenfens- ter in den Querfronten, die durch knap- pes und strenges Maßwerk gegliedert sind. Bis vor wenigen Jahrzehnten teilte eine Quermauer zwischen Langhaus und Querschiff die Kirche in zwei Hälften.

Mittelschiff nach Osten

oben links: Südliches Seitenschiff nach Westen

links: Rosette

Halbsäule im Kapitelsaal

Kapitelsaal

Dies war das Resultat einer kurfürstlichen Maßnahme zu Beginn des 18. Jahrhunderts, mittels derer auch den Katholiken der Zugang zur bis dahin reformierten Kirche ermöglicht werden sollte. Glücklicherweise wurde die Mauer, die zwar für das Simultaneum nützlich gewesen sein mochte, den ursprünglichen Raumcharakter der kreuzförmigen Gewölbebasilika jedoch stark beeinträchtigte, bei Restaurierungsarbeiten im Jahre 1979 abgerissen. So ist der Blick wieder frei bis in den Chor, an dessen Ostwänden sich je drei Arkaden runden, die seit der Zerstörung der Kapellen zugesetzt sind. Fünfteilige Fenstergruppen beleuchten das um drei Stufen erhöhte Chorrechteck vor der dreiseitigen Apsis. Dienste in unterschiedlicher Knickung und ein tonnenartiges Gewölbe, das ein eigentümlich ausgebildetes Rosenfenster umschließt, charakterisieren diesen abschließenden Raumteil.

Zweifelsohne geht von der Klosterkirche als Ganzem der Eindruck einer – vermutlich von den Erbauern nicht in dem Maße intendierten – Monumentalität aus, hervorgerufen durch die im romanischen Bausinn angestrebte Betonung von Mauermasse und Wandfläche sowie durch die Verwendung eines einheitlichen Baumaterials. Diese Monumentalität ergibt sich zwangsläufig aus der Übertragung der ursprünglich auf Schlichtheit und Klarheit bedachten zisterziensischen Bauidee in größere Dimensionen. Der Betrachter erlebt den mächtigen Baukörper und den von ihm definierten Raum ohne schmückendes Beiwerk, das den Blick auf den eigentlichen Baugedanken verstellen könnte – und erfährt so zugleich von der religiösen Praxis der Zisterzienser, denn, so eine weitere zisterziensische Bauvorschrift: *„Sculpture vel picture in ecclesiis nostris seu in officinis aliquibus monasterii ne fiant, interdicimus, quia dum talibus intenditur, utilitas bone meditationis vel disciplina religiose gravitatis sepe negliguntur."* *(„Wir verbieten jegliche Skulpturen und Bilder in unseren Kirchen sowie in den anderen Klosterräumen, da, wenn auf diese Dinge zu sehr geachtet wird, der Nutzen der Meditation und der religiösen Disziplin zunichte gemacht wird.")*

Im Süden der Kirche lagen die gleichzeitig mit den älteren Teilen errichteten Klostergebäude; von ihnen hat sich noch der ehemalige **Kapitelsaal** (unter dem katholischen Pfarrhaus von 1732) erhalten. Dreimal drei Joche gliedern die quadratische Halle, die durch vier kurze, sich verjüngende Rundsäulen in drei Schiffe aufgeteilt wird. Sie enden ebenso wie die auf einer durchlaufenden Steinbank aufliegenden, der Wand vorgestellten Halbsäulen in Kapitellen in Kelchblockform – dem sogenannten „Straßburger Typ", der sich ebenfalls im Refektorium des ehemaligen Prämonstratenserklosters Rothenkirchen bei Kirchheimbolanden findet.

ENKENBACH
Katholische Pfarrkirche St. Norbert

Geschichte Enkenbach ist einer von drei Klosterbauten, die in enger Nachbarschaft liegen und die im Laufe eines Jahrhunderts errichtet wurden: Während die Hauptbauzeit der Zisterzienserklosterkirche von Otterberg in das erste Drittel des 13. Jahrhunderts fällt, mit dem Bau der Prämonstratenserkirche zu Kaiserslautern, der späteren Stiftskirche, im zweiten Drittel des 13. Jahrhunderts begonnen wurde (der sich bis ins 14. Jahrhundert erstreckte), liegt die Hauptbauzeit in En-

kenbach um die Jahrhundertmitte und nimmt somit in bau- und stilgeschichtlicher Hinsicht eine Mittelstellung zwischen den beiden größeren Sakralbauten ein.

Die Geschichte des Klosters begann im Jahre 1148, als Graf Ludwig von Arnstein in Enkenbach eine Klosterniederlassung der Prämonstratenser gründete. Graf Ludwig gehörte zu jenen Adeligen, die mit den kriegerischen Normen der Aristokratie brachen und sich stattdessen in den Dienst der Kirche stellten. Gegen den entschiedenen Widerstand seiner Ehefrau wandelte er seine im Lahntal ge-

Westfassade

153

Ansicht von Süden

legene Burg Arnstein in ein Prämonstratenserstift um. Der Prämonstratenserorden geht auf den erst im späten 16. Jahrhundert heilig gesprochenen Norbert zurück, der um das Jahr 1085 vermutlich auf der Burg Gennep als Sohn eines Ritters geboren wurde. Als Stiftsherr in Xanten soll er von den Folgen eines Blitzschlages auf wundervolle Weise geheilt worden sein, ein Ereignis, das ihn zur Aufgabe seines bis dahin eher weltlich orientierten Lebenswandels veranlasste. Im Alter von 30 Jahren zog er als einfacher Wanderprediger, barfuß und in ein Gewand aus Fell gekleidet, durch Deutschland und Frankreich. Im Jahre 1121 gründete Norbert mit 40 Klerikern den Konvent von Prémontré, dem er eine strenge Regel gab. Aus diesem heraus entstand in der Folgezeit der Prämonstratenserorden, der sich, vom Papst bestätigt, rasch in ganz Europa ausbreitete. In seiner Blütezeit zählte er über 600 Klöster. Während in der Anfangsphase alle Abteien einen männlichen und einen weiblichen Zweig hatten, separierten sich die Frauenklöster im Laufe des 12. Jahrhunderts und siedelten sich dann meist in der Nähe der großen Abteien an. Die Prämonstratensergründung in Enkenbach wurde in erster Linie mit Nonnen besetzt, doch lebten auch Mönche hier, welche die dem Kloster einverleibten Kirchen seelsorgerisch betreuten. Der weltliche Schutz lag anfangs, mittelalterlichem Brauch gemäß, in den Händen eines sogenannten „Kas-

tenvogts" (das Wort leitet sich vom lateinischen castrum = Lager her). Dieser wurde kurz nach der Vollendung des Bauwerks dem Bischof von Worms übertragen.

Baugeschichte Die Baugeschichte verlief, dem üblichen Schema von Ost nach West folgend, in drei Phasen. Zwischen 1220 und 1230 wurde mit der Errichtung des Ostbaus begonnen, der mit seinem platten Chorschluss mit zwei Langfenstern und einem darüber angeordneten Rundfenster einer Schlichtheit und Klarheit verpflichtet ist, die vom Einfluss zisterziensischer Bauauffassung zeugt. Der zweiten Bauphase gehört das zweijochige Langhaus an, das um 1230 begonnen und um die Jahrhundertmitte mit dem Einzug eines Kreuzrippengewölbes im Mittelschiff, der Errichtung des nördlichen Seitenschiffs und dem Bau des zweigeschossigen Kreuzgangs im Süden abgeschlossen wurde. In der dritten Bauphase wurde der Westbau der Kirche in Angriff genommen, der die Breite des Langhauses einnimmt und aus einer Vorhalle und einer darüber liegenden – in späterer Zeit restaurierten – Empore besteht, die vom Langhaus durch eine Mauer geschieden ist. Die Bauvollendung dürfte vermutlich im Jahre 1272 erfolgt sein, wobei die Vorhalle unfertig blieb und die wahrscheinlich geplanten Westtürme nicht mehr ausgeführt wurden. In spätgotischer Zeit kam es zu tiefgreifenden Veränderungen am Chor, wie dies auf einer um 1830 entstandenen Sepiazeichnung zu erkennen ist. Die Zeichnung zeigt auch die Reste des im Pfälzischen Erbfolgekrieg zerstörten südlichen Querschiffs. Dieses entstand im späteren 19. Jahrhundert wieder neu, ebenso wie der Chor, der von nachträglichen Zutaten gereinigt, restauriert und mit einer Sakristei versehen wurde. Das Rosenfenster wurde 1902/04 nach alten, damals noch vorhandenen Vorlagen erneuert, so dass sich im Großen und Ganzen der ursprüngliche Baucharakter wieder einstellen konnte. Die an ihrem kleinteiligeren Mauerwerk erkennbaren oberen Turmgeschosse sowie das Pyramidendach stammen aus dem beginnenden 18. Jahrhundert.

Baugestalt Im Grundriss stellt sich die Klosterkirche in Enkenbach als eine dreischiffige Basilika mit einem stark überhöhten Mittelschiff und einem weit ausladenden Querschiff dar. Sie lässt sich somit dem im Oberrheingebiet häufig anzutreffenden Typus der einschiffigen Kreuzbasilika zurechnen, dessen Charakteristikum der gerade Chorschluss, meist ohne Apsiden, ist. Dem Seitenschiff an der Nordseite wurde jedoch kein südliches Pendant gegenübergesetzt. Dessen Stelle nahm vielmehr der in die Kirche verlagerte Flügel des Kreuzgangs des ehemaligen Nonnenkonvents mit zwei Geschossen ein. Da hier auch die in Mönchskirchen üblichen Chorseitenkapellen, wie etwa in Eußerthal, fehlen, weist sich die Enkenbacher Klosterkirche als eine repräsentative Vertreterin der aus dem Geist der Reformorden entwickelten einfacheren und kleineren Variante der Nonnenkirche aus.

Außenbesichtigung Bei Betrachtung der Schauseite der Kirche, der Westfassade, fällt als Erstes die asymmetrische Gliederung auf, die auch der in seinem oberen Teil ungegliederte Mittelturm nicht auf-

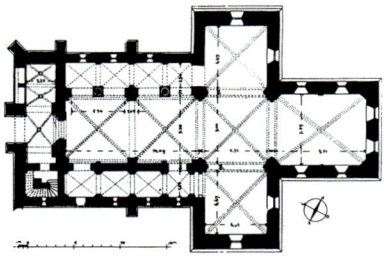

Chor (rekonstruiert)

zuheben vermag. Die beiden dreigeschossigen Strebepfeiler bilden den vertikalen Hauptakzent der Fassadengliederung. Zwischen ihnen ist ein siebenteiliges Rosenfenster über dem von einer spitzbogigen Blende überfangenen rundbogigen Hauptportal eingefasst. Während das südliche Drittel lediglich aus einem Stockwerk besteht, ist das nördliche Drittel mehrgeschossig gegliedert und verweist auf einen dahinter liegenden Raum, den es im Süden nicht gibt. Außer den augenfälligen Unregelmäßigkeiten in der Wandgliederung fallen an der Fassade auch die verschiedenartigen Fensterformen auf. Neben dem Rund- gibt es den Spitzbogen, neben dem Rund- das Langfenster. An der Südfront zog sich ursprünglich der Kreuzgang des Nonnenkonvents entlang, wie aus einem vermauerten Eingang und alten Fundamentresten zu schließen ist.

Das wiederhergestellte südliche Querhaus und vor allem der rekonstruierte Chor werden von den für das Oberrheingebiet typischen Bauformen der Romanik bestimmt. Die Einteilung des Rundfensters mit sechs um einen Mittelkreis angelegten konzentrischen Ringen lehnt sich an burgundische Vorbilder an, der das Fenster umrahmende Zackenfries erscheint gleichfalls am Westchor des

Wormser Domes und an der Chorwand der Klosterkirche von Eußerthal. Mit dem Rosenfenster im Chor korrespondiert die Rose an der Westfassade. Die Giebelpartie mit aufsteigendem Rundbogenfries an der Chorwand hat ihre Entsprechung in der originalen Giebelzone des nördlichen Querhauses, nach deren Vorbild sie zu Anfang des vorigen Jahrhunderts rekonstruiert werden konnte.

Westportal Der Zutritt zur Kirche erfolgt durch einen wenig schönen kastenförmigen Portalvorbau, der in die in der Form eines annähernd quadratischen Jochs gehaltene Vorhalle, das sogenannte „Paradies", führt und den Blick auf das prächtig gestaltete Innenportal und den dahinter liegenden Kirchenraum freigibt. In den drei Abtreppungen des Portalgewändes sind schlanke Säulchen mit Kelchkapitellen eingestellt, die auf flachen Tellerbasen stehen. Die Kämpferplatten werden durch regelmäßiges Flechtwerk auf der linken bzw. durch aufrecht stehendes naturalistisches Blattdekor auf der rechten Seite geziert. Auf ihnen liegen zwei Löwen und zwei Drachen, die sich in den Schwanz beißen. Sie übernehmen im apotropäischen, d.h. abwehrenden Sinn den Schutz des Portals und damit des gesamten Gotteshauses vor Übel und Unheil, ein an Kircheneingängen des Öfteren anzutreffendes Motiv. Über beiden Platten setzen die das Tympanon rahmenden Archivolten an, die mit reichem ornamentalem und naturalistischem Blattwerk geschmückt sind. Das Tympanon selbst überwuchert ein flach skulptierter Weinstock, dessen Triebe zu Ranken verschlungen sind. Im Scheitel erscheint das Erlöserlamm mit der Kreuzesfahne, als Sinnbild für Christus; zu seinen Seiten bilden die Ranken Medaillons aus, in denen Tiere von symbolischer Bedeutung sitzen. Links vom Betrachter sind es vier Vögel, die von den Trauben des Weinstocks picken, rechts sind es ein Hase, ein Hund, ein Eichhörnchen und ein Schwein.

Neben der rein ornamentalen Funktion kommt der Bogenfelddarstellung ein tieferer theologischer Gehalt zu, der sich in seiner Symbolik dem heutigen Betrachter nicht ohne weiteres erschließt. Die Weinranke mit Gotteslamm spielt auf den „Weinberg der Kirche" an, in dem im Sinne des 15. Kapitels des Johannesevangeliums die Stellvertreterfunktion der römischen Kirche zum Ausdruck kommt – *„Ich bin der Weinstock, ihr seid die Reben. Wer in mir bleibt und ich in ihm, der bringt viel Frucht; denn ohne mich könnt ihr nichts tun."* Während die vier Vögel auf der linken Seite eindeutig als Verkörperung des paradiesischen Friedens zu deuten sind, kommt den Tieren auf der rechten Seite eine eher ambivalente Symbolik zu. Im Mittelalter galt der Hase als Sinnbild für die menschliche Seele, aber auch für das Laster. Der Hund verkörperte Treue und Wachsamkeit, ebenso Neid und Zorn. Ganz selten findet sich das Eichhörnchen in der mittelalterlichen Ikonographie; gelegentlich wurde ihm die Tugend des Fleißes zugesprochen, sonst war es aber aufgrund seines langen Schwanzes das Abbild des Teufels schlechthin. Das Schwein symbolisierte einerseits die christliche Entsagung und die Geduld, andererseits war es die bildhafte Darstellung für das Laster, das Unreine par excellence. Als Ganzes stellt sich das Portalprogramm als eine verschlüsselte Variante einer Weltgerichtsszene dar, in der zwischen Gut und Böse geschieden wird. Demnach verkörpern die Vögel die reinen Menschen, die Seligen, während die übrigen Tiere die Verdammten, die unreinen, die vom Laster behafteten Menschen sind. Über allem thront das Lamm Gottes, als Symbol des am Jüngsten Tag herrschenden Weltenrichters. Neben der mehr oder weniger

Löwen über dem linken Kämpfer des Westportals

Drachen über dem rechten Kämpfer des Westportals

direkten endzeitlichen Aussage hatte die Darstellung zugleich eine erzieherische Funktion, nämlich die der Vor- bzw. Gegenüberstellung von christlichen Lastern und Tugenden, die den in dem Konvent lebenden Nonnen so täglich vor Augen geführt werden konnten.

In der Gestaltung und der Ausstattung des Portals verbinden sich romanische und gotische Tendenzen: Romanisch ist die klare Abgrenzung der einzelnen Bauglieder, gotisch sind Teile des Dekors. Stilistisch eng verwandt ist das Enkenbacher Tympanon mit dem ebenfalls um 1250 entstandenen Westportal von St. Martin in Worms, so dass eine nähere Beziehung zur Wormser Bauhütte anzunehmen ist. Vermutlich war ein gewisser „magister lapicida Voicmar", ein im Jahre 1253 verstorbener Steinmetz aus Worms, der künstlerische Urheber des Portals.

Innenbesichtigung Durch das Portal tritt man in den Innenraum der Kirche, der vom freundlichen Kontrast der sandsteinroten Gliederungselemente – der farbig abgesetzten Gurte und Rippen – auf dem weißen Grund belebt wird. Aufgrund des aus nur zwei Jochen bestehenden Langhauses stellt sich fast der Eindruck eines Zentralbaus ein. Um die Vierung, in der sich Längs- und Querschiff durchdringen, gruppieren sich das Rechteck des Chors, die annähernd quadratischen Querhausflügel und die einem Quadrat angenäherten Joche des Langhauses mit je zwei Jochen in den gratgewölbten Seitenschiffen. Es handelt sich hierbei um ein gebundenes System, d. h. auf ein Gewölbejoch des Mittelschiffs entfallen zwei Joche im Seitenschiff. Ungewöhnlich für das 13. Jahrhundert wirkt an der Nordwand die Gestaltung der Stützen zwischen den Hauptpfeilern als Säulen. Dieser auch als „Echternacher System" benannte Stützenwechsel – eine im frühen

11. Jahrhundert in Echternach begründete, hier letztmals angewandte Bauform erscheint für die Zeit altertümlich, hat sich aber in Lothringen und in der Diözese Worms, zu der Enkenbach gehörte, als eine konservative Tendenz relativ lange erhalten.

Die Asymmetrie an der westlichen Außenfassade findet hier im Langhaus ihre

Tympanon des Westportals

links: Südliches Seitenschiff (Untergeschoss des ehem. Kreuzgangs)

Säule zum nördlichen Seitenschiff

Vierung und nördlicher Querarm

Blick in Mittelschiff und Chor

Fortsetzung bzw. ihre Voraussetzung. Die Erdgeschossarkaden der Nordwand sind spitzbogig und durch einen runden Blendbogen paarweise zusammengefasst. Die Wand zum südlichen Seitenschiff hingegen, zum Kreuzgang des ehemaligen Nonnenklosters, ist in zwei Geschosse getrennt und vom Mittelschiff durch eine mit Spitzbogenblenden gegliederte Wand abgetrennt, die im Erdgeschoss ursprünglich ganz ohne Öffnungen war. (Diese Abtrennung bzw. Verselbständigung des südlichen Seitenschiffs erfolgte bereits in der zweiten Hälfte des 13. Jahrhunderts. Die bei den Restaurierungsarbeiten vorgenommene Öffnung der zugemauerten Arkaden verfälscht das ursprüngliche Aussehen des Innenraumes.) Der Gang im Obergeschoss, in dem sich

heute eine Kapelle befindet, verband die Klosterbauten mit dem Kircheninneren, noch sichtbare Spuren am südlichen Vierungspfeiler deuten auf eine Treppe hin, die in den Altarraum hinunterführte.

Den Chorraum beherrschen die mächtigen Vierungspfeiler, deren starke Halbrunddienste die Gurtbögen tragen. Insbesondere an den Vierungspfeilern lässt sich deutlich der bauliche Fortschritt, der Übergang von romanischen zu gotischen Ornamentformen, ablesen. Der Tradition stärker verpflichtet sind der südöstliche und der südwestliche Pfeiler: hier ein aus vier kräftigen Blättern und einem Girlandenband gestaltetes Kapitell, das sich an Vorbildern im Straßburger Münster, im Wormser Dom und in St. Andreas in Worms sowie den 1190 begonnenen Querhauskapellen im benachbarten Otterberg orientiert, dort ein Kreuzbandkapitell, eine im Oberrheingebiet weit verbreitete spätromanische Kapitellform. Der nordöstliche und der nordwestliche Vierungspfeiler nehmen hingegen mit ihren verschiedenartig ausgeprägten Knospenkapitellen – einmal sind die Knospen fest mit dem Kapitellkörper verbunden, ein anderes Mal wölben sie sich weit aus ihm heraus – bereits die Ornamentik der Gotik auf. Doch trotz dieser in Einzelformen am Außenbau und im Innenraum auftretenden, dem damals neuen Stil der Gotik verpflichteten Ornamentik trägt die Klosterkirche in Enkenbach als Ganzes unverkennbare Züge einer im Wesentlichen spätromanischen Haltung, die auf Einflüsse der Wormser Bauschule zurückzuführen ist. Davon zeugen schon alleine die Massigkeit des Baukörpers und ein Gliederungssystem, das auch in seiner Ungleichmäßigkeit eine geschlossene Wirkung erzielt. Die kurz nach 1270 vollendete Klosterkirche gilt als der letzte romanische Sakralbau im pfälzischen Raum.

ALSENBORN

Evangelische Pfarrkirche, ehem. St. Vitus

In der Ortsmitte von Alsenborn steht die evangelische Pfarrkirche, ehemals St. Vitus, deren Chorturm aus der Mitte des 13. Jahrhunderts stammt. Im Jahre 1733 wurde, kurz nachdem das mittelalterliche Langhaus eingestürzt war, ein neuer Bau errichtet, der romanische Turm erhielt im 19. Jahrhundert einen Aufbau. In den Jahren 1898/99 entdeckte man im Kreuzgratgewölbe des Chorraums, der im Untergeschoss des Turmes liegt, Wandmalereien aus der Zeit um 1250, die zum Teil, vor allem im nördlichen Abschnitt, stark zerstört waren. Diese wurden rasch wieder zugeputzt, ohne dass eine ernsthafte Konservierungsmaßnahme erfolgt wäre. Bei neuerlichen Restaurierungsarbeiten zwischen 1964 und 1966 konnte die Ausmalung des Chors systematisch freigelegt werden. Man beschränkte sich jedoch darauf, den Originalbefund zu sichern, wie auch die Löcher, die bei einer Übertünchung im 17. Jahrhundert in den Putz gehackt worden waren, zu belassen und nur farbig beizutönen.

Im Schnittpunkt der Grate in der Gewölbemitte ist, in der Art eines Schlusssteins, das Lamm Gottes mit dem Kreuzesstab in einer Mandorla dargestellt. Das östliche Gewölbefeld zeigt den thronenden Christus ebenfalls in einer Lichtaureole, die rechte Hand zum Segen erho-

Romanischer Turm

ben, in der Linken ein Buch. Die Gloriole ist von den vier Evangelistensymbolen umgeben, von denen sich der Adler des Johannes nicht mehr erhalten hat. Die drei anderen Gewölbefelder enthalten Szenen aus dem Marienleben, einem im Mittelalter – vor allem seit dem im 12.

unten links:
Blick in den Chorraum

Chormalereien
(Schema)

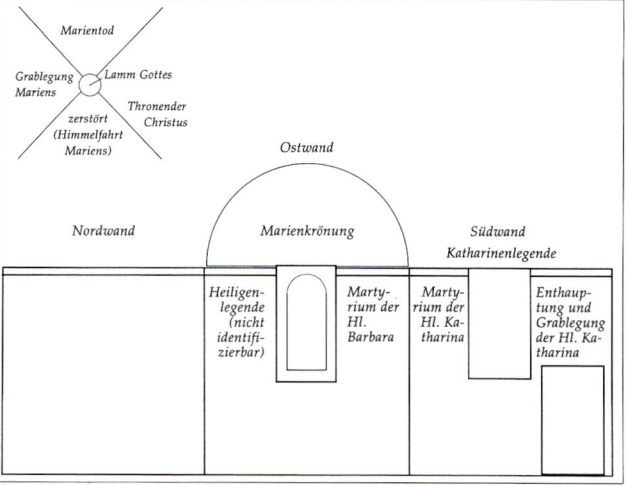

und 13. Jahrhundert einsetzenden Marienkult – äußerst beliebten und weit verbreiteten Illustrationszyklus. Als literarische Quelle für diese Bildfolge dienten neben dem Neuen Testament in erster Linie die Legenden und die Apokryphen, jene Schriften religiösen Inhalts, die von der Kirche nicht zu den Büchern der Bibel gerechnet werden. In ihnen wird ausführlich das gesamte Leben der Muttergottes erzählt, während im Neuen Testament nur die Hauptereignisse, wie die Verkündigung und die Heimsuchung im Zusammenhang mit der Kindheitsgeschichte Christi, erwähnt werden.

Der Zyklus im Chor der Alsenborner Kirche schildert die letzten Stationen aus der Marienlegende, wie sie nur in den Legenden und Apokryphen aufgezeichnet sind. Er beginnt im Süden mit dem Marientod. Eine Apostelgruppe und Christus stehen am Lager der toten Gottesmutter, Christus hält eine kleine Mandorla mit der Seele Mariens in seinen Händen. Im westlichen Gewölbefeld folgt die Grablegung Mariens, eine sehr selten dargestellte Szene der Legende. Das zum Teil stark zerstörte Bild zeigt die Apostel, die den Sarg Mariens mit einem Tuch abdecken, damit die Juden, so will es die Legende, nicht das Begräbnis stören. Von der Darstellung am nördlichen Gewölbesegment hat sich so gut wie nichts erhalten. Wahrscheinlich befand sich hier, dem Zyklus folgend, die Himmelfahrtsszene.

Der Marienzyklus findet seine Fortsetzung in der Krönung Mariens an der Ostwand des Chors, oberhalb des kleinen Rundbogenfensters und unterhalb der das Ensemble beherrschenden Christusdarstellung. Auch diese Szene ist in eine Mandorla eingefasst. Die Wandzone unterhalb des aufgemalten Ornamentbandes gibt Szenen aus Heiligenlegenden wieder. Während die Darstellung links des östlichen Rundbogenfensters aufgrund des schlechten Erhaltungszustandes nicht mehr zu entschlüsseln ist, erkennt man auf der rechten Hälfte der Ostwand das Martyrium der hl. Barbara. Wegen ihres Glaubens ließ sie ihr Vater in einen Turm einsperren, man schnitt ihr die Brüste ab, dann wurde sie enthauptet. Die hl. Barbara gehört neben der hl. Katharina von Alexandrien, deren Martyrium auf der Südwand der Kirche folgt, zu den populärsten auf Bildwerken dargestellten weiblichen Heiligen des Mittelalters. Beide galten als sehr kluge Heilige, die ihren heidnischen Gegenspielern an Schläue weit überlegen waren. Ihre repräsentativen Attribute, anhand derer sie leicht zu identifizieren sind, sind der Turm (Barbara) und das Rad (Katharina). So beginnt der Katharinenzyklus auf der Südwand mit der Marter, bei der das Rad, mit dem die Heilige hingerichtet werden soll, zerspringt. Im linken Gewände des Südfensters befindet sich eine Darstellung der Märtyrerin mit der typischen Märtyrerpalme. Daran schließen in der rechten Wandhälfte die Szenen der Enthauptung und der Grablegung an – der Legende nach wurde der Leichnam Katharinas von Engeln zum Berg Sinai getragen und dort begraben. Auf der Nordwand sind kaum noch Malereien erkennbar. Relativ gut erhalten ist einzig die gemalte Bekrönung der Sakramentsnische, deren ursprünglich reliefiertes Giebelfeld abgeschlagen ist.

oben und unten: Chormalereien: Lamm Gottes, thronender Christus, Szenen aus der Katharinenlegende

ROHRBACH

Evangelische Pfarrkirche

Der lang gestreckte, flach gedeckte Bau der evangelischen Pfarrkirche in Rohrbach stammt in seiner Westhälfte aus dem 12. und 13. Jahrhundert. Das heutige Aussehen der Kirche ist auf mehrfache Veränderungen im Spätmittelalter und im 18. Jahrhundert zurückzuführen. Bei Restaurierungsarbeiten zu Ende der 1960er-Jahre kamen an der Süd- und Nordwand Malereien zum Vorschein, die drei verschiedenen Epochen zuzuordnen sind.

In der oberen Zone der Nordwand sind Szenen aus dem Alten Testament dargestellt. Zwischen den beiden Rundbogenöffnungen sieht man die Arche Noah über einem bewegten, die Wasserfluten darstellenden Untergrund. Ein relativ seltenes Motiv befindet sich neben dem rechten Fenster: Es zeigt den Erzvater, der Tauben fliegen lässt, um zu sehen, ob die Sintflut zu Ende ist. Die Malereien dürften um das Jahr 1200 entstanden sein. Im unteren Bildfeld der Nordwand erkennt man die Fragmente einer Kreuzigung und einer Marientod-Darstellung, die, wie die nicht näher bestimmbare Gruppe von Heiligen an der Südwand, dem 14. Jahrhundert angehören. Aus dem 15. Jahrhundert stammt das Bild des Erzengels Michael mit der Seelenwaage, rechts neben dem Marientod.

links oben: Ansicht von Süden

rechts oben: Malereien an der Nordwand

Hl. Michael, Arche Noah (Malereien an der Nordwand)

BURGRUINE DIEMERSTEIN

In Diemerstein erheben sich oberhalb eines in der Mitte des 19. Jahrhunderts errichteten klassizistischen Schlösschens die Ruinen der ehemaligen Festungsanlage. Die Burg wurde im 12. Jahrhundert von den Herren von Diemerstein gegründet und bestand aus einer Ober- und einer doppelt so langen Unterburg. Die Oberburg erstreckte sich auf einem länglichen, zum Teil überhängenden Felsen mit einem breiten Halsgraben im Westen, über dem sich der Bergfried aus der ersten Hälfte des 13. Jahrhunderts erhob. Der in Buckelquadertechnik errichtete Turmbau hat sich in seinem Untergeschoss weitgehend erhalten. Im Osten schließen die Reste eines Wohnbaus mit einem run-

Ansicht von Süden

den Treppenturm aus dem 16. Jahrhundert an.

Die Burg wurde im Dreißigjährigen Krieg stark zerstört. Eine teilweise Wiederherstellung erfolgte im 19. Jahrhundert, als der damalige Besitzer Paul von Denis, Erbauer der ersten deutschen Eisenbahn von Nürnberg nach Fürth und der „Vater" der Pfälzischen Eisenbahn, eine neue Ringmauer, einen Felsentunnel, eine in den Fels eingeschlagene Wendeltreppe zum vorderen runden Turm sowie eine Freitreppe auf der Südseite des Burghangs anlegen ließ. Die Burganlage wandelte sich so – ganz im Sinne des von romantischen Vorstellungen geprägten Mittelalterbildes des 19. Jahrhunderts – zum historisierenden Bestandteil des zum Schlösschen gehörenden Lustgartens, sie wurde zu einer Art historischer Kulisse.

BURGRUINE FRANKENSTEIN

Die Burg Frankenstein lag einstmals an einer strategisch wichtigen Straßengabelung – hier trafen sich (und treffen sich auch noch heute) die Straßen von Bad Dürkheim und Neustadt nach Kaiserslautern und weiter über Saarbrücken bis nach Metz. So konnte von hier aus der Verkehr durch das Isenach- und Hochspeyerbachtal überwacht werden. Die Burgherren besaßen das sogenannte „Geleitsrecht", d. h. sie hatten das Recht der Kontrolle und die Pflicht der Sicherung und Wartung der Straße sowie die Aufgabe, den durchziehenden Kaufleuten und anderen Reisenden sicheres Geleit zu garantieren, wofür sie durch Abgaben entlohnt wurden. Der Weg vom Rheintal nach Kaiserslautern wurde während des Mittelalters durch eine ganze Reihe von Burgen gesichert und überwacht: durch die Burg Winzingen und die Wolfsburg bei Neustadt, die Burgen Neidenfels und Lichtenstein bei Lambrecht im Hochspeyerbachtal, fernerhin die Hardenburg, die Burgen Nonnenfels und Schlosseck im Isenachtal, dann die Burg Frankenstein und weiter in Richtung Kaiserslautern die Burgen Diemerstein und Beilstein.

Ursprünglich stand auf dem 70 m über dem Dorf Frankenstein gelegenen Burgberg, durch den auch heute noch die in der Mitte des 19. Jahrhunderts errichtete Eisenbahnlinie Neustadt–Kaiserslautern führt, ein einzelner Wachtturm, der wahrscheinlich kurz nach 1100 erbaut worden war. Zu Beginn des 13. Jahrhunderts ließen die Herren von Leiningen neben dem älteren Turm eine neue Burganlage anlegen, die sie vom Abt des Klosters Limburg als Lehen erhalten hatten. Bis zur Mitte des darauf folgenden Jahrhunderts verblieb die Anlage im alleinigen Besitz der Leininger. Während des Bauernkrieges im Jahre 1525

erlitt die Burg schwere Zerstörungen und war seitdem nicht mehr bewohnbar.

Die Ruine gliedert sich in drei Bereiche, die gestaffelt übereinander liegen und den Felsgrund mit einbeziehen: die Oberburg mit dem Bergfriedrest, die Unterburg mit den gut erhaltenen Außenmauern der Wohnbauten und der vermutlich im 15. Jahrhundert entstandene Zwinger mit einem halbrunden Turm vor der Südostseite der Hauptburg. Im Ganzen handelte es sich bei der Burg Frankenstein um eine relativ kleine Anlage mit Grundrissmaßen von 55 x 46 m. Nördlich der Unterburg liegt der Kapellenbau, dessen Fassade ein schön gestalteter gotischer Erker vorgeblendet ist. Die spitzbogige Öffnung des Erkers führt in die ehemalige Altarnische. Der Erker selbst liegt auf einer 2,70 m breiten und 78 cm tiefen Konsole, die reich mit Kehlen und Stä-

Ansicht von Osten

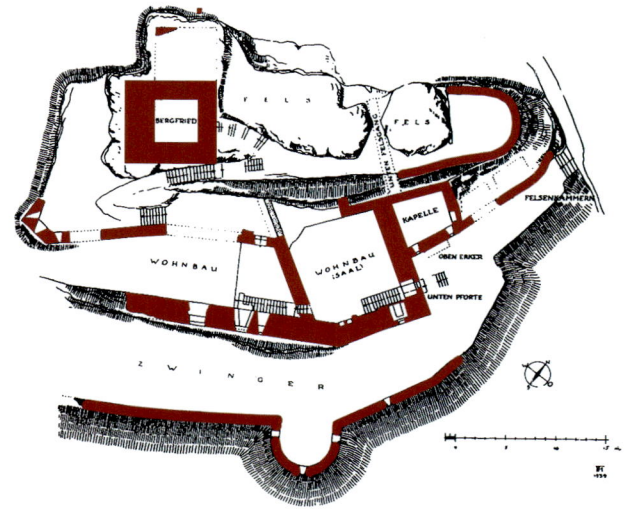

Ostwand des sog. Saalbaus

ben profiliert ist und die unten in sechs gezierten Spitzkonsolen endet.

Die im Süden anschließende Unterburg ist durch eine Quermauer in eine südliche und in eine nördliche Hälfte geteilt. Die mächtigen Außenmauern zeugen noch von den ursprünglichen Dimensionen des Gebäudes. Während sich der nördliche Bauteil über fünf Geschosse erhebt (das letzte ist neu aufgemauert), ist der in seinen Detailformen ganz aus dem 13. Jahrhundert stammende südliche Bauteil aufgrund des stark ansteigenden Geländes nur drei Geschosse hoch. Einen eindrucksvollen Anblick erhält man, wenn man in das Innere des Nordbaus, den sogenannten „Saalbau", tritt. Da die Zwischendecken nicht mehr erhalten sind, geht der Blick ungehindert bis zum oberen Geschoss. Ein rundbogiges Portal führt im Erdgeschoss in das Gebäude, darüber öffnet sich an der Nord- und Ostwand jeweils ein kleines spitzbogiges Fenster, das, wie sämtliche Fensteröffnungen, von Hausteinen gerahmt ist. Zwei gekuppelte Spitzbogenfenster, die am Außenbau von Rundbogenblenden überdeckt sind, befinden sich im dritten Geschoss. Im vierten Geschoss hat sich ein stichbogiges Fenster erhalten; ein zweites wurde in jüngerer Zeit restauriert, die dreiteiligen spitzbogigen Füllungen sind neuere Ergänzun-

gen. Drei weitere stichbogige Fenster gliedern das abschließende, neu aufgemauerte fünfte Geschoss. Alle Fenster liegen in Nischen mit seitlichen Sitzbänken. Bemerkenswert ist der Kamin, der vom zweiten Geschoss aus in konischer Verjüngung bis ins obere dritte Geschoss verläuft. Gut erkennbar sind noch die beiden seitlichen Steinpfosten, die einst den Rauchfang trugen. Hier befand sich vermutlich der eigentliche Saal, der vom Rauchfang aus geheizt werden konnte.

Vom südlichen Teil der Unterburg gelangt man in den Bereich der Oberburg auf dem obersten Felsplateau. Die Ringmauer ist noch in Resten erhalten; so steht an der Südwestseite, gegenüber der ehemaligen Angriffsseite, ein 7 m langes und 5 m hohes Mauereck mit einer Wehrgangverbreiterung, die über einem Stichbogenfries auf abgerundeten Konsolen lagert. Im Westen des Plateaus befindet sich, gegen einen Fels gelehnt, der Rest des rechteckigen Bergfrieds. Auf ihm erhob sich einstmals ein weiteres Gebäude. Der Bergfried mit Seitenlängen von 8 x 9 m und Innenmaßen von 4,50 x 4,30 m besteht aus Buckelquadern mit Randschlag, was auf seine Entstehung um das Jahr 1200 hinweist. Vom Bergfried aus nordöstlich liegen noch zwei weitere Felsklötze, zwischen denen sich ein Durchgang und ein darunter liegender Felsgang befinden. Von hier aus bietet sich ein instruktiver Blick auf das Innere von Wohnbau und Kapelle der unteren Burg.

Zwinger

UNTERHAMMER

Burgruine Wilenstein

Nahe der Ortschaft Unterhammer, südwestlich von Kaiserslautern, liegt die Burgruine Wilenstein, zu der von der Klug'schen Mühle aus ein mäßig steiler Fußweg führt. Die Burganlage wurde in der Mitte des 12. Jahrhunderts durch Friedrich Barbarossa im oberen Karlstal zum Schutz des Reichslandes um Kaiserslautern gegründet und war Sitz einer Ministerialenfamilie, die hier bis ins Jahr 1234 ansässig war. Die noch erhaltenen Bauteile dieser kleinen, über einem annähernd rechteckigen Grundriss erbauten Burg stammen zum größten Teil aus der zweiten Hälfte des 13. Jahrhunderts. Im 14. Jahrhundert fiel die Festung als Folge einer Doppelbelehnung je zur Hälfte an die Herren von Falkenstein und an die Herren von Flörsheim. Die durch eine gemeinsame Ringmauer verbundene Anlage wurde durch einen schmalen Gang in zwei Teile getrennt, die sich auch heute noch voneinander abheben.

Die vordere Burg, die an der östlichen Angriffsseite liegt, war der Falkensteiner Anteil. Durch ihre starke, mit Buckelquadern verkleidete und durch einen breiten Halsgraben geschützte Schildmauer führt auf der linken Seite ein Eingangstor. Rechts oben befindet sich ein gotisches Maßwerkfenster, das zu dem dahinter angebauten Palas gehörte. Das Gebäude wurde wiederhergestellt und bewohnbar gemacht, heute ist hier ein Landschulheim untergebracht. In der dem Tal zugewandten hinteren Burg lebten die Flörsheimer. Von diesem Burgteil steht noch die buckelquaderverkleidete Nordmauer des ehemaligen Wohngebäudes, gut erkennbar sind an dessen Ostecke die abgerundeten Kragsteine, die vermutlich einen Erker trugen. Hieran schloss, etwa in der Mitte der Gesamtanlage, der spitze, vorspringende Bergfried an, hinter dem sich noch geringe Reste eines älteren runden Bergfrieds im ehemaligen Burghof befinden, der vom ersten Bau aus der Mitte des 12. Jahrhunderts stammt.

Mauerreste von Bergfried und Wohnhaus der hinteren Burg

Portal in der hinteren Burg

oben: Schildmauer und Palas der vorderen Burg

LANGWIEDEN
Evangelische Pfarrkirche

Südwestlich von Landstuhl liegt der kleine Ort Langwieden mit der evangelischen Pfarrkirche, ehemals St. Bartholomäus. Die vermutlich im 12. Jahrhundert angelegte, im 14. und 19. Jahrhundert in Teilen veränderte Kirche ist ein flach gedeckter, aus unverputzten Kleinquadern errichteter Saal mit einem dreigeschossigen Turm, der an der Nordseite des quadratischen Chors anschließt. Im nachträglich erhöhten und eingewölbten Chor wurde im Giebelfeld ein romanisches Rundbogenfenster wiederverwendet, die gotischen Langhausfenster und das ehemalige Südportal wurden zugemauert und durch Fenster des frühen 19. Jahrhunderts ersetzt. Trotz der späteren Veränderungen konnte der ursprüngliche Charakter des Sakralbaus in weiten Partien bewahrt bleiben, so dass sich in Lang-

wieden ein reizvolles Beispiel einer mittelalterlichen Kleinkirche gut über die Jahrhunderte erhalten hat.

Ansicht von Süden

VOGELBACH

Simultankirche St. Philipp und Jakob

Die Simultankirche St. Philipp und Jakob in Vogelbach (heute Ortsteil von Bruchmühlbach-Miesau) wurde im 12. Jahrhundert im Stil der Wormser Schule errichtet. Vom Gründungsbau haben sich die Apsis, der eingezogene Chor und das Langhaus erhalten. Bemerkenswert am Außenbau ist die Apsis, die unverkennbar Wormser Einflüsse verrät und somit vom einstmals großen Einflussbereich der in der rheinischen Reichs- und Bischofsstadt ansässigen Bauschule bis in die entlegeneren Gegenden der Provinz zeugt. Die halbrunde Apsis wird durch drei Lisenen gegliedert, die an den Kanten mit Wulst und Kehle profiliert sind. Oben setzt sich die Lisenenprofilierung an einem Rundbogenfries fort, der bei unregelmäßiger Bogenhöhe die ganze Apsis umzieht. Eine ähnliche Durchgestaltung dieser Vertikalgliederung findet sich an den Osttürmen des Wormser Domes sowie am Chor von St. Andreas in Worms.

Ostapsis

DIE DOMSTADT SPEYER

Dom – Judenhof: Synagoge und Mikwe – Altpörtel – Heidentürmchen – Haus Retscher – Historisches Museum der Pfalz

Dom St. Maria und St. Stephan

Geschichte Als einer der mächtigsten romanischen Sakralbauten in Europa blickt der Speyerer Dom – obwohl er heute mit Ausnahme des Westbaus und einiger Details nahezu in seiner ursprünglichen Gestalt aus dem 12. Jahrhundert erscheint – auf eine mehr als 900-jährige Baugeschichte zurück. Nach einer Unterbrechung der Arbeiten am noch nicht vollendeten Bauwerk um das Jahr 1110 kam es zu einer gut halbtausendjährigen Baupause. Ihr folgten nach dem großen Brand von 1689 mehrere Rekonstruktionsversuche, die in den Restaurierungsmaßnahmen anlässlich der 1961 begangenen 900-Jahr-Feier zwischen 1957 und 1971 ihren – vorläufigen – Abschluss fanden.

Einen ersten Dombau in Speyer, dessen Existenz jedoch nicht eindeutig nachgewiesen ist, soll der Frankenkönig Dagobert II. unter dem Doppelpatrozinium der hl. Maria und des hl. Stephan initiiert haben. Sicher ist hingegen, dass um

850 unter Bischof Gebehart ein karolingischer Dom errichtet wurde, den mehrere Kaiser mit reichlich ausgestatteten Güterschenkungen und kostbaren Weihegaben bedachten. Dieser später dem Abriss zum Opfer gefallene karolingische Mariendom befand sich bereits auf dem außerhalb des alten Stadtkerns gelegenen Domhügel, also an der Stelle, an der Konrad II. seinen Neubau errichten ließ.

Als Bischofssitz wurde Speyer im 10. Jahrhundert zum kirchlichen und wirtschaftlichen Zentrum der Region. Der Salierherzog Konrad der Rote, Schwiegersohn Kaiser Ottos des Großen, schenkte im Jahre 946 Bischof Reginbald sein väterliches Erbe in Speyer. Gegen Überlassung eines lebenslangen Nutzungsrechtes an Gütern in Deidesheim, Rödersheim und Erpolzheim vermachte er dem Bischof alle seine Hörigen, das Münzrecht, die Hälfte des Zolls (die andere Hälfte war bereits im Besitz des Bischofs), die Marktaufsicht sowie die Gerichtsrechte – was einer nicht unempfindlichen Machteinbuße der Salier in Speyer gleichkam. Von Kaiser Otto erhielt die Speyerer Kirche ein Vierteljahrhundert später, anno 969, das Immunitätsprivileg, das die Stadt als einen Sonderbezirk mit eigenem Recht auswies. Der durch die Kaiserprivilegien garantierte, vom Umland abgehobene und dem Bischof unterstellte Sonderbezirk umfasste die bereits im 10. Jahrhundert ummauerte Bischofsstadt um den Dom im Osten (die „civitas"), ein westlich vorgelagertes Zwischenstück von unbekannter Ausdehnung und das Dorf Altspeyer

rechts: Ostfassade

Speyer, Dom, Rekonstruktion des Zustands um 1756 nach der Zerstörung 1689 durch französische Truppen

("villa Spira") als zweites Siedlungszentrum im Nordwesten. Der Bischof trat die Nachfolge des karolingischen Gaugrafen an, womit das Stadtgebiet dem unmittelbaren herrschaftlichen Einfluss der hochadeligen Grafen des Speyergau entzogen wurde. Diese besonderen Herrschaftsrechte, die neben dem juristischen auch den wirtschaftlichen Bereich – die Münze, den Zoll – betrafen, wurden den Speyerer Bischöfen auch von Ottos Nachfolgern, letztmals von Heinrich IV. im Jahre 1061, garantiert.

Die Voraussetzungen für den Dombau zu Speyer waren machtpolitischer Art. Im Jahr 1024 starb das sächsische Kaiserhaus der Ottonen mit dem Tod Kaiser Heinrichs II. aus. Zu seinem Nachfolger wurde im gleichen Jahr in der Nähe von Oppenheim am Rhein Konrad der Salier gewählt, ein Ururenkel von Otto dem Großen, der, in Worms geboren, Herzog in Rheinfranken und Graf im Speyergau war. Oftmals hielt er sich mit seiner Ehefrau Gisela auf der Limburg auf, die nach seiner Wahl zum Kaiser in ein Kloster umgewandelt wurde. In seiner Funktion als abendländischer Herrscher wollte sich Konrad II. in der Tradition seiner Vorgänger einen Bischofsdom errichten lassen, der seinen weltlichen wie geistlichen Machtanspruch dokumentieren sollte. Kaiser Karl hatte sich in Aachen seine Palastkapelle erbaut, Heinrich I. seinen Dom in Quedlinburg, Otto der Große seinen Dom in Magdeburg und Heinrich II. seinen Dom in Bamberg; in Worms war wenige Jahre vor der Kaiserwahl ebenfalls ein Domneubau vollendet worden. Das Amt des Kaisers war seit Karl dem Großen von einem religiös-sakralen Anspruch bestimmt, der im Gottesgnadentum seinen prägnantesten Ausdruck fand. Der Kaiser war das Haupt der Christenheit, die Krone erhielt er zwar vom Papst, Würde und Amt kamen aber unmittelbar von

Gott – „non a papa, sed a Deo coronatus" („nicht vom Papst, sondern von Gott gekrönt"). Im Zeitalter der Salier war die kaiserliche Machtstellung noch stark in der Vorstellung einer von Gott unmittelbar verliehenen Weltherrschaft begründet, in der dem Papst die Rolle eines Vermittlers zukam (was sich jedoch bald ändern sollte). Als Standort seiner neuen Haus- und Eigenkirche wählte sich Konrad II. das in seinem Machtbereich gelegene Speyer – ein Entschluss, den er vermutlich während der Kaiserkrönung in Rom im Jahre 1027 fasste. Die Stadt war ja schon seit Jahrhunderten Bischofssitz, konnte aber mit ihrer bescheidenen Kathedrale den imperialen Ansprüchen des Saliers, der sich und seinen Nachfolgern hier seinen Dom und seine Grabstätte erbauen ließ, kaum genügen.

Baugeschichte Der Bau des Domes vollzog sich in zwei großen Abschnitten (Bau I und Bau II). Der Beginn der Arbeiten ist für das Jahr 1030 anzunehmen, ein genaues Gründungsdatum ist jedoch nicht bekannt. Es gibt eine Legende, die berichtet, der Kaiser habe im Jahr 1030 in aller Morgenfrühe den Grundstein zum Kloster Limburg gelegt, sei dann mit seiner Gemahlin und seinem Gefolge nach Speyer geritten, um dort den Grundstein zum Dom und zum St. Johannisstift, dem späteren Guidostift, zu legen. Diese Begebenheit dürfte wohl eher dem mittelalterlichen Hang zur Legendenbildung – die oftmals einsetzte, wenn historische Ereignisse hervorgehoben werden sollten – als der historischen Wahrheit entsprechen. Um die gewaltigen Stein- und Holzmassen nach Speyer zu transportieren, wurde eigens ein Kanal vom Haardtgebirge zum Rhein angelegt. Der Dombau wurde im Osten mit der Krypta begonnen, der Unterkirche unter dem künftigen Altarhaus. Dieses

Westansicht des Speyerer Doms, 1609, Kupferstich von Johann Jakob Ebelmann

schloss mit einer halbrunden Apsis ab, die nach außen hin jedoch als kantiger Körper, ähnlich wie am Ostschluss des Wormser Domes und des Straßburger Münsters, in Erscheinung treten sollte. Gleichzeitig mit der Krypta entstanden die Fundamente eines Turmpaares, das mit dem Altarhaus in die Höhe wuchs. Als nächster Bauabschnitt wurde das Querhaus in Angriff genommen, dessen Breite – in Abänderung der ursprünglichen Anlage – auch zum Raummaß für die nun erweiterte Krypta wurde, die zudem durch Pfeiler, Säulen und Wandnischen eine straffere Gliederung erhielt. Mit der Fertigstellung der Unterkirche in den 30er-Jahren des 11. Jahrhunderts konnten die Arbeiten an der Oberkirche

fortgesetzt werden. Es entstand das Langhaus, das, in seiner endgültigen Breite von 38 m, jedoch zunächst nur in einer Längenerstreckung von 55 m erbaut wurde. Seitlich an der geplanten Westfront wurden die Fundamente für ein zweites Turmpaar gelegt.

Bei diesem Stand der Arbeiten starb im Jahre 1039 der kaiserliche Auftraggeber. Er wurde in dem von ihm gestifteten Dom bestattet, doch nicht, wie anzunehmen, in der Krypta, dem einzig fertig gestellten Bauteil, sondern inmitten der Baustelle, also dort, wo das Grab im vollendeten Dom seinen Platz haben sollte: am Ostende des Mittelschiffs. Nach dem Tod Konrads II. setzten sich unter seinem Sohn Heinrich III. die Arbeiten

Ansicht von Südwesten

zügig fort, der Plan des Langhauses wurde weiterentwickelt und mehrmals korrigiert. Das schon in der Krypta verwendete Gliederungssystem aus Wandpfeilern und Halbsäulen wurde auf das Langhaus übertragen, das Schiff um 15 m nach Westen verlängert, der Altarraum überwölbt. Gleichzeitig konnte der wuchtige Westbau mit seiner 6 m dicken Mauer begonnen werden. Auch Heinrich III. erlebte die Vollendung des Bauwerks nicht mehr. Er starb 1056 und wurde neben seinem Vater und seiner 1043 verstorbenen Mutter Gisela beigesetzt. Im Jahre 1061 fand die Weihe dieses ersten Baus statt, der im Grundriss und in großen Partien des Mauerwerks mit dem heutigen Dom übereinstimmt, jedoch im Mittelschiff eine flache Holzdecke und eine rechteckig ummantelte Apsis besaß. Der konradinische Bau war eine dreischiffige Basilika mit zweimal zwölf Pfeilern, die direkt zum erhöhten Querhaus führten und durch Halbsäulenvorlagen gegliedert waren. Vermutlich überspannte die von den beiden Türmen flankierte Ostpartie eine Vierungskuppel, während der Westbau in seiner ursprünglichen Gestalt nicht mehr bekannt ist. (Die ersten Zeichnungen zeigen den Zustand um das Jahr 1600.)

Bei der Weihe war auch der neue König zugegen: Heinrich IV., der Enkel des Gründers, zu dieser Zeit ein elfjähriges Kind. 20 Jahre später ließ er den Dom verändern, anfängliche Reparaturmaßnahmen mündeten schließlich in einen Neubau (Bau II). Auslöser waren statische bzw. technische Mängel gewesen, die zur Abtragung des Altarhauses führten. Die Widerlager der Gewölbe hatten sich als mangelhaft erwiesen, es drohte unmittelbare Einsturzgefahr. Für diese Arbeiten berief der Kaiser zu Anfang der 80er-Jahre des 11. Jahrhunderts den erfahrenen und berühmten Bauherren Bischof Benno von Osnabrück, unter dessen An-

leitung die Apsis mit ihrer Blendgliederung und der Bekrönung durch die umlaufende Zwerggalerie entstand. Während die Untergeschosse der Osttürme und der Anschluss des Langhauses unverändert blieben, erhielt die Krypta eine bis zu 4 m starke Mauerummantelung, die zusammen mit den alten Umfassungsmauern die neuen Querschiffmauern tragen sollte. Auch die beiden Querhausarme wurden abgerissen und bis auf die Höhe der im Winkel zwischen Langhaus und Südquerraum in der ersten Bauphase errichteten Doppelkapelle wieder aufgebaut. Während die Querarme zunächst ohne die vorgesehene Wölbung blieben, setzten sich die Umbaumaßnahmen in das Langhaus fort, das anstelle der flachen Holzdecke ein Gewölbe erhalten sollte. Steinerne Gewölbe als Abschluss eines 30 m hohen Pfeilerbaus mit einer Spannweite von 14 m – das war in dieser Zeit und in diesen Dimensionen eine absolute Neuerung. Dazu mussten von den elf Pfeilerpaaren des Langhauses fünf Paare durch Vorlagen verstärkt werden, die dem lang gestreckten Raum nun ein rhythmisch gegliedertes Aussehen verliehen. Gleichzeitig wurde im Langhaus ein Architektursystem angewendet, das die technischen Möglichkeiten des Steinbaus voll ausnutzte und dem Bedürfnis nach einer klaren Gliederung und Ordnung nachkam: das sogenannte gebundene System, in dem eine quadratische Gewölbeeinheit im Mittelschiff mit zwei rechteckigen Gewölbeeinheiten in den Seitenschiffen korrespondieren.

In den 90er-Jahren des 11. Jahrhunderts gerieten die Baumaßnahmen ins Stocken. Für den Fortgang der Arbeiten berief der in Italien weilende Kaiser einen Geistlichen aus seiner Umgebung, den späteren Bischof Otto von Bamberg, zum Bauherren nach Speyer. Unter seiner Aufsicht wurden die Aufbauten der sechs Türme, die bis dahin zur Traufhöhe standen, fertiggestellt. *Ein* Element entwickelte sich zum Leitmotiv am gesamten Bauwerk: die Zwerggalerie, ein niedriger, nach außen offener, von Säulen getragener Laufgang unter dem Dachansatz, dem zwar ein starkes dekoratives und gliederndes Moment, jedoch keine nennenswerte statische Funktion zukam. Die Zwerggalerie blieb nicht auf die Apsis beschränkt, sondern wurde auch am Querschiff, am Langhaus, an der Vierungskuppel und schließlich am Westbau fortgeführt. Um gleiches Niveau zu erreichen – die Höhendimensionen der Apsis waren geringer als die der übrigen Bauteile –, musste hier aufgestockt und eine zweite Galerie über der in der Apsishöhe liegenden angeordnet werden. In den ersten Jahren des 12. Jahrhunderts wurde dem Seitenportal auf der Nordseite des Domes eine Vorhalle vorgebaut, zusammen mit einer Kapelle, die der hl. Afra geweiht werden sollte. Noch vor der Weihe verstarb im Jahre 1106 Heinrich IV. Sein nach Speyer überführter Leichnam wurde hier und nicht im Dom bestattet. Nach seiner Unterwerfung in Canossa im Jahre 1077 war der Kaiser von Papst Paschalis II. erneut gebannt worden und durfte, da er im Kirchenbann gestorben war, nicht in einem geweihten Gotteshaus beigesetzt werden. So nahm die noch ungeweihte Afra-Kapelle den Sarkophag auf. Erst fünf Jahre später, bei der Kaiserkrönung seines Sohnes Heinrich V. im Jahre 1111, wurde der Bann von ihm genommen, so dass er in der Kaisergruft beigesetzt werden konnte. Zu dieser Zeit war der Bau nahezu vollendet, bis auf die Wandgliederung des Langhauses und die Einwölbung der Querschiffe. Erst nach dem Tod Heinrichs V. konnten auch diese Maßnahmen abgeschlossen werden. Die Querarme erhielten statt der ursprünglich vorgesehenen Kreuzgratge-

wölbe Gurtrippen, eine damals neuartige Konstruktionsweise, die wahrscheinlich aufgrund der großen Spannweite notwendig geworden war. Zu Anfang des 13. Jahrhunderts wurden den Osttürmen ihre jetzigen Helme aufgesetzt. Damit endeten die Arbeiten des zweiten Bauabschnitts, und es setzte eine Pause von

Südquerhaus, Vierungskuppel und Osttürme

knapp einem halben Jahrtausend ein, in der keine wesentlichen Veränderungen an der Bausubstanz vorgenommen wurden.

Abgeschlossen war die Baugeschichte des romanischen Domes, wie er in seiner heutigen Gestalt erscheint, jedoch keineswegs. Mit Heidelberg, Worms, Oppenheim und dem größten Teil der Pfalz wurde auch Speyer im Pfälzischen Erbfolgekrieg von den französischen Truppen niedergebrannt. Der Dom, der zunächst verschont bleiben sollte, wurde ebenfalls ein Opfer der Flammen. Das Mittelschiff fiel in sich zusammen, der Westbau ragte noch als Ruine in die Höhe, lediglich die Ostpartie blieb trotz der schweren Brandschäden stehen. Sie wurde abgeriegelt und für den Gottesdienst notdürftig wiederhergestellt. Erst um die Mitte des 18. Jahrhunderts dachte man wieder über einen Neubau nach. Zwischen 1772 und 1778 errichtete Ignaz Neumann, der Sohn Balthasar Neu-

Bau I, um 1025–1061
Bau II, um 1082–1106
Bau IIa, östliches Joch, Altarhaus und Apsis
Bau IIb, Querhaus
Bau IIc, Afra-Kapelle
Spätromanisch
Gotische Sakristei, 1409
1700–1775
1854–1858
1959–1966

manns, das Langhaus im Stil der Romanik, das sich anhand der noch erhaltenen Ostjoche rekonstruieren ließ. Der Westbau wurde hingegen abgetragen, Geldmangel zwang zu einer originellen Notlösung. Die Ecken des stehen gebliebenen Erdgeschosses erhielten Obelisken als Widerlager, statt des Obergeschosses schloss eine Apsis mit Kuppelbekrönung, von niedrigen Rundtürmchen flankiert, den oberen Teil des Mittelschiffs nach Westen ab. Nach der Besetzung durch napoleonische Truppen – ein 1804 verfügter Verkauf auf Abriss konnte durch den Mainzer Bischof verhindert werden – wurde der Dom nach dem Historismus-Verständnis des 19. Jahrhunderts restauriert. Man riss die Neumannsche Fassade ab und ersetzte sie durch einen reich geschmückten neuromanischen, wieder mit Türmen ausgestatteten Bau des badischen Architekten Heinrich Hübsch, der den romanischen Vorgängerbau nicht nur wiederherstellen, sondern sichtlich übertreffen wollte. Im Zuge einer romantischen Mittelalterbegeisterung erfolgte um die Jahrhundertmitte im Auftrag König Ludwigs I. von Bayern auch eine Ausmalung des Inneren. Damit sollte an eine Auffassung der Ro-

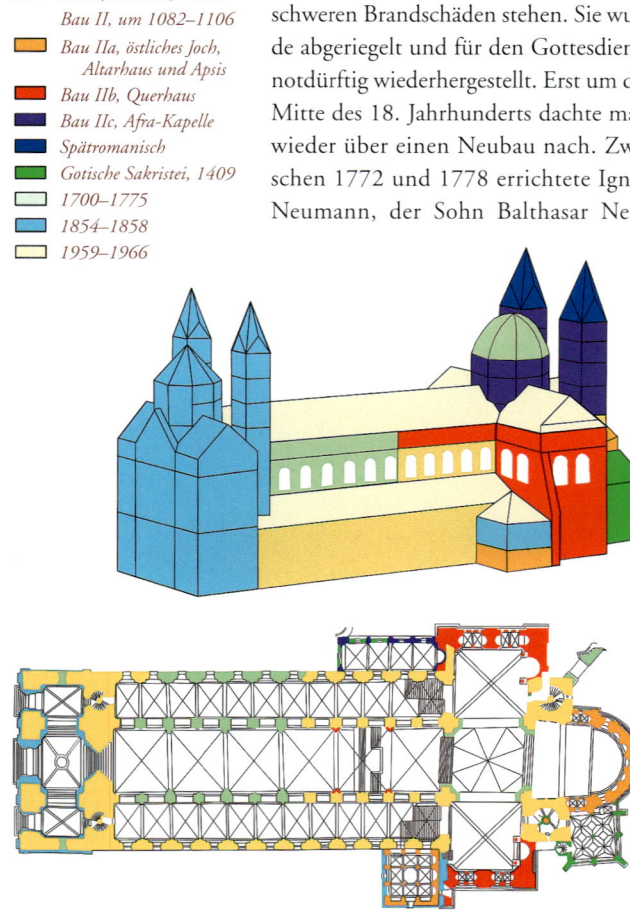

Bauphasen des Doms: Grundriss und Ansicht, Umzeichnung aus: Kaiserdom und Domschatz (hg. v. Sabine Kaufmann), Speyer 2001

manik angeknüpft werden, die eine Belebung der großen Wandflächen durch Malereien, ornamentaler oder figürlicher Art, vorsah. Der Münchner Maler Johann Schraudolph, ein Vertreter der Nazarenerschule, stattete den gesamten Kirchenraum mit Wandmalereien aus, die in ihrer Kleinteiligkeit und Süßlichkeit jedoch kaum einem romanischen Kirchenraum entsprochen haben dürften.

Die Ernüchterung über diese baulichen Veränderungen erfolgte zu Beginn des 20. Jahrhunderts. Der Kunsthistoriker Georg Dehio bezeichnete die Fassade von Heinrich Hübsch als „weder archäologisch treu noch künstlerisch frei; unter den vielen Unglücksfällen, die den Dom betroffen haben, nicht der Kleinste". Der Westteil blieb, abgesehen von kleineren Details, bis in die heutige Zeit erhalten, während die Schraudolphschen Fresken, mit Ausnahme des Marienzyklus im Mittelschiff, entfernt wurden und somit der ursprüngliche Raumgedanke wieder zur Geltung gebracht werden konnte. Seit den Renovierungsarbeiten von 1957 bis 1966/71 – hier wurden unter anderem die Dächer abgesenkt, der Langhausboden tiefergelegt, die Ostkuppel „reromanisiert", die beiden Querhausgiebel erneu-

ert und die südliche Langhausmauer gesichert – entspricht das Äußere des Domes, bis auf den Westbau und das barocke Dach des Vierungsturmes, im Wesentlichen wieder dem Zustand vor 1689.

Baugestalt Die Gestalt des Domes basiert auf einem kreuzförmigen Grundriss. Darüber erhebt sich die gewaltige Basilika, die aus einem dreischiffigen Langhaus im gebundenen System, einem Westbau, einem Querhaus und einem Chorgeviert mit einer Apsis und einer unter den Ostteilen liegenden Krypta besteht. Jeweils drei Türme über der Vierung und über der Mitte der Vorhalle im Westen setzen zwei korrespondierende vertikale Akzente, wobei das Schwergewicht auf dem Ostwerk liegt. Die Länge des Bauwerks beträgt fast 134 m, das in zwölf Achsen geteilte Langhaus misst im Lichten etwa 70 m, die Osttürme erreichen eine Höhe von 72 m. Diesen äußerlichen Maßen liegt jedoch eine tiefergehende Zahlensymbolik zugrunde, die den weltlich-herrscherlichen Repräsentationsanspruch der salischen Dynasten in eine enge Verbindung zur christlichen Heilslehre setzt. Die Maßverhältnisse haben ihre religiöse Bedeutung: So entspricht die Länge

Halbsäulenrelief an der Ostapsis

des Domes von 134 m genau 444 römischen Fuß (der römische Fuß war das damalige Grundmaß). Die Zahl 4 galt als Symbol des irdischen Lebens – die 4 Jahreszeiten, die 4 Himmelsrichtungen, die 4 Temperamente. Auch die einzelnen Bauglieder des Domes sind von einer derartigen Zahlensymbolik durchdrungen, einer mittelalterlichen Sprachform, deren Allgemeinverständlichkeit heute weitgehend verloren ist. So hat beispielsweise das Langhaus 12 Fenster, womit auf die 12 Apostel hingewiesen werden soll. Die Apsisfassade wird durch 7 Blendarkaden gegliedert; die 7 ist die heilige Zahl, in der sich die 3 und die 4, die göttliche Dreifaltigkeit und die vier Elemente der Erde, vereinen. Insgesamt sind die 3 und die 4, das Dreieck und das Quadrat – ebenso wie der Kreis als das Symbol für die Unendlichkeit und die Vollkommenheit – bestimmend für die Proportionen des Bauwerks.

Außenbesichtigung Die Besichtigung des Domes mag am Außenbau im Osten beginnen. Die Apsiswand zählt zu den bedeutendsten Gestaltungen romanischer Baukunst und ist zugleich ein Höhepunkt salischer Architektur. Aus dem Sockelgeschoss wächst in sieben durch Halbsäulen

geteilten Rundbogenblenden ein mächtiges Hauptgeschoss, dessen oberen Abschluss die Zwerggalerie bildet. Die mittlere Wandvorlage trägt in ihrem unteren Drittel ein Relief, das den Frieden im messianischen Reich veranschaulicht. Die Darstellung geht auf den alttestamentlichen Propheten Jesaja zurück, der eine Weltordnung vorhersagte, in der sich Mensch und Tier als Freunde begegnen würden. So zeigt das Relief Kinder unter Bäumen, die auf Löwen reiten und furchtlos ihre Hände in die aufgerissenen Mäuler von Schlangen halten, während Erwachsene Löwenhäupter umarmen.

Mannigfaltige Schmuckformen zieren auch die Kapitelle der Zwerggalerie, die Vorstufen in Trier und Italien hat. In dieser Form – als radial gestellte Tonnengewölbe auf Steinbalken, die vorne auf Säulen ruhen – tritt sie aber zum ersten Mal, nicht nur in Deutschland, auf. Vermutlich geht die Ausführung dieser bauplastischen Formen auf lombardische Steinmetzen zurück. Der Giebel über der Chorapsis mit seinen aufsteigenden Laufgängen ist eine Zutat des 19. Jahrhunderts, die während der Restaurierungsarbeiten in der Mitte des vorigen Jahrhunderts modifiziert wurde. Die bis zur Höhenlinie der Chorgalerie aus der frühesten Bauzeit stammenden Osttürme sind bis auf die kleinen Treppenfenster ungegliedert. Über dem Niveau des Chordachs erfolgt eine Teilung in drei Geschosse mit Blendfeldern. In den beiden oberen sitzen unter einem Rundbogenfries die dreigeteilten Klangarkaden, hinter denen nie Glocken gehangen haben, sondern die einzig der architektonischen Gliederung dienten. Darüber erheben sich die vier Giebel und die niedrigen achtseitigen Helme aus der Zeit um 1200. Zusammen mit den beiden Gründungstürmen, die im Winkel zwischen Querhaus und Chor stehen, und dem dahinter liegenden acht-

*rechte Seite:
Nordquerhaus,
Vierungskuppel und
Osttürme*

Südquerhausfenster

Apsisbaldachin im Nordquerhaus

Inneres nach Osten

eckigen Vierungsturm entsteht ein architektonisches Ensemble, das sich nicht so sehr durch den Aufbau nahezu gleichwertiger Geschosse, sondern vielmehr durch das klare Dominieren des Hauptmotivs der hohen Blendbögen und der darüber verlaufenden Zwerggalerie – hervorhebt.

Die Zwerggalerie setzt sich am insgesamt schlichter gegliederten Langhaus, an den beiden Querhäusern und am Westbau fort und ist auch dort ein dominierendes gestalterisches Element. Im Gegensatz zu der flach aufgesetzten Apsisgliederung erscheinen die Querschiffwände körperhaft und plastisch. Beide Fronten werden von gewaltigen Eckpfeilern gerahmt, die Gliederung der Wand-

flächen wirkt straff. Über dem Sockel mit den Kryptafenstern sind drei Fenstergeschosse in einer Art Kolossalordnung zusammengefasst, wobei der Hauptakzent auf den prunkvoll ausgestatteten oberen Fenstern liegt. Die vielfach gestuften Fenstergewände, die zudem auf die enorme Mauerstärke verweisen, sind mit reichhaltigen, mitunter antikisch wirkenden Schmuckformen versehen, mit Tierdarstellungen, mit Weinranken und Blattwerk. Der durch Kapellenfenster ausgehöhlte Strebepfeiler an der Südwestecke des südlichen Querschiffs, notwendig wegen der geringeren Stärke der Westmauer, besitzt in der romanischen Architektur keine Parallele. Einst nahmen die romanischen Vorgänger der Westtürme mit ihrem rechteckigen Grundriss die volle Seitenschiffbreite ein. An der Nordseite schließt die niedrige Afra-Kapelle an das Seitenschiff an, die heute mit einem Überrest des sogenannten „Kleinen Paradieses" zusammengefasst ist, das dem östlichen Nordportal vorgelegt war. Das antikisierende Hauptgesims des Querhauses setzt sich hier am Langhaus fort.

Man betritt den Dom durch den Westbau, das wohl bedeutendste Bauwerk des Historismus in der Pfalz. Im Gegensatz zu vielen anderen Domen hatte Speyer im Mittelalter keinen Westchor. Eine vom Altpörtel, dem Haupttor der Stadt, kommende, breit angelegte Straße – die „via triumphalis" – führte direkt zu den drei Portalen des Haupteingangs, der Eingangshalle für den Einzug des Kaisers. Das Erdgeschoss des salischen Westbaus ist zum Teil heute noch vorhanden, es wurde von Heinrich Hübsch lediglich mit Blendsteinen umkleidet. Die flankierenden Türme des Gründungsbaus hatten ursprünglich einen querrechteckigen und nicht, wie heute, einen quadratischen Grundriss, so dass sie in ihren Dimensionen um 2,50 m stärker waren und somit,

den Osttürmen entsprechend, der gewaltigen Baumasse ebenbürtig erschienen (was jetzt nicht mehr der Fall ist). Die neoromanische Fassade wird durch zwei Mittellisenen und zwei Ecklisenen vertikal gegliedert, das Mittelfeld und die beiden Seitenfelder entsprechen dem Hauptschiff und den Seitenschiffen im Inneren.

Innenbesichtigung Die Vorhalle ist im Stil des 19. Jahrhunderts reich ausgestattet, aufwändig wirkt auch die Außenseite des Portals, während die Innenseite in der schlichten Architektursprache der Romanik erhalten ist. Die enorme Mauerstärke von 6 m bedingt innen wie außen einen tiefen Portaltrichter, der jeweils sechsfach gestuft ist. Der Blick fällt in das Mittelschiff und den tiefengestaffelten Chorraum, die beiden dominierenden Raumteile, die von hier aus in ihren Dimensionen am gewaltigsten und eindrucksvollsten erscheinen. Die Raumwirkung ist monumental, die strengen und klaren Formen bedingen eine gewisse Schlichtheit, Kargheit und Distanziertheit des Raumes, in der sich auch heute noch der einstige Herrschafts- und Repräsentationsgedanke des Kaiserdomes und des bischöflichen Gotteshauses widerspiegelt. Aufgrund der Kontrastwirkung der Quaderarchitektur und der hell getünchten Putzflächen fällt kaum auf, dass mehr als die Hälfte des Raumes der Rekonstruktion aus dem 18. Jahrhundert entstammt. Das hohe und lang gestreckte Mittelschiff hat eine alternierende Wandgliederung, die in zwei Geschossen aufsteigt. Jeweils zwei Joche werden durch den rhythmischen Pfeilerwechsel zusammengefasst und von einem der sechs großen Kreuzgratgewölbe überfangen, die durch kräftige Gurtbögen voneinander geschieden werden. Die zwölf Fenster im Obergaden des Mittelschiffs, die den Raum hell und gleichmäßig ausleuchten,

*Innenseite des
Westportals*

St. Emmeramskapelle

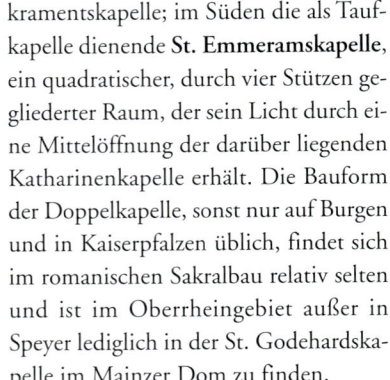

sind über die ganze Länge des Schiffs in gleichen Abständen angeordnet und von einem einheitlichen Blendbogensystem umrahmt. Steile Arkaden, über denen sich die 24 verbliebenen Schraudolph-Fresken befinden, führen in die niedrigen, kreuzgratgewölbten Seitenschiffe. Diese lassen in der gleichmäßigen Reihung der zwölf Joche zwischen den kräftigen, dicht stehenden Mittelschiffpfeilern mit den dazugehörigen Wandvorlagen noch ganz den frühsalischen Baugedanken spüren. Von den Seitenschiffen aus öffnet sich je eine Tür in die romanischen Kapellen, die den Anspruch der salischen Herrscher auf eine Eigenkirche untermauern sollten. Sie liegen an exponierter Stelle, im Winkel zwischen Querschiff und Langhaus – im Norden die **Afra-Kapelle**, ein schmaler, langgestreckter Raum, der den erhaltenen Flügel des „Kleinen Paradieses" einschließt, jetzt Sa-

kramentskapelle; im Süden die als Taufkapelle dienende **St. Emmeramskapelle**, ein quadratischer, durch vier Stützen gegliederter Raum, der sein Licht durch eine Mittelöffnung der darüber liegenden Katharinenkapelle erhält. Die Bauform der Doppelkapelle, sonst nur auf Burgen und in Kaiserpfalzen üblich, findet sich im romanischen Sakralbau relativ selten und ist im Oberrheingebiet außer in Speyer lediglich in der St. Godehardskapelle im Mainzer Dom zu finden.

Neben dem Eingang zur Taufkapelle erblickt man das älteste und wertvollste Denkmal aus der Erbauungszeit: die romanische Grabplatte des Bischofs Reginbald, vermutlich einer der Baumeister des konradinischen Domes. Die Restaurierung der Afra-Kapelle im Jahre 1970 wurde von einer wertvollen Entdeckung begleitet. Man fand eine Holzkiste, die Reliquien enthielt, deren Echtheit jedoch nicht nachweisbar war. Beim Umbetten dieser Reliquien in eine Kupfertruhe wurde ein Pergament entdeckt, das sich als das letzte Blatt des um 500 entstandenen und im schwedischen Uppsala aufbewahrten „Codex Argenteus" erwies, der Teile der Bibelübersetzung Ulfilas ins Gotische enthält.

In den beiden östlichen Jochen des Mittelschiffs liegt 2 m über dem Langhausniveau der Königschor, auf den 13 Stufen hinaufführen. Eine mächtige Krone – eine vergrößerte Nachbildung der Grabkrone Konrads II. – hängt dort genau über den Königsgräbern. Weitere acht Stufen führen vom Königschor hinauf zur Vierung, über der sich die 46 m hohe Kuppel wölbt. Die Vierungspfeiler sind in ihren unteren Partien noch frühsalisch, die beiden östlichen stehen in unmittelbarer Verbindung mit den beiden Osttürmen, die für die Kuppel als Widerlager dienen. Über die Vierungspfeiler spannen sich die gewaltigen Querbögen, die den Vierungsraum nach vier Sei-

ten, in den Königschor, die beiden Querhäuser und in den Stiftschor öffnen. Der Stiftschor wird im Osten durch die halbrunde Apsis und nach oben durch ein Tonnengewölbe begrenzt, was dem Raum den Charakter von Geschlossenheit verleiht, zumal die ehemals weite Öffnung zur Vierung durch die barocken Pfeiler eingeschnürt wird. An das Westjoch, das durch die Wände der Osttürme flächig gestaltet ist (hinter dem südlichen Turm befindet sich die Sakristei, der im Übrigen einzige gotische Bauteil), schließen das östliche Joch und die Apsis an. Sie sind durch ein Gesims, welches das untere Nischengeschoss vom oberen Fenstergeschoss trennt, zu einer Einheit verbunden. Die Apsis ist durch Halbsäulen in sieben Felder eingeteilt und nimmt somit die Gliederung des Außenbaus auf.

Am Ostende der Seitenschiffe liegen jeweils zwei Treppen nebeneinander. Sie führen hinunter in die Krypta und hinauf in die Querschiffe. In den Querschiffen, die eine ungemein reiche Gliederung aufweisen, wird das hohe Rippengewölbe an den Stirnseiten jeweils von zwei gestuften Eckpfeilern und je einer Mittellisene getragen. In der unteren Zone befinden sich je zwei Kapellen mit einer Mittelsäule und beiderseitigen Konchen, die aus der Mauer ausgespart sind. Die Kapellen und die beiden darüber liegenden Fensterreihen werden durch einen Bogen zusammengefasst, der sich von der Mittellisene zu den Eckpfeilern zieht. Die schlanken Säulen der vier Wandkapellen schließen in korinthischen Kapitellen ab, die, abgesehen von kleineren Ergänzungen, noch aus der Gründungszeit stammen. In der nördlichen und der südlichen Ostwand befindet sich jeweils eine Konche mit einem vorgelegten Baldachin, der von hohen monolithischen Säulen mit stark antikisierenden Kapitellen getragen wird. Ein Relief mit einer bemerkenswerten Dar-

Krypta

stellung von Simsons Kampf mit dem Löwen hat sich am nordöstlichen Eckpfeiler erhalten. Simson, eine Gestalt aus dem Alten Testament, galt, wie Herkules, als ein Symbol der Stärke. Das Relief zeigt seine erste Heldentat: Mit seinen Eltern auf dem Weg zur Brautwerbung trifft er auf einen Löwen. Er schwingt sich auf den Rücken des Tieres und tötet es, indem er ihm den Rachen aufreißt.

Krypta Die zweite Treppe führt in die im Jahre 1041 geweihte Krypta hinab, den eigentlichen Kern des Domes und äl-

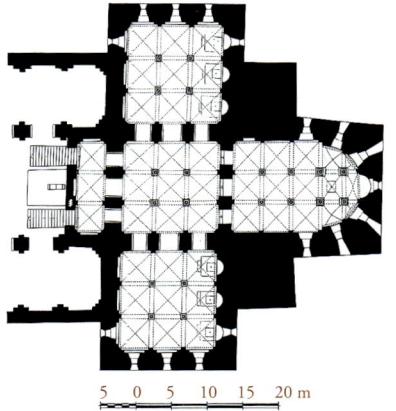

5 0 5 10 15 20 m

Krypta und Vorkrypta, romanischer Zustand (Umzeichnung nach Hans Erich Kubach)

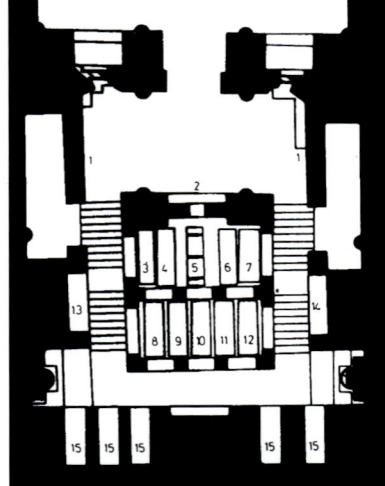

*Grabmal König
Rudolfs I., Krypta*

testen Bauteil. Sie war niemals im eigentlichen Sinne eine Gruft, die ein Heiligengrab bzw. Reliquien aufbewahrte, sondern eine Unterkirche mit sieben Altären, deren Aufstellung durch kleine Apsiden markiert war. Die Krypta nimmt den ganzen Raum unter dem Querhaus, dem Stiftschor und der Apsis ein. Drei annähernd quadratische Räume reihen sich in der Querachse, jeder dieser Räume ist durch vier stämmige Rundstützen dreischiffig gestaltet; die Gewölbehöhe erreicht mehr als 6 m. Die Raumgliederung erscheint klar und durchsichtig, dennoch ist der Raum als Ganzes von keinem Punkt aus zu überblicken. Die beiden seitlichen Räume sind gegen Osten durch drei Altarnischen erweitert, während sich im mittleren Raum die Chorkrypta öffnet. Ihr Grundriss entspricht in etwa dem der drei übrigen Räume, durch zwei Säulenstellungen wird er jedoch bis ins Apsisrund hinein verlängert. Überall fangen Halbsäulen an den Wänden die Grate und Gurte der Gewölbe auf, die wulstigen Basen und die streng geformten Würfelkapitelle verweisen ihre Entstehung in die Zeit um 1030. In unmittelbarer Nähe des Altars der Chor-

krypta steht ein um 1100 entstandenes Taufbecken von quadratischem Grundriss mit abgerundeten Ecken, dessen ursprünglicher Aufstellungsort nicht mehr nachweisbar ist. Die Krypta überstand alle Zerstörungen und Restaurierungen relativ unbeschadet, so dass sich ihr ursprünglicher frühromanischer Zustand gut erhalten konnte.

An der Westseite der Querhauskrypta befindet sich der Eingang zur Kaisergruft, in der Angehörige von vier Dynastien – Saliern, Staufern, Habsburgern und aus dem Hause Nassau – begraben liegen. Der Zugang zur Krypta erfolgte ursprünglich vom Mittelschiff – rechts und links der Gräber Konrads II., seiner Ehefrau Gisela und seines Sohnes Heinrich III. – durch zwei enge Treppen zu einer Vorkrypta, die auf gleicher Höhe wie die Krypta lag. Die Vorkrypta bestand nur wenige Jahrzehnte; wahrscheinlich noch vor der Weihe des ersten Baus 1061 schüttete man die Treppen zu, beseitigte die Vorkrypta und füllte das gesamte Niveau über den Gräbern auf. Als zu Beginn des 12. Jahrhunderts wieder neue Gräber benötigt wurden, hat man das Niveau über den Gräbern weiter erhöht und gleichzeitig nach Westen in das Mittelschiff vorgezogen. Über den Grabstätten der drei Domerbauer Konrad II. (†1039), Heinrich III. (†1056) und Heinrich IV. (†1106) und ihrer Ehefrauen Gisela (†1043) und Berta (†1087) wurden die Kaiser und Könige Heinrich V. (†1125), Philipp von Schwaben (†1208), Rudolf von Habsburg (†1291), Adolf von Nassau (†1298) und Albrecht von Österreich (†1308) sowie Beatrix (†1184), die zweite Gemahlin Friedrich Barbarossas, und ihre Tochter Agnes beigesetzt. So entstand der Königschor mit zwei großen Tumben, auf denen Grabplatten die einzelnen Grabstellen bezeichneten. Er wurde 1689 zerstört und ausgeraubt, wobei den plündernden Soldaten nur die obere Schicht zugänglich war, die untere blieb hingegen unberührt.

Lange Zeit waren die Gräber dieser Toten überhaupt nicht sichtbar, bis kurz nach 1900 der Königschor freigelegt und die Gräber geöffnet wurden. Die heutige Gruftlage entstand im Anschluss an die Ausgrabung und wurde 1960/61 durch die zum Teil rekonstruierte Vorkrypta ergänzt. Die Grabreste aus den unbeschädigten Gräbern werden heute im Historischen Museum der Pfalz aufbewahrt. Zu einer nationalen Grablege – wie etwa Westminster Abbey in London oder St. Denis in Paris – wurde Speyer jedoch nie. Nichtsdestoweniger waren die Gräber der deutschen Kaiser und Könige, zumindest eine Zeitlang, eine Stätte der Verehrung und Huldigung. Durch Stiftungen verpflichteten insbesondere die salischen Kaiser Bischof und Domkapitel, aber auch die Speyerer Bürgerschaft, ihrer im Gebet zu gedenken und für sie zu bitten. Die Korporation der zwölf Stuhlbrüder, an die heute noch die Stuhlbrudergasse am Dom erinnert, hatte es zur Aufgabe, in ihren Sitzen im Königschor siebenmal täglich 200 Paternoster und Ave Maria für das Seelenheil der Kaiser zu beten.

Der Speyerer Dom nimmt in der Sakralbaukunst des Abendlandes eine besondere Stellung ein. Erstmals gelingt die seit der Spätantike verlorengegangene Technik der Überwölbung größerer Räume – die der Seitenschiffe im konradinischen Bau und vor allem die des mächtigen Mittelschiffs unter Heinrich IV. Die Mauern sind nicht mehr reine Flächen, sondern reich gegliedert. Am Außenbau wird die Auflockerung der Steinmassen durch die Zwerggalerie erzielt, die – anders als an den Domen in Worms und Mainz – über den ganzen Baukörper verläuft. Reiche und sich mitunter an die

Antike anlehnende Schmuckformen, die von vorzüglichen Steinmetzen angefertigt wurden, treten an der Zwerggalerie, den Fenstern des nördlichen und südlichen Querhauses, den Sechsecköffnungen der Krypta, den mächtigen Mittelschiffkapitellen und an den Kapitellen der Afra- und Emmeramskapelle auf. Doch trotz dieser architektonischen Besonderheiten und Neuerungen ist der Dom ein Bauwerk seiner Zeit. Die Art der Seitenschiffwölbung und die Anlage der Krypta verbinden ihn mit der gleichzeitig entstandenen Kirche St. Maria im Kapitol in Köln, die Blendgliederung hat Parallelen in der Klosterkirche von Limburg an der Haardt, in den Apsiden der elsässischen Kirchen Eschau und Rufach, in Nivelles in Brabant und in St. Pantaleon in Köln.

Der Speyerer Dom konnte bis heute seine wesentliche Funktion behalten. Er ist nach wie vor Bischofskirche und zugleich Mutterkirche einer allerdings kleinen Diözese. Nur noch selten ist er ein Wallfahrtsziel für Pilger, dafür umso mehr – in seiner Verbindung von baulichem Denkmal und historischer Stätte – ein „Muss" für kunst- und geschichtsinteressierte Touristen.

Relief in der Kaisergruft mit den Darstellungen der hier bestatteten Herrscher des Salierhauses Konrad II., Heinrich III., Heinrich IV. und Heinrich V.

Grab Kaiser Heinrichs V. in der Kaisergruft

Judenhof –
die jüdische Gemeinde von Speyer

Knapp 200 m vom Dom entfernt liegt inmitten eines kleinstädtischen Ambientes der ehemalige Judenhof mit der Mikwe, dem rituellen Reinigungsbad. Der Judenhof, die „Curia Judeorum", bildete den Mittelpunkt der zweiten jüdischen Siedlung im mittelalterlichen Speyer. Diese ist vermutlich sechs Jahre nach der 1084 erfolgten Errichtung des ersten Judenviertels im Dorf Altspeyer unter Bischof Rüdiger Huozmann gegründet worden und entstand aller Wahrscheinlichkeit nach im Zusammenhang mit der Bestätigung jüdischer Privilegien unter Kaiser Heinrich IV.

Die ersten Juden hatten sich in den 70er-Jahren des 11. Jahrhunderts in Speyer angesiedelt, fast 100 Jahre später als in Worms und mehr als 150 Jahre später als in Mainz. Aus Mainz zog auch die berühmte Familie der Kalonymiden zu, die

Der mittelalterliche
Judenhof und seine
Bauten:
F Frauenbetraum
G Gotischer Bau
R Ritualbad
S Synagoge

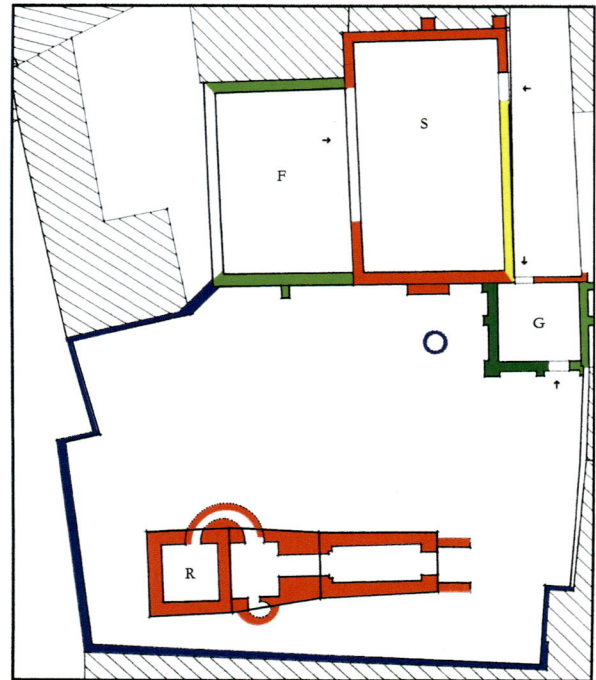

im 10. Jahrhundert von Italien an den Mittelrhein gekommen war. Die eigentliche Geschichte der Speyerer Juden begann aber erst im Jahre 1084, als zahlreiche ihrer Glaubensgenossen im Vorfeld der Kreuzzugsbewegung aus Worms und Mainz vertrieben wurden. Sie fanden hier unter dem Stadtherrn, Bischof Rüdiger Huozmann, eine neue Bleibe. Dieser stattete sie, wie auch die alteingesessenen Juden, mit einem Privileg aus, das sie gegenüber allen Juden im Reich in einmaliger Weise begünstigte. Ihre Siedlung, die außerhalb der befestigten Stadt in Altspeyer lag und deshalb von einer Mauer umgeben war, garantierte ihnen ein Leben nach jüdischen Gesetzen. Sie besaßen eine eigene Gerichtsbarkeit und Verwaltung, Geldwechselgeschäfte und der Handel mit Waren waren ihnen gestattet. Auch durften sie christliche Knechte und Ammen halten und, den jüdischen Ritualgesetzen gemäß, sogenanntes „unreines" Fleisch an Christen verkaufen. Diese für die damalige Zeit außerordentlich freizügigen Gesetze (die Juden lebten ja in weiten Gebieten in der Verfolgung) wurden durch das im Jahre 1090 erlassene kaiserliche Schutzprivileg noch bekräftigt. So heißt es in dem Dokument, das, ebenso wie die Bischofsurkunde von 1084, zwar nicht im Original, jedoch in einer verlässlichen Abschrift überliefert ist, unter anderem: „*.... Deshalb haben wir auf Intervention und Bitten des Speyerer Bischofs Huozmann hin erlassen, ihnen (= den Juden) diese unsere Urkunde zu gewähren und zu geben. Darum schreiben wir vor und befehlen wir kraft unseres königlichen Wortes, dass niemand, der unter unserer königlichen Gewalt mit Würde oder Macht ausgestattet ist, sei er klein oder groß, Freier oder Knecht, die Juden mit ungerechten Vorhaben belästigen oder anfechten darf und dass niemand ihnen von ihren Gütern*

etwas wegzunehmen wage, die sie kraft Erbrechts an Grundstücken, Häusern, Gärten, Weinbergen, Äckern, Knechten oder sonst an Mobilien und Immobilien besitzen ..." Dieses kaiserliche Privileg, das mit Einschränkungen bis ins frühe 14. Jahrhundert, bis zur Konsolidierung des städtischen Bürgertums, Gültigkeit besaß, garantierte den Speyerer Juden unbeschränkte Freizügigkeit, Handels-, Zoll- und Steuerfreiheit sowie die Sicherheit für Leib und Leben im gesamten Reichsgebiet. Die Juden waren von Kriegsleistungen befreit, auch die Zwangstaufe von jüdischen Kindern war verboten. An der Spitze der jüdischen Selbstverwaltung stand der „Archisynagogus", auch Judenbischof („episcopus Judeorum") genannt, dem in späterer Zeit ein zwölfköpfiger Judenrat zugeordnet wurde. Der Archisynagogus vertrat die Gemeinde nach außen, ferner oblag ihm die Rechtsprechung bei Streitigkeiten unter den Juden.

Sechs Jahre nach dem kaiserlichen Privileg, mit dem Aufbruch zum ersten Kreuzzug im Jahre 1096, hatte die Gemeinschaft von Juden und Christen in Speyer ihre erste schwere Bewährungsprobe zu bestehen. Zahlreiche Speyerer Bürger und Bauern aus den umliegenden Dörfern sowie die Truppen des Kreuzfahrers Emicho, eines Grafen aus dem Nahegau, fielen über die Juden her und ermordeten elf von ihnen. Im Vergleich zu anderen Städten war die Zahl der Opfer jedoch verhältnismäßig niedrig. Ihren Fürsprecher und Beschützer hatte die jüdische Gemeinde in Bischof Johann (1094–1104), der ihre Mitglieder mit Waffengewalt befreien und in seinen Bischofssitz bzw. an andere, seiner Herrschaft unterstehende Orte in Sicherheit bringen ließ, die Aufrührer und Mörder aber bestrafte. Der damaligen Rechtspraxis entsprechend ließ der Bischof, in seiner Funktion als oberster Gerichtsherr,

dem des Mordes Überführten beide Hände abhacken. Auf Initiative des Vorstehers der Speyerer Synagoge, des Rabbi Mosche ben Rabbi Jekuthiel, kehrten auch die Zwangsgetauften, gemäß der Bestimmung im kaiserlichen Privileg von 1090, zum jüdischen Glauben zurück. Über diesen frühen Pogrom in Speyer berichtet eine zeitgenössische, in hebräischer Sprache verfasste Quelle: „*Und sie wurden durch den Bischof Johann gerettet; es waren nur elf Seelen getötet, die übrige Gemeinde wurde verschont – gelobt und erhaben sei sein Andenken in Ewigkeit. Darauf kehrten wir in die Stadt zurück, jeder in sein Haus und auf seinen Platz. Und es konnten nicht die Bewohner des oberen Viertels abends, morgens und mittags in das untere Viertel gehen, aus Furcht vor den verfluchten Feinden und Verfolgern, und wir beteten in dem oberen Viertel in dem Lehrhaus des Rabbi Jehuda ben Kalonymos. Und jene vom unteren Viertel beteten dort in dem Bethause. Und so machten sie es einige Jahre.*"

Zu dieser Zeit bestand also bereits die zweite jüdische Niederlassung in Speyer. Der Judenhof – heute als kleine Parkanlage gestaltet – war ihr kultisches Zentrum, dessen Wohn- und Kultbauten sich um den Hof herum gruppierten. Mit wenigen Unterbrechungen gehörte das Areal bis 1534 zur jüdischen Gemeinde, bis es dann zum Waffenlager der Stadt umfunktioniert wurde. An der Nordwestseite des Geländes stehen noch die geringen Überreste eines zu einem Backsteinbau des 14. Jahrhunderts gehörenden Torbogens, dem sich im Süden die Ostwände der Männer- und der Frauensynagoge anschließen. Im östlichen Teil des Hofs liegt die in Nord-Süd-Richtung ausgerichtete Mikwe, das rituelle Frauenbad. (Der jüdische Friedhof befand sich seit Anbeginn außerhalb der Stadt, er war unter Bischof Rüdiger Huozmann in Altspeyer angelegt worden.)

Kapitelle in der Mikwe des Judenhofs

Rekonstruktion der
Synagoge

Synagoge

Der früheste mittelalterliche Bau war vermutlich die Männersynagoge, die sogenannte „Männerschul", die schon bereits 1090 errichtet worden sein könnte. Ihre an den heutigen Eingang angrenzende Ostwand, die aus kleinen roten Sandsteinquadern gefügt ist, hat sich in einigen Metern Höhe erhalten. Ursprünglich erstreckte sich die Synagoge als ein geräumiger Saal ohne Mittelstützen nach Westen. Gut erkennbar in der Ostwand ist der große, später vermauerte Rundbogen, der den Ansatz der ehemaligen Apsis bezeichnet. Diese war nach Osten, nach Jerusalem, gerichtet und bewahrte im Inneren den „Aron ha'kodesch", den Schrein für die Thorarollen, auf. Über dem Apsisbogen ist ein Rundfenster im alten Mauerverband eingestellt; ein größeres, in seinem unteren Teil noch erhaltenes Maßwerkfenster sowie die beiden hohen, vermutlich spitzbogigen Fenster entstammen dem 14. Jahrhundert. Wie die Fenster aus der Erbauungszeit ausgesehen haben, mögen die im Historischen Museum der Pfalz aufbewahrten Doppelfenster aus der im Jahre 1899 verschal-

ten Westwand belegen. Aufgrund der damaligen Freilegung der Westwand konnten auch die Maße des Gebäudes rekonstruiert werden, das sich über eine Länge von 17,50 m und eine Breite von 10,50 m erstreckte.

Direkt an die Ostwand der Männersynagoge schloss nach Süden die Ostwand der Frauensynagoge, der sogenannten „Frauenschul", an, die erst zur Mitte des 14. Jahrhunderts errichtet wurde. Der Bau war nicht so lang wie die Männersynagoge und wurde durch eine Mittelstütze in zwei Schiffe geteilt. Sechs kleine Öffnungen verbanden die Innenräume der beiden Synagogen, damit die Vorbeterin der Frauen dem Gottesdienst in der „Männerschul" folgen konnte. Vor der Ostwand der Frauensynagoge lag ehemals ein größerer Bau aus Backsteinen. Aufgrund der ausgegrabenen Herdstellen könnte es sich dabei um das 1361/81 erwähnte Tanz- oder Brauthaus handeln, was jedoch nicht einwandfrei nachweisbar ist. Die alte Synagoge, zuletzt städtisches Zeughaus, wurde beim Brand Speyers im Jahre 1689 ein Opfer der Flammen.

Ostwand der ehem.
Männersynagoge

Mikwe (Judenbad)

Den kulturhistorisch wichtigsten und baugeschichtlich bedeutendsten Teil der gesamten Anlage bildet das Judenbad, die Mikwe, die sich im östlichen Teil des Judenhofs befindet. Diese hat sich bis auf den heutigen Tag im Wesentlichen in ihrem romanischen Bestand erhalten, neu ist lediglich die schützende Glasüberdachung. Die Mikwe von Speyer ist die monumentalste ihrer Art in Deutschland, sie hat etwas jüngere Entsprechungen im nicht weit entfernten Worms, in Köln sowie im hessischen Friedberg. Die Mikwe (= Zusammenfluss) ist das rituelle Kaltbad, das ehemals den nach den mosaischen Gesetzen vorgeschriebenen symbolischen Reinigungen im „natürlichen", d. h. nicht hinzugegossenen Wasser diente. Frauen mussten sich nach Zeiten der „Unreinheit" – nach der Menstruation, vor der Hochzeitsnacht, nach einer Geburt – diesem Säuberungsritus unterziehen, der nach der „körperlichen" Reinigung in einem Warmbad erfolgte (für Männer hingegen war die rituelle Reinigung nicht obligatorisch). In der Regel führten in den mittelalterlichen Judenbädern Treppenläufe in die unterirdischen Badeschächte, in denen sich das „natürliche" Wasser in Form von Grundwasser ansammelte. Bei Bedarf konnte auch Regenwasser eingeleitet werden. Die Bäder waren nach einem einheitlichen Grundschema angelegt und bestanden aus Treppenläufen, Vorräumen mit Sitzbänken, Auskleideräumen, Lichtschächten und dem eigentlichen Badeschacht, der über eine gewinkelte, halbrunde oder schräg verlaufende Treppe zu erreichen war.

Der Besucher betritt die Badeanlage über eine in jüngerer Zeit angelegte Treppe. Sie führt zum ca. 2 m tiefer liegenden Eingang des aus kleinen Rotsandsteinquadern errichteten Bades, das früher an

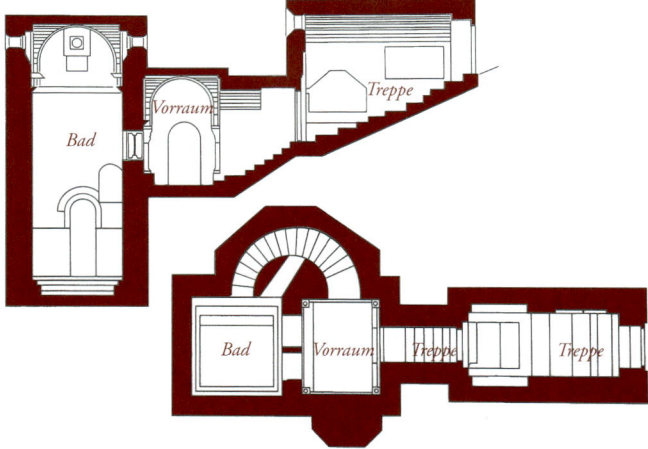

dieser Stelle sein oberes Niveau hatte (später wurde hier Erdreich aufgeschüttet). Ungewöhnlich ist das Tympanon des Eingangsportals mit seinem sogenannten „opus reticulatum", einem netzartigen Mauerverband, der sich aus auf die Spitze gestellten quadratischen Steinen zusammensetzt. Diese Art von Dekor ist aus römischer Zeit bekannt und wurde auch öfter in den normannischen Bauten Englands und Frankreichs bis zum Ende des 12. Jahrhunderts verwendet. Innerhalb des deutschen Kulturraums tritt diese Schmuckform, die sich besonders schön ausgeprägt in der karolingischen Königshalle im nicht weit entfernten Lorsch findet, hier in Speyer zum letzten Mal in Erscheinung.

Ein tonnengewölbter Treppenlauf mit drei Lichtöffnungen führt weiter in die Tiefe, vorbei an einer Nische auf der rechten Seite, wo vermutlich – ähnlich wie in Worms – eine Bauinschrift angebracht war, und an zwei im Mauerwerk ausgesparten Sitzbänken, die sich etwas weiter unten befinden. Hier durchschreitet man ein zweites Portal, das ursprünglich verschließbar war. Dahinter leitet ein weiterer, jedoch niedrigerer und kürzerer tonnengewölbter Treppenlauf in den Vor-

Mikwe, Grundriss und Längsschnitt (nach H. Weisstein, 1885)

Mikwe, Eingang

*Treppe und inneres
Portal*

*Mikwe, Vorraum und
Bad*

raum des Bades über. Der querrechteckige Raum wird von einem Kreuzgratgewölbe überspannt, das sich ursprünglich auf vier Ecksäulen stützte, von denen noch eine erhalten ist. In verhältnismäßig gutem Zustand sind die übrig gebliebenen Kämpferplatten und Kapitelle, die eine deutliche Verwandtschaft zur Ornamentik am südlichen Querhaus des Speyerer Domes aufweisen. Dem Formenreichtum der Dombauhütte aus der Zeit Heinrichs IV. nahe stehen fernerhin die beiden Rundbogenfensterchen, die sich in den Badeschacht öffnen, und die dreifachen Schaftringe der Säulen, die darüber hinaus auch in anderen um 1100 entstandenen pfälzischen Bauwerken, etwa dem Schlössel bei Klingenmünster, vorkommen. Auf der linken Seite des Vorraums liegt der eigentliche Auskleideraum mit kleinen steinernen Sitzbänken. Rechter Hand beginnt der halbrunde und tonnengewölbte Treppenlauf, der zum Badeschacht hinunterführt. Dieser ist wie der Vorraum ein kreuzgratgewölbter Raum, der durch eine obere Mittelöffnung, durch die das Regenwasser einfallen konnte, schwach beleuchtet wird. Die

Sohle des mit Grundwasser gefüllten Schachtes liegt 10 m unter dem Boden. Das Wasser ist sehr kalt und konnte – und durfte – auch nicht erwärmt werden. Eine leichte Strömung verhinderte das Zufrieren bei Frost, so dass das Bad das ganze Jahr über benutzt werden konnte. Für den heutigen Betrachter nur schwer vorstellbar sind die äußeren Umstände, die das rituelle Reinigungsbad der jüdischen Frauen bei niedrigen Temperaturen begleiteten – angefangen beim Ablegen der Kleider über das Eintauchen in das eiskalte Wasser bis hin zum Ankleiden und zum Hinaustreten in die Winterluft, wobei die Kleider die unterkühlten Körper nur notdürftig gewärmt haben dürften.

Entstanden ist die Badeanlage wahrscheinlich zwischen 1110 und 1120. Darauf deuten zeitgenössische Quellen wie auch die Ornamentik und die Steinbearbeitung hin; das „Reticulat" im Tympanon des Eingangsbereich hat Entsprechungen in zeitgleichen Tympana an Bauten der Normandie. Es ist anzunehmen, dass die Erbauer der Mikwe christliche Handwerker der Speyerer Dombauhütte waren, die nach der vorläufigen Fertigstellung der Kathedrale um das Jahr 1110 zur Errichtung des jüdischen Kultbaus herangezogen wurden (wie es im Früh- und Hochmittelalter allgemein üblich war, dass jüdische Bauwerke – auch Synagogen – von nichtjüdischen Baumeistern und Handwerkern ausgeführt wurden). Das Speyerer Judenbad bestand in dieser Form bis zum Ende des 14. Jahrhunderts, bis es mit einem Gebäude aus Backsteinen umbaut wurde, das während des ganzen 15. Jahrhunderts als eine Herberge für durchreisende jüdische Gäste der Gemeinde diente. Das Gebäude existierte bis 1534, dem Jahr der letzten größeren Vertreibung der Juden aus Speyer, und wurde dann eingeebnet.

Altpörtel

Dem Dom am Westende der Maximilianstraße quasi gegenüber steht eines der ältesten und größten Stadttore Deutschlands, das Altpörtel – ein gut erhaltener und das Stadtbild beherrschender Bestandteil der ehemaligen Befestigung, mit deren Bau zu Ende des 12. Jahrhunderts begonnen wurde. Die Bürgerschaft Speyers hatte im Jahre 1196 das Befestigungsrecht erhalten, bereits ein Jahr später fand eine „vetus porta" Erwähnung, der vermutlich hölzerne Vorgängerbau des jetzigen Altpörtels.

Das Stadttor, über einem querrechteckigen Grundriss angelegt, erreicht mit seinem Dach eine Höhe von 55 m. Damit überragt es den Westbau des Domes und ist nur um ein Viertel niedriger als die östlichen Domtürme. Im heutigen Bestand stammen die 22 m hohen vier Untergeschosse aus dem zweiten Viertel des 13. Jahrhunderts, das fünfte Geschoss und die abschließende Galerie mit der Maßwerkbrüstung wurden im Jahre 1512 aufgesetzt, das steile Walmdach mit dem Dachreiter entstand im frühen 18. Jahrhundert. Die ehemals dem freien Land zugewandte westliche Seite ist wehrhaft angelegt. Lediglich Sehschlitze und Schießscharten gliedern die Fassade oberhalb des spitzbogigen Tores. Nur unter dem Dachansatz ist ein Umgang angebracht, der an den Schmalseiten und an der Stadtseite wiederkehrt. Die der Stadt zugewandte Seite ist aufwändiger gestaltet. Oberhalb des einst östlich, nördlich und südlich umlaufenden, die Stadtmauern anbindenden Wehrgangs, der sich in den kräftigen, 1 m vorspringenden Steinkonsolen erhalten hat, befinden sich in den beiden darüber liegenden Geschossen gekuppelte Spitzbogenfenster, die von doppelgeschossigen Rundbogenblenden überfangen werden. Die darüber liegende 8 m hohe glatte Wand mit einem ab-

schließenden Rundbogenfries war während des Spätmittelalters bemalt. Das Altpörtel, ein Wehr- und Repräsentationsbau der Speyerer Bürgerschaft zugleich, hatte in seinen Dimensionen und in seiner Ausstattung nur wenige zeitgleiche Parallelen, wie etwa in dem „Eisernen Turm" in Mainz oder in den Kölner Stadttoren – während die berühmten Prager Brückentürme erst dem 14. Jahrhundert und die mächtigen Backsteintore im nördlichen und östlichen Deutschland dem 15. Jahrhundert angehören.

Im Inneren des Altpörtels ist eine kleine Ausstellung mit historischen Stadtansichten von Speyer zusammengestellt.

oben und unten:
Das Altpörtel von
Osten (Stadtseite)

Heidentürmchen

Ein weiterer, jedoch erst gegen Ende des 13. Jahrhunderts entstandener Bauteil der ehemaligen Stadtbefestigung ist das sogenannte Heidentürmchen, das östlich des Domes liegt. Es ist der einzige Mauerturm in Speyer, der sich in seiner ursprünglichen Höhe erhalten hat. Der eigentliche Turm mit seinen beiden flankierenden Treppentürmchen erhebt sich in zwei ungegliederten Geschossen, die in einem spätgotischen Zinnenkranz über einem Rundbogenfries abschließen. Der Stadtmauerrest, auf dem das Heidentürmchen steht, gehörte zur inneren Mauer des Berings, der an dieser Stelle einen dreifachen Mauerring aufwies. Von diesem stammen die fünf rundbogigen Nischen (eine wurde nachträglich geöffnet und dient heute als Durchgang), über die einst der nicht mehr vorhandene Wehrgang verlief.

Haus Retscher

Einer der wenigen erhaltenen Profanbauten des romanischen Speyer ist das Haus Retscher, westlich der Dreifaltigkeitskirche. Das Gebäude trägt seinen Namen nach dem alten Speyerer Patriziergeschlecht der Retzel oder Retscherlin. In einer Bischofsurkunde aus dem Jahre 1241 erscheint unter den Zeugen der Speyerer Bürger Retschelinus, der wahrscheinlich der Erbauer des Retscherhofes war. Das heute noch in einigem aufgehenden Mauerwerk erhaltene Gebäude war offenbar der einstige Hauptwohnbau, der ein Rechteck von annähernd 22 m Länge und 10 m Breite beschrieb. Die sauber geschichteten Bruchsteinmauern erheben sich zum Teil noch zweieinhalb Geschosse hoch. Aus einer älteren Zeichnung wird ersichtlich, dass das Bauwerk einstmals vier Geschosse besaß. Diese waren, wie aus den Kragsteinen und Balkenlöchern zu schließen ist, durchgängig mit Flachdecken versehen. Die ursprüngliche Inneneinteilung ist infolge der späteren Um- und Einbauten nicht mehr erkennbar. Die Mehrzahl der Fenster und Türöffnungen entstand in gotischer und nachgotischer Zeit.

Vermutlich vom Haus Retscher stammen auch zwei ausdrucksstarke männliche Steinköpfe aus der Mitte des 13. Jahrhunderts, die als Spolien an der Ecke des Hauses St.-Georgengasse/Fischmarkt eingemauert sind. Die annähernd in Lebensgröße gehaltenen steinernen Porträts haben ein weibliches Pendant im Historischen Museum der Pfalz.

Historisches Museum der Pfalz

Dem Dom schräg gegenüber liegt das Historische Museum der Pfalz. Das 1869 gegründete und 1990 neu eröffnete Museum beherbergt neben den Sammlungsschwerpunkten der Vor- und Frühgeschichte, des Frankenthaler Porzellans, des Kunsthandwerks und des Weinbaus (Weinmuseum) eine Sammlung mittelalterlicher Kunstwerke aus Speyer und aus dem pfälzischen Raum sowie das Dom- und Diözesanmuseum. Aus der mittelalterlichen Pfalz sind unter den Themen Burg, Kloster, Dom, Pfarrkirche und Stadt Skulpturen, Glasgemälde, liturgisches Gerät, Gemälde und Architekturfragmente zu sehen – darunter ein Türsturzrelief der Klosterkirche von Höningen, ein Relief der Pfarrkirche von Rüssingen, Fragmente eines Türsturzes aus der Pfarrkirche von Niederkirchen, ein Gesimsstück der Burgruine Schlosseck, ein Kapitell aus der Zisterzienserklosterkirche von Eußerthal, Arkaden der Be-

Historisches Museum der Pfalz

nediktinerklosterkirche von Klingenmünster, ein figürlicher Küchenausguss von der Burg Spangenberg, ein Türsturz mit Rosetten vom Schlössel bei Klingenmünster, eine Säule vom Trifels u. v. a. Eine Kostbarkeit und Seltenheit stellt ein Siegel Kaiser Konrads II. dar. Das jüdische Speyer ist mit Grabsteinen und mit Architekturfragmenten aus der romanischen Synagoge zu sehen. Das Dom- und Diözesanmuseum präsentiert Werke kirchlicher Kunst seit dem 12. Jahrhundert sowie Teile des Domschatzes, darunter einen Weihwasserkessel von 1116/19, Skulpturen, Altarbilder, Handschriften, Gesangbücher und Ornate. Im Zentrum dieser Sammlung stehen die Funde aus den kurz nach 1900 freigelegten Kaisergräbern im Dom.

Krone Heinrichs IV., bei der Öffnung der Kaisergräber im Speyer Dom (1900) geborgen

FRANKENTHAL UND LEININGERLAND

Ehem. Augustiner-Chorherrenstift Frankenthal – Katholische Pfarrkirche Heßheim – Evangelische Pfarrkirche Obersülzen – Evangelische Pfarrkirche Colgenstein – Evangelische Pfarrkirchen (ehem. St. Lambert und St. Martin) Bockenheim – Evangelische Kirche Albsheim – Evangelische Kirche Quirnheim – Evangelische Pfarrkirche Ebertsheim – Evangelische Pfarrkirche Rodenbach – Burg Stauf – Evangelische Pfarrkirche Wattenheim – Burg Altleiningen – Burg Neuleiningen – ehem. Augustiner-Chorherrenstift und Jakobskirchlein Höningen – Evangelische Pfarrkirche und Burgruine Battenberg – Evangelische Pfarrkirche Herxheim am Berg – Prostestantische Pfarrkirche Dackenheim – Prostestantische Pfarrkirche Weisenheim am Sand

FRANKENTHAL
Ehem. Augustiner-Chorherrenstift

Erstmals im Jahre 772 im Lorscher Kodex erwähnt und in den folgenden 1200 Jahren mehrmals fast total zerstört, war Frankenthal im frühen Mittelalter ein kleines und relativ unbedeutendes Dorf, das zwischen den Bischofsstädten Worms und Speyer lag. Seine Gemarkung gehörte verschiedenen Herren: den Saliern, den Wormser Bischöfen, der Reichsabtei Weißenburg, der Trierer Abtei St. Maximin und dem Kloster Lorsch. Hier gründete im Jahre 1119 ein aus Worms stammender Edelmann Eckenbert oder Erkenbert mit seiner Frau Richlinde auf seinem Grundbesitz ein Kloster, das Kloster Großfrankenthal, das er mit Augustiner–Chorherren besetzte. Erkenbert stammte aus der Familie der bischöflich-wormsischen Kämmerer, die sich später von Dalberg nannte und bis ins 19. Jahrhundert mit den Geschicken des pfälzischen Raumes eng verbunden blieb. Erkenbert selbst hatte eine Zeitlang das Amt des „camerarius Wormatiensis" inne. Wenige Jahre nach der Gründung Erkenberts stiftete seine Frau ein Augustiner-Chorfrauenstift, das sich Kleinfrankenthal nannte. Es handelte sich dabei um ein wesentlich kleineres Gebäude, von dem jedoch nur noch geringfügige Mauerreste übrig geblieben sind.

Die Augustiner-Chorherren waren Weltgeistliche, gewissermaßen ein Bindeglied zwischen Kanonikern und Mönchtum, die sich im Zuge der Reformbewegung des 11. Jahrhunderts zu einer den Mönchsorden ähnlichen Verbindung zusammengeschlossen hatten. Als „regulare Kanoniker" führten die Augustiner eine gemeinschaftliche Lebensweise, die einer inneren wie äußeren Ordnung unterworfen war. Die „vita activa" hatte Vorrang vor der „contemplativa" – also Aktivität statt innerer Einkehr; bestimmend war der Wunsch nach einer wirksamen Seelsorge. So wurden viele Augustiner-Chorherrenstifte in enger Verbindung mit Spitälern gegründet, in denen die Alten, Armen und Kranken gepflegt und versorgt wurden.

Der Wormser Bischof Burkhard II., auch Buggo genannt, stellte das von Erkenbert gestiftete Kloster unter seinen besonderen Schutz. Am 12. Juni 1125 weihte er die Klosterkirche, die noch nicht ganz vollendet war, zu Ehren der Hl. Maria Magdalena. Erkenbert selber, der in der Wormser Diözese bald als Heiliger verehrt wurde, übernahm bis zu seinem Tode die Leitung seines Klosters. Eine zweite Weihe der inzwischen weitergeführten Kirche fand 1142 statt. Anfänglich Propstei, entwickelte sich das Kloster zusehends, so dass es um 1163 zur Abtei erhoben wurde. Am 9. April 1171 brannte die Kirche nieder, nach der Wiederinstandsetzung bzw. Fertigstellung des Gebäudes erfolgte im Jahre 1181 eine dritte Weihe, an die sich dann im ersten Viertel des 13. Jahrhunderts weitere Baumaßnahmen am Langhaus und an der Westfassade anschlossen. Der einmal begonnene Aufschwung der Abtei setzte sich auch in der Folgezeit fort. Im Laufe der nächsten Jahrhunderte konnte sie fast die gesamte Frankenthaler Gemarkung in ihren Besitz bringen, dazu außerhalb gelegene Güter sowie das Patronatsrecht (d. h. das Recht, den Pfarrer zu bestimmen) in Dirmstein. Dort unterhielt das Stift auch einen eigenen Weinkeller! Die Mönche trugen eine beachtliche Klosterbibliothek zusammen und unterhielten ein eigenes Skriptorium, von dem noch zahlreiche Handschriften in der Vatikanischen Bibliothek zeugen, wohin sie auf dem Umweg über die Heidelberger „Bibliotheca Palatina" im Dreißigjährigen Krieg gelangt sind. Im Jahre 1276 verbrüderte sich die Abtei mit dem Konvent gleichen Ordens in Höningen. Aus diesem Jahr stammt auch das Klostersiegel einer Urkunde, das in der Universitätsbibliothek Heidelberg aufbewahrt wird.

Nach schweren Zerstörungen im Bauernkrieg wurde die Abtei im Jahre 1562 durch Kurfürst Friedrich III. aufgehoben. Im Pfälzischen Erbfolgekrieg brannte die Kirche erneut ab und wurde nur noch notdürftig für den gottesdienstlichen Gebrauch instand gesetzt. Ihr damaliges Aussehen, das vermutlich auf bereits im 15. Jahrhundert vorgenommene Veränderungen zurückgeht, mag eine Zeichnung von Johannes Ruland verdeutlichen. Anlässlich des Neubaus der evangelischen Zwölf-Apostel-Kirche im Jahre 1820 mussten die Ostteile weichen, wobei der Architekt Philipp Mattlener über dem Untergeschoss des ehemaligen romanischen Südturms seinen klassizistischen Turmaufbau mit der von zwölf Säulen ge-

Westfassade der ehem. Klosterkirche und Turm der Zwölf-Apostel-Kirche, 1820–23

tragenen elliptischen Kuppel errichtete.

Durch Ausgrabungen nach dem Zweiten Weltkrieg konnten die Baugeschichte und die ursprüngliche Gestalt der Klosterkirche rekonstruiert werden, von der die nördliche Seitenschiffwand, das Untergeschoss des Turmes und die Westfassade – sowie der dreijochige gotische Lettnereinbau – den Sturm der Jahrhunderte überlebt haben. Die flach gedeckte Pfeilerbasilika setzte sich aus einem drei-

Johannes Ruland, Die ehem. Augustinerklosterkirche in Frankenthal, um 1800

*Relief des
Dornausziehers*

*Untergeschoss der ehem.
Westfassade*

schiffigen Langhaus, einem Querhaus mit ausgeschiedener Vierung und einer östlichen Chorpartie zusammen. Der Chor, der die Breite des Mittelschiffs aufnahm, schloss mit einer Apsis ab und war von schmalen Nebenchören, diese ebenfalls mit Apsiden, flankiert. An den Außenmauern der Nebenchöre saßen weitere Apsiden, die sich in das Querhaus öffneten. Das Langhaus erstreckte sich über sechs Joche; von den beiden über den letzten Seitenschiffjochen geplanten Türmen wurde nach dem Brand von 1171 nur der südliche vollendet.

Von besonderem kunsthistorischen Interesse ist die Westseite des ehemaligen Langhauses. Sein in der Mittelachse angelegtes Portal, das einst mit einer Vorhalle abschloss, steht unverkennbar in stilistischer Nähe zur Womser Bauhütte und stellt mit seinem Figurenprogramm ein interessantes Beispiel für das Nachleben der Antike im Mittelalter dar. In seinem architektonischen Aufbau als gestuftes Säulenportal mit einem reich verzierten Kapitellgürtel, in dem das Akanthusblatt als ornamentale Grundform auftritt, lehnt es sich deutlich an das Vorbild der großen Bischofskirche an. Das Portal wird von einem runden Schildbogen umfangen, der die Breite des Mittelschiffs aufnimmt. Es besteht aus einer rechteckigen Türöffnung, einem zweimal gestuften Gewände mit eingelegten Säulchen auf attischen Basen und einem reich gerahmten, rundbogigen Tympanon. Zusammen mit den Kämpfern des Gewändes bilden die Kapitelle einen durchlaufenden, verkröpften Fries, der mit geperltem Blattwerk geschmückt ist. Auf den Säulenkapitellen heben sich vollrund reliefierte Vögel, vermutlich Adler, mit geöffneten Flügeln hervor. Die Profilierung des Gewändes setzt sich über dem Fries als rundbogige Rahmung des Tympanons fort, der eine äußere breite Randleiste mit reichem Palmettendekor angefügt ist.

Vermutlich mehrere kleinere Figuren schmückten einst die Bogenwülste, gut erkennbar sind noch rechts außen ein tierähnliches Wesen (eine Maus?) sowie eine menschliche Gestalt links außen. Bei dieser handelt es sich sehr wahrscheinlich um die Gestalt des „Dornausziehers", ein auf die Antike zurückgehendes Motiv. Eine bekannte Darstellung des Themas ist die fast lebensgroße Bronzefigur des Dornausziehers, die sich seit dem späten 15. Jahrhundert im Konservatorenpalast auf dem Kapitol in Rom befindet. Sie zeigt einen nackten Jüngling, der, das linke Bein über das rechte geschlagen, einen Dorn aus der Sohle zu ziehen versucht. Im Mittelalter wurde der Dornauszieher dann im christlichen Sinne umgedeutet. Der Dorn galt als ein Symbol der Erbsünde schlechthin, er war die Strafe für den, der vom rechten Weg abgewichen war. Der Dornauszieher galt als allegorische Darstellung für das Böse und Schlechte im Sinne von Krankheit, Laster und heidnischem Idol und zugleich als dessen Überwindung. So erscheint er als Kranker im burgundischen Vézelay oder als Symbol des besiegten Heidentums auf der Grab-

platte des Erzbischofs Friedrich von Wettin im Magdeburger Dom.

Das Tympanon wird von einem ornamentierten Rahmenwerk eingefasst: einem unteren schmalen Palmettenfries, auf dem sechs drachenähnliche Tiere symmetrisch angeordnet sind, deren Schwänze sich jeweils paarweise ineinander verschlingen, und einem breiten Palmettenband im Bogen, an dessen Scheitel die Fabel vom Kranich und vom Wolf im Relief wiedergegeben ist. Die Darstellung, die in mittelalterlichen Malereien und Skulpturen gar nicht so selten anzutreffen ist und sich außer in Frankenthal auch in Brauweiler und Knechtsteden bei Köln, am Bonner Münster und in Andernach als Bauschmuck findet, fußt auf einer antiken Vorlage: den Tierfabeln des Aesop. Aesop war der Held einer griechischen volkstümlichen Erzählung aus dem 6. vorchristlichen Jahrhundert, die in den so genannten Aesop-Roman eingegangen ist. Mit seinem Namen verbinden sich Fabelsammlungen viel älteren Erzählguts, ohne dass sich aber seine Urheberschaft nachweisen ließe. Im Mittelalter wurden die Fabeln des Aesop bevorzugt für den Unterricht und die Predigt herangezogen.

Die hier illustrierte Fabel erzählt folgende Begebenheit: Dem Wolf war im Schlund ein Knochen, den er hastig verschlungen hatte, stecken geblieben. Nachdem er hohen Lohn versprochen hatte, ging er auf den Kranich zu und befahl diesem, dass er den Knochen herausholen solle. Leicht konnte der Kranich dieses durch die Länge seines Halses zustande bringen. Daraufhin forderte er den versprochenen Lohn. Aber der Wolf sagte lächelnd und mit den Zähnen knirschend: „Unversehrt hast du den Kopf aus dem Schlund des Wolfes gezogen; nun, ist das etwa ein kleiner Lohn?" Die Fabel – mitunter werden Kranich und

Wolf auch durch Fuchs und Storch ersetzt – ist eine Allegorie des Undanks. Ins Bild gesetzt zeigt sie meist, wie auch hier in Frankenthal, den Moment, indem der unbelohnt bleibende Kranich den Knochen aus dem Rachen des Wolfes zieht.

Das Tympanon selber ist heute leer. Wie sich aus noch schwach erhaltenen Spuren rekonstruieren ließ, war dort ursprünglich ein schwarzes, mit roten und schwarzen Umrisslinien umzogenes Kreuz aufgemalt, über dessen Entstehung jedoch keine genaueren Angaben vorliegen. Dem großen Rundbogen in der Mitte der Westfassade entsprechen je zwei spitz ausgeformte Blendbögen an den Schmalseiten der ehemaligen Seitenschiffe. Zwischen den Bögen treten breite rechteckige Wandpfeiler – mit einem dem Portal ähnlichen Palmettendekor – vor, welche die einzigen Überreste einer dreischiffigen, gewölbten Vorhalle sind. Die Kämpfer des großen Rundbogens mit den Säulenkapitellen sitzen tiefer als die Wandpfeiler und Spitzbogen, was seine Ursache in der höheren Bogenspannung hat und damit den statischen Erfordernissen Rechnung trug. Die noch erhaltenen Teile der Seitenschiffe schließen in einem profilierten Rundbogenfries ab; darüber liegt ein Ornamentfries, der ein strenges geometrisches Dekor aufweist.

ganz oben: Hauptportal, Tympanon

oben: Die Fabel vom Kranich und vom Wolf Relief am Scheitel des Tympanons

HESSHEIM

Katholische Pfarrkirche St. Martin

Westlich von Frankenthal liegt Heßheim, von dessen katholischer Pfarrkirche St. Martin der romanische Westturm noch erhalten ist. Der ungegliederte Turm besteht aus drei Geschossen mit gekuppelten Schallarkaden und schließt mit einem jüngeren vierten Geschoss ab.

Romanischer Westturm

OBERSÜLZEN

Evangelische Pfarrkirche, ehem. St. Mauritius

Von der erstmals 1141 erwähnten Kirche, ehemals St. Mauritius, steht noch der romanische Westturm mit neuzeitlichem Satteldach, der ähnlich wie der in Worms-Hochheim gegliedert ist. Unterkehlte Schräggesimse trennen die einzelnen Stockwerke, im dritten Geschoss befinden sich rundbogige Schallarkaden, die jeweils durch eine Mittelsäule unterteilt sind. Die ungewöhnlich mächtigen, schräg vorspringenden Streben sind Ergänzungen späterer Zeit, die der baulichen Sicherung des Turmes dienten. Das Langhaus wurde in der Mitte des 18. Jahrhunderts neu errichtet.

Romanischer Westturm und Langhaus, 18. Jahrhundert

*Romanische
Schallarkade*

Ansicht von Süden

COLGENSTEIN
Evangelische Pfarrkirche, ehem St. Peter

Ein schönes Beispiel romanischer Architektur hat sich mit der evangelischen Pfarrkirche, ehemals St. Peter, in Colgenstein erhalten. Schon von weitem sichtbar ist der hoch aufragende sechsgeschossige Westturm mit Satteldach, der im 12. Jahrhundert erbaut und zu Anfang des 20. Jahrhunderts restauriert wurde. Lisenen an den Ecken und in der Mitte sowie Rundbogenfriese gliedern den stark vertikal ausgerichteten Turm in einzelne Längszonen, die ihrerseits durch je zwei Paar gekuppelte Schallarkaden mit Mittelsäulchen ein horizontales Gegengewicht erhalten. Im Aufbau der oberen Geschosse und der abschließenden Giebelfelder ist der Turm den Domtürmen zu Speyer nicht unähnlich. Es stellt sich im Ganzen der Eindruck eines streng geometrisch gegliederten Baukörpers ein, der durch die zahlreichen Fensteröffnungen eine beachtliche Transparenz und eine starke optische Auflockerung erfährt. Zahlreiche der Frieskonsolen sind als Abwehrmasken und als Tierköpfe ausgebildet, auch auf den Mittellisenen sind solche Darstellungen teils ornamentalen, teils allegorischen Charakters angebracht, die Entsprechungen an den Osttürmen des Wormser Domes sowie an der Pfarrkirche in Stetten, an St. Peter in Kirchheimbolanden und an den Osttürmen des Wormser Domes haben.

oben: Nordturm

*oben rechts: Tierreliefs
an den Turmober-
geschossen*

BOCKENHEIM (Großbockenheim)

**Evangelische Pfarrkirche,
ehem. St. Lambert**

Ähnliche Tierreliefs wie in Colgenstein
finden sich auch am romanischen Turm
der evangelischen Pfarrkirche im nur we-

nige Kilometer entfernten Großbockenheim. Der Turm, der sich im Norden an
einen Saalbau aus dem frühen 18. Jahrhundert anlehnt, stammt von einer um
1150 errichteten Vorgängerkirche. Die
oberen Geschosse schließen mit Rundbogenfriesen auf Kopfkonsolen ab, unter denen fein skulpierte Tier-, vor allem Bocksköpfe ausgebildet sind. Sie
sind von symbolischer Bedeutung: Als
gehörnte Tiere verkörpern sie die feindlichen Mächte, die durch den christlichen Glauben vertrieben werden sollen.
Auf der Mittellisene ist eine Dämonenfratze mit Kreuz angebracht, eine allegorische Gegenüberstellung von Gut
und Böse.

BOCKENHEIM (Kleinbockenheim)

**Evangelische Pfarrkirche,
ehem. Schlosskirche St. Martin**

Chorbogen-Kämpfer

Geschichte Seit der Mitte des 13. Jahrhunderts wird der Ort Bockenheim, heute der nördlichste Punkt der Deutschen
Weinstraße, in die Ortsteile Großbock-
kenheim und Kleinbockenheim eingeteilt, die zusammen mit dem längst ver-
schwundenen Ort Mittelhofen den Grafen von Leiningen gehörten. In Kleinbockenheim steht auf einem Hügel, dem sogenannten „Kirchenhügel", die evangelische Kirche, ehemals Schlosskirche St.
Martin. Eine Urkunde aus der zweiten
Hälfte des 13. Jahrhunderts erwähnt in

Bockenheim eine Örtlichkeit namens
„Drinkirchen" in der „Curia des Nibelun-
gus", womit die im Mittelalter nebeneinander auf dem Hügel liegenden drei
Kirchen (= Drinkirchen) St. Michael, St.
Marien und St. Martin gemeint sind,
nebst einem daran anschließenden großen Wirtschaftshof. Von diesen drei Sakralbauten war die Martinskirche das
größte Bauwerk, das in seiner heutigen
Kernform der zweiten Hälfte des 12. Jahrhunderts entstammt und vermutlich kurz
nach seiner Fertigstellung von den Grafen
von Leiningen im Jahre 1196 der Prämonstratenserabtei von Wadgassen an der
Saar geschenkt wurde. Wahrscheinlich gab
es bereits einen dem hl. Martin geweihten
Vorgängerbau an gleicher Stelle, der schon

zu fränkischer Zeit errichtet worden war – galten Martinskirchen doch als besitzanzeigend für fränkisches Königsgut.

Als Gotteshäuser von Königshöfen und Königsdomänen befanden sie sich in der Regel außerhalb der Siedlungen in meist exponierter Lage, oftmals, wegen des leicht zu besorgenden Taufwassers, in der Nähe von Wasserläufen und Quellen. Die ehemalige Königshofkirche in Bockenheim war dann in der Mitte des 12. Jahrhunderts zur leiningischen Eigenkirche geworden. Warum die Grafen damals einen Neubau errichten ließen, lässt sich nur vermuten – vielleicht wollten sie ein Gegengewicht zur Dekanatskirche in Großbockenheim herstellen. Im 13. Jahrhundert verlor Bockenheim dann rasch an Bedeutung, als sich die Interessen der Grafen von Leiningen mehr auf den Ausbau der Burg (Alt)-Leiningen richteten.

Baugeschichte Die Kirche St. Martin ist eine kreuzförmige Anlage mit rechteckigem Chor, Querschiff und Langhaus. Der Chor wurde um 1225, also erst einige Jahrzehnte nach der Errichtung des Kern-

Ansicht von Süden

Inneres nach Osten

Blick in den Chor

*Chormalereien
(Schema)*

baus, mit Kreuzrippen gewölbt, die auf runden Eckdiensten mit Kelch- und Knospenkapitellen aufliegen. Aus dieser Zeit stammen die Palmettenfriese und ein reliefierter Kopf an den Kämpfern des Chorbogens. Querhaus und Langhaus waren ursprünglich flachgedeckt; im frühen 16. Jahrhundert wurden dort Kreuzrippengewölbe eingezogen, ohne dass dem Raum jedoch seine Gedrungenheit genommen werden konnte. Der freistehende Turm im Süden der Kirche, dessen Kern ebenfalls dem 13. Jahrhundert angehört, ist Überrest einer 1833 abgebrochenen Liebfrauenkapelle. Der ihn bekrönende Steinhelm und der Zinnenkranz sind Zutaten aus dem frühen 19. Jahrhundert. Im Osten der Kirche ließ Graf Emich VIII. von Leiningen an der Stelle einer zerstörten Burg kurz nach 1500 eine neue Anlage errichten, die sogenannte „Emichsburg". Deren Reste, darunter ein Renaissanceportal, sind heute Bestandteil des angrenzenden Gutshofes.

Restaurierungsarbeiten in der Mitte des 20. Jahrhunderts brachten im Chor und an der Ostwand des nördlichen Querhauses schon länger vermutete Malereien zum Vorschein, die unmittelbar nach der Einwölbung um 1230/40 entstanden sind. Im Gewölbe von Querschiff und Langhaus wurden gemaltes Rankenwerk, Blumen, Vögel und Spruchbänder freigelegt, die dem frühen 16. Jahrhundert angehören. Während letztere im Zuge der letzten Restaurierungsmaßnahmen anhand der Vorlagen ergänzt wurden (was den Malereien nicht unbedingt zum Vorteil gereicht), beschränkte man sich bei den älteren Chormalereien glücklicherweise auf eine Konservierung des Originalbestandes und verzichtete weitgehend auf Hinzufügungen.

Innenbesichtigung In den Gewölbefeldern des Chors ist zweimal eine Deesis dargestellt: Im östlichen Segment thront der segnende Christus, in der linken Hand ein Buch haltend, zu beiden Seiten seines Thrones stehen Maria und Johannes der Täufer. Über ihm werden Sonne und Mond sichtbar, fernerhin die Umrisse einer Engelsgestalt. Im gegenüberliegenden Gewölbefeld ist nochmals der segnende Christus dargestellt, diesmal mit ausgebreiteten Armen, Maria und Johannes knien hinter seinem Thron. Passionssymbole wie Kreuz, Lanze und Dornenkrone weisen auf die Leidensgeschichte hin, ebenso wie die Wundmale, die man an den Händen und durch eine Öffnung des Gewandes erkennen kann. Die nördliche und südliche Gewölbekappe werden durch breite Streifen in je zwei gleich große Felder geteilt, zugleich reichen hier die Zyklen der Wände bis in die Gewölbeflächen hinein. Im Norden wird die Himmelfahrt gezeigt: auf der einen Seite die dicht gedrängte Gruppe der Apostel, daneben die auffahrende Christusgestalt. Im Süden sind die Apostel Petrus und Paulus mit ihren repräsentativen Attributen Schlüssel und Schwert dargestellt, zu Füßen Petri kniet das Stifterehepaar, das mittelalterlichem Brauch gemäß kleinfigurig gehalten wurde.

Paulus	Petrus
Thronender Christus (Deesis)	*Thronender Christus (Deesis)*
Himmelfahrt	*Apostel*

Nordwand		Ostwand		Südwand	
Die drei Frauen am Grabe	*Abstieg in die Vorhölle*	*Das Opfer von Kain und Abel*		*Versuchungen Christi*	*Einzug in Jerusalem*
	Verhör durch Pilatus	*Das Opfer Abrahams*	*Das Opfer Melchisedeks*	*Kindermord zu Bethlehem*	
Gefangennahme (teilw. zerstört)				*Engel (Verkündigung?)*	

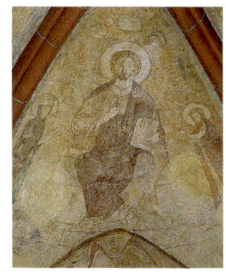

Deesis (östliche Gewölbekappe)

Chormalereien (in der Bildmitte: die Apostel Paulus und Petrus, darunter: die Versuchungen Christi, der Einzug in Jerusalem)

An den Wänden des Chors sind in mehreren Zonen biblische Szenen dargestellt, die an der Ostwand das Messopfer, im Süden und Norden die Kindheitsbzw. Leidensgeschichte Christi zum Inhalt haben. Die Konzeption des Bildprogramms ist hier sehr ähnlich dem der Hirsauer Kapelle in Hundheim, die nur wenige Jahre später entstanden ist. Ein Teil der Malereien konnte sich nur in Fragmenten erhalten. An der im liturgischen Sinne zentralsten Stelle der Kirche, an der Ostwand hinter dem Altar, befinden sich drei alttestamentliche Opferungsszenen – das Opfer von Kain und Abel sowie von Abraham und von Melchisedek, die im Messkanon als typologische Vorläufer des Messopfers, der Eucharistie, genannt werden. Im christlichen Glauben stellt das Messopfer eines der zentralen Dogmen dar, über dessen Auslegung Generationen von Theologen bis zur Reformation, und darüber hinaus, gestritten haben. Nach der *symbolischen Interpretation* erinnert das Messopfer an den Opfertod Christi am Kreuz, während nach der *realistischen*

Interpretation aus Wein und Brot durch die Wandlung, die Transsubstantation, Leib und Blut Christi werden. Letztere Auffassung wurde für die römische Kirche auf dem IV. Lateranskonzil von 1215 für verbindlich erklärt.

In der oberen Hälfte der östlichen Chorwand erkennt man – ähnlich wie in der Hirsauer Kapelle in Hundheim – die Szene mit dem Opfer von Kain und Abel. Während Gott die Gaben des Hirten Abel annimmt, weist er die des Bauern Kain zurück. Beide knien seitlich über dem Ostfenster vor einem Engel nieder, der über ihnen schwebt. In der unteren Wandhälfte, über der mit einem gemalten Vorhang geschmückten Sockelzone, folgt auf der linken Seite die Szene der Opferung Isaaks durch seinen Vater Abraham, die in Teilen durch den Einbau der spätgotischen Sakramentsnische zerstört wurde. Auf der rechten Seite schließt das Opfer des jüdischen Priesterkönigs Melchisedek an, das mit einer Beischrift versehen ist.

Die Darstellung des Opfers Abrahams bezieht sich auf das 22. Kapitel des ers-

Deesis (westliche Gewölbekappe)

Maria (Detail aus der westlichen Gewölbekappe)

Ostwand mit drei alttestamentlichen Opferungsszenen

ohne Vater und Mutter, er ist nicht geboren und nicht sterblich. Als Priesterkönig von Salem (= Jerusalem) bringt er dem siegreichen Abraham Brot und Wein und segnet ihn. Auf der Nordwand lassen sich bruchstückhaft Szenen der Passion Christi erkennen: links oben die drei Frauen am Grabe, die Auferstehung, daneben der Abstieg Christi in die Vorhölle. In der unteren Hälfte ist links die Gefangennahme Christi dargestellt, rechts sehr wahrscheinlich das Verhör durch Pilatus. (Durch den Einbau des zweiten Fensters wurde das linke Bild jedoch weitgehend zerstört.) Etwas besser erhalten haben sich die Malereien an der Südwand, die sich auf die Kindheit und das Leben Christi beziehen. Sie zeigen die Versuchungen (s. auch Minfeld S. 60) und den Einzug in Jerusalem, darunter befindet sich die Szene des Kindermords zu Bethlehem. Die Szene bezieht sich auf das 2. Kapitel des Matthäus-Evangeliums, das davon berichtet, wie König Herodes alle neugeborenen Knaben in Bethlehem töten lässt, um die Ankunft Christi, des Königs der Juden, zu verhindern. Ganz unten erkennt man die Gestalt eines Engels, der eventuell von einer Verkündigung stammen könnte.

Insgesamt bestand der Kindheits- und Passionszyklus aus mindestes drei Zonen, wobei sich die jeweils früheren Szenen in den unteren Feldern, die späteren in den oberen Feldern befanden, so dass die Bildfolge von unten nach oben zu lesen war. Die einzelnen Szenen waren wie durchgemalte Bänder angelegt, was den narrativen und didaktisch-pädagogischen Charakter der Darstellungen unterstreichen sollte. Eher profaneren Inhalts ist ein Fresko auf der Ostwand des nördlichen Querhauses, das in den noch vorhandenen Resten der ehemals vollständigen Ausmalung vier ritterliche Heilige unter Rundbogenarkaden erkennen lässt.

ten Buches Mose, in dem geschildert wird, wie Abraham von Gott auf die Probe gestellt wird. Der Herr befiehlt diesem, seinen einzigen Sohn Isaak auf einem Berg als Opfer darzubringen. Gehorsam bricht Abraham zusammen mit seinem Sohn auf, und nach drei Tagen erreichen beide den vorhergesehenen Ort. Als Isaak, der das Holz für das Opferfeuer trägt, nach dem Lamm für das Opfer fragt, beruhigt ihn der Vater mit den Worten, dass Gott sich das Opferlamm selbst aussuchen werde. Abraham errichtet den Altar, legt seinen Sohn auf das aufgeschichtete Holz und ist bereit, ihn mit dem Messer zu schlachten. Doch der Engel des Herrn greift ein und befiehlt Abraham, seine Hand nicht gegen den Knaben auszustrecken. Anstelle Isaaks wird ein Widder geopfert, der sich mit den Hörnern im Gestrüpp verfangen hat. Als Lohn für den Gehorsam Abrahams segnet ihn der Engel und verheißt ihm Nachkommen so zahlreich wie Sterne am Himmel und Sand am Meer.

Das rechte Wandbild zeigt den alttestamentlichen Priesterkönig Melchisedek. Fast so vollkommen wie Christus, ist er

Außenwand der Sakristei mit reliefierten Tierdarstellungen

ALBSHEIM
Evangelische Kirche, ehem. St. Stephan

Südlich von Bockenheim liegt Albsheim, mit dessen evangelischer Kirche, ehemals St. Stephan, sich eine romanische Anlage aus der Zeit um 1200 erhalten hat. Von diesem ursprünglichen Bauwerk stammen der starke, leicht einspringende Turm, der Triumphbogen sowie die tonnengewölbte Sakristei nördlich des im frühen 16. Jahrhundert eingewölbten Chors. Der durch Rundbogenfriese, Eck- und Mittellisenen gegliederte Turm trug vermutlich einst ein ähnliches Satteldach wie die Kirche von Colgenstein. Außen an der Ostseite der Sakristei ist ein romanischer Rundbogenfries eingemauert, dessen Felder mit reliefierten Tiergestalten ausgefüllt sind.

Eine Überraschung bietet das Kircheninnere: Über dem Triumphbogen sind Wandmalereien angebracht, die sich in einem scheinbar guten Zustand befinden und die recht frisch wirken. Dass sie in der Tat frisch sind, liegt daran, dass es sich hierbei um Fälschungen handelt, die nach dem Zweiten Weltkrieg aufgemalt wurden. Der Restaurator griff recht eigenwillig auf Vorbilder von Miniaturen aus dem 13. Jahrhundert zurück, die er einer Publikation über mittelalterliche Buchmalereien entnommen hatte. Er stellte sie auf der Kirchenwand frei zusammen und fügte sogar Fehlstellen ein, so dass die Fälschungen viele Jahre nicht erkannt wurden.

Ansicht von Osten

Ansicht von Südwesten

schosse durch Rundbogenfriese zwischen Lisenen gegliedert werden. Die Friesbögen ruhen auf keilförmigen Konsölchen. Während die unteren Lichtöffnungen klein sind, weist das im Jahre 1581 aufgestockte obere Geschoß unter dem neuzeitlichen Spitzhelm größere rechteckige Schallöffnungen auf. Im Inneren führt eine originale Wendeltreppe aus der Erbauungszeit in die oberen Geschosse.

Rundtürme an romanischen Sakralbauten im Gebiet der heutigen Pfalz sind relativ selten. Der Rundturm – auch in seiner Funktion als Treppen- und Glockenturm vornehmlich an großen Kirchenbauten – ist ein Typus, der bereits in karolingischer Zeit, besonders aber in der ottonischen bzw. salischen Epoche gebaut wurde und der ursprünglich im Bistum Metz beheimatet war. Prominenteste Beispiele dafür sind die nicht mehr erhaltenen runden Treppentürme am ehemaligen Westbau des Klosters Limburg, die aus dem 11. Jahrhundert stammenden Rundtürme von St. Paul in Worms, die Westtürme des Wormser Domes, deren Untergeschosse noch vom Gründungsbau erhalten geblieben sind, und die im 12. Jahrhundert errichteten Rundtürme am Ostchor. Der Turm der evangelischen Kirche von Quirnheim nimmt somit eine Sonderstellung in der Reihe der pfälzischen Kleinkirchen ein; eine etwas spätere Entsprechung findet er in der evangelischen Pfarrkirche im benachbarten Asselheim. Dort jedoch ist der kräftige Rundturm an der Südseite des Chors ein ehemaliger Wehrturm der im 13. und 14. Jahrhundert errichteten Stadtbefestigung.

QUIRNHEIM
Evangelische Kirche, ehem. St. Maria

Von der evangelischen Kirche, ehemals St. Maria, in Quirnheim hat sich noch der romanische Rundturm erhalten. An der Westseite des kleinen, flach gedeckten Langhauses mit gewölbtem, dreiseitig geschlossenem Chor schließt der dreigeschossige Treppenturm aus dem 12. Jahrhundert an, dessen beide unteren Ge-

EBERTSHEIM-RODENBACH

**Evangelische Pfarrkirchen,
ehem. St. Brigitta und St. Stephan**

In Rodenbach steht die evangelische Pfarrkirche, ehemals St. Brigitta, deren rechteckig angelegter Bau mit dem mächtigen Nordturm aus dem späten 12. Jahrhundert stammt. Der Chor mit der dreiseitig gebrochenen Apsis, die Turmobergeschosse mit einem Zinnenkranz sowie der Steinhelm sind Resultate baulicher Veränderungen des 15. Jahrhunderts. An den Turmuntergeschossen sind gegen Osten, Norden und Westen derb gebildete Menschen- und Tierköpfe als Spolien eingemauert, die vermutlich Frieskonsolen eines Vorgängerbaus waren. Beachtenswert ist ein fünfeckig gerahmtes Relief an der Ostseite, das eine menschliche, bekleidete Figur in der Haltung des Gekreuzigten zeigt.

Im benachbarten Ebertsheim hat sich mit der evangelischen Pfarrkirche, ehemals St. Stephan, ein ebenfalls mittelalterliches Bauwerk erhalten. Hier sind die unteren drei Geschosse des Westturmes sowie der Kern des im 18. Jahrhunderts umgebauten Langhauses romanischen Ursprungs.

Ebertsheim, evangelische Pfarrkirche

links oben: Rodenbach, evangelische Pfarrkirche

Tierkopf-Spolie an der evangelischen Pfarrkirche Rodenbach

EISENBERG
Burg Stauf

Westlich von Ebertsheim liegt Eisenberg, das im Jahre 763 anlässlich einer Schenkung an das Kloster Gorze bei Metz erstmals als „Villa Ysinburc" erwähnt wird. Bereits zur Römerzeit existierte in dieser Region eine Siedlung mit einer Eisen- und Bronzeverarbeitung, die gegen Ende der römischen Herrschaft von einem Burgus, einer befestigten Siedlung, geschützt wurde. Aus alemannisch-fränkischer Zeit sind keine Nachrichten über eine Rohstoffgewinnung überliefert, während sich gegen Ende des 10. Jahrhunderts wieder Hinweise auf eine Eisenindustrie im Gebiet von Eisenberg und Ramsen finden. Der salische Gaugraf Otto von Worms verwaltete zu dieser Zeit im Auftrag der Reichsregierung als Herzog von Kärnten die im entfernten Südosten gelegene Grenzmark. Kärnten zählte zu den wichtigen Zentren des Reiches für die Eisen und Kupfergewinnung, die ein königliches Regal, d. h. ein königliches Hoheitsrecht war, und die der Kontrolle Herzog Ottos unterstand. Der Herzog muss sich

unten rechts:
Mauerzug der
Mittelburg

Fundamentreste in der
Hauptburg

während seines Aufenthaltes von dem damals wichtigen Wirtschaftszweig und den damit verbundenen Arbeitsmethoden und Techniken genügend Kenntnisse angeeignet haben, die er bei seiner Rückkehr in den Wormsgau umsetzte. Er hatte nämlich das Reichsland um den Königshof Lautem als Geschenk erhalten, mit der Auflage, die Bewachung der von Frankreich her gefährdeten West-Ost-Straße zu übernehmen. Zu diesem Zweck entstand dann auch die Burg Stauf, die, neben ihrer Aufgabe als Straßenschutzburg, vermutlich auch der Sicherheit der in Eisenberg und Ramsen betriebenen Eisenverhüttung gedient hat. Die Geschichte von Eisenberg war fortan mit der Herrschaft Stauf eng verbunden.

Die kurz nach 983 gegründete Burg Stauf ist neben der Limburg die älteste Burg der Pfalz. Von der ehemaligen Bedeutung der im Bauernkrieg total zerstörten salischen Anlage zeugen nur noch wenige Reste. Auf einer steilen, in das Eisbachtal vorspringenden Höhe gliederte sich die Feste in eine Vor-, Mittel- und eine Hauptburg, die durch tiefe Grabeneinschnitte in den Felsen voneinander getrennt waren. Von der Mittelburg hat sich neben kleineren Mauerresten ein ca. 5 bis 8 m hoher Mauerzug aus Sandsteinquadern erhalten. In der Hauptburg stehen noch die mit Buckelquadern verkleideten Wangenmauern einer Toranlage, die jedoch von einer späteren Anlage aus der Zeit um 1200 stammen. Die Burg ist vom Ort Stauf aus in ca. 5 Fußminuten zu erreichen.

WATTENHEIM

Evangelische Pfarrkirche, ehem. St. Alban

Die evangelische Pfarrkirche, ehemals St. Alban, in Wattenheim geht in ihrem Kern auf einen mittelalterlichen Vorgänger-bau zurück. Aus der ersten Hälfte des 13. Jahrhunderts stammt der Chorturm mit der nach Osten angebauten, dreisei-tig geschlossenen Apsis.

Ansicht von Süden

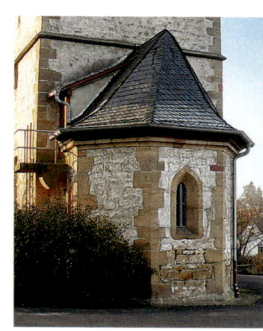

Ostapsis

LEININGERLAND

Im Gebiet der heutigen Pfalz waren die Leininger eines der führenden Hochadels-geschlechter. Im 11. Jahrhundert hatte das von den Nahegaugrafen, den Emi-chonen, abstammende Geschlecht die Amtsgrafschaft im Wormsgau inne; es konnte sich dort im Machtbereich der Mainzer und der Wormser Kirche sowie der Nahegau- und der Saarbrücker Gra-fen jedoch nicht durchsetzen und wan-derte nach Süden in den Speyergau ab. Mit Graf Emich I., der oftmals, aber nicht wahrheitsgemäß mit dem berühmt-be-rüchtigten Kreuzfahrer Emicho aus dem Hause der Grafen im Nahegau in Verbin-dung gebracht wird, sind die Leininger erstmals überliefert. Unter Emich II. wur-de die Burg (Alt-)Leiningen errichtet, die von da an dem Haus seinen Namen gab. Mit Graf Friedrich I., der auch als Min-nesänger bekannt war, starb das Haus in männlicher Linie aus und ging auf einen Verwandten aus dem Saarbrücker Gra-fenhaus über. So bildete das ursprüngli-che Herzstück des leiningischen Besitzes das Gebiet um die Burgen Alt- und Neu-leiningen, in deren unmittelbarer Nähe die Stifte von Höningen und dem nicht mehr vorhandenen Hertlingshausen la-gen.

Während ihrer Blüte basierte die Herr-schaft der Leininger auf Grundbesitz im Gebiet von Dürkheim, in Alzey und Op-penheim – aber auch in Lothringen und im Elsass verfügte das Adelsgeschlecht seit der Mitte des 13. Jahrhunderts über aus-gedehnte Ländereien. Zahlreiche Lehen sowie die einträgliche Schirmherrschaft über das Kloster Limburg und lukrative Geleitsrechte auf den Hauptstraßen ent-lang des Rheins und vom Rhein nach Kaiserslautern verhalfen den Leiningern zu beträchtlichen Reichtümern. Wie die Angehörigen anderer Adelsfamilien, fan-den nachgeborene Leininger Grafen ihr Auskommen in den Domkapiteln von Worms und Speyer; Herren aus dem Hause Leiningen waren auch als Land-vögte im Reichsdienst tätig. Mit Fried-rich II. kam dann noch das Saarbrücker Erbe hinzu: das Amt Landeck, die nörd-liche Hälfte der Lehnsvogtei Klingen-münster und Anteile am Reichsland Kai-serslautern. So stiegen die Leininger all-mählich zu den mächtigsten Herren in der Pfalz auf, die auch durch die Teilung des Territoriums im Jahre 1237 nichts an ihrer Vormachtstellung und Bedeutung verloren.

Nach dem Tode Friedrichs II. wurde der leiningische Besitz unter seinen bei-den Söhnen Friedrich und Emich derart

aufgeteilt, daß der ältere Friedrich im Wesentlichen die eigentliche Grafschaft behielt, während dem jüngeren Emich das Saarbrücker Erbe in der Kurpfalz zugesprochen wurde. Dieser konnte seinen Besitz an Klingenbach und Queich ausweiten und durch die Burgen Guttenberg und Landeck sowie die Madenburg und die Rietburg sichern. Die von ihm auf einer Insel in der sumpfigen Queichlandschaft gegründete Wasserburg Landau entwickelte sich rasch zu einer bedeutenden Siedlung, der von Rudolf von Habsburg im Jahre 1274 das Hagenauer Stadtrecht verliehen wurde. So war die Teilung von 1237 eher eine Nutzungs- denn eine Besitzteilung; die beiden leiningischen Territorien bildeten nach wie vor eine starke politische Einheit. Der Aufstieg zum „großpfälzischen Machtimperium" endete jedoch schon im Jahre 1290 mit dem Aussterben der südpfälzischen Linie der von Leiningen-Landeck. Die Lehen fielen an das Reich zurück, und nur ein Teil des Besitzes wurde dem Stammhaus zugesprochen.

BURG ALTLEININGEN

Mauerfragmente der staufischen Anlage an der Südwestecke

Von der Burg Altleiningen, der ehemaligen Stammburg der Grafen von Leinin-

gen, haben sich nur geringfügige Reste aus der Gründungszeit erhalten. Die Gründung, die durch keine Urkunde belegt ist, erfolgte wahrscheinlich zwischen 1100 und 1120 unter Graf Emich II. Den ersten Hinweis auf dieses Datum gibt ein im Jahre 1759 verfasstes Manuskript des Leiningen-Westerburgischen Archivrats Johann Ludwig Koch (1712– 1808), das für die Schlossgeschichte Leiningens – abgesehen von einigen zwischenzeitlich korrigierten Irrtümern – von außerordentlich hohem Wert ist. So sieht der Autor die Entstehung Altleiningens in direktem Zusammenhang mit dem Stift Höningen: „*Gewiss ist es, dass es (die Burg Altleiningen) schon zu Zeiten der Fundation des Closters Hünningen ad annum 1101 in würcklicher Bewohnung gestanden, und zumalter Fundation Veranlassung gegeben, weilen die herrn ihren Gottesdienst in der Nähe abzuwarten, nach damahliger Gewohnheit, für ohnumgänglich nothwendig hielten... Zwey Stücke mögen wohl zur Erbauung desselben Veranlassung gegeben haben. 1) die vortheilhafte Lage des Berges zu einem festen haltbaren Schloss und 2) die fürtreffliche Jagd einer mit so großen Waldungen versehnen Gegend. Dieses letztere war bey den Alten eine sehr große Paßion, und vielleicht nicht zu bewundern, wan die Fränckische Kayjßer zum öfteren dieser ursach wegen sich in dem Closter Limburg aufgehalten.*"

Dieses aus heutiger Sicht vergnüglich zu lesende Geschichtsdokument aus barocker Feder versucht auch, die Wahl des Ortes für die Anlage zu erklären. Die

Burg Altleiningen ist ein charakteristisches Beispiel einer Ausläuferburg auf dreiseitigem Grundriss, die auf der Zunge des Taubersberges über dem Eckbachtal angelegt wurde. Ihre empfindlichste Angriffsseite war naturgemäß die Bergseite, von der aus sich die Feinde im Schutze des dichten Waldes relativ unbemerkt nähern konnten. An dieser Stelle musste die Burg besonders gut gesichert sein, starke Türme und eine massive, hohe Schildmauer boten den notwendigen Schutz. Der Mauer vorgelagert waren zwei Trockengräben, ein innerer und ein äußerer, über die eine Zugbrücke den Zutritt zum Burgtor ermöglichte. Der innere Graben, der sich entlang der Mauer erstreckte, war ganz aus dem Felsen gehauen (heute befindet sich hier ein Schwimmbad).

Aus der Bauperiode des 12. Jahrhunderts stammen die noch stehenden Reste der Schildmauer, ihre Fortsetzung an der Südwestecke der Hauptburg und einige anschließende Mauerstücke des Südflügels, die mit Buckelquadern mit Randschlag verkleidet sind. Vermutlich stand an der Südwestecke auch der Wohnturm Emichs II., an den der ehemalige Palas anschloss. In unmittelbarer Nähe befand sich die Zisterne, die als Sammelbecken für Regen- und Grundwasser im Falle einer Belagerung für die mittelalterlichen Burgbewohner von Lebensnotwendigkeit war. Die größeren noch erhaltenen Teile der Anlage gehören zu einem dreiflügeligen Neubau aus der ersten Hälfte des 17. Jahrhunderts, der nach der Zerstörung im Bauernkrieg errichtet worden war. Angeblich soll dieser Bau – als eine barocke Spielerei – 365 Fenster gehabt haben, von denen „nur" 157 die Reunionskriege überdauerten. Heute befinden sich in den ziemlich willkürlich restaurierten Burgbauten ein Landschulheim und eine Jugendherberge.

BURG NEULEININGEN

Neuleiningen, ein kleines, reizvolles Städtchen, erhebt sich, weithin sichtbar, auf dem Rücken eines etwa 100 m hohen Berges am nördlichen Eingang des Leininger Tals. Die Anfänge der Burg Neuleiningen, deren mittelalterliches Mauerwerk sich in eindrucksvollen Resten erhalten hat, gehen in die Jahre zwischen 1238 und 1241 zurück. Erbaut wurde die Festung unter dem Grafen Friedrich II. unweit der leiningischen Stammburg, die seitdem den Namen Altleiningen trug. Der Baubeginn erfolgte genau ein Jahr nach der leiningischen Teilung. Da die Stammburg im Besitz seines Bruders verblieben war, der Graf aber sein eigener Hausherr sein wollte, ließ er sich hier – auf der ihm alleine gehörenden Sausenheimer Gemarkung – eine neue Residenz errichten.

Der Grundriss der Anlage ist annähernd quadratisch bis trapezförmig, ihre Abmessungen betragen 48 x 45 m. Es handelt sich dabei um einen Grundrisstyp, der bei romanischen Höhenburgen nicht unüblich ist; er findet sich auch bei der Wolfsburg, der Burg Spangenberg und der Altenbaumburg im Alsenztal. Die Wohngebäude der Burg Leiningen lagen im Westen und Süden an die Ringmauer angelehnt, die von schmalen, senkrechten Schießscharten für Bogenschützen durchsetzt war. Was diese

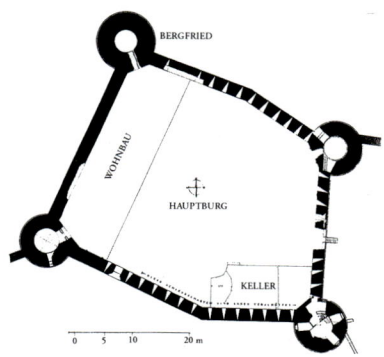

209

*Ansicht von
Nordwesten*

*Westgiebel des
gräflichen Palas*

Das kennzeichnende Merkmal dieser für die damalige Zeit neuartigen Wehranlage ist das Prinzip der Seitenflankierung der anstoßenden Ringmauern. Die Ecktürme liegen in einer Entfernung von etwa 30 m zueinander, so dass die seinerzeit übliche Treffsicherheit gewährleistet war. Neuartig in Neuleiningen ist auch das Vorrücken des Bergfrieds aus seiner zentralen Position im Burgverband (wie auf der Moschellandsburg) über die Verlagerung direkt hinter die Ring- oder Mantelmauer (wie in Landeck, Hohenecken und Gräfenstein) bis hin an den äußeren Rand der Ringmauer bzw. darüber hinaus. Seine runde Form erweist sich – ebenso wie der spätsalische runde Wohnturm von Steinenschloss – als ungewöhnlich für den Burgenbau in der Pfalz. Vom ehemaligen gräflichen Palas an der Westseite steht noch der Nordgiebel aufrecht, der gotische Stilelemente aufweist. Vom südlichen Wohnbau, in dem sich ein großer Saal sowie der Speicher des Bischofs von Worms befanden, ist nur noch der große, tonnengewölbte Keller übrig geblieben.

Die Burg hatte keinen eigentlichen Zwinger, der in Form von niedrigen, vorgeschobenen Mauern Schutz vor den heranrollenden Belagerungsmaschinen geboten hätte. Diesen Schutz gewährte stattdessen die später entstandene Ortsbefestigung – 1354 erhielt Neuleiningen die Stadtrechte – die an ihren Endpunkten im Südwesten und Nordosten mit der Festung verbunden war. Im Bereich dieser „städtischen Vorburg" im Süden und Osten der Kernanlage befand sich auch die ehemalige Burgkapelle aus dem 13. Jahrhundert, die jetzt das Schiff der katholischen Pfarrkirche St. Nikolaus bildet. Das Kastell hatte so seit dem späteren Mittelalter die Funktion einer Stadtburg, bis es im Jahre 1690 der Brandschatzung französischer Truppen zum Opfer fiel.

Wehranlage jedoch von den älteren gleicher Art hervorhebt, sind die mächtigen Rundtürme an den vier Ecken der Burg, die auf französische Vorbilder verweisen. Die dreiviertelrunden Ecktürme, deren nordwestlicher aufgrund seiner größeren Höhe und seiner massiven Bauart vermutlich der Bergfried war, sind charakteristisch für den so genannten „Kastelltyp", der hauptsächlich in England und Frankreich beheimatet war. Dieser hatte sich, vor allem was die flankierenden Ecktürme betrifft, aus dem spätrömischen Kastell weiterentwickelt und war in byzantinischen Befestigungen und sarazenischen Burgenanlagen übernommen worden. Die Kenntnis dieser Bauform brachten insbesondere die französischen Kreuzfahrer bei ihrer Rückkehr ins westliche und mittlere Europa mit, wo sie dann über die Niederlande, Luxemburg, das Elsass und Lothringen in den deutschen Raum gelangte. Auch die Bautechnik der Burg Neuleiningen verweist auf westliche Einflüsse, auf neuartige Konstruktionsprinzipien. An die Stelle der im 13. Jahrhundert üblichen Verwendung von Buckelquadern mit Randschlag tritt ein sauber bearbeiteter Mauerverband aus kleineren, glatten Quadern.

HÖNINGEN
Ehem. Augustiner-Chorherrenstift

Etwa 3 km südöstlich von Altleiningen liegt in einer Senke das ehemalige Augustiner-Chorherrenstift Höningen. Graf Emich II. und seine Frau Alberta legten um 1120 den Grundstein für dieses Kloster, das sie mit Augustiner-Chorherren aus Frankenthal besetzten. Das Stift, das möglicherweise als ein papsttreues Gegengewicht zur nahegelegenen salischen Limburg gegründet wurde, sollte zur Grablege der Leininger werden. Das Grafenpaar versah die Filialgründung mit reichen Stiftungen und übernahm selber die Schirmvogtei. Kaiserliche und päpstliche Schutzbriefe gaben dem Kloster eine Sonderstellung als päpstliches Eigenkloster. Die Abtei, die in den Urkunden als „Hagenehe", „Hegenahe", „Hagene", „Hegene", „Heyna", „Heningen", „Henningen" und „Heiningen" erscheint, wurde im Jahre 1142 geweiht. Sie unterstand dem Patronat des hl. Petrus und der hl. Verena, einer oberägyptischen Christin, die als Schutzpatronin der Pfarrhaushälterinnen gilt.

Der noch erhaltene Westgiebel mit dem zugemauerten Portal vermittelt einen ungefähren Eindruck der ursprünglichen Dimensionen der Klosterkirche. Die dreischiffige, flach gedeckte romanische Pfeilerbasilika erstreckte sich über eine Länge von 39 m und erreichte eine Breite von 9 m. Unter dem rechteckigen Chor befand sich die Krypta, über dem Querschiff erhob sich der achteckige Vierungsturm, der ähnlich wie bei der ehemaligen Klosterkirche St. Laurentius in Seebach ausgeformt war.

Vor der Westseite der Kirche lagen eine Vorhalle und ein ausspringender Treppenturm. Die Mauer des Westgiebels ist knapp 2 m stark und aus kleinen Quadern errichtet, an denen noch die Zangenlöcher zu erkennen sind. Den oberen Teil des Giebels gliedern über drei Etagen rechteckige Fenster, die aus dem Spätmittelalter stammen. Links des rundbogigen romanischen Portals, das man in gotischer Zeit durch einen spitzbogigen Einbau verkleidete, wurde der stehen gebliebene Stumpf des Treppenturms bei der Errichtung der Klosterschänke im Jahre 1978 neu aufgestockt. Außer dem Westgiebel haben sich vier vermauerte Mittelschiffarkaden erhalten (ein Pfeiler mit einem ornamentierten Kapitell befindet sich im Schuppen von Haus Nr. 182), außerdem stehen noch einige Mauerreste der Krypta. Nördlich der Kirche lagen die Klostergebäude, die gegen Ende des 16. Jahrhunderts zu Schul- und Schaffnerei-

Westgiebel und (rekonstruierter) Treppenturm der ehem. Klosterkirche

Westgiebel der ehem. Klostergebäude

Jakobskirchlein (vorne) und Westpartie der ehem. Klosterkirche (hinten)

Der gesamte Klosterbereich war ursprünglich von einer Mauer umgeben, von der die vermutlich aus dem 13. Jahrhundert stammende rundbogige Toreinfahrt mit Fußgängerpforte erhalten ist; durch sie betritt man heute den Klosterbezirk. Nach der Auflösung des Klosters im Jahre 1569 wurden die Gebäude als lutherische Lateinschule genutzt, an der viele namhafte Lehrer unterrichteten. 1729 siedelte die Schule nach Grünstadt über, wo sie als Leininger-Gymnasium heute noch besteht. Daraufhin begann der allmähliche Verfall der Baulichkeiten, die schließlich als Steinbruch missbraucht wurden. Manche Werkstücke der Bauplastik aus der Klosterkirche kamen in das benachbarte Jakobskirchlein und konnten somit gerettet werden; ein Türsturzrelief mit Zierleiste aus dem 12. Jahrhundert, das die Seepredigt Christi zeigt, befindet sich heute im Historischen Museum der Pfalz in Speyer.

gebäuden umgebaut wurden. Aus dieser Zeit stammt der hoch aufragende Westgiebel mit einem vorgesetzten zweigeschossigen Torhäuschen.

HÖNINGEN
Evangelische Kirche St. Jakob (Jakobskirchlein)

Den Stiftsgebäuden gegenüber liegt auf dem Friedhof von Höningen die evangelische Kirche St. Jakob, die im Mittelalter dem Kloster angeschlossen war. Sie stammt ebenfalls aus dem 12. bzw. frühen 13. Jahrhundert, wurde in der Folgezeit jedoch mehrfach verändert. An das flach gedeckte Langhaus schließt ein quadratischer Chor an, dessen Bogen auf profilierten Kämpfern ruht. Das Äußere des Kirchleins ist ungegliedert, die Mauerfläche aus kleinen Quadern öffnet sich lediglich mit sehr kleinen Fenstern. In der Schlusswand des Chors befindet sich eine schön gestaltete spätromanische Sechspassöffnung, welche die wichtigste Lichtquelle für den Innenraum darstellt. An

Ostwand des Jakobskirchleins

der Südseite des Langhauses lässt sich ein vermauertes Portal mit einer Rundbogenblende erkennen, mit dem an der Nordseite ein weiteres mit rechteckig gerahmtem Tympanon korrespondiert. Dieses Portal ist jedoch nicht ursprünglich, sondern wurde in späterer Zeit aus verschiedenen romanischen Architekturstücken zusammengefügt. Am Westgiebel ist das Bogenstück eines romanischen Rundbogenfensterchens mit von Flechtwerk geziertem Profilgewände eingemauert, das von der Klosterkirche stammt. Im Inneren konnten im Chor und an den Langhauswänden Malereien freigelegt werden, die der ersten Hälfte des 14. Jahrhunderts angehören. Ihr Erhaltungszustand ist jedoch sehr schlecht, so dass die dargestellten Szenen der Kindheit Christi und der Passion nur noch bruchstückhaft zu erkennen sind.

BATTENBERG

Evangelische Pfarrkirche, ehem. St. Martin

In Battenberg steht die evangelische Pfarrkirche, ehemals St. Martin, inmitten eines von einer Mauer umschlossenen Friedhofs, den man durch einen romanischen Torbogen betritt. Die Kirche entstand in der Mitte des 13. Jahrhunderts, der so genannten „Übergangszeit", und vereint spätromanische und frühgotische Formen. An den Westturm schließt das flach gedeckte Langhaus mit einem quadratischen, kreuzrippengewölbten Chor an. Den Türsturz des Portals an der Südseite schmückt ein Kreuz, das schlicht gestaltet ist. Ein Ausflug zu dieser kleinen Dorfkirche ist besonders bei klarem Wetter lohnenswert, da sich von hier aus ein

Westturm

herrlicher Blick auf die Rheinebene und auf die Hänge des Odenwalds bietet.

Burgruine

Etwas außerhalb des Ortes liegt an der Kante eines sich verengenden Bergvorsprungs die Burgruine Battenberg, die vermutlich von Graf Friedrich II. von Leiningen errichtet wurde. Von der 1689/90 fast total zerstörten Burg haben sich im Wesentlichen nur der unregelmäßig vieleckige Bering der Gründungszeit sowie einige Reste eines Torbaus und eines nachmittelalterlichen Wohngebäudes erhalten.

Ansicht von Westen

Treppenturm

HERXHEIM AM BERG

Evangelische Pfarrkirche,
ehem. St. Jakob

Der älteste Teil der evangelischen Pfarrkirche, ehemals St. Jakob, in Herxheim am Berg ist der romanische Unterbau des Turmes, der einer verlorenen Inschrift zufolge bereits im Jahre 1024 errichtet worden sein soll. Im Osten des Turmes ist eine halbrunde Apsis angebaut, in der sich, wie auch im Turmuntergeschoss, Malereien befinden, die in ihren Ursprüngen aus der Mitte des 13. Jahrhunderts stammen. Um ein Rundbild mit der Darstellung des Hl. Geistes gruppieren sich im Gewölbe des Turmuntergeschosses die vier Evangelisten. Sie sind in menschlicher Gestalt mit den Köpfen ihrer Symbole wiedergegeben: dem Engel des Matthäus, dem Stier des Lukas, dem Löwen des Markus und dem Adler des Johannes. Die Malereien weisen, wie auch die Ornamente an den beiden Gurtbögen, sehr starke Überarbeitungen auf. Die mehrfigurige, nur noch in Fragmenten erhaltene Darstellung in der Apsiswölbung, vermutlich eine Deesis, stammt aus dem 14. Jahrhundert. Ursprünglich war der gesamte Sockel des Chorraums mit einem gemalten Vorhang geschmückt, von dem sich noch einige Teile erhalten haben.

DACKENHEIM

Katholische Pfarrkirche St. Maria

Die katholische Pfarrkirche St. Maria in Dackenheim gehörte seit 1147 zum Kloster Höningen. Aus dieser Zeit stammt vermutlich der Kernbau der Kirche, der Chorraum und die Apsis, die sich an den Bauformen der Wormser Schule orientieren. Der Turm war ursprünglich dreigeschossig, das jetzige Obergeschoss ist spätgotischer, das Haubendach barocker Herkunft. Die Außenwand von Erdgeschoss und Apsis ist aus sorgfältig gearbeiteten Quadern gemauert; Lisenen sowie Rundbogen- und Zahnschnittfriese gliedern die Apsis und die darüber liegenden Turmgeschosse (das Ostfenster der Apsis wurde frühgotisch verändert).

Betritt man das Innere der Kirche, so führt der Weg durch das im 18. bzw. 19. Jahrhundert vermutlich über den Fundamenten des Gründungsbaus errichtete einschiffige Langhaus in den romanischen Chorraum. Das Kreuzgewölbe besteht aus schweren Rundstabrippen über

Ostapsis

Ansicht von Süden

Ecksäulen, die zwischen den rechteckig profilierten, spitzen Schildbögen stehen. Den Seitenwänden vorgeblendet ist jeweils eine Gruppe aus drei Rundbogenarkaden über Wandsäulen. Die Säulenkapitelle und die oberhalb der Arkadenbögen ansetzenden Bogenkämpfer sind mit reich gearbeiteten Palmettenfriesen und figürlicher Plastik geschmückt. Am Westgiebel ist außen als Spolie ein romanisches Relief mit einer Darstellung des Sündenfalls eingemauert, das vermutlich vom ehemaligen Portaltympanon stammt.

WEISENHEIM AM SAND

Protestantische Pfarrkirche

Romanischen Ursprungs ist der westliche, von seitlichen Anbauten flankierte Eingangsturm der katholischen Pfarrkirche in Weisenheim am Sand, auch heute noch das die übrigen Gebäude überragende Wahrzeichen des Ortes. Oberhalb des Portalgeschosses gliedern je zwei übereinanderliegende Doppelfenster, die durch Säulchen mit Würfelkapitellen gekuppelt sind, die westliche, südliche und nördliche Turmwand. Die Fensterstellung im oberen Geschoss setzte sich ursprünglich mit Bogenblenden über die Mauer fort. Die Erbauungszeit des Turmes darf für das dritte Viertel des 12. Jahrhunderts angenommen werden.

Westturm

NORDPFÄLZER BERGLAND UND DONNERSBERG

Evangelische Pfarrkirche Kirchheimbolanden – Prämonstratenserkloster Rothenkirchen – Burgruine Neubolanden – Kloster Hane Bolanden – Katholische Pfarrkirche Bubenheim – Evangelische Pfarrkirche Rüssingen – Katholische Pfarrkirche Stetten – Simultankirche Ilbesheim – Evangelische Pfarrkirche Morschheim –Evangelische Pfarrkirche Orbis – Moschellandsburg – Burgruine Löwenstein – Burgruine Montfort – ehem. Zisterzienserkloster Disibodenberg – Simultanpfarrkirche Oberndorf – Burgruine Randeck – Burgen am Donnersberg

KIRCHHEIMBOLANDEN

Evangelische Pfarrkirche St. Peter, ehem. St. Remigius

Im Zentrum Kirchheimbolandens, auf einem Hügel in der Altstadt, erhebt sich die evangelische Pfarrkirche St. Peter, ehemals St. Remigius. Erstmals genannt wurde die Pfarrkirche in ihrer heute zum Teil noch erhaltenen Gestalt im Jahr 1214, doch gab es bereits einen Vorgängerbau aus dem 7. Jahrhundert, der vermutlich an gleicher Stelle stand. Auf den frühmittelalterlichen Ursprung weist der als Spolie in das obere Turmdrittel eingemauerte rohe Kopf hin, der wohl als Schreckmaske gegen bösen Zauber und Dämonen gedacht war.

Chorturm, untere Partie

Die Kirche trug ursprünglich (nachweislich bis zum Jahre 1570) den Namen St. Remigius, also den Namen des Bischofs von Reims, von dem berichtet wird, dass er an Weihnachten des Jahres 498 den Frankenkönig Chlodwig zum christlichen Glauben bekehrt hat.

Mit der Existenz der Kirche eng verknüpft ist die Entstehung des Ortes Kirchheim. Der Vorgängerbau der heutigen Kirche war ein alleinstehendes Gotteshaus, um das sich im Laufe des 7. Jahrhunderts christianisierte Franken ansiedelten. Während dieses Zeitraums bildete sich allmählich der dann 774 im Lorscher Kodex erwähnte Ort Kirchheim, also ein Dorf (Heim) bei der Kirche. Der mit der Endung „heim" gebildete Ortsname verweist Kirchheim in die große Gruppe der „Heime" (in der Nordpfalz und in Rheinhessen haben fast zwei Drittel der Dörfer und Städte diese Endung), die der Frühzeit fränkischer Siedlung angehören. Als Reichslehen kam der Ort unter Kaiser Friedrich II. an die Herren von Bolanden und nannte sich danach „Kirchheim bei Bolanden"; die heute gebräuchliche Schreibweise stammt aus dem 19. Jahrhundert. In den Rang einer Stadt wurde Kirchheimbolanden erst im Jahre 1368 erhoben.

Von der romanischen Kirche, deren Baubeginn für das ausgehende 12. Jahrhundert vermutet wird, hat sich der quer-

rechteckige Chorturm mit dem ehemaligen Altarraum erhalten. Lisenen und Rundbogenfriese gliedern die unteren Geschosse des Außenbaus. An der südöstlichen Turmecke erkennt man über einem Lisenenkämpfer mit Palmettenfries ein unbekleidetes Männlein, das auf einem krötenähnlichen Tier hockt, einen sogenannten Dämonenreiter (heute allerdings eine Nachbildung). In die Architektur einbezogene Skulpturen dieser Art kamen nicht nur einer rein dekorativ-ornamentalen Aufgabe nach, sondern dienten darüber hinaus der Dämonenabwehr, ein an mittelalterlichen Sakralbauten häufig anzutreffendes Motiv. An der Südwestkante des Turmes, unmittelbar unter dem Langhausdach, ist eine Sonnenuhr angebracht, die noch vor 1200 entstanden ist und die als die älteste Sonnenuhr der Pfalz in nachrömischer Zeit gilt. Das Glockengeschoss und das Haubendach stammen aus dem 18. Jahrhundert. Das im

Kern wohl spätgotische und in der Folgezeit mehrfach umgebaute Langhaus weist eine schlichte Formensprache auf, wie sie dem puristischen Empfinden einer reformierten Glaubensgemeinde entsprochen haben dürfte.

Chorturm von Südosten

links oben: Dämonenreiter an der südöstlichen Turmecke

Kapitell im ehem. Refektorium

Eingangsportal

Ansicht von Osten

Ehem. Prämonstratenserkloster Rothenkirchen

Das zwischen Kirchheimbolanden und Orbis gelegene Prämonstratenserkloster Rothenkirchen wurde im Jahre 1160 von Werner II. von Bolanden und seiner Frau Guda als Stift des Augustinerordens gegründet. Den Augustiner-Chorherren folgten Prämonstratenserinnen, die um 1180 ins Kloster Hane umsiedelten, während die Prämonstratenser aus Hane in Rothenkirchen ansässig wurden. *„Hanc domum fecerunt Werner et Guda"* (*„Diesen Bau errichteten Werner und Guda"*) – so lautet, ähnlich einer Devise, die Bauinschrift am Eingang zum ehemaligen Refektorium, dem einzig erhaltenen Gebäudeteil der kurz vor 1200 errichteten Klosteranlage. Und eine zweite Inschrift an dem rundbogigen Portal – die Hexameter an der Archivolte über dem heute leeren, ursprünglich wahrscheinlich bemalten Tympanon – berichtet von der klösterlichen Sitte, beim Essen kirchliche und weltliche Texte zu verlesen: *„Sedibus his panem carni, verbum dabis auri. Deli-*

ciis verbi sacius quam pane cibaris" (*„An dieser Tafel reichst du das Brot dem Leibe, das Wort dem Ohr. Doch durch die Freuden des Wortes wirst du besser genährt als durchs Brot"*)

Das gut erhaltene, als Stall (!) benutzte ehemalige Refektorium gliedert sich als gequaderter sechsachsiger Rechteckbau, der ursprünglich an den Ostflügel des Kreuzgangs anschloss. Von diesem sind noch die Schildbögen und die Gurtbögenansätze mit Eckkapitellen an der äußeren Westwand zu sehen. Die Ostwand wird durch lang abgeschrägte Strebepfeiler, ähnlich denen der ehemaligen Zisterzienserabtei in Otterberg, rhythmisiert. Im dritten Joch von Norden springt eine rechteckige Lektorennische vor. Das Innere nimmt als zweischiffige Säulenhalle zu sechs Jochen die äußere Gliederung auf. Die busigen Kreuzrippengewölbe lagern auf Säulen und Kapitellen. Ähnlichkeiten mit elsässischen Formen und der Wormser Bauschule – etwa dem Wormser Westchor, dem ehemaligen Kapitelsaal in Otterberg oder dem Portal im nahen Orbis – klingen an: ein sich verjüngender Schaft, darüber ein Kranz breitlappiger Blätter und Eckvoluten mit palmettengefüllten Zwickeln, und darüber profilierte, zum Teil mit Kerbschnittornamenten versehene Deckplatten.

Bemerkenswert im Rothenkircherhof ist der Erhaltungszustand der Bau- und Ornamentformen, die dem Besucher einen originären und relativ unverfälschten Eindruck romanischer Raumgestaltung vermitteln mögen. Dieses vorzüglich erhaltene, vielleicht auch glücklicherweise etwas abseits gelegene Kulturdenkmal befindet sich in privater Hand. Die Besitzer überlassen dem interessierten Besucher gerne die Schlüssel für eine Besichtigung.

BOLANDEN
Burgruine Neubolanden

In Bolanden, etwa 2 km südlich von Kirchheimbolanden, war einst der Stammsitz der
Herren von Bolanden, die anfangs in der
Burg Altbolanden, einer bereits vor 1100
erbauten und im 16. Jahrhundert völlig
untergegangenen Wasserburg, dann in der
um 1206 errichteten Burg Neubolanden
residierten. Die Herren von Bolanden galten als die mächtigste und angesehenste
nordpfälzische Ministerialenfamilie des 12.
und 13. Jahrhunderts. Sie waren aus dem
Stand der persönlich Unfreien hervorgegangen, standen jedoch aufgrund ihrer Ver-
dienste als Dienstleute in der Gunst verschiedener Herrscher. Die Geschichte der
Familie ist ein bemerkenswertes Beispiel
für den sozialen Aufstieg von Reichsminis-
terialen. Seit dem Jahre 1165 waren die Bolanden für vier Generationen in führenden
Positionen der Reichsverwaltung tätig und
stellten Reichstruchsess und Reichskäm-
merer. Als sichtbarer Ausdruck ihrer Macht
und ihres Ansehens gründeten sie – an das
Beispiel des Königs und des Hochadels an-
knüpfend – die beiden Hausklöster Hane
und Rothenkirchen. Ihr umfangreicher Besitz, dessen Zentrum in der Nordpfalz und
in Rheinhessen lag, reichte bis nach Lothringen, in die Eifel und in die Wetterau.
Ab der dritten Generation heirateten sie
nur noch in edelfreie und gräfliche Häu-

ser ein. Die Abspaltung der Linien Falkenstein und Hohenfels-Reipoltskirchen verhinderte jedoch, dass aus ihrem umfangreichen Besitz ein Territorialstaat wurde.

Von ihrer Burg aus, die sie als ihren
Allodialbesitz betrachteten, erschlossen
die Herren von Bolanden das Waldland
des Donnersberges und besiedelten das
Rodungsgebiet mit Bauern. Stetig vermehrten sie ihre Besitzungen und Ho-
heitsrechte. Zu Ende des 12. Jahrhunderts verfügte das bolandische Geschlecht
über mehrere Allodien in Kirchheim sowie zahlreiche Lehnsgüter im Speyer-,
Worms-, Rhein-, Nahe- und Moselgau
und in der Wetterau. Wie die Burg einst
ausgesehen haben mag, zeigt ein dem
Münchner Maler Philipp Helderhof zu-
geschriebenes Gemälde.

Im Vergleich zur damaligen Machtfülle ist es wenig, was die Zeit von der
Herrschaft der Herren von Bolanden übrig gelassen hat. Auf einem mäßig hohen
Bergrücken über dem Dorf liegt die nur
über einen Fußweg erreichbare Burgruine Neubolanden, von der einzig die unteren Teile der Ringmauern erhalten sind.

Turmrest, heute zur
Aussichtsplattform aus-
gebaut

Burg und Ort
Bolanden. Gemälde,
Philipp Helderhof
zugeschrieben,
2. Hälfte
18. Jahrhundert

BOLANDEN

Kloster Hane

Ein weiteres romanisches Baudenkmal in Bolanden ist das ehemalige Kloster Hane, das von dem ersten bekannten Vertreter des Hauses Bolanden, Werner I., dem Vater Werners II., und seiner Frau Gudela von Hohenfels gegründet wurde und das der Hambacher Pfarrer Franz Xaver Remling in seiner „Urkundlichen Geschichte der ehemaligen Abteien und Klöster im jetzigen Rheinbaiern" im Jahre 1836 wie folgt beschrieb: „Dieses ist ... *das Kloster Bolanden, welches spaeter wahrscheinlich vom Haine, der dasselbe umschloss, Kloster des Haines – Claustrum de indagine – Hagene ecclesia hagenensis – Heyne, Hane, Hahn, genannt wurde. Der jetzt daselbst in einem ordentlichen Vierecke schoen gelegene Klosterhof bezeichnet mit den Resten der alten oestlichen Ringmauer, den weiten Bezirk unseres Gotteshauses. Von den Gebaeulichkeiten, welche zum alten Convente gehoerten, ist besonders die jetzt zu einem Holzbehaelter verwendete Klosterkirche bemerkungswerth ..."* Was der Autor des 19. Jahrhunderts als „Holzbehaelter" vorfand – andere Überlieferungen aus dem 18. Jahrhundert berichten von der Umwandlung der

Ansicht von Südosten

Kirche in eine Scheune –, war einst das Herzstück des von Werner I. vor 1129 gegründeten Augustiner-Chorherrenklosters „Unserer Lieben Frau Maria Hagene" oder „Hâne", später „Hagenensis ecclesia". Schon bald mit Prämonstratensern besetzt, wurde es um 1180 durch einen Tausch mit dem Kloster Rothenkirchen zum Prämonstratenserinnenkloster. Das Gründungsdatum ist aufgrund einer Urkunde von 1129 bekannt, in der Erzbischof Adalbert I. von Mainz diese fromme Stiftung der „Cella" Bolanden bestätigt und gleichzeitig „Warnerus de Bolanden" zum Schirmvogt des neuen Klosters ernennt. Bemerkenswert an diesem Dokument ist die Erwähnung eines demokratischen Reglements, welches bestimmt, dass dieses Amt stets dem ältesten Erben des bolandischen Geschlechtes vorbehalten sein soll, gleichzeitig jedoch die Einschränkung vermerkt, dass bei einem ungerechtfertigten Verhalten gegenüber dem Stift die Klosterinsassen das Recht haben, den Vogt abzusetzen und einen neuen zu wählen.

Die ursprünglich dreischiffige Pfeilerbasilika des 12. Jahrhunderts wurde im Zuge eines spätgotischen Umbaus verändert, indem man das Mittelschiff und das nördliche Seitenschiff durch den Abbruch der Arkaden zu einem einschiffigen Raum zusammenfasste. Das südliche Seitenschiff wurde abgerissen, von seinen fünf Arkaden finden sich vier in der Südwand eingemauert. Als Relikte eines älteren Baus, die in den neuen (d. h. spätgotischen) Raum integriert wurden, wirken die zugesetzten Bögen wie architektonische Zitate. Während die Fenster zum größten Teil zugesetzt sind, wurde das romanische Nordportal bei den jüngsten im Jahre 1992 abgeschlossenen Freilegungs- und Instandsetzungsarbeiten wieder geöffnet. Farbspuren und geringe Malereireste deuten darauf hin, dass die Kirche einst ausgemalt war.

BUBENHEIM
Katholische Pfarrkirche St. Peter

Inmitten eines alten Kirchhofs steht der kleine Sakralbau aus dem Jahre 1163, der nachträgliche Veränderungen relativ unbeschadet überstanden hat. (Bei Restaurierungsarbeiten in den Jahren 1961 und 1962 konnten entstellende Baumaßnahmen der Folgezeit mehr oder weniger rückgängig gemacht werden.) So erscheint die heutige Kirche, mit Ausnahme des Dachreiters aus dem 18. Jahrhundert, in ihrer wahrscheinlich ursprünglichen Gestalt aus der Mitte des 12. Jahrhunderts. Hier erlebt der Betrachter quasi Romanik „pur", einen der seltenen Fälle, wo sich der originäre Bau- und Raumgedanke weitestgehend erhalten hat und kein zusätzliches Beiwerk den Blick verstellt.

An ein einschiffiges Langhaus mit einer eingebauten querrechteckigen, ehemals turmbekrönten Westvorhalle mit rundbogigen Flachnischen schließt ein quadratischer Chor, an diesen wiederum eine halbrunde Apsis an, so dass der Gesamtbau im Grundriss wie aus einzelnen geometrischen Bauelementen zusammengesetzt erscheint. Lisenen und Rundbogenfriese gliedern die Giebelfassade der Vorhalle wie auch die Apsis. Das Langhaus ist flach gedeckt, die Apsis wird von einer Halbkuppel bekrönt. Das Chorjoch wurde im 15. Jahrhundert mit einem Kreuzrippengewölbe versehen. Hochsitzende kleine Rundbogenfenster mit schrägen Laibungen sorgen für eine gleichmäßige und milde Ausleuchtung des Innenraumes. Chor- und Apsisbogen sitzen auf profilierten Kämpfern, die gelben und roten Bogenquader sind im Wechsel gesetzt.

Dass das exakte Gründungsjahr der Kirche überliefert ist (nur ganz selten sind ja genaue Baudaten aus dem Zeitalter der

Romanik bekannt), ist der bemerkenswerten und in dieser Form einzigartigen Inschrift mit dem eingeritzten Bildnis des Erbauers in Opferhaltung zu verdanken, die sich am nördlichen Chorbogenpfeiler befindet. Sie nennt neben dem Erbauungsjahr 1163 den Stifter, einen gewissen Godefridus, bei dem es sich um den Priester und Baumeister Gottfried von Beselich gehandelt haben dürfte, der nachweislich im Gebiet zwischen Lahntal und Wetterau tätig gewesen ist. Als ein zusätzlicher Hinweis auf Gottfrieds bauliche Urheberschaft mag der Umstand gelten, dass Bubenheim eine Schenkung des Grafen Ludwig von Arnstein an die von ihm gestiftete Prämonstratenserabtei an der Lahn war. Schön gearbeitet ist die Lavabonische in der südlichen Apsiswand, die gleichfalls aus der Gründungszeit stammt. Ihr Abfluss erscheint in Form eines roh skulptierten, das Wasser einschlürfenden Kopfes. Der Taufstein mit dem mit Maßwerkblenden verkleideten Becken und den drei an seinem Fuß sitzenden Löwen entstand um 1500.

Ansicht von Westen

Apsis und Chorjoch

Inschrift am nördlichen Chorbogenpfeiler

Ansicht von Süden

Südportal

Kircheninneres nach Westen

RÜSSINGEN
Evangelische Pfarrkirche

Die Evangelische Pfarrkirche von Rüssingen liegt leicht erhöht und setzt sich aus einem im Kern romanischen Langhaus und einem ebenfalls der Romanik entstammenden Westturm zusammen. Die Fenster im Langhaus wurden nachträglich verändert, der dreiteilig geschlossene Chor gehört dem 18. Jahrhundert an, der Turmhelm ist eine Zugabe des Barock. Während das Untergeschoss des Turmes unverputzt ist, sind die darüber liegenden Geschosse (wie auch Langhaus und Chor) getüncht, so dass die zweischichtige Wandgliederung gut sichtbar wird. Die einzigen größeren Wandöffnungen bilden die Klangarkaden im zweiten Obergeschoss, die durch Teilungssäulchen gegliedert werden.

Das Portal an der Südseite des Langhauses mit dem rechteckig gerahmten Entlastungsbogen stammt aus dem späten 11. bzw. frühen 12. Jahrhundert. Den Türsturz ziert ein Relief mit Symbolen der christlichen Ikonographie: ein Kreuz und vier Tauben zwischen einem Löwen und einem Drachen. Unter dem Drachen liegt ein Mann, der das Ungeheuer mit einem Schwert angreift. Das Kreuz steht für den Opfertod Christi, die Tauben symbolisieren hier wohl die von feindlichen Mächten bedrängten reinen Seelen. Der Drache verkörpert gemäß mittelalterlicher Auffassung die Macht des Bösen, während die Gestalt des Drachentöters auf Jesus Christus hinweist. Der Löwe ist ein ambivalent zu deutendes Sinnbild: Einerseits gilt er, wie der Drache, als eine Verkörperung dämonischer Kräfte, andererseits versteht er sich als ein Hinweis auf den Opfertod Christi und auf die Überwindung von Hölle und Teufel. (Bei dem an der Kirche angebrachten Relief handelt es sich um eine Nachbildung, das Original wird im Historischen Museum der Pfalz in Speyer aufbewahrt.)

STETTEN

Katholische Pfarrkirche
Hl. Dreifaltigkeit

Die erstmals im Jahre 1144 urkundlich erwähnte Stettener Kirche (über einen Vorgängerbau wird bereits vor 1076 berichtet) setzt sich aus Baugliedern verschiedener Stilepochen zusammen. Der Westturm wurde in der Mitte des 12. Jahrhunderts errichtet, der dreiseitig geschlossene Chor und das vermutlich dreischiffige Langhaus, das im 18. Jahrhundert zu einem Saalbau von nahezu quadratischen Grundmaßen umgebaut wurde, entstanden im 14. Jahrhundert. Der Turm erscheint als eine wehrhafte, dreigeschossige Anlage, die in einem jünge-

ren Spitzhelm ihren Abschluss findet. Gekuppelte Rundbogenblenden, die auf Konsolen mit figürlichen Verzierungen von teilweise rätselhaftem Inhalt ruhen, gliedern das untere und das mittlere Geschoss. Im Glockengeschoss befinden sich dreifach gekuppelte Klangarkaden, die Säulchen enden in Würfelkapitellen. An der südlichen Turmwand führt ein Portal ins Innere; das Tympanon über dem geraden Türsturz wird von zwei kleinen Säulen, die mit plastisch gearbeiteten Würfelkapitellen abschließen, gerahmt. Sehenswert ist im Inneren der nördliche Seitenchor mit einem aus 35 kleinfigurigen Einzelszenen bestehenden Bilderzyklus aus dem 15. Jahrhundert.

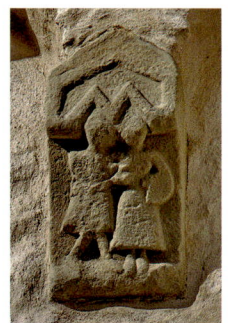

Figürliches Relief an der südlichen Turmwand

oben: Westturm

links: Portal an der südlichen Turmwand

ILBESHEIM

Simultankirche St. Johann Baptist

Der aus dem 12. Jahrhundert stammende Westturm der Simultankirche St. Johann Baptist ist der einzige seiner Art in der gesamten Pfalz: Über einem rechteckigen Untergeschoss erheben sich drei ins Achteck überführte Geschosse, die von gekuppelten Klangarkaden mit Mittelsäulchen gegliedert werden. Beachtlich ist auch die Höhe des Turmes, der von einem neuzeitlichen verschieferten Aufsatz und einem Helm aus dem Jahre 1958 bekrönt wird.

rechts unten: Westportal

unten: Chorturm von Südosten

MORSCHHEIM

Evangelische Pfarrkirche, ehem. St. Mauritius

Von der Evangelische Pfarrkirche, ehem. St. Mauritius, haben sich noch einzelne Reste eines romanischen Vorgängerbaus erhalten, die in das im Jahre 1715 erbaute Schiff integriert wurden. Eine Kopfspolie über dem Westportal zeugt heute noch von dieser Vorgängerkirche. Der rechteckige Chorturm entstammt der zweiten Hälfte des 13. Jahrhunderts.

Ansicht von Südwesten

ORBIS

Evangelische Kirche, ehem. St. Peter

Die evangelische Kirche von Orbis besteht aus einem Saalbau mit einem ungegliederten Turm, der zu Anfang des 13. Jahrhunderts errichtet und im Barock leicht verändert wurde. Spätromanischen Ursprungs ist das Kreuzrippengewölbe des Chors, das auf teilweise beschädigten Laubwerkkapitellen und abgefangenen Runddiensten lagert. Der Zutritt in die Kirche erfolgt im Westen durch ein gut erhaltenes Stufenportal, das um 1200 im Stil der Wormser Schule errichtet wurde – etwa vergleichbar mit dem Westchor des Wormser Domes oder dem Nordportal von St. Andreas in Worms. Pfeiler und eingestellte Säulen werden von Volutenkapitellen abgeschlossen, die

innere Archivolte ist durch einen Zickzackstab ausgebildet, die äußere ziert ein Schachbrettmuster.

links: Westportal

Kapitellzone

Eingangsportal zur Oberburg

OBERMOSCHEL
Moschellandsburg

Auf einem mächtigen, 330 m hohen Porphyrkegel bei Obermoschel liegt 160 m über dem Tal die Burgruine Landsberg, auch Moschellandsburg oder Moschellandsberg genannt. Auf diesem errichteten im 12. Jahrhundert die Grafen von Veldenz als bischöflich wormsische Lehnsleute eine Festung, die an einer strategisch, d. h. verkehrspolitisch wichtigen Stelle lag. Sie kontrollierte die alte Verbindungsstraße zwischen dem Alsenz-

Kupferstich von Matthäus Merian d. Ä., 1634

und dem Glantal, darüber hinaus kam ihr aufgrund der guten Fernsicht in das Nahe- und Glangebiet mit den Nachbarburgen Montfort, Löwenstein und Randeck eine übergeordnete fortifikatorische Bedeutung zu.

Die Burganlage bestand im Mittelalter aus einer Ober- und einer Unterburg, wie dies ein um 1634 entstandener Kupferstich von Matthäus Merian d. Ä. zeigt. Ins 12. bzw. 13. Jahrhundert zu datieren sind der Bergfried, die Schildmauer und die Gebäude der Oberburg – mit einigen Veränderungen im 15., 16. und 17. Jahrhundert. Die Unterburg und der Zwinger wurden im 15. Jahrhundert, die beiden östlichen und westlichen runden Flankierungstürme ein Jahrhundert später errichtet. Der Zutritt zur Burg erfolgt

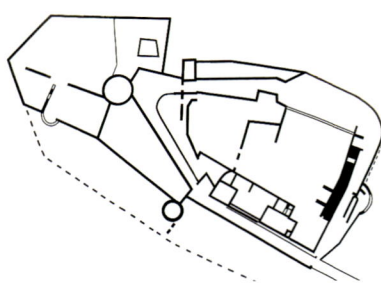

über den alten Burgweg von Südosten (von wo aus auch Merian sie gesehen hat) und führt auf der inneren, dem Burghügel zugewandten Seite an einer Mauer vorbei, die relativ selten anzutreffen ist. Es handelt sich bei dieser um ein zyklopisches oder auch „Megalith-Mauerwerk", das nach Westen hin schräg ansteigt und aus polygonal beschlagenen, groben Natursteinquadern besteht. Eine solche Mauertechnik ist für das 12. Jahrhundert ungewöhnlich. Vermutlich stammt die Mauer bereits aus dem 10. bzw. 11. Jahrhundert und lässt somit Rückschlüsse auf eine Vorgängerburg zu, die jedoch bislang nicht nachgewiesen werden konnten. An der Ostseite der Oberburg finden sich Reste der ehemaligen Schildmauer (bei Merian noch unbeschädigt und hoch überdacht), die aus anstehendem Felsgestein und dieses umkleidendem Mauerwerk bestand. Die einst mächtige Schildmauer, die, wie Fundamentreste im Inneren zeigen, zugleich Außenmauer für ein großes Gebäude war, diente als Schutz gegen feindliche Angriffe von Osten. Im eigentlichen Zentrum der Oberburg, auf einem Felsklotz inmitten des oberen Burgplateaus, lag der Bergfried, welcher der Burgbesatzung als letzte Zuflucht diente und nach der Ansicht Merians (dort mit einem hohen Satteldach und vier Eckerkertürmchen am

Dachansatz) vermutlich rechteckig war. Erhalten hat sich die Nordwestecke bis in die Höhe des dritten Geschosses. Die über 10 m lange Westmauer, teilweise mit Buckelquadern verkleidet, weist eine Stärke von 2,80 m auf.

Auf eine wechselvolle Geschichte konnte die Burg zurückblicken, bevor sie im Jahre 1693 von den Franzosen zerstört wurde: Sie war Feste, Amtsstelle, wirtschaftliches Mustergut, Fronhof, Bergwerksmittelpunkt für Quecksilber-Erzbergbau von europäischem Ruf, fürstlicher Landsitz, pfalzgräfliche Kanzlei und herzogliche Residenz.

Bergfried

Fundamentreste des westlichen Flankierungsturms

Turmstumpf (rechts) und Westwand des ehem. Ritterhauses

NIEDERMOSCHEL

Burgruine Löwenstein

Die im Jahre 1173 erstmals genannte Burg Löwenstein bei Niedermoschel, in der älteren Schreibweise auch „Lewenstein", lag als Tiefburg in Sichtweite der Burg Landsberg, mit der, als der größeren und stärkeren Festung, ein Schutzbündnis bestanden hat. Waren doch die Herren von Löwenstein Burgmannen der Moschellandsburg. Relativ ungewöhnlich ist die Lage der Ruine. Am oberen Ende eines kleinen Tales auf einem künstlich aufgeschütteten Hügel gelegen, erweckt sie den Eindruck einer ursprünglichen Turmhügelburg oder einer sogenannten Motte, die, als wehrhafter und bewohnbarer Holzturm auf wasserumgebenem Erdhügel, eine Vorform der mittelalterlichen Burganlage darstellte. Die Reste des Turmstumpfes auf der artifiziellen Erhebung sind heute noch zu sehen. Am Fuße des Hügels, direkt an der Feldstraße, lag das ehemalige Ritterhaus, in dem die Burgmannen ihre Wohnungen hatten. Von diesem erhalten haben sich die zweigeschossige Westwand mit Wehrgang – mit den gut erkennbaren Schießscharten der Bogenschützen – und ein Teil der südlichen Giebelwand des Palas.

HALLGARTEN
Burgruine Montfort

Die in einem idyllischen Seitental der Nahe errichtete Ganerbenburg Montfort gilt als eine der besterhaltenen Ruinen im – ehemaligen – Gebiet der Pfalz. Sie befand sich einst, was ihre abgeschiedene Lage kaum noch vermuten lässt, in der Nähe der alten Heerstraße von Tholey im Saarland nach Mainz. Die Festung wurde um 1200 als Lehnsburg der Herren von Veldenz gegründet, das Rittergeschlecht, das sich nach der Burg benannte (mons fortis = Starkenberg), geht auf Eberhard von Lautern zurück, der im pfälzischen Raum ein angesehener Reichsministeriale war. Er und seine drei Söhne ließen sich zusammen auf der Burg nieder. Unter ihren Nachkommen bildeten sich verschiedene Linien heraus, darunter eine Haupt- und zwei Nebenlinien, deren Angehörige ebenfalls auf der Festung ihren Wohnsitz nahmen, so dass bereits im Jahre 1238 die eigentlichen Montforter nicht mehr die einzigen Bewohner der Anlage waren. Doch nicht nur Familienmitglieder, sondern auch fremde Adelige zogen in diese Ganerbengemeinschaft.

Ein Ganerbe, auch Gemeiner genannt, war im rechtshistorischen Sinne der Beteiligte einer ritterschaftlichen Gemeinschaft. Der Zweck einer solchen Gemeinschaft bestand darin, ein Familiengut, wie es eine Burg darstellte, ungeteilt zu erhalten, um allen Familienmitgliedern die an den Besitz des Guts gebundenen Vorrechte zu garantieren (das althochdeutsche Wort „gan" bedeutet so viel wie miteinander, gemeinsam). Urkunden ist zu entnehmen, dass 1257 sechs, 1325 15 und 1444 sogar 17 verschiedene Adelsgeschlechter Anteile an Montfort hatten. Dies hieß aber nicht, dass alle Familien zur gleichen Zeit die Burg bewohnten. Das Ganerbenrecht hatte le-

diglich die Bedeutung eines Öffnungsrechts, das im Falle einer Fehde oder eines Krieges den betroffenen Ganerben erlaubte, auf der Burg Schutz zu suchen. Dennoch herrschte auf Montfort vermutlich ein enges Gedränge; denn selbst wenn die Angehörigen der Adelsgeschlechter nicht ständig anwesend waren, so lebten doch ihre Mägde, Knechte und Kriegsknechte auf der Burg dicht beisammen. Dies führte zu immer weiteren Aus- und Umbaumaßnahmen der Kernburg, ja sogar zur Unterteilung der größeren Palasgebäude. Am Anfang bestand Montfort wahrscheinlich nur aus ein bis zwei festen Häusern und einem ca. 4 m hohen Mauerring mit einem Wehrturm. Im 13., 14. und 15. Jahrhundert wurden weitere Bauten in ihrem unteren Teil an die-

Burggelände nach Osten mit Zisterne (vorne) und Bergfriedstumpf (hinten)

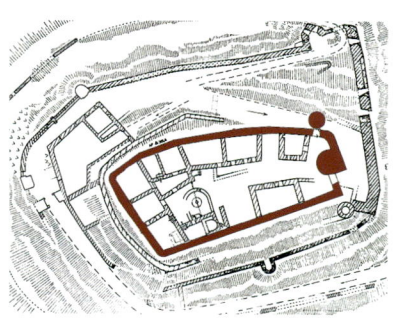

Inneres eines Wohnturms

se später auf 5 m, dann auf sogar 8,50 m erhöhte Ringmauer angelehnt. Mit dem Ausbau der Kernburg mussten nach und nach die dortigen Verteidigungsanlagen wegfallen. Es erwies sich als erforderlich, die ursprüngliche Anlage durch die Vertiefung des Halsgrabens sowie durch die Errichtung eines Zwingers im Süden und einer Vorburg mit Wallgraben im Norden zu verstärken. So entstand nun ein äußerer Mauerkranz von etwa 300 m Länge. Ein dreifaches Zwingersystem mit insgesamt sechs Toren sicherte den Zugang zur Burg, die bis zur Erfindung der Feuerwaffen nahezu uneinnehmbar war.

Sieben dieser turmartigen, bis zu fünf Stockwerke hohen Ganerbenhäuser, die an die Ringmauer angebaut wurden und den verschiedenen Familien als Wohnung dienten (*„sieben adeliche Personen so da zuletzt Ihren adelichen sitz vnd vnderhalt gehabt ein jeder seine sonderbare Wohnung und Haushaltung, so von andern abgeschieden"*, so eine spätere Quelle), haben sich in beachtlichen Resten

erhalten. Während die Burghäuser jüngeren Datums sind, ist die Kernanlage der Burg in ihrem Grundriss romanischen Ursprungs. Sie ist annähernd trapezförmig angelegt mit langen geraden oder schwach gebrochenen Ringmauern, die an zwei Ecken rechtwinklig, an den beiden anderen Ecken abgerundet umbiegen. Auf ihre Entstehung im frühen 13. Jahrhundert weisen die an die Mauern innen angeschobenen Gebäude hin. Wie die Burganlage jedoch vor ihrer Bebauung im 14. und 15. Jahrhundert ausgesehen hat, lässt sich anhand der in Teilen noch erhaltenen älteren Gebäudefundamente unterhalb der Ganerbenhäuser nicht mehr feststellen. Allem Anschein nach konnte die staufische Wehranlage aber den Wohn- und Schutzbedürfnissen des Spätmittelalters weiterhin Rechnung tragen.

Das Burgmuseum mit Fundstücken aus der fast 800-jährigen Geschichte der Burg befindet sich am Eingang der Anlage.

Burggelände nach Westen

ODERNHEIM

Ehem. Zisterzienserabtei Disibodenberg

Zwischen Staudernheim und Odernheim am Glan liegen auf einer leichten Anhöhe die Ruinen der ehemaligen Zisterzienserabtei Disibodenberg, die, wie auch Montfort, nicht mehr im eigentlichen Gebiet der heutigen Pfalz liegt. Auf einem bewaldeten Bergrücken am Zusammenfluss von Glan und Nahe erhob sich einst, inmitten einer weiträumigen Klosteranlage, die in der ersten Hälfte des 12. Jahrhunderts errichtete Abteikirche.

Die Abtei hatte ihre Ursprünge in einer Klause des aus Irland stammenden Glaubensboten Disibod, eines im 7. Jahrhundert lebenden und wirkenden Missionars. Im ausgehenden 10. Jahrhundert wandelte der Mainzer Erzbischof Willigis diese einsam gelegene Stätte der Frömmigkeit in ein Chorherrenstift um, das ein gutes Jahrhundert später mit Benediktinern aus dem Mainzer Jakobskloster besetzt wurde. Disibodenberg spielte in der Machtpolitik der Mainzer Bischöfe eine wichtige Rolle, da es mit seinen zahlreichen Schenkungen im Pfälzerwald und im Hunsrück einen vorgeschobenen Posten des rheinischen Erzbistums gegenüber der Trierer Diözese darstellte. Während der Blütezeit der Abtei in den ersten Jahrzehnten des 12. Jahrhunderts wurde in unmittelbarer Nähe der Basilika ein Frauenkloster errichtet, das im Jahre 1147 unter seiner Äbtissin Hildegard von Bingen nach Ruppertsberg in Bingerbrück und kurz darauf nach Eibingen auf der anderen Rheinseite verlegt wurde. 1259 lösten die Zisterzienser aus Otterberg die Benediktiner ab, nachdem das inzwischen äußerst wohlhabende und an Grundbesitz reiche Kloster infolge kriegerischer Auseinandersetzungen zwischen dem Mainzer Bischof und den Grafen und Rittern des Naheadels in weiten Par-

tien beschädigt worden war. Nach diesem Wechsel erfolgte zwar ein Wiederaufbau, doch an die ursprüngliche kulturelle und politische Machtstellung der Benediktiner konnte die Zisterziensergemeinschaft nicht mehr anknüpfen. Im Zuge der Reformation wurde das Kloster im Jahre 1559 aufgehoben, die Klostergebäude waren von nun an dem Verfall preisgegeben. Auch als nach dem Dreißigjährigen Krieg wieder Benediktiner einzogen, konnte der Niedergang von Disibodenberg nicht aufgehalten werden. In napoleonischer Zeit wurden die Bau-

Ehem. Westportal

Relief eines Bischofs, 12. Jahrhundert (Klostermuseum)

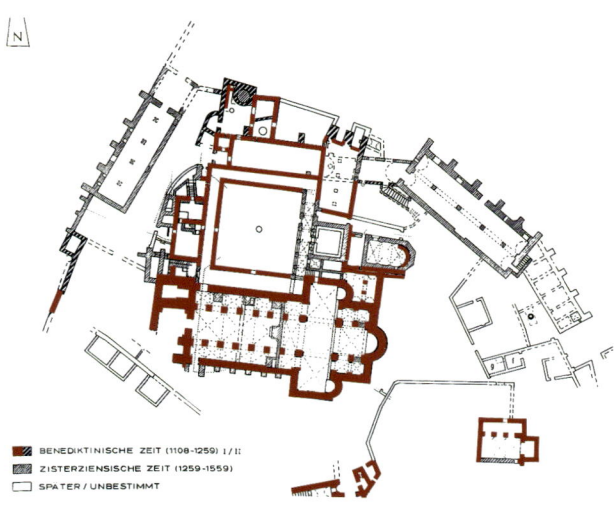

BENEDIKTINISCHE ZEIT (1108-1259) I/II
ZISTERZIENSISCHE ZEIT (1259-1559)
SPÄTER / UNBESTIMMT

Ehem. Ostapsis

links unten:
Konversenbau

reste und das verbliebene Inventar meistbietend versteigert.

Einzig die von Bäumen durchstandenen und sorgfältig instand gehaltenen Fundamentmauern zeugen heute noch von der Größe der zwischen 1108 und 1143 erbauten Kirche. Sie erhob sich als eine kreuzförmige Pfeilerbasilika mit einer Länge von über 57 m und einer Breite von 34 m. Die Ostteile waren in der Tradition der Hirsauer Bauschule angelegt: Der halbrund geschlossene Hauptchor öffnete sich mit Doppelarkaden in die gerade geschlossenen Nebenchöre, die Kreuzarme hatten an ihrer Ostseite je eine halbkreisförmige Apsis. Der Chor lag zwei Stufen höher als das Querhaus, an das nach Westen das siebenjochige Langhaus anschloss. Die Kirche besaß außer einem Vierungsturm vermutlich keine weiteren Türme, weder im Westen noch in der Chorpartie. In den Fundamenten des Mittelschiffs finden sich noch einzelne Fragmente des romanischen Lettners und des Laienaltars.

Nördlich der Kirche sind weitere, mehr oder weniger gut erhaltene Überreste der später errichteten Klostergebäude zu besichtigen: Teile des im 15. Jahrhundert gewölbten Kreuzgangs, eine zur Hälfte noch stehende Giebelwand des Abteibaus, der Konversenbau, die Küche und Backstube aus dem 13. und 14. Jahrhundert, die frühgotische Marienkapelle sowie das Hospiz aus dem 14. Jahrhundert. In einem kleinen Museum im unteren Eingangsbereich zum Klosterareal sind – übersichtlich präsentiert und dokumentiert – ausgewählte Architektur- und Schmuckelemente des Klosters zu besichtigen.

Küche und Backstube

OBERNDORF
Simultanpfarrkirche St. Valentin

An der Simultanpfarrkirche St. Valentin hat sich noch der spätromanische Glocken- und Treppenturm erhalten, der neben dem unteren Teil der Chorbogenwand in das im 15. Jahrhundert errichtete schiefwinklige Langhaus einbezogen wurde. Im Chor und im Langhaus befinden sich sehr gut erhaltene Wandmalereien vom Ende des 15. Jahrhunderts. Für diesen Kirchentypus relativ ungewöhnlich ist die parallele Anordnung der beiden Westabschlüsse von Turm und Langhaus, so dass die Schauseite wie eine homogene Wandfläche in Erscheinung tritt. Sie wahrt jedoch die Unterschiedlichkeit der Baukörper, indem sie der Vertikalität des romanischen Turmes, der durch schmale und hohe Fensteröffnungen in vier Stockwerke gegliedert wird, eine mehr in der Horizontalen angelegte Zweigeschossigkeit des gotischen Mittelschiffs gegenüberstellt; letztere öffnet sich mit einem spitzbogigen Eingangsportal im Sockelbereich und einem darüberliegenden Vierpassfenster.

Ansicht von Westen

SCHIERSFELD
Burgruine Randeck

Nahe Schiersfeld liegt links oberhalb der Straße die Burgruine Randeck, die über einen höher gelegenen Fußweg zu erreichen ist. Lohnenswerter, als das Terrain der Ruine selbst zu betreten, ist in diesem Fall, da es die geographischen Gegebenheiten vorzüglich erlauben, ein Blick von oben auf die auf einem Bergvorsprung gelegene Anlage. Noch gut lässt sich so, wie aus der Vogelperspektive, der Grundriss der Burg, der in etwa kreisförmige Bering mit dem Halsgraben an der Nordseite, im Gelände wahrnehmen. Der Innenraum ist völlig eingeebnet – die 1689 zerstörte Burg wurde zusätzlich im Jahre 1817 auf Abriss versteigert – an der Süd- und Ostseite haben sich einige Reste der Umfassungsmauern erhalten.

BURGEN AM DONNERSBERG

Der 687 m hohe Felsitporphyr, das höchste Bergmassiv der Pfalz, galt schon in den frühen Tagen unserer Zivilisation als ein Ort von besonderer Bedeutung, um den sich mancherlei Geschichten rankten. Man vermutete hier römische und germanische Kultstätten, die jedoch nicht eindeutig nachweisbar sind und wohl eher dem Bereich der Sage zugerechnet werden müssen. Demgegenüber hat sich mit der keltischen Ringwallanlage aus dem zweiten vorchristlichen Jahrhundert ein wirkliches historisches Zeugnis erhalten, das die Ansiedlung dieses frühgeschichtlichen Kulturvolkes im nordpfälzischen Raum eindrucksvoll belegt. Im Mittelalter dann kam dem Donnersberg eine vor allem strategische Bedeutung zu, wovon die bolandischen Festungsanlagen von Falkenstein, Hohenfels, Tannenfels, Ruppertsecken und Wildenstein zeugen.

Einst erhoben sich fünf stattliche Burgen im Donnersbergmassiv, über das Philipp Erasmus Cramer im Jahre 1657 in seiner „Kurtzen Beschreibung der Herrschaft Kirchheim" berichtete: *„Absonder-*

lich liegt in dieser Herrschaft der fumeuse und in gantz Europa beschreite Berg: Mons Jovis, der Donners oder vulgo der Dohrbrg, quasi tonantis mons genannt. Welcher Berg sonderlich beruehmt ist wegen seiner grossen Hoehe, Menge des gross- und kleinen, roth und schwartzen Wildpretts, stattlichen Anzeigungen zu allerhand Bergwerken, heilsamen Kraeutern und Wurtzeln ... Dieser Berg ist hiebevor umgeben und quasi enclavirt gewesen mit fünf alten Berg-Vestungen als gegen Süden Dannenfels, gegen Westen Willenstein und ohnfern davon Hohenfels, gegen Nord Falkenstein und gegen Ost RuprechtEcken, davon jetzt keiner mehr als Falkenstein; aller rudera werden aber noch gar eigentlich gesehen ... "

Als der Reisende Philipp Erasmus Cramer in der Mitte des 17. Jahrhunderts die **Burgruine Falkenstein** besuchte, war diese bereits zehn Jahre zuvor von den Franzosen eingenommen und geschleift worden. Wie das Burgschloss wohl ursprünglich ausgesehen haben mag, illustrieren eine aquarellierte Federzeichnung eines Künstlers der Frankenthaler Malerschule vom Ende des 16. Jahrhunderts (heute im Historischen Museum der Pfalz in Speyer) und ein Kupferstich Matthäus Merians d. Ä., der kurz vor der Zerstö-

Das Donnersberg-massiv von Osten

rung Falkensteins entstand. Gegründet worden war die auf einem steilen Felsen gelegene Burg als nördlichster Grenzmarkierungspunkt und Sicherungsposten des Reichs- und Königslandes um Kaiserslautern bereits vor dem Jahr 1135. Ihr Gründer soll Werner I. von Bolanden gewesen sein. Seit 1230 befand sich die Reichsfeste im Besitz einer Nebenlinie des Reichsministerialengeschlechts der Bolanden. Der überlieferte Besitzer aus dieser Zeit war Philipp I. von Falkenstein, der den Posten des Reichskämmerers innehatte und als Burgvogt auf dem Trifels für die Bewahrung der Reichskleinodien verantwortlich zeichnete.

Von der ursprünglich sehr ausgedehnten zweiteiligen Anlage, in der auch das Dorf Falkenstein eingeschlossen war, haben sich einige ansehnliche Reste erhalten, die im Übrigen mit der baulichen Situation, wie sie auf der Federzeichnung und Merians Kupferstich dargestellt ist, übereinstimmen. Der heutige Besucher

erreicht die Ruine von einem Parkplatz am Nordende der oberen Burg, der im ehemaligen Halsgraben angelegt worden ist. An beiden Seiten des langen, jedoch schmalen Burgplateaus stehen noch Teile der Ringmauer, die aus kleineren, grob gehauenen und mitunter unregelmäßigen Quadern gefügt war. Nach Osten

Falkenstein, Palas der oberen Burg und Rundturmreste der unteren Burg (links)

Falkenstein, Schildmauer und Eingangstor

Falkenstein,
Felsenkammer

und Westen war die Burg aufgrund des steilen Felsabfalls bestens geschützt, so dass sich die Errichtung von Zwingermauern erübrigte. In der Mitte der Anlage ragt ein massiger Felsklotz empor, der einst das Fundament des hohen, rechteckigen Bergfrieds bildete. Südlich davon liegen als Abschluss der oberen Burg die Überreste des ehemaligen Palas. In zwei Geschossen hat sich die südliche Außenmauer über den Unterbauten, den Substruktionen, erhalten, die, ähnlich wie auf der Moschellandsburg, aus größeren polygonalen Quadern in „zyklopischer" Technik bestehen. Vermutlich war das Mauerwerk verputzt, so dass die ungleichmäßigen Mauerverbände nicht sichtbar waren. Mit fünf großen und weiten flachbogigen Fenstern öffnet sich die Palassüdseite, die, da talwärts gelegen, keinem feindlichen Beschuss ausgesetzt war. Die Mauer setzt sich an der Ostseite mit einem großen Fenster eingeschossig fort. Lohnenswert ist von hier der Blick über den Ort Falkenstein in den Talkessel, bei entsprechenden Wetterverhältnissen wirkt die Ruinenkulisse in der sie umgebenden

Wald- und Berglandschaft dramatisch und romantisch zugleich. Unterhalb des Palas schiebt sich das Areal spitzwinklig nach Süden vor, hier befand sich einst die untere Burg. An der äußersten Spitze dieses bedeutend tiefer liegenden Felsplateaus stehen die Reste eines Rundturmes, der, wie es die alten Ansichten zeigen, zu einer die untere Anlage umfassenden Zwingermauer gehörte.

Palassüdseite von innen

Von den anderen vier Burgen im Donnersbergmassiv haben sich, wie bereits Philipp Erasmus Cramer berichtete, nur ganz geringfügige Reste erhalten. Die auf eine bolandische Nebenlinie zurückgehende **Burg Hohenfels**, unweit von Falkenstein gelegen und nur über einen Wanderweg zu erreichen, war für lange Zeit in Vergessenheit geraten. Bei Ausgrabungen zu Anfang der 1930er-Jahre wurden Fundamente und Mauerreste entdeckt, darunter ein romanisches Pilasterkapitell und ein ornamentiertes Gesims. Anhand der Fundamente lässt sich auf eine zweiteilige Anlage schließen, die aus einer Oberburg mit Bergfried und Palas und einer Unterburg mit Wirtschaftsgebäuden bestand. Die **Burgruine Tannenfels,** an der nordöstlichen Seite des Donnersberges unweit des Ortes Dannenfels

gelegen und auch nur über einen Fußweg zu erreichen, war ebenfalls bolandischer Besitz. Von der im Bauernkrieg im Jahre 1525 total zerstörten Reichsburg sind keine nennenswerten oberirdischen Reste erhalten, Mauerreste werden jedoch im mächtigen Schuttkegel der einstigen Burg vermutet. Auch von der erstmals im 14. Jahrhundert erwähnten, am nördlichen Rand des Donnersbergs gelegenen **Burg Ruppertsecken**, die von einem Parkplatz auf dem Schlossberg zugänglich ist, und der Ende des 12. Jahrhunderts von den Bolanden als Reichsfeste gegründeten **Burg Wildenstein** bei Imsbach, die ebenfalls nur über Wanderwege zu erreichen ist, haben sich lediglich geringfügige Mauerfragmente und Fundamentspuren erhalten.

Burgruine Ruppertsecken

oben links: Überreste der Burg Tannenfels

8 VON KUSEL DURCH DIE TÄLER VON GLAN UND LAUTER

Burg Lichtenberg – Ehem. Benediktinerprobstei Remigiusberg – Ruine Michelsburg – Evangelische Pfarrkirche Glan-Münchweiler – Evangelische Pfarrkirche St. Julian – Flurskapelle St. Florus Ulmet – Evangelische Pfarrkirche Glanbrücken Niedereisenbach – Ehem. Benediktinerprobstei Offenbach am Glan – Hirsauer Kapelle Hundheim – Evangelische Pfarrkirche Medard – Ehem. Wasserburg Odenbach – Ehem. Wasserburg Reipoltskirchen – Evangelische Pfarrkirche Einöllen – Burgruinen Altwolfstein und Neuwolfstein – Zweikirche bei Rutsweiler - Evangelische Pfarrkirche Rothselberg – Wolfskirche bei Bosenbach

THALLICHTENBERG
Burg Lichtenberg

Geschichte Nordwestlich von Kusel, zwischen Thallichtenberg und Ruthweiler, liegt auf einem schmalen Bergrücken die Burg Lichtenberg, die mit einer Längenausdehnung von 425 m die größte Festungsanlage im Gebiet der Pfalz und eine der größten in ganz Deutschland war. Eindrucksvoll und zum Teil noch gut erhalten sind die Reste der auf eine Gründung der Grafen von Veldenz zurückgehenden Festung, die auf eine bewegte Geschichte zurückblicken kann. Bewegt war vor allem die Gründungs- und Anfangsphase der Burg, die in die Zeit des staufisch-welfischen Thronstreits zwischen dem Welfen Otto IV. einerseits und den Staufern Philipp von Schwaben und Friedrich II. andererseits fiel. Die allgemeine Unsicherheit der Zeit nutzten die Grafen von Veldenz, wie auch andere lo-

kale Machthaber, um ihre Machtposition zu festigen. So gründeten und bauten sie die Burg Lichtenberg – widerrechtlich auf fremdem Grundbesitz und unter Missachtung eines königlichen Urteilsspruches. Im Frühjahr des Jahres 1214 hatte nämlich Graf Gerlach IV. von Veldenz mit dem Bau einer Wehranlage auf dem westlichen Ende des Bergrückens begonnen, auf dem sich die heutige Ruine der Unterburg befindet. Grund und Boden gehörten jedoch nicht ihm, sondern der Remigiusabtei in Reims. Graf Gerlach war lediglich Schirmvogt der nahegelegenen Benediktinerpropstei, die etwa 100 Jahre zuvor auf dem Remigiusberg bei Kusel gegründet worden war. Deren Abt, Peter III., und seine Mitbrüder in Reims erhoben gegen die Bebauung Klage beim Königlichen Hofgericht, die Verhandlung in dieser Angelegenheit fand im November des gleichen Jahres in Basel statt. Das am 22. November 1214

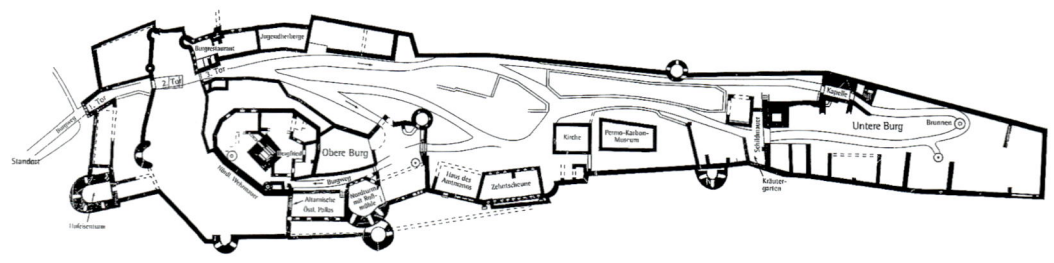

in lateinischer Sprache verkündete Urteil in Form eines königlichen Edikts Friedrichs II., das als wichtiges Prozessdokument erhalten blieb, bestimmte den Abriss der bisher errichteten Anlage: *„Friedrich II. von Gottes Gnaden Römischer König, allzeit Mehrer des Reiches und König von Sizilien. Allen, die dieses gegenwärtige Schriftstück zu Gesicht bekommen, um zu hören und zu glauben, was wir bezeugen. Euch machen wir kund und offenbar durch diese urkundliche Eröffnung wie folgt: Als wir auf dem feierlichen Hoftage zu Basel Gericht hielten, wurde einstimmig von allen rechtmäßigen Mitgliedern in unserer Gegenwart öffentlich folgendes Urteil gefällt: Kraft Königlicher Machtvollkommenheit sind wir gezwungen, die Burg Lichtenberg, welche der Graf von Veldenz auf dem Eigentum des heiligen Remigius von Reims trotz des Einspruchs und der Beschwerde des dortigen Abtes und sämtlicher dortigen Brüder gewaltsam und widerrechtlich erbaut hat, niederzureißen, von Rechts wegen.“* Zeugen dieser Verhandlung waren u. a. die Bischöfe von Trier, Besançon, Palermo und Straßburg sowie Konrad, Bischof von Metz und Speyer und Kanzler des kaiserlichen Hofes, Herzog Otto von Meranien und Walter, Mundschenk am kaiserlichen Hof. Ausgeführt wurde das königliche Hofgerichtsurteil jedoch nicht. Vermutlich hat sich der Graf mit dem König wieder ausgesöhnt, denn die Burg blieb stehen, und es wurde weitergebaut. Auch mit der Remigiusabtei in Reims schien ein Vergleich zustande gekommen zu sein, da der Graf – wie auch seine Nachfahren – weiterhin Schutzherr der mit der Mutterkirche eng verbundenen Benediktinerpropstei auf dem Remigiusberg blieb.

Auf der nun kurz nach 1214 fertig gestellten unteren Burg siedelten sich bald die vom Grafen von Veldenz bestimmten Burgmannen an, also Ritter, die als vel-

Ansicht von Süden

denzische Lehnsträger auf Lichtenberg ihren festen Sitz nahmen. Diese ritterlichen Burgmannen lebten und arbeiteten zusammen mit ihren Familien auf der Festung, sie hatten hier ihre Wohnungen und Stallungen. Sie erhielten eine Rente und zusätzliche Abgaben aus den benachbarten Ortschaften, mussten aber ihrerseits einen Katalog von Pflichten gegenüber dem Grafen, wie etwa die Burghut, erfüllen. Die Herren von Veldenz waren zu dieser Zeit ein mächtiges und angesehenes Adelsgeschlecht, das – wie es in Königsurkunden überliefert ist – an zahlreichen Reichsgeschäften teilhatte. Zudem waren die Veldenzer Vasallen und Truchsesse der Erzbischöfe von Mainz und Trier, der Bischöfe von Worms, Speyer und Verdun sowie der Grafen von Saarbrücken und der pfälzischen Kurfürsten. Der gräflichen Macht waren jedoch rasch Grenzen gesetzt, wenn es zu Meinungsverschiedenheiten mit der Kirche kam. Ein Beleg dafür mag das um 1255 vom Mainzer Erzbischof über die Grafschaft Veldenz verhängte Interdikt sein, mit dem der Klerus – wie bereits im Jahre 1214 seine Interessen behaupten konnte. Es sollten damals die Einkünfte der Pfarrei Kusel, mit Zustimmung des Erzbischofs, der Propstei auf dem Remigiusberg zufallen, was jedoch auf Ablehnung seitens

Bergfried

des Grafen stieß. Darauf wurde er mit dem Bann belegt und seine Ländereien mit dem Interdikt geschlagen, was ein völliges Erliegen des kirchlichen Lebens zur Folge hatte. Es wurde keine Messe mehr gelesen, keine Glocke ertönte mehr, keine kirchliche Bestattung durfte stattfinden, kein Kranker empfing die letzte Ölung. Einzig Neugeborene wurden getauft, und nur Todkranken war die Kommunion gestattet. Etwa zwei Jahre hing dieser Bann über Lichtenberg, bis sich der Graf reumütig zeigte und nach vollzogener Sühne von der über ihn und seine Gebiete verhängten Strafe durch die geistlichen Richter in Mainz wieder freigesprochen wurde.

Baugestalt Der Grundriss der älteren Unterburg von Lichtenberg ist annähernd rechteckig mit einer Ausdehnung bis zu 100 m. Er folgt dem in der Romanik häufig verwendeten Typus der sogenannten „Kastellform", die ihre Ursprünge im römischen Wehrbau hatte. Das ehemalige Burgtor an der Südseite lag im Schutz des quadratischen Bergfrieds, der sich hinter der östlichen Schildmauer als Stumpf erhalten hat. Vom Torbau stehen noch der

vordere Eingang mit den schön profilierten Kämpfersteinen oberhalb der Torwangen. In seinem Obergeschoss lag die einstige, 1759 wegen Baufälligkeit abgerissene Georgskapelle, die den Schutz des Ritterheiligen über die Burganlage versinnbildlichen sollte. Kapellen direkt über den Eingangstoren waren in der staufischen Epoche keine Seltenheit, zahlreiche nord- und mitteldeutsche Burgen und nicht zuletzt der Trifels bei Annweiler bezeugen diese architektonische Kombination. Eine dicke und hohe, heute noch gut erhaltene Schildmauer bot der Anlage Schutz vor Angriffen von Westen.

Obere Burg von Osten

In ihrem Schatten lagen die Wohnbauten der Burgmannen, deren einzelne Räume an der West- und Nordseite in kleineren Resten (darunter Fragmente eines Kamins) stehen geblieben sind. In der Hofmitte befanden sich die für die Wasserversorgung notwendigen Brunnen und Zisternen, die sehr tief waren und bis auf die Talsohle hinabreichen.

Nachdem die untere Burg vollendet war, begann man mit dem Bau der oberen Burg, um an der östlichen Angriffsseite so viel Terrain wie möglich zu sichern und zu festigen. Diese wurde gleichfalls in romanischer Grundrissmanier, jedoch einem mehr gerundeten Schema folgend, errichtet. Ihr ältester Teil war der einem Wohnturm ähnliche Bergfried, der vermutlich zwischen 1250 und 1270 entstanden ist und in seiner Anlage inmitten der polygonal gebrochenen Ringmauer an die viel frühere Schlössel-Turmburg bei Klingenmünster erinnert. Mit einer beachtlichen Höhe von 17,5 m überragt der in jüngerer Zeit mit einem Pyramidendach abgeschlossene Turm das gesamte Ensemble; vor dem Abtragen der oberen baufälligen Teile im Jahre 1896 war er noch um einiges höher. Seine Außenseiten erreichen eine Länge von 11,50 m, die Mauern sind bis zu 4 m stark. Gegen Ende des 13. Jahrhunderts waren die

Westlicher Palas

Ringmauer und die einzelnen Gebäude der oberen Kernanlage fertig gestellt. Zu dieser Zeit bestanden auf Lichtenberg also zwei romanische Burgen, die etwa 50 bis 100 Jahre später durch Schenkelmauern zu einer Großanlage verbunden wurden. Die jeweiligen Schildmauern an beiden Anlagen (die östliche an der Unterburg, die westliche an der Oberburg) legen jedoch die Vermutung nahe, dass die Beziehungen zwischen den beiden Burgbesatzungen nicht immer freundschaftlicher bzw. gutnachbarschaftlicher Art gewesen sein dürften. In den folgenden Jahrhunderten, vor allem während der zweibrückischen Regentschaft, wurde die obere Anlage ständig verändert und er-

links: Östlicher Palas, Giebelwand mit Altannische

Westlicher Palas, nördlicher Zwingerturm und Giebelwand des östlichen Palas

weitert. Es kamen neue Teile hinzu, ältere Bausubstanz wurde abgetragen. Keine kriegerische Handlung, sondern ein Großbrand im Jahre 1799 fügte der Burg schließlich schweren Schaden zu. Im 19. Jahrhundert verkam sie zu einem Steinbruch, und erst 1894, als die Anlage in Staatsbesitz überging, wurden die umfangreichen Reste restauriert.

Die erste Erweiterung der oberen Anlage erfolgte im frühen 14. Jahrhundert, als den Kernbauten im Westen ein Burghof mit einem östlichen Palas vorgelagert wurde. Um 1400 errichtete man an der Südwestecke einen Rundturm und das südliche Eingangstor. Nur wenige Jahre danach entstand der westliche Palas, an den später ein Geschützturm angefügt wurde, der eine Verbindung zum östlichen Palasgebäude herstellte. Nördlich der Oberburg vorgelagert ist ein durch drei Rundtürme verstärkter Zwinger, der an der östlichen Seite in einen breiten inneren Halsgraben übergeht. Ein mächtiger hufeisenförmiger Geschützturm wurde an der östlichen Angriffsseite anlässlich des Einfalls spanischer Truppen im Jahre 1620 errichtet; dieses sogenannte „Ostbollwerk" mit seinen imposanten runden Schießlöchern passiert der heutige, vom Parkplatz kommende Besucher als Erstes, um in die Burganlage zu gelangen. Eines der jüngsten Gebäude auf dem gesamten Terrain ist die zwischen 1755 und 1758 in der Mitte zwischen unterer und oberer Burg errichtete evangelische Kirche, die zur Erinnerung an den Aufenthalt des Schweizer Reformators Huldreich Zwingli im Jahre 1529 errichtet wurde. Die Kirche blieb, neben der Landschreiberei am dritten Burgtor, einem 1907 wiederhergestellten Bau aus dem 16. Jahrhundert, beim Brand von 1799 unversehrt.

Im Burgareal gibt es heute zwei Museen: Das Musikantenlandmuseum in der Zehntscheune dokumentiert die Geschichte des Westpfälzer Wandermusikantentums, dessen Blütezeit zwischen 1850 und dem Ersten Weltkrieg lag. Im Urweltmuseum „Geoskop", einem postmodernen Gebäudekomplex, sind Funde und Dokumente zur Ur- und Frühzeit der Pfalz zu sehen. Informativ und zugleich reizvoll ist auch der unmittelbar vor der Unterburg angelegte Kräutergarten, der nach dem Klosterplan von St. Gallen (um 820) und einer Zeichnung vom Kräutergarten des Klosters Reichenau (um 840) rekonstruiert wurde.

oben: Kräutergarten

unten: Untere Burg mit evangelischer Kirche

HASCHBACH

Remigiusberg, ehem. Benediktinerpropstei

Südöstlich von Kusel erhebt sich oberhalb von Haschbach der Remigiusberg mit der Kirche der ehemaligen Benediktinerpropstei sowie der Ruine der Michelsburg. Im frühen 11. Jahrhundert wurde hier, ausgehend von der Abtei St. Rémy in Reims, ein Filialkloster gegründet, dem die Aufgabe zukam, die Besitzungen des französischen Mutterklosters im Remigiusland einer stärkeren Kontrolle zu unterwerfen. Der Name Remigiusland war aus Reims importiert, denn ein im Glangebiet ansässiger Königshof mit den dazugehörigen Ländereien war bis ins 10. Jahrhundert im Besitz des Bischofs von Reims. Der hl. Remigius, Bischof von Reims im 5. Jahrhundert, war jener bekannte Missionar, der mit der Taufe des Frankenkönigs Chlodwig und der damit einhergehenden Christianisierung der noch heidnischen Franken den Siegeszug des Christentums im gesamten mitteleuropäischen Raum eingeleitet hatte. Über ihn berichtet die in den 60er-Jahren des 13. Jahrhunderts von Jacobus de Voragine in lateinischer Sprache verfasste „Legenda aurea", die beliebteste und bekannteste mittelalterliche Sammlung von Heiligenlegenden: *„Zu den Zeiten war Chlodewig König in Frankreich, der war noch ein Heide. Er hatte eine gar fromme Christin zum Weibe, die mochte aber mit allem Fleiß den König nicht bekehren. Nun geschah es, dass die Alemannen mit gewaltiger Heeresmacht über ihn kamen; da gelobte er: wenn ihm seines Weibes Gott hülfe, dass er im Streit die Alemannen überwinde, so wollte er an denselben Gott glauben. Es erging, wie er begehrt hatte, darum fuhr er zu Sanct Remigio, dass er die Taufe empfinge. Als sie zu dem Taufquell kamen, da war kein Chrisam da, den König zu salben. Siehe, da kam*

Ansicht von Nordosten

eine Taube vom Himmel herab, die trug ein Gläslein mit Salbe in ihrem Schnabel, daraus salbte Remigius den König ..."

Dass Chlodwig selber aus Dankbarkeit gegenüber Remigius der Stifter des Remigiuslandes gewesen sein soll, darf als Legende angesehen werden; eine angebliche Urkunde ist erwiesenermaßen gefälscht. Aller Wahrscheinlichkeit nach handelte es sich eher um eine Schenkung eines Merowingerkönigs des 7. Jahrhunderts an den Bischof von Reims. Durch die große räumliche Entfernung zum Remigiusland sah sich das Bistum schon früh gezwungen, das Gebiet Schutzvögten zu unterstellen, die allerdings immer wieder versuchten, sich ihren eigenen Vorteil zu verschaffen und das Remigiusland dem rechtmäßigen Besitzer zu entfremden. Die ersten bekannten Vögte waren die Nahegaugrafen und nach ihnen andere Salier, die sich das Land immer wieder aneigneten. 1149 wurde Pfalzgraf Hermann von Stahleck Vogt des Remigiuslandes, der die Vogtei an die Grafen

Südwand

Chor und Nordturm

rechts: Kircheninneres nach Westen

de um 1019 begonnen und ist in einer Urkunde vom 6.10.1127 erstmals dokumentiert, er entstand an der Stelle einer kleinen Michaelskapelle, die auf dem einsamen Bergrücken bereits einige Jahrzehnte zuvor errichtet worden war (1526 gaben die reformierten Herzöge von Pfalz-Zweibrücken die Herrschaft über die Probstei auf). Die ursprüngliche Kirche hatte die Gestalt einer dreischiffigen, flach gedeckten Pfeilerbasilika mit einem Querhaus und einem Turm, der im Winkel zwischen dem Chor und dem nördlichen Kreuzarm stand. Um 1350 kam es zu tiefgreifenden baulichen Veränderungen: Der Chor wurde erweitert, das Langhaus auf drei Joche verkürzt, die Kreuzarme und die Seitenschiffe wurden abgetrennt. Vom romanischen Gründungsbau haben sich das Mittelschiff mit den zugemauerten Rundbogenarkaden erhalten, fernerhin die zugemauerten seitlichen Vierungsbögen, der östliche Vierungsbogen, das Chorquadrat und der Turm. Noch gut lassen sich die ehemaligen Dimensionen des Langhauses an der nördlichen und südlichen Außenfassade erkennen. Aus der Umbauzeit stammen die gequaderte Westfassade mit dem Kleeblattbogenportal, der $^5/_8$-Chorschluss, das Chorgewölbe aus Birnstabrippen und die Maßwerkfenster in den zugemauerten seitlichen Vierungsbögen.

von Veldenz zu Lehen gab. Mit dem Aussterben der Veldenzer im Jahre 1444 fiel die Vogtei an die Herzöge von Pfalz-Zweibrücken, die diese mit der Einführung der Reformation in ihr Eigentum umwandelten. Für nur 8500 rheinische Gulden wechselte das Remigiusland damals den Besitzer.

Der Bau der ehemaligen Benediktinerpropstei auf dem Remigiusberg wur-

Schildmauer von der Burginnenseite

Ruine Michelsburg

Der ehemaligen Propstei und heutigen katholischen Pfarrkirche in nur geringer Entfernung gegenüberliegt die Ruine Michelsburg (der lang gestreckte Remigiusberg hieß ursprünglich Michelsberg), die erstmals 1127 als Holzburg erwähnt wird. Es kam hier zu ähnlichen Streitereien zwischen den geistlichen und weltlichen Herren wie beim Bau der gegenüberliegenden Burg Lichtenberg. Wegen angeblicher Übergriffe der auf der Michelsburg lebenden Ritter wurde die Festung von den Mönchen der Propstei (!) zerstört. Im Jahre 1260 bauten sie die Grafen von Veldenz, welche die Vogtei über den Remigiusberg besaßen, in Stein wieder auf.

Von der vermutlich im Dreißigjährigen Krieg zerstörten Anlage haben sich bis zu 20 m hohe Teile der Schildmauer sowie einige Palasreste erhalten. Von der

Unterburg lässt sich der einstige Mauerverlauf nur noch erahnen, da ein gewaltiger Steinbruch vor der Burg angelegt wurde.

Ansicht von Osten

Römische Spolie (oben), romanischer Wasserspeier (unten)

GLAN-MÜNCHWEILER
Evangelische Pfarrkirche

Auf einer leichten Anhöhe liegt die evangelische Pfarrkirche, die, was ihr Äußeres betrifft, ein spätklassizistischer Saalbau aus dem ersten Drittel des 19. Jahrhunderts ist, in ihrem Inneren jedoch einen romanischen Kern birgt. Den rechteckigen Chor überspannt ein um 1220 entstandenes Kreuzgewölbe aus schweren Rundstabrippen über Ecksäulen, deren fast würfelförmigen Kelchkapitelle eher für das 11. als für das frühe 13. Jahrhundert charakteristisch sind, während sich die beiden im Inneren aufbewahrten Sarkophage tatsächlich ins 11. Jahrhundert datieren lassen. Ebenfalls von der romanischen Vorgängerkirche stammt ein am Außenbau als Spolie eingemauerter figürlicher Wasserspeier. Auch einige Spolien aus römischer Zeit, die beim Bau der mittelalterlichen Kirche in großer Zahl eingemauert wurden, haben sich erhalten, darunter ein Stein mit einem Weinlaubrelief sowie ein Stein mit einer weiblichen Relieffigur.

ST. JULIAN
Evangelische Pfarrkirche

Vom ursprünglichen romanischen Baukörper hat sich noch der im 12. Jahrhundert errichtete schlanke Turm erhalten, während das Langhaus in den 80er-Jahren des 19. Jahrhunderts angebaut wurde. Bemerkenswert sind die Schallarkaden mit ihren ornamentalen Einzelformen, für die man römische Spolien – Quadersteine mit Reliefdarstellungen – verwendete. Einzelne Spolien schmücken gleichfalls die Südwestseite des Turmes sowie den Treppenaufgang zur Kirche.

rechts: Ansicht von Südwesten

Spolienstein an der südwestlichen Turmkante

ULMET

Flurskapelle St. Florus

Außerhalb des kleinen Ortes Ulmet liegt auf einer baumbestandenen Anhöhe, unweit der aus dem 18. Jahrhundert stammenden dreibogigen Brücke über den Glan, die evangelische Pfarrkirche, ehemals St. Florus. Als Flurskapelle gehört sie zum Typus der sogenannten Feldkirchen, die im Mittelalter abseits der Siedlungen gebaut wurden und als Pfarrkirchen für einen weiten Umkreis von Dörfern dienten; ähnlich allein stehende Gotteshäuser finden sich mit der Hirsauer Kapelle in Hundheim und der Zweikirche bei Wolfstein in unmittelbarer Nähe. Der Westturm der erstmals im Jahr 1124 in einer Urkunde des Klosters Remigiusberg erwähnten Kirche stammt vermutlich aus dem ausgehenden 11. Jahrhundert (1091) und gliedert sich in vier sich nach oben verjüngende Geschosse. Während die drei unteren Stockwerke Lichtschlitze – wie für die frühromanische Architektur charakteristisch – aufweisen, öffnet sich das obere Geschoss in vier gekuppelten Schallarkaden mit Rundsäulen. Den 27 m hohen Turm bekrönt ein neuzeitlicher achtseitiger Spitzhelm. Bemerkenswert ist der etwa 80 cm hohe Kopf, der im zweiten Obergeschoss an der Westseite eingemauert ist. In der Art einer Dämonenmaske

ausgebildet, kam ihm vermutlich eine apotropäische, d. h. das Böse von der Kirche fernhaltende Funktion zu.

Ansicht von Westen

Im Gegensatz zum Turm konnte sich vom Kirchenschiff des Ursprungsbaus nichts erhalten. Bereits im Jahre 1299 sollte das vermutlich nicht sehr stabil gebaute Langhaus einem Neubau weichen, der in der Folge der Beschädigungen des Dreißigjährigen Krieges niedergerissen werden musste. An seiner Stelle entstand im Jahre 1737 der heutige, in den 1950er-Jahren restaurierte breite Saalbau mit „gotisierenden" Fenstern und dreiseitigem Chorschluss.

Dämonenmaske an der Turmwestseite

GLANBRÜCKEN-NIEDEREISENBACH

Evangelische Pfarrkirche, ehem. St. Valentin

In Niedereisenbach, einer kleinen Ortschaft südwestlich von Offenbach-Hundheim, hat sich ein weiteres sehenswertes Zeugnis romanischer Baukunst erhalten. Hier liegt direkt an der Durchgangsstraße die evangelische Pfarrkirche, ehemals St.

Valentin, mit dem ungewöhnlich starken, ungegliederten Chorturm aus dem 13. Jahrhundert, dessen Obergeschoss von gekuppelten Schallarkaden gegliedert wird. Der von einem Dachreiter bekrönte Turm verbindet sich mit dem nach Westen anschließenden gotischen Langhaus sowie dem neuzeitlichen runden Anbau im Norden zu einem kompakten Bauensemble, das durch den einheitlich gelben Anstrich eine zusätzliche Akzentuierung erhält.

Ansicht von Südwesten

OFFENBACH AM GLAN

Ehem. Benediktinerpropsteikirche
St. Maria

Die ehemalige Benediktinerpropstei-
kirche St. Maria in Offenbach am Glan
(heute evangelische Pfarrkirche) gehört
zu jener Gruppe von Sakralbauten, die
am Übergang von romanischer Bauauffassung zu gotischem Architekturdenken
entstanden und in denen sich Stilelemente der französischen Hochgotik mit der
einheimischen Bautradition verbinden.
Denn als um 1225 mit dem Bau des Of-
fenbacher Gotteshauses begonnen wurde, ging mit dem Dom zu Limburg an
der Lahn und den Kirchenbauten der

rheinischen Spätromanik, mit ihrem Zentrum in Köln, die bau- und kunstge-
schichtliche Epoche der Romanik in
Deutschland allmählich ihrem Ende entgegen. Um 1250, mit dem Ende der staufischen Herrschaft, setzte sich auch hier
– 100 Jahre später als in Frankreich – die
Gotik durch: Als eine diesbezügliche Zäsur gilt die Grundsteinlegung des Kölner
Doms im Jahre 1248.

Baugeschichte Gegründet wurde die Abteikirche in Offenbach als eine Propstei
des Klosters St. Vincent in Metz bereits
um die Mitte des 12. Jahrhunderts. Nach
einer um 1150 von Erzbischof Heinrich
I. von Mainz bestätigten Urkunde stifte-

te ein Ritter Reinfridus einen Teil seiner Güter in Offenbach der Metzer Abtei, in der sein Sohn als Mönch lebte. Kurz nach der Gründung der Propstei dürfte bereits ein kleinerer, vermutlich dreischiffiger Vorgängerbau an gleicher Stelle gestanden haben, der bei Fundamentarbeiten im Jahre 1965 entdeckt wurde und dessen geringe Reste, einige Basen und Würfelkapitelle, im Lapidarium aufbewahrt werden. Die Schirmvogtei und ein Drittel der Einnahmen verblieben bei Reinfridus und seinen Nachfahren, bevor im 13. Jahrhundert der Kaiser die Nachfolge antrat. Die Errichtung des bestehenden, für eine Propsteikirche sehr aufwändigen Baus (der Gründungskonvent zählte nur drei Mönche) stellte für den kleinen Ort am Glan zweifellos einen geschichtlichen Höhepunkt dar. Relativ lang war die Bauzeit, was auf finanzielle Schwierigkeiten schließen lässt, die größere Unterbrechungen der Arbeiten erforderlich machten. Begonnen wurde die Kirche um 1225 im Osten mit den drei Apsiden und dem Vorchor einschließlich der beiden östlichen Vierungspfeiler. In einem nächsten Bauabschnitt kurz nach 1250 entstanden das südliche Querhaus mit den westlichen Vierungspfeilern, kurz darauf der nördliche Querhausarm und das Langhaus. Mit der Errichtung des Obergeschosses des achteckigen Vierungs-

turmes zu Beginn des 14. Jahrhunderts endete das Baugeschehen.

Ansicht von Süden

Baugestalt Das Aussehen der heutigen Kirche als eine Art Zentralbau täuscht über ihre ursprüngliche Gestalt hinweg. Das bestehende Bauwerk ist vielmehr das Resultat aufwändiger Sicherungs- und Rekonstruktionsmaßnahmen des ausgehenden 19. Jahrhunderts, da nach dem zwischen 1808 und 1810 erfolgten Abriss des ursprünglich dreischiffigen Langhauses die noch stehenden Ostteile mit dem Vierungsturm baufällig geworden waren. Eine vollständige Wiederherstellung des vermutlich aus vier Jochen bestehenden Langhauses war jedoch aus Kostengründen nicht möglich, dem einzig erhalten gebliebenen Joch konnte lediglich ein weiteres nach Westen hin vorgesetzt werden. Auf das Aussehen des ehemaligen Langhauses und der Westfassade lassen sich keine eindeutigen Rückschlüsse ziehen. Sicher ist nur, dass die Fassade ein Figurenportal aus der zweiten Hälfte des 13. Jahrhunderts besaß; von diesem haben sich noch zwei Apostelstatuen erhal-

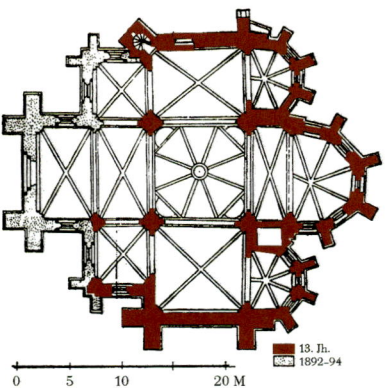

13. Jh.
1892-94

0   5   10   20 M

249

ten, die jetzt in der katholischen Pfarrkirche in Offenbach aufbewahrt werden.

Außenbesichtigung Trotz der Umbaumaßnahmen immer noch beeindruckend ist die äußere Gestalt der Kirche, deren

Länge 32 m beträgt; das im rechten Winkel dazu stehende Querhaus misst knapp 25 m. Die drei polygonalen Apsiden im $^5/_8$-Schluss sind unterschiedlich hoch, der deutlich erkennbare kreuzförmige Kubus von Querhaus, schmalem Vorjoch und Langhausrest wird von dem stattlichen, durch Schallarkaden in der Form zweiteiliger Maßwerkfenster gegliederten Vierungsturm bekrönt. Die Vierungskuppel steht in der unmittelbaren Nachfolge des spätromanischen Domes St. Georg in Limburg an der Lahn, was sich anhand baulicher Details, vor allem im Inneren, nachweisen lässt. Als ein charakteristisches Beispiel seien die von den Vierungspfeilern aufsteigenden, die Trompen stützenden Dienste genannt. Die Außenwände von Langhaus, Querhaus und Vorchor steigen über einem Sockel zu gleicher Höhe auf und enden in Rundbogenfriesen, während in den Apsiden Konsolenfriese den oberen Abschluss bilden. Eine verti-

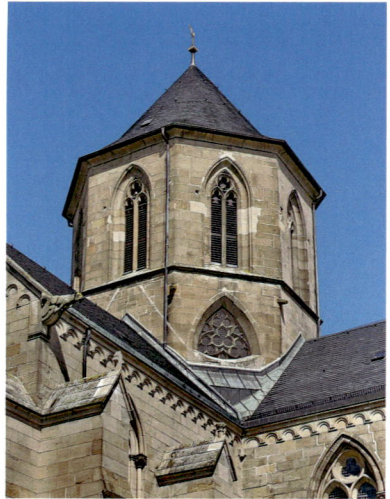

rechts: Vierungsturm

*Blick in die
Vierungskuppel*

kale Gliederung erfährt der Baukörper durch die von Wasserschlägen unterbrochenen Strebepfeiler, in denen sich das für die Gotik charakteristische Streben nach Höhe bereits andeutet. Apsis und Chorwände steigen ohne eine horizontale Teilung bis zum Dach auf – ein Bauprinzip, das seine Herkunft in der burgundisch-lothringischen Sakralarchitektur hat, vor allem aber in den Kirchen der Zisterzienserklöster von Maulbronn und dem nicht weit entfernten Otterberg. Zwei große Fensteröffnungen im südlichen und nördlichen Querhaus sorgen für einen großzügigen Lichteinfall in das

Kircheninnere. Während das etwas früher entstandene, dreifach gestaffelte und von einem gemeinsamen Bogen überfangene Südfenster noch dem Formenrepertoire romanischer Wandgestaltung verpflichtet ist, weist das vierfach unterteilte Maßwerkfenster im Norden auf gotische Gestaltungsprinzipien hin. Für beide Fenstertypen lassen sich unschwer Vorbilder bzw. Parallelen nennen: für das Südfenster die Kathedralen von Laon, St. Remi oder auch Freiburg im Breisgau und Enkenbach, während das große Maßwerkfenster im Norden Reimser bzw. Straßburger Kathedralgotik voraussetzt.

Innenbesichtigung Das Innere der Kirche wird durch die ausgewogene Proportion und das harmonische Verhältnis von Wand und Gliederungssystem bestimmt. Bis auf die Querhausfenster, die beiden Fenster in der Gestalt sphärischer Dreiecke im achteckigen Vierungsturm und die Apsidenfenster fehlen größere Fensterflächen. Die am Außenbau angestrebte Vertikalgliederung setzt sich im Innen-

Vierung und Chor

oben links: Nordquerhaus

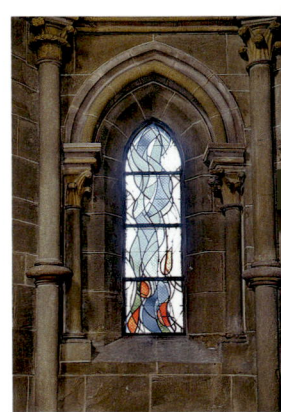

Fensternische in der Nordapsis

Chorkapitelle am Außenbau

*Lamm Gottes-
Darstellung am
Portaltympanon des
Nordquerhauses*

*rechts: Kapitell in der
Vierung*

*Kapitellzone am nord-
östlichen Vierungspfeiler*

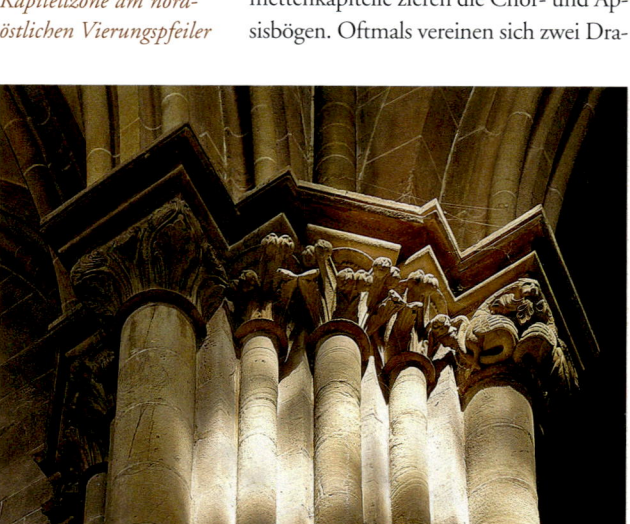

raum nicht im gleichen Maße fort. Die Wandgestaltung wird vielmehr von einem vielgliedrigen System gebündelter und einfacher Dienste bestimmt, das, besonders in den älteren Bauteilen, durch Gesimse und Schaftringe eine horizontale Gegengewichtung erfährt und so zu einer kräftigen und plastischen Gliederung des gesamten Baukörpers führt. Einen gewichtigen Akzent im Kircheninneren setzen die mächtigen, vielgliedrig gebündelten Vierungspfeiler.

Der architektur- und stilgeschichtliche Übergang, die Verbindung romanischen und gotischen Formenguts, manifestiert sich besonders augenfällig im plastischen und ornamentalen Schmuck, der seine Vorbilder in der französischen Kathedralplastik, insbesondere in Reims, hat. Aus dem ersten Bauabschnitt stammen die breiten Knospenkapitelle, die runde, mitunter polygonale Kelche aufweisen. Manche der Knospenformen sind durch Tier- oder Menschenköpfe ersetzt. Romanische Drachen-, Adler- und Palmettenkapitelle zieren die Chor- und Apsisbögen. Oftmals vereinen sich zwei Drachenkörper in einem Kopf, manche greifen eine menschliche Gestalt an, manche haben sich in ihr Opfer – oder in sich selbst – verbissen, anderen wiederum hängt eine Palmette aus dem Maul heraus. Am Schlussstein des Vorchors sind vier Drachen an ihren Schwänzen aneinandergekettet, als Versinnbildlichung des vernichteten Bösen. Im etwas später entstandenen nördlichen Querhaus, in dessen Portaltympanon eine Darstellung des Lammes Gottes angebracht ist, und im Ende des 19. Jahrhunderts in Anlehnung an die älteren Teile wiedererrichteten Langhaus schmückt naturalistisches Laubwerk Kapitelle und Konsolen. Von der ursprünglichen Ausstattung hat sich, bis auf den Kastenaltar aus der Erbauungszeit, nichts erhalten.

Als relativ gelungen dürfen die im 19. Jahrhundert vorgenommenen Erhaltungsmaßnahmen und die zwischen 1962 und 1970 erfolgten Renovierungsarbeiten zu bezeichnen sein. Unter Verzicht auf zeittypische Deutungen und Zutaten wurde der Versuch unternommen, den ursprünglichen Baugedanken in weitestmöglicher Anlehnung an das Original wiederherzustellen, auch wenn das Langhaus in seiner Gänze nicht wiedererstanden ist.

HUNDHEIM
Hirsauer Kapelle

Gegenüber von Offenbach am Glan liegt südwestlich des Ortes Hundheim an einem ehemaligen Hochufer des Flusses die sogenannte Hirsauer Kapelle, die Simultankirche St. Alban, ehemals Pfarrkirche des im 17. Jahrhundert untergegangenen Ortes Hirsau. Der Name leitet sich von dem Wort „Hurnuzauwa" her, was „Hornissenaue" heißt (und nichts mit der im 11. Jahrhundert gegründeten Hirsauer Bauschule gemein hat). Auf eben dieser Aue wurde bereits im 12. Jahrhundert eine erste Kirche errichtet. Der mächtige, ungegliederte Chorturm mit Satteldach stammt von einem Erweiterungsbau aus der Mitte des 13. Jahrhunderts. In der Ostwand befindet sich unter rundbogig gekuppelten Schallarkaden ein großes frühgotisches Maßwerkfenster, das dem am nördlichen Querarm in Offenbach ähnelt. Dem ursprünglich einschiffigen Langhaus wurde im frühen 16. Jahrhundert ein nördliches Seitenschiff angefügt, das nach dem Abriss im 17. Jahrhundert

Ansicht von Südwesten

im Jahre 1894 wiederaufgebaut wurde. Ebenfalls spätgotisch sind die Maßwerkfenster an der südlichen Langhauswand und der an der Südostecke eingebaute gewölbte Steinbaldachin. Eine römische Spolie mit Ornamentmuster ist in die Südwestecke eingemauert, eine weitere Spolie mit einer Gladiatorendarstellung befindet sich neben dem Turm.

Von hohem kunstgeschichtlichen Interesse sind die fast vollständig erhaltenen Wandmalereien im Chor der Kirche, die zusammen mit dem Neubau des Chorturmes um 1250 entstanden sind und in den Jahren 1963/64 restauriert wurden. Für die Mitte des 13. Jahrhunderts wirkt der Malstil etwas altertümlich, die Kenntnis über das Baudatum des

links: Blick in den Chorraum

Gewölbe- und Wandmalereien im Chor (Schema)

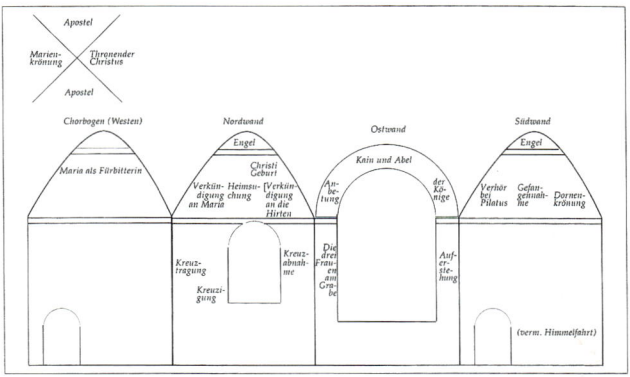

links: Posauneblasende Engel in den Zwickeln der Gewölbefelder

Mitte: Thronender Christus im östlichen Gewölbefeld

rechts: Marienkrönung im westlichen Gewölbefeld

Engel im oberen Gewölbeabschluss

Turmes schließt eine frühere Datierung jedoch aus. Das Gewölbe gliedert sich in vier Teile. Im östlichen Segment ist in einer von Engeln gehaltenen Mandorla, einer mandelförmigen Lichtaureole, der thronende Christus im Segensgestus dargestellt. Ihm korrespondiert im gegenüberliegenden westlichen Feld die Marienkrönung, die Christus und die Gottesmutter auf einer Thronbank sitzend zeigt. Die Szene wird von zwei stilisierten Baumdarstellungen flankiert. In den nördlichen und südlichen Gewölbefeldern sitzen jeweils sechs Apostel in einer Reihe, in der Mitte Petrus und Paulus, die an ihren repräsentativen Attributen erkenntlich sind. In der mittelalterlichen Ikonographie waren diese typischen Bei-

gaben, die einer raschen Identifizierung der Heiligen dienen sollten, weit verbreitet und erfreuten sich großer Beliebtheit. Petrus trägt stets einen Schlüssel, der, als bildhaftes Symbol der Schlüsselübergabe, für das Öffnen und Schließen des Himmels steht. Paulus erkennt man an seinem Schwert, welches auf sein Martyrium, seine Enthauptung im Rom während der Christenverfolgung unter Kaiser Nero, hinweist. Die übrigen Apostel haben hier keine Attribute. Um den Kreuzungspunkt der Rippen sind vier Engel in Halbfigur gemalt, die ihre Hände in Demutsgeste vor die Brust halten. In den Zwickeln der Gewölbefelder, mit Ausnahme des östlichen, befinden sich posauneblasende Engel, die das Jüngste Gericht, gemäß der Johannes-Offenbarung, ankündigen. Der Chorbogen im Westen zeigt die Gottesmutter in einer Mandorla als „Mater Ecclesia" als Fürbitterin und Mittlerin zwischen Gott und den Menschen; sie hält, ähnlich den Engeln in der Gewölbemitte, die Hände vor die Brust. Von beiden Seiten des Bogenlaufs kommen die fürbittenden Menschen und Heiligen auf sie zu, während die bösen Menschen im unteren Teil den Aufstieg nicht schaffen – so eilt auf dem linken Bogen eine Teufelsgestalt mit einem Menschen auf dem Rücken der Hölle zu. Zusammen mit den Darstellungen in den Gewölbefeldern fügt sich das obere Bildprogramm des Chors zu einer Weltgerichtsdarstellung, die auf den damaligen Gläubigen zweifellos eine starke Wirkung ausüben musste.

Die Nord-, Süd- und Ostwand sind durch ornamentale Streifen jeweils in drei Zonen eingeteilt. Im oberen Teil erscheinen im Süden und Norden ein Engel in Halbfigur mit Zepter und Schale, während im Osten an dieser Stelle über dem Fenster das Opfer von Kain und Abel dargestellt ist. Beide werfen sich vor Gott nieder, der in einer Mandorla erscheint. (Eine ähnliche, zeitgleiche Darstellung der Opferszene befindet sich in der evangelischen Pfarrkirche in Kleinbockenheim.) Die zweite und dritte Zone stellt in Form eines friesartigen Bilderzyklus auf der Südwand Szenen der Kindheit Christi und auf der Nordwand Stationen aus der Passion vor. Seit Anbeginn der christlichen Kunst steht das Bild des Mensch gewordenen Gottessohnes in deren Zentrum. Während in der Frühzeit meist Einzeldarstellungen vorherrschen, erscheinen seit dem 6. Jahrhundert ganze Bilderfolgen auf den Wänden der Gotteshäuser, die Ereignisse aus dem Leben Jesu wiedergeben. (Ein frühes Beispiel ist die Kirche San Apollinare in Ravenna.) Die Szenen aus dem Neuen Testament werden oftmals mit Zyklen aus dem Alten Testament kombiniert. Diese Gegenüberstellung, auch Typologie genannt, dient einer sinnhaften Verbindung zwischen beiden Teilen der Bibel. So mag sich auch die Darstellung des Opfers von Kain und Abel auf der Ostwand hinter dem Altar der Hirsauer Kapelle als eine Vorwegnahme, als eine Präfiguration des Opfers Christi verstehen, das in der Eucharistiefeier nachvollzogen wird. Die Auswahl der Bildszenen erfolgte ursprünglich nach streng liturgischen Gesichtspunkten. Der klassisch-liturgische Zyklus enthielt zwölf Festbilder: die Verkündigung an Maria, die Geburt Christi, die Darbringung im Tempel, die Tau-

Mater Ecclesia am westlichen Chorbogen, dahinter das Langhaus

fe Christi, die Verklärung Christi, die Erweckung des Lazarus, den Einzug in Jerusalem, die Kreuzigung, die Höllenfahrt, die Himmelfahrt, Pfingsten und den Tod Mariens. Diese Folge konnte noch durch Bilder aus der Passion und aus den Wundertaten Christi ergänzt werden. Im Laufe des Hochmittelalters bildeten sich allmählich zwei Themenkreise heraus, die als in sich geschlossene Zyklen auftraten: die Leidensgeschichte zum einen und die Kindheitsgeschichte Christi zum anderen, wobei letztere oftmals eng mit dem Marienleben verbunden war. Im gleichen Zeitraum trat auch ein Wandel im Christusbild ein, der seine Ursache in einer neuen Frömmigkeitsform hatte. Insbesondere die mystische Betrachtungsweise eines Bernhard von Clairvaux, die das Gefühl des Gläubigen ansprach und ihn aufforderte, an dem Leben und Leiden Christi teilzunehmen, ließ neue Bildgattungen und neue erzählende Motive entstehen. Christus wandelte sich vom thronenden „Christus Pantokrator", vom hoheitsvollen, unnahbaren Herrscher, zum immer mehr mit realistischen Zügen ausgestatteten leidenden Menschensohn. Diese Tendenz deutet sich auch in den

Nördliches Gewölbefeld und obere Partie der Nordwand

zur Mitte des 13. Jahrhunderts entstandenen Hirsauer Wandbildern an, in denen, trotz der noch im Statuarischen und Flächigen verhafteten, von architektonischen Zitaten gerahmten Darstellung, bereits eine gewisse erzählerische, mitunter dramatische Geste zum Ausdruck kommt.

Der Kindheits- und Passionszyklus beginnt an der Nordwand mit der Verkündigung an Maria: Hier tritt der von großen Pflanzen – vermutlich stilisierten Lebensbäumen – flankierte Erzengel Gabriel der Jungfrau entgegen. Es folgen die Heimsuchung, der Besuch Mariens bei Elisabeth, der Mutter Johannes des Täufers, als beide in der Erwartung ihres Kindes sind, und die Geburt Christi in einem relativ seltenen Darstellungstypus: Maria liegt auf einem großen orangefarbenen Tuch und hält das Jesuskind empor, während Joseph mit dem Judenhut auf dem Kopf zu ihren Füßen sitzt. Den Abschluss der Bildzone bildet die Verkündigung an die Hirten. An der Ostwand folgt, unterhalb der Szene von Kain und Abel, die Anbetung der Könige, die zu beiden Seiten des großen gotischen Fens-

ters angeordnet ist. An der Südwand im mittleren Feld beginnt die Leidensgeschichte mit den Szenen der Gefangennahme und des Verhörs bei Pilatus, gefolgt von der Geißelung und der Dornenkrönung. Die Passion wird fortgesetzt im unteren Feld der Nordwand mit der Kreuztragung, der Kreuzigung und der Kreuzabnahme, wobei letztere durch den Einbau eines spätgotischen Sakramentshäuschens zum Teil zerstört ist. An der Ostwand folgt auf der Seite links vom Fenster die Szene mit den drei Frauen am Grabe, auf der rechten Seite erkennt man die Auferstehung. Das untere Bildfeld an der Südwand ist nicht mehr erhalten; dort hat der Zyklus seinen Abschluss vermutlich in der Himmelfahrt Christi gefunden.

Das Bildprogramm der Hirsauer Kapelle stellt in ausgewählten und repräsentativen Szenen die christliche Heilslehre vor. Als ausgemalte Kirche war sie quasi eine „Bibel in Bildern", der im Mittelalter die Funktion zukam, den des Lesens unkundigen Laien anhand der bildhaften Darstellung über den Inhalt der Heiligen Schrift zu unterrichten. Neben einer rein dekorativen Funktion, die auch das Moment der Andacht und der Erbauung einschloss, und einer auf Repräsentation und Selbstdarstellung zielenden Absicht lag in einem solchen Bildzyklus zugleich der von didaktischen und pädagogischen Überlegungen geprägte Gedanke der Lehre und Unterweisung – so wie es im 6. Jahrhundert bereits der Kirchenvater Gregor I. beschrieben hatte: „*Was dem des Lesens Kundigen die Schrift, das gewährt dem Unkundigen der Anblick des Bildes.*"

Die Kirche ist außerhalb der Gottesdienste aus konservatorischen und aus Sicherheitsgründen geschlossen. Der Schlüssel ist im Wohnhaus Hirsauer Str. 10 erhältlich.

MEDARD

Evangelische Pfarrkirche

Nördlich von Lauterecken liegt der kleine Ort Medard, dessen Name auf den westfränkischen Heiligen Medard zurückgeht, der im 6. Jahrhundert lebte. Romanischen Ursprungs ist der Turm der evangelischen Pfarrkirche, der gekuppelte Schallöffnungen und ein Satteldach aufweist. An seiner Ostwand führt eine Tür mit einem rundbogigen, profilierten Gewände aus dem Anfang des 13. Jahrhunderts in den Dachstuhl des im 16. Jahrhunderts erbauten Langhauses. Auch hier sind, ähnlich wie an der Hirsauer Kapelle, römische Spolien an den Ecken von Chor und Turm eingemauert. Im Inneren wird das Fragment eines römischen Sarkophages mit einem Reliefbild aufbewahrt, das die Fahrt der Proserpina, der Göttin der Unterwelt, in den Hades zeigt.

ODENBACH

Ehem. Wasserburg

In Odenbach steht direkt am Glan ein Überrest der ehemaligen Wasserburg der Grafen von Veldenz, eine 8 m hohe, mit Buckelquadern verkleidete Kante des spätromanischen Bergfrieds. Neben der Burg Löwenstein bei Niedermoschel und der Burg Reipoltskirchen ist Odenbach eine der nur wenigen Wehranlagen der Pfalz, die ihren Schutz durch die Schaffung eines Wassergrabens bezogen hat. Dass sich diese Wasserburgen nur ganz vereinzelt erhalten haben, hat seinen Grund darin, dass sie aufgrund ihrer geographischen Lage im Gegensatz zu den oftmals auf hohen Bergen gelegenen Festungen nach ihrer Zerstörung am ehesten als Steinbruch genutzt wurden.

REIPOLTSKIRCHEN

Ehem. Wasserburg

Während in Odenbach einzig ein Mauerrest auf die ehemalige Anlage hinweist, hat sich mit der Wasserburg Reipoltskirchen ein solches, zwar nicht historisch exakt getreues, aber den heutigen Besucher dennoch malerisch anmutendes Ensemble relativ gut erhalten. Auch jetzt noch wirkt der einstige Gebäudekomplex wie eine Wehranlage und vermittelt den Eindruck einer bewohnten mittelalterlichen Wasserburg. Über einem ovalen Grundriss verläuft die Ringmauer, die sich in größeren Teilen fast ringsum in einigen Metern Höhe erhalten hat. Gut erkennbar sind die breiten Gräben, welche die Burg einst umgaben. Sie konnten bei Bedarf durch den Stau des Odenbaches, der unmittelbar an der Mauer vorbeifließt, unter Wasser gesetzt werden. Im Süden bildet eine Brücke auf zum Teil zugemauerten Bögen den Eingangsbereich der Anlage. Wie im

Mittelalter liegen auch heute noch Wohngebäude, die allerdings jüngeren Datums sind, längs der Ringmauer um den Burghof, besonders gut sichtbar an der Westseite. Überragt werden die kleinen, frisch getünchten Häuser vom 18 m hohen quadratischen Bergfried, der eine Seitenlänge von 8 m und eine Mauerstärke von 2,80 m aufweist. Gemäß romanischer Burgenbautradition stand er ursprünglich frei hinter der Ringmauer, heute bilden die Gebäude mit ihm zum Teil einen Wandverband. Der untere Teil des Turmes besteht aus großen, teilweise gebuckelten Quadern, die noch der ersten Bauzeit der Anlage aus dem frühen 13. Jahrhundert entstammen. Jüngeren Datums hingegen ist die obere Turmhälfte, die in einer anderen Bautechnik – nämlich unter Verwendung von Bruchsteinen und mit Eckquaderung – vermutlich zu Ende des 15. oder zu Beginn des 16. Jahrhunderts errichtet wurde. Charakteristisch für diese Zeit sind die mit Blendmaßwerk gefüllten

Ansicht von Süden

Rundbogenfriese über Spitzkonsolen und die jeweils in der Mitte der Turmseiten angebrachten ausschwingenden Konsolen, auf denen sich Gusserker befanden. Der ehemals viergeschossige Turm schloss mit einer Plattform ab, die Zugänge zu den Gusserkern hatte. Von diesen aus konnte der Fuß des Bergfrieds durch einen senkrechten Pechguss oder durch einen Wurf verteidigt werden. Aus dem 14., 15. und 16. Jahrhundert stammen fernerhin Teile der polygonalen bzw. abgerundet geführten nördlichen, östlichen und südlichen

Ringmauer, ein kleiner halbrunder Mauerturm an der Südostseite, das Kammertor im Süden sowie die zwei großen Brillenscharten für Geschütze und der oberhalb davon verlaufende waagerechte Wulst an der Westseite.

In ihrer Gründungszeit war der Wasserburg im Süden eine Vorburg auf trapezförmigen Grundriss vorgelagert, die über eine den Burggraben überspannende Brücke zu erreichen war. Hier standen die ehemaligen Wirtschaftsgebäude, darunter auch eine aus Sandsteinen errichtete Zehntscheune. Ein genaues Gründungsdatum der Burg ist nicht bekannt. Erbauer und Besitzer der 1267 erstmals urkundlich erwähnten Wehranlage war das Geschlecht der Hohenfels-Reipoltskirchen, die ihrerseits von den Herren von Bolanden abstammten und die sich mit der Burg und dem Ort Reipoltskirchen ein lokales Zentrum in ihrer kleinen, allodialen Reichsherrschaft errichtet hatten.

Brillenscharten in der Ringmauer

EINÖLLEN

Evangelische Pfarrkirche

In Einöllen hat sich mit der evangelischen Pfarrkirche ein kleiner romanischer Saalbau mit rechteckigem Chorabschluss erhalten, der von einem schieferverkleideten, oktogonalen Dachreiter bekrönt wird. Das Bauwerk wurde zwischen dem 14. und 18. Jahrhundert mehrfach verändert, wovon das zugemauerte spitzbogige Portal an der Südseite Zeugnis ablegen mag.

Burgruine Altwolfstein

WOLFSTEIN

Burgruinen Altwolfstein und Neuwolfstein

Nahe Wolfstein liegen die Ruinen der Burgen Altwolfstein und Neuwolfstein. Von der Burg Altwolfstein, einer Hangburg an der bewaldeten Ostflanke des Königsberges, haben sich die aus dem 12. Jahrhundert stammende mächtige Schildmauer und der heute noch 19 m hohe fünfseitige Bergfried erhalten. Derart geformte Türme finden sich ebenfalls in den Burganlagen von Hohenecken und Beilstein unweit Kaiserslauterns, eine Ähnlichkeit, die sich aus den politisch-geographischen Voraussetzungen der Gründungszeit erklärt. Für das Territorium um Kaiserslautern und im Nordwesten zum Lauter- und zum Glantal hin, das sogenannte „Königsland", hatte Friedrich Barbarossa einen einheitlichen Verwaltungsbezirk mit einer Kette von Befestigungen um die Kaiserpfalz Lautern errichten lassen, darunter um 1170 die Burg Altwolfstein, welche die Nordseite des Reichslandes sichern sollte. Diese wurde an einer strategisch wichtigen Stelle, nämlich an der engsten Stelle des Lautertals, angelegt und hatte die Funktion einer Straßensperre. Der Hauptburg vorgelagert wurde später eine kleinere,

heute noch in Teilen stehende Unterburg, womit die gesamte Anlage bis zum Aufkommen der Feuerwaffen als uneinnehmbar galt.

Unter Rudolf von Habsburg kam es im Jahre 1275 zur Gründung der „befestigten und freien Stadt Wolfstein", mit der zusammen auch die Burg Neuwolfstein errichtet wurde. Burg und Siedlung bildeten ein gemeinsames Befestigungssystem, d. h., sie waren in einen zusammengehörigen Mauerverband eingeschlossen. Von der Burg Neuwolfstein, die im Spanischen Erbfolgekrieg zur Ruine wurde, hat sich die ungefähr quadratische Ringmauer erhalten; heute befindet sich hier eine Gefallenen-Gedächtnisstätte.

rechts: Burgruine Altwolfstein, Inneres des Bergfrieds

Burgruine Neuwolfstein

WOLFSTEIN / RUTSWEILER

Zweikirche

Zwischen Wolfstein und Rutsweiler liegt auf freiem Feld und von einer älteren Friedhofsmauer umgeben die sogenannte Zweikirche. Die heutige evangelische Pfarrkirche war die gemeinsame Pfarrkirche des bereits im 14. Jahrhundert untergegangenen Dorfes Allweiler, des Dorfes Rutsweiler, zweier verschwundener Siedlungen sowie des Hofes Zweikirchen. Zu einem malerischen Ensemble gruppieren sich das flach gedeckte romanische Langhaus, der mit einem Satteldach abschließende gotische Westturm und der dreiseitig geschlossene spätgotische Chor mit Strebepfeilern, Maßwerkfenstern und Steildach. In das südliche Langhaus führt ein romanisches Portal mit rechteckig gerahmtem Entlastungsbogen, an der Südostecke sind Quader mit vermutlich aus dem 11. Jahrhundert stammenden Zierschlägen angebracht. Im Chor haben sich – bedauerlicherweise zu stark restaurierte – Wand- und Gewölbemalereien aus dem 15. Jahrhundert erhalten. Ein Stiftungsbild mit einer Heiligen, die einem Bischof ein Kirchenmodell überreicht, an der Ostwand des Langhauses stammt aus dem frühen 14. Jahrhundert.

Ansicht von Süden

Romanisches Portal an der Südwand

ROTHSELBERG

Evangelische Pfarrkirche

Im kleinen Ort Rothselberg westlich von Wolfstein steht die kleine evangelische Pfarrkirche, ein Saalbau mit gerade geschlossenem Chor und einem Glockenturm sowie einem rechteckigen Portal unter rundem Entlastungsbogen an der Südseite des Langhauses. Bis auf die Giebel und die Dächer ist das Bauwerk romanischen Ursprungs.

BOSENBACH
Wolfskirche

In der Nähe von Bosenbach liegt einsam im Reichenbachtal inmitten eines alten Friedhofs die sogenannte Wolfskirche. Zur Erklärung der Namensherkunft des Kirchleins, das zu einem inzwischen untergegangenen Dorf gehörte, lässt sich nur noch die Sage bzw. die Anekdote heranziehen. Einst soll ein Wolf ein Reh gejagt haben, das in der Kirche Zuflucht suchte; als der Wolf in die Kirche, die wie von einer unsichtbaren Hand verschlossen worden war, einzudringen versuchte, soll er in ein lautes Geheul ausgebrochen sein, um dann schleunigst im Wald zu verschwinden.

Von dem ursprünglichen Bau steht noch der 1985 restaurierte romanische Kirchturm, der in seinem oberen Teil durch gekuppelte Schallarkaden gegliedert wird. An der Stelle des alten, im Jahre 1834 abgrissenen Langhauses wurde in jüngerer Zeit ein wenig ansprechender Neubau errichtet, der die heutige Leichenhalle beherbergt. Im Untergeschoss des Turmes, dem einstigen Chor der Kirche, befindet sich ein um 1320 entstandener Freskenschmuck, der in den 1950er-Jahren freigelegt und restauriert wurde. Die Malereien haben seit ihrer Freilegung jedoch sehr gelitten, da der am Chorbogen offene Raum nach dem Abriss des mittelalterlichen Langhauses für lange Zeit ständig Wind und Wetter ausgesetzt war.

rechts: Burgruine Falkenstein

Anhang

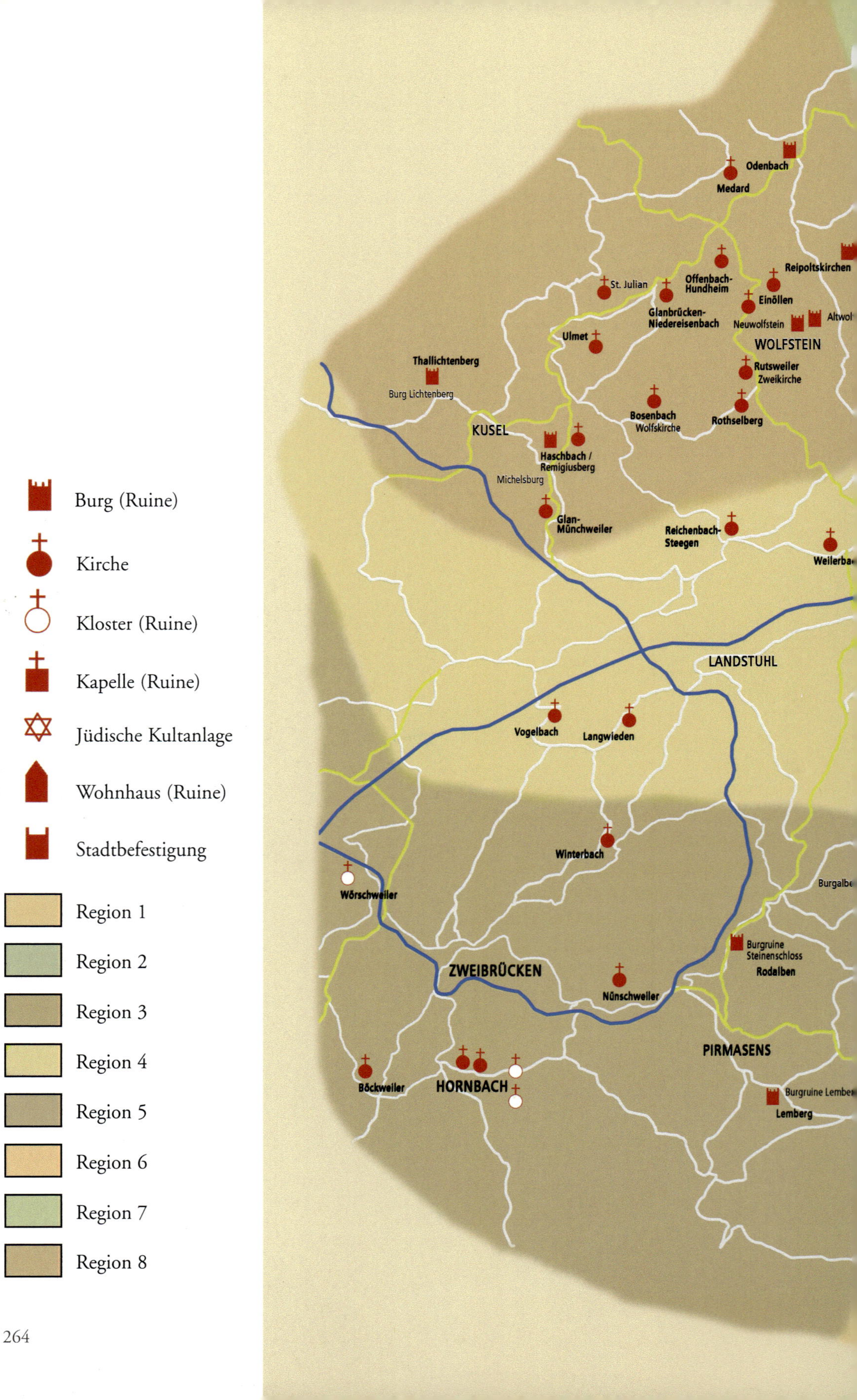

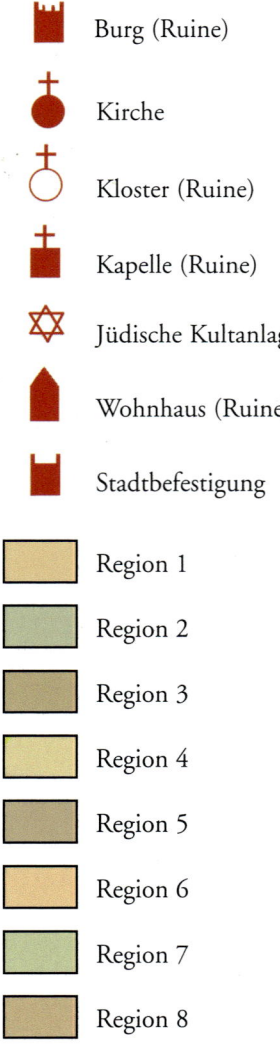

Burg (Ruine)

Kirche

Kloster (Ruine)

Kapelle (Ruine)

Jüdische Kultanlage

Wohnhaus (Ruine)

Stadtbefestigung

Region 1

Region 2

Region 3

Region 4

Region 5

Region 6

Region 7

Region 8

Odenbach
Medard

Reipoltskirchen

St. Julian
Offenbach-
Hundheim
Einöllen
Glanbrücken-
Niedereisenbach
Neuwolfstein
Altwol
Ulmet
WOLFSTEIN

Thallichtenberg
Rutsweiler
Zweikirche

Burg Lichtenberg
Bosenbach
Wolfskirche
Rothselberg

KUSEL
Haschbach /
Remigiusberg
Michelsburg
Glan-
Münchweiler
Reichenbach-
Steegen
Weilerba

LANDSTUHL

Vogelbach
Langwieden

Winterbach
Burgalbe

Wörschweiler
Burgruine
Steinenschloss
Rodalben

ZWEIBRÜCKEN
Nünschweiler
PIRMASENS

Böckweiler
Burgruine Lember
HORNBACH
Lemberg

ORTSREGISTER

GLOSSAR

Abakus

meist rechteckige oder quadratische Deckplatte, die den oberen Abschluss des Kapitells bildet

abgefast

abgeschrägt

Achse

eine gedachte Linie durch ein Gebäude, meist Symmetrieachse. Im Aufriss ein Fassadenelement, aus dessen gleichartiger Reihung sich der Fassadenaufriss ergibt

Akanthus

Pflanze mit stark gezackten Blättern, als Zierform am korinthischen Kapitell und seinen Abwandlungen

Altan

ein bis zum Erdboden unterbauter und mit einer Brüstung versehener Austritt an oberen Stockwerken

Andreaskreuz

Kreuz mit schräg gestellten Balken

Apsis

runder oder polygonaler Chorabschluss eines Schiffs, meist im Osten, seltener im Westen

Aquamanile

Gussgefäß, im Mittelalter oft in der Form eines Tieres aus Silber, Bronze oder Messing

Architrav

waagerechter, den Oberbau tragender Hauptbalken

Archivolte

profilierter Bogenlauf; über Portalen häufig mit Skulpturen besetzt

Arkaden

regelmäßige Folge von Bögen über Stützen

Atlant

eine meist überlebensgroße männliche Gestalt, die anstelle einer tektonischen Stütze das Gebälk trägt

Atrium

kreuzgangähnlicher Vorhof oder Vorhalle

attische Basis

Säulen- oder Pfeilerfuß, aus einer Hohlkehle zwischen zwei Wülsten bestehend

Auditorium

Tagesraum der Mönche

aufgehendes Mauerwerk

oberirdisches, d. h. sichtbares Mauerwerk

Aula

Innenhof des antiken Wohnhauses, in der altchristlichen Basilika der mittlere Teil der Vorhalle; im frühen Mittelalter oft gleichbedeutend mit Pfalz

ausgeschiedene Vierung

Vierung, deren Deckenfeld durch vier auf den Vierungspfeilern aufliegende Bögen begrenzt wird

Bandrippen

Gewölberippen von breit querrechteckigem Querschnitt, meist in spätromanischen Bauten

Basilika

Kirchenform mit hohem, belichtetem Mittelschiff und niedrigen, ebenfalls belichteten Seitenschiffen

Basis

Fuß einer Säule oder eines Pfeilers

Bekrönung

schmückender Aufbau oder obere Beendigung eines Bauteils

Bergfried

hoher, starker Turm der mittelalterlichen Burg von quadratischem, polygonalem oder kreisrundem Grundriss

Bering

die Ringmauer einer Burg; auch die Stadtmauer

Biforium

Doppelarkade mit Mittelsäule

Birnstab

Rippe von birnförmigem Querschnitt

Blattfries

aus stilisierten Blättern in fortlaufender Reihung gebildeter Fries

Blattkapitell

mit stilisierten oder naturgetreu nachgebildeten Blättern geschmücktes Kapitell

Blendarkade

unmittelbar der Wand aufliegender Zierbogen; s. auch Blendbogen

Blendbogen

ein der geschlossenen Wand vorgeblendeter Bogen

Bossenquader

an seiner Vorderseite nur roh bearbeiteter Quader oder Werkstein; s. auch Bruchstein

Bruchstein

in seiner Rohform versetzter Stein

Buckelquader

großer, winklig gearbeiteter Steinquader mit roher, buckelförmiger Frontseite und geglätteter Randleiste

Burgus

befestigte Siedlung, Vorform der Stadt

busig, gebust

(von Gewölben) im Scheitelpunkt den Scheitel der Gurt- und Wandbögen überschneidend

Calefactorium

Wärmestube in mittelalterlichen Klöstern

Chor

der Geistlichkeit vorbehaltener Raum vor dem Hochaltar

Chorbogen

Bogen, der den Chor vom Langhaus bzw. der Vierung abtrennt

Chorschranken

steinerne, häufig verzierte Trennungswände, welche die dem Laien zugänglichen Teile des Kirchengebäudes gegen den Priesterraum abgrenzen

Dachhaube
Dach mit geschweifter Kontur

Dachreiter
dem Dachfirst aufsitzendes Türmchen, meist über der Vierung

Deckplatte
oberer Abschluss eines Kapitells

Deutsches Band
ältere Bezeichnung für einen Fries, der aus einer Schicht von über eckgelegten Steinen gebildet wird, wobei deren vordere Kante in der Mauerfläche liegt

Diamantfries
Fries aus kleinen Quadern, deren Ansichtsfläche einem geschliffenen Diamanten ähnlich bearbeitet ist

Dienst
plastisches, im Querschnitt halb- oder dreiviertelrundes, manchmal auch rechteckiges Bauglied, das der Wand vorgelegt ist

Doppelkapelle
Kapelle von zwei Geschossen

Dormitorium
Schlafsaal eines mittelalterlichen Klosters

Dreikonchenanlage
Kirche mit drei halbrunden oder polygonalen Apsiden, die im Gegensatz zum Dreiapsidenchor in drei Richtungen weisen

Dreipass
aus drei Kreisbögen zusammengesetzte Figur des gotischen Maßwerks

Eckblatt
Verzierung an den vier Zwickeln, die auf der quadratischen Fußplatte einer Säule infolge der Kreisform der Basis entstehen

Eckknolle
knollenförmiges Eckblatt

Entasis
leichte Schwellung des Schaftes einer Säule, die kurz unterhalb der Schaftmitte am stärksten ist

Entlastungsbogen
Bogen innerhalb des Mauerwerks, der eine oder mehrere Öffnungen überspannt und deren obere Abdeckung, beispielsweise einen Sturz, entlastet

Fachwerk
Skelettbauweise, deren tragendes Gerüst aus meist hölzernen Pfosten, Querverbindungen und Streben besteht

Fassung
Bemalung

Fiale
architektonisches Zierglied der Gotik in Form eines schlanken Türmchens

First
die obere, meist waagerechte Schnittlinie zweier geneigter Dachflächen

Fries
glatter, schmaler Streifen zur Abgrenzung oder Teilung von Flächen, im besonderen der waagerechte Streifen am oberen Rand einer Wandfläche

Gaube
vortretendes Dachfenster mit eigenem Dächlein

Gebälk
über der Säulenordnung durchlaufende Steinlage aus Architrav, Fries und Gesims

gebundenes System
Grundrisssystem, bei dem einem quadratischen Joch des Mittelschiffs jederseits zwei quadratische Joche in den Seitenschiffen entsprechen

gekuppelt
unmittelbar nebeneinanderliegende und einander betont zugeordnete Bauelemente (Fenster, Portale, Säulen u. a.)

Gesims
horizontales Bauelement, das eine Außenwand in einzelne Abschnitte gliedert

Gewände
die schräg geführte Mauerfläche seitlich eines Fensters oder Portals

Gewölbe
krummflächiger oberer Abschluss eines Raumes, in der Regel aus Steinen, die sich zwischen Widerlagern verspannen, bestehend

Gurtbogen
der quer zur Längsachse eines Gewölbes verlaufende Verstärkungsbogen

Halbsäule
nur zur Hälfte aus der Wand hervortretende, im Querschnitt halbkreisförmige Vorlage

Halsgraben
Graben vor der Ringmauer einer Burg

Halsring
bei der toskanischen Ordnung ein Ring am oberen Ende des Säulenschafts unter dem Säulenhals

Haustein
zu Quadern verarbeiteter Naturstein

Helm (Turmhelm)
spitze Dachform über polygonalem Grundriss

Joch
Gewölbefeld eines Bauwerks, das in Richtung der Längsachse gezählt wird

Kämpfer
Zone, an der die Krümmung eines Bogens oder eines Gewölbes beginnt

Kaffgesims
Gesimsform mit unterschnittenen Abdeckflächen

Kanneluren (kanneliert)
senkrechte konkave Rillen am Schaft einer Säule oder eines Pfeilers

Kapellenkranz
radial auf einen Mittelpunkt bezogene Kapellen an einem halbrunden oder polygonalen Chor

Kapitell
Kopf einer Säule oder eines Pfeilers; von rein geometrischer Form oder mit pflanzlichen oder figürlichen Motiven umkleidet

Kapitelsaal
Versammlungsraum innerhalb der Klausur eines Klosters

Karner
Beinhaus, oftmals zweigeschossige Friedhofskapelle

Kehle
einspringender Winkel, den zwei aneinanderstoßende Flächen bilden

Kelchkapitell
einfache Kapitellform, die von der runden Grundfläche des Säulenschafts zum quadratischen Abakus überleitet

Kerbschnitt
Ornament, dessen Kerben scharfkantig aneinanderstoßen

Klangarkaden
Schallöffnungen im Glockengeschoss eines Kirchturmes; s. auch Schallarkaden

Klausur
den Ordensmitgliedern vorbehaltener Teil des Klosters

Klostergewölbe
Gewölbeform, die nur aus Wangen zusammengesetzt ist, die auf den Umfassungsmauern polygonaler Bauten aufruhen

Kompositkapitell
aus verschiedenen, ursprünglich nicht zusammengehörenden Teilen bestehendes Kapitell

Konche
halbkreisförmiger, von einer Halbkuppel überwölbter Bauteil

Konsole
vorspringendes Tragelement, im Steinbau ein Kragstein

Konsolgesims
ausladendes Gesims, dessen Deckplatte von Konsolen gestützt wird

korinthisch
eine der antiken Architekturordnungen, bei der die Säulen ein Akanthuskapitell tragen

Kragstein
auskragender Stein, der eine Last aufnehmen kann

Kreuzarme
Bezeichnung der Querhausarme zu beiden Seiten der Vierung einer Kirche

Kreuzgang
Umgang um den Klosterhof innerhalb der Klausur, an einer Seite an die Kirche anschließend

Kreuzgewölbe
Gewölbe, das durch das Verschneiden zweier gleich hoher Tonnengewölbe entsteht

Kreuzrippengewölbe
Kreuzgewölbe mit unterlegten Rippen

Krypta
tiefliegender gewölbter Raum unter dem Chor, oft auch unter dem Querschiff; Grabstelle von Heiligen, Stiftern oder anderen weltlichen und geistlichen Machthabern

Laibung
die oftmals schräg verlaufende Begrenzung einer Maueröffnung bei Bögen, Fenstern, Portalen u. a.

Lapidarium
Sammlung von Steindenkmälern

Laubwerkkapitell
s. auch Blattkapitell

Lavatorium
Waschstelle eines mittelalterlichen Klosters

Lettner
aus der Chorschranke entwickelte steinerne Schranke, die in Kloster- und Stiftskirchen die Geistlichkeit von den Laien scheidet

Lisene
der Wand flach und bandförmig aufliegendes Gliederungselement, ohne Basis und Kapitell

Lotos
Blütenform, oftmals als Schmuckelement von Kapitellen

Maßwerk
geometrische Schmuckform der Gotik, die zur Unterteilung von Fenstern, Giebeln u. a. verwendet wird

Motte
Turmhügelburg, meist mit einem starken Wohnturm in der Mitte des Hofes

Netzgewölbe
Gewölbeform der Spätgotik mit maschenartig überkreuzten Rippen, zwischen denen rautenförmige Felder entstehen

Nut
rillenartige Vertiefung

Obergaden
oberer Teil der Mittelschiffwand, der die Fenster enthält

Oculus
Rundfenster

Oratorium
gegen den Hauptraum meist durch Fenster abgeschlossene Empore im Chor einer Kirche

Palas
Wohn- bzw. Saalbau für die Herrschaft einer Burg oder Kaiserpfalz

Palisade
Befestigung aus Pfählen

Palmette
symmetrische Abstraktion eines Palmenwipfels als Grundform der Ornamentik

Paradies
umfriedeter Bezirk vor der Kirche, als Vorhalle oder Atrium ausgebildet

Pass

Kreisteil zwischen den Nasen des gotischen Maßwerks

Pastophorien

Aufbewahrungsraum und Ankleideraum des Priesters am Ostende der Seitenschiffe einer – meist frühchristlichen – Basilika

Perlstab (Perlschnur)

schmaler, halbrund profilierter, in der Form einer Perlschnur gebildeter Stab

Pfeiler

Mauerstütze zwischen Öffnungen (Türen, Fenster u. a.), meist mit quadratischem, rechteckigem oder polygonalem Grundriss

Pilaster

Wandpfeiler; im Gegensatz zur Lisene mit Basis und Kapitell

Polygon

Vieleck

Profil

Querschnitt eines Bauelements

Pultdach

halbes Satteldach, das manchmal an eine höhere Mauer anschließt

Pyramidendach

Dach in Pyramidenform; s. auch Zeltdach

Randschlag

sorgfältige Randglättung bei Quadern

Refektorium

Speisesaal in einem Kloster

Ringmauer

Umfassungsmauer einer mittelalterlichen Burg; auch Mantelmauer

Rippe

verstärkender rippenartiger Konstruktionsteil eines Gewölbes

Rippenkuppel

Kuppel aus tragenden Rippen und nichttragenden Füllflächen

Rose, Rosette

mit Maßwerk geschmücktes Rundfenster

Rundbogenfries

Fries aus kleinen aneinandergereihten Rundbögen, die auch von Konsolen getragen werden können

Sägezahnfries

Fries mit sägeförmiger Verzierung

Säule

Stützglied mit kreisförmigem Grundriss und im Gegensatz zum Rundpfeiler mit Verjüngung, in der Regel in Basis, Schaft und Kapitell gegliedert

Säulenschaft

Rumpf einer Säule

Satteldach

die verbreitetste Dachform aus zwei gegeneinander an-

steigenden Dachflächen, wobei senkrechte dreieckige Giebel entstehen

Schachbrettfries

Fries mit vor- und zurückspringenden Elementen

Schaftring

ringförmige Verstärkung am Schaft einer Säule; auch Wirtel

Schallarkaden

s. Klangarkaden

Scheidbogen

Bogen, der Mittelschiff und Seitenschiff voneinander trennt

Scheitel

höchster Punkt eines Bogens oder eines Gewölbes

Schenkel

Bogenhälfte zwischen Kämpfer und Scheitel

Schießscharte

schmaler Mauerschlitz, meist in hoher Rechteckform, mit unterer Ausweitung

Schildbogen

Bogen an der Wand- bzw. der Fensterseite eines Gewölbes

Schildmauer

hohe Schutzmauer einer Burg die an der Stelle angelegt ist, an der das Gelände höher ansteigt

Schluss

Form des Chorhauptes, das im Grundriss rechtwinklig, halbrund oder mit Teilen eines Vielecks schließen kann

Schlussstein

Stein im Scheitelpunkt eines Bogens bzw. Stein am Hauptknotenpunkt der Rippen eines Gewölbes

Seccomalerei

Wandmalerei auf trockener Fläche; im Gegensatz zur Freskomalerei

Sechspass

eine aus zwei Dreiviertelkreisen zusammengesetzte Figur des gotischen Maßwerks

Sohlbank

Fensterbank, nach außen meist abgeschrägt

sphärisches Dreieck

Ausschnitt einer Kugeloberfläche, die vom Quadrat des Kuppelunterbaus zum Fußkreis der Kuppel überleitet; auch Pendentif

Spiegel

geglättete Stirn des Quaders

Spitztonne

Tonnengewölbe mit spitzbogigem Querschnitt

Spolie

älteres Bauglied, das in neuem Zusammenhang wiederverwendet wird

Spornanlage

Burg auf einer Bergnase

Sterngewölbe

Gewölbeform aus Rauten oder Dreistrahlgewölben, die zentral um einen Schlussstein gruppiert sind

Stichbogen
flacher Bogen
Stützenwechsel
regelmäßiger Wechsel von Säule und Pfeiler innerhalb einer Arkatur
Stufenportal
Portal mit von außen nach innen zurückgestuftem Gewände
Sturz
gerader oberer Abschluss einer Tür- oder Fensteröffnung
Taustab
tauartig gedrehter Stab, vor allem als Schmuckglied in der normannischen Architektur
Tonnengewölbe
Gewölbeform mit längs einer Achse gleichbleibendem viertelkreis-, halbkreis-, segmentbogen- oder spitzbogenförmigem Querschnitt
toskanische Ordnung
aus der Antike stammende Säulenordnung, mit Basis, meist unkanneliertem Schaft und Halsring unter dem Kapitell
Traufe
untere waagerechte Begrenzung eines Daches
Tribuna
halbrunder Abschluss einer römischen Markt- oder Gerichtsbasilika
Triforium
Laufgang zwischen den Arkaden oder Emporen und der Fensterzone einer Basilika
Trikonchos
Gebäude von kleeblattförmigem Grundriss; s. auch Dreikonchenanlage
Triptychon
dreiteiliger Flügelaltar mit Mittelschrein bzw. Mitteltafel und zwei Seitenflügeln
Triumphbogen
Bogen zwischen dem Mittelschiff des Langhauses bzw. der Vierung und dem Chor einer mittelalterlichen Kirche
Trompe
Gewölbezwickel in der Form eines halben Hohlkegels mit nach unten gekehrter Öffnung
Türsturz
waagerechter Abschluss der Türöffnung
Tumba
rechteckiges Grabdenkmal, auf dem die Grabplatte – oftmals mit einer vollplastischen Darstellung oder einem Relief – liegt
Tympanon
Bogenfeld über dem Türsturz
Vierpass
Figur des gotischen Maßwerks mit vier Pässen in einem Kreis
Vierung
Raumteil der Kirche, in dem sich Langhaus und Querhaus durchdringen

Volute
Spiral- oder Schneckenform, häufig an Giebeln, Kapitellen oder Konsolen
Vorlage
Gliederung oder Verstärkung einer Mauer oder eines Pfeilers durch einen Pilaster, eine Halbsäule, Dienste, Lisenen u. a.
Vorwerk
Außenwerk eines Verteidigungssystems
Walmdach
Form des Satteldachs, bei dem beide Giebel jeweils durch eine Dachfläche ersetzt werden
Wange
die dem Kämpfer zugeordneten Teile eines Tonnengewölbes
Wehrgang
Verteidigungsgang einer Burg oder Stadtmauer
Wehrkirche
eine zu Verteidigungszwecken eingerichtete Kirche
Westbau
architektonisch differenziert gestaltete Westfront einer Kirche ohne ausgeprägten Fassadencharakter
Westwerk
in Westen an einer Kirche angeführter architektonisch selbständiger Baukörper
Widerlager
Auflager eines Bogens oder Gewölbes, das auf Druck und Schub beansprucht ist
Wirtel, gewirtelt
s. Schaftring
Wulst
Stab (Rundstab, Viertelstab u. a.) als Element von Gesimsen, Friesen und an Säulenbasen
Zahnschnitt
friesartige Reihung klötzchenartiger Elemente
Zeltdach
über vieleckigem oder quadratischem Grundriss errichtetes, allseitig abgewalmtes Dach, dessen Flächen zu einer Spitze anstelle des Firstes zusammenlaufen
Zickzackstab (-bogen)
Stab bzw. Bogen mit zickzackförmigem Muster
Zwerggalerie
ein von kleinen Säulen gegliederter Laufgang unter dem Dachgesims einer Kirche, vorwiegend an der Apsis
Zwickel
Teilgewölbe, das zu einer Kugel oder einem Klostergewölbe überleitet; s. auch sphärisches Dreieck
Zwinger
Bereich zwischen der Vor- und der Hauptmauer einer Burg
zyklopisches Mauerwerk
ein aus großen, unregelmäßigen, mitunter sehr gut gefügten Natursteinen bestehendes Mauerwerk